高职高专院校治理：内部控制

赵丽生 茹家团 李 荣 韩 华 等编著

中国财经出版传媒集团
经济科学出版社

图书在版编目（CIP）数据

高职高专院校治理：内部控制／赵丽生等编著.
—北京：经济科学出版社，2016.11（2017.3 重印）
ISBN 978-7-5141-7423-6

Ⅰ.①高… Ⅱ.①赵… Ⅲ.①高等职业教育-学校管理-研究-中国 Ⅳ.①G719.2

中国版本图书馆 CIP 数据核字（2016）第 264850 号

责任编辑：王东萍
责任校对：杨晓莹
责任印制：李 鹏

高职高专院校治理：内部控制
赵丽生 茹家团 李 荣 韩 华 等编著
经济科学出版社出版、发行 新华书店经销
社址：北京市海淀区阜成路甲 28 号 邮编：100142
教材分社电话：010-88191344 发行部电话：010-88191522
网址：www.esp.com.cn
电子邮件：esp@esp.com.cn
天猫网店：经济科学出版社旗舰店
网址：http://jjkxcbs.tmall.com
北京密兴印刷有限公司印装
710×1000 16 开 26.75 印张 480000 字
2016 年 12 月第 1 版 2017 年 3 月第 2 次印刷
ISBN 978-7-5141-7423-6 定价：83.50 元
（图书出现印装问题，本社负责调换。电话：010-88191502）
（版权所有 翻印必究）

序（一）

几天前，中国教育会计学会高等职业院校分会秘书长茹家团教授送来中国教育会计学会高等职业院校分会2016规划课题《高职院校内部控制实务研究》阶段性研究成果——《高职高专院校治理：内部控制》一书送审稿，让我提提意见。一看书名，便产生了一种莫名的期许——分事行权、分岗设权、分级授权、相互制衡，预防权力滥用和徇私舞弊，将权利装在制度的笼子里，制约自己、控制他人是单位内部控制的本质。显然，内部控制有着全员参与的特性，是一项基础性、系统性、长期性工程。就高职高专院校而言，有着自身的办学历史、办学规模、区域分布等发展特点、优势，也有着明显的大学治理短板。高职会计分会这一研究成果能否助力高职高专院校内部控制建设，解决困扰内部控制建设中的重点、难点问题，促进高职高专院校治理能力现代化，令人期待，让人期盼……

带着期许浏览完书稿后，这种期许变成了惊喜。该书的针对性、实用性、操作性和指南性出乎了我的意料。通篇遵循了单位内部控制的全面性、重点性、制衡性、适应性和有效性原则，凸显了绩效导向，预算编制事业发展先行，资金管理"谁使用、谁负责"等预算管理先进理念，分析了长期以来"凭单"双向审核中的一些认识误区，进一步厘清了学校经济业务活动真实性、合理性与合法性、合规性的业务与财务平行审核关系，试图让更多的人理解财务人，理解制度控制、预算控制和财务监管，更好地支持学校内部控制，提高院校治理能力现代化……凡此种种，可圈可点。我觉得，该书至少有以下几个特点：

一是有高度，又接地气。该书高屋建瓴，贯彻落实了财政部、教育部关于内部控制建设有关精神，始终将撰写的技术路线紧扣在内部控制目标、权责、风险点、业务流程、制衡举措、责任追究、制度设计范例以及关键控件控制文档等内部控制体系建立健全的核心内容上，使控制目标精准化、权力责任明晰化、内部分工细致化、业务流程制衡化、防范风险格式化、技术手段现代化。

二是有深度，又通俗易懂。该书从院校治理视角，阐述了学校内部控制体系建设的重要性、紧迫性和必要性，提出了学校《章程》应凸显内部控制，明确了内部控制既是学校"一把手"工程，又是全员参与的系统性工程等重要观点，确定了过程控制的关键风险点和防控及制衡举措。在行文上，层析分明，重点突出，文风朴实、通俗易懂，使抽象的要求具体化，混淆的关系清晰化，失衡的权责明晰化，复杂的事项简单化，这对于财务工作"找准位置搭好台，把握角色唱好戏"具有十分重要的指导意义。

三是有宽度，又凸显高职特点。该书紧紧围绕财政部《行政事业单位内部控制规范（试行）》提出的内部控制在单位层面、业务层面和评价监督三个方面，结合高职高专院校实际，在充分调研的基础上，进行了较为详实的制度设计，给读者既提供了制度范例，又提供了关键控制文档。同时，在业务层面特别强调了高职高专院校应当十分关注的校企合作、校办企业、学生资助和财政专项等四个方面的内容。可谓"规定动作不折不扣，自选动作内容实用"。

"文章合为时而著"。

就我来看，这本书恰似"及时雨"，值得全国高职高专院校研读、借鉴、参考与探索，是一本很有价值的内部控制指导丛书。我相信，该书的出版发行，必将为内部控制建设提供强大的智力支持，必将助推全国高职高专院校内部控制建设，提升院校治理能力和水平。

我不由得再次为高职会计分会点赞，更殷切期盼该书尽早问世，发挥应有作用。

也借此机会，感谢高职会计分会长期以来在助推高职教育事业发展方面所做出的积极贡献，并期冀高职会计分会在中国教育会计学会的领导下，发挥社会团体应有的作用，取得更大的成绩。

中国职业技术教育学会常务副会长兼秘书长　刘占山

二〇一六年十月

序（二）

国内学者对内部控制的研究从时间上看起源于20世纪80年代，基本与我国市场化改革进程同步；从内容上看主要集中在内部控制概念框架研究、内部控制信息披露研究、内部控制评价研究、内部控制与公司治理研究以及内部控制与企业价值 研究等；从研究对象看主要集中在以企业为研究对象，对行政事业单位内部控制的研究只有不到二十年的时间，真正重视只在最近五年左右；从研究视角看多集中在管理学视角和经济学视角。总体来看，国内学者对内部控制的研究呈现出"三先三后"的特点：先理论研究，后实践探索；先企业研究，后行政事业单位研究；先国外研究成果的简单介绍，后根植于中国企事业单位复杂文化背景、政策环境和特定发展阶段的特色研究。

目前，各行政事业单位内部控制建设正处于"风生水起"的关键时刻，该书的出版为这项工作在高职高专院校中的推动会起到很好的促进作用。该书由四大部分组成，第一部分共三章，重点阐述了内部控制与高职高专院校治理、高职高专院校内部控制关键风险点、内部控制自我评价等内容；第二部分共七章，主要阐述了高职高专院校单位层面和预算、收支、采购、资产、建设项目、合同等6个常规业务层面内部控制业务的风险点、业务流程、防控举措以及制度设计范例；第三部分共四章，着重聚焦了校企合作、校办产业、学生资助、财政专项项目等4个高职高专院校特别需要关注的领域；第四部分还提供了涵盖10个方面的诸多控制文档。脉络清晰，层次分明。基本上回答了学校内部控制体系为什么建、建什么、怎么建、如何评价与考核等问题，可读性、指导性应当值得予以肯定。

总的来看，该书对研究对象进行了聚焦，聚焦在高职高专院校这一特定群体，在国内尚属先河。该书对研究视角进行"垫高"，从院校治理的视角分析、认识内部控制体系建设，将内部控制贯穿于院校治理的全过程，视角新颖；明确提出内部控制内容应当纳入学校章程，是学校"一把手"工程，是全员参与的系统工程，理念新颖；突出体现了高职高专院校业务运行特点的特殊性业务控制设计，如校企合作业务控制等内容，针对性强；针对内部控制操作层面的权责、业务流程、关键环节、风险点、防控措施、制度建设、控制文档等核心要素，进行了详尽的分析和设计，操作性强；理清了业务审核与财务审核的平行关系，强调了业务审核侧重于经济活动的真实性和合理性，财务审核侧重于经济活动的合法性和合规性，管理思路更加清晰，有助于真正实现财务与业务"紧密合作，共谋事业"的和谐局面，难点问题有突破，借鉴性强。

　　需要说明的是，鉴于全国各地高职高专院校在办学体制、办学规模、区域政策等方面存在一定差异，书中所述内容很难面面俱到。因此，高职高专院校在参阅时，需要注意以下几点：一是该书紧紧围绕经济业务主脉络，结合高职高专院校特点，对经济活动进行的风险防范和管控设计，涉及学校非经济活动事项的，还应当按照相关法律法规规定和要求进行控制和管理。二是该书也是一本工具书，指导和帮助高职高专院校进行内部控制建设。各校应当根据自己的实际进行具体设计。规模较小、经济业务简单的高职高专院校，在确保控制有效、经济活动安全的情况下，应当在机构设置、工作环节、制度建设等方面适度简化；规模较大、经济业务复杂的高职高专院校，应当适当扩充。三是该书中提供了一些制度设计范例和控制文档，并非涵盖学校全部内控业务，这也许正是作者和广大读者今后需要共同努力研究与探索的方向。

　　"雄关漫道真如铁"。行政事业单位内部控制刚刚起步，建设过程中必然会出现这样那样的困惑或难题，如果高职高专院校这一特定群体能够率先探索出一条"阳光之路"，那就是对该书理论价值和实践价值最好的肯定。

　　祝愿高职会计分会蒸蒸日上！

财政部科研所会计研究室主任、研究员　季民
二〇一六年十月

目　录

第一部分

第一章　内部控制与高职高专院校治理 ········· 3
　第一节　内部控制是学校治理的重要组成部分 ········· 3
　第二节　内部控制是高等职业教育事业发展的基础性保障工程 ········· 6
　第三节　高职高专院校内部控制体系的构建 ········· 8

第二章　内部控制风险点 ········· 16
　第一节　准确把握内部控制关键风险点 ········· 16
　第二节　单位层面关键风险点 ········· 18
　第三节　业务层面关键风险点 ········· 19
　第四节　学校风险评估 ········· 22
　第五节　学校风险评估报告范例 ········· 30
　　　　　某高职高专院校风险评估报告 ········· 31

第三章　内部控制自我评价 ········· 33
　第一节　内部控制自我评价目标与原则 ········· 33
　第二节　内部控制自我评价指标体系 ········· 35
　第三节　内部控制自我评价方法 ········· 38
　第四节　目标导向评价模式下的内部控制建设自我评价报告范例 ········· 40
　　　　　某高职高专院校内部控制自我评价报告 ········· 43
　第五节　要素导向评价模式下的内部控制建设自我评价报告范例 ········· 45
　　　　　某高职高专院校内部控制自我评价报告 ········· 49

第二部分

第四章 单位层面内部控制设计范例 ……………………………… 55
第一节 单位内部控制环境 ……………………………………… 55
第二节 组织架构 ………………………………………………… 58
第三节 运行机制 ………………………………………………… 61
第四节 人力资源 ………………………………………………… 63
第五节 信息技术 ………………………………………………… 70
第六节 单位层面内部控制制度设计范例 ……………………… 72
某高职高专院校经济责任制 ………………………………… 72
某高职高专院校"三重一大"制度规定 …………………… 80
某高职高专院校党委（常委）会议议事规则 ……………… 84
某高职高专院校校长办公（校务）会议议事规则 ………… 87
某高职高专院校财经工作领导小组议事规程 ……………… 90
某高职高专院校财经管理规定 ……………………………… 91
某高职高专院校信息技术介入内部控制制度 ……………… 96

第五章 预算业务控制设计范例 ………………………………… 100
第一节 预算业务控制及风险清单 …………………………… 100
第二节 预算编制控制 ………………………………………… 103
第三节 预算执行控制 ………………………………………… 108
第四节 决算控制 ……………………………………………… 111
第五节 预算绩效管理控制 …………………………………… 112
第六节 预算业务控制制度设计范例 ………………………… 114
某高职高专院校预算管理办法 …………………………… 114
某高职高专院校预算支出绩效考评管理办法 …………… 119

第六章 收支业务控制设计范例 ………………………………… 124
第一节 收支业务控制及风险清单 …………………………… 124

第二节　收入业务控制 …… 128
第三节　支出业务控制 …… 131
第四节　债务业务控制及风险清单 …… 136
第五节　收支业务控制制度设计范例 …… 139
　　某高职高专院校收费管理办法 …… 140
　　某高职高专院校票据管理办法 …… 142
　　某高职高专院校公务卡管理办法 …… 146
　　某高职高专院校差旅费管理办法 …… 150
　　某高职高专院校国库集中支付管理办法 …… 154

第七章　采购业务控制设计范例 …… 159

第一节　采购业务控制及风险清单 …… 159
第二节　采购预算与计划业务控制 …… 164
第三节　采购实施业务控制 …… 165
第四节　验收与结算业务控制 …… 167
第五节　采购档案管理 …… 169
第六节　采购业务控制制度设计范例 …… 169
　　某高职高专院校采购管理办法 …… 171

第八章　资产业务控制设计范例 …… 181

第一节　资产业务控制及风险清单 …… 181
第二节　货币资金业务控制 …… 184
第三节　实物资产业务控制 …… 190
第四节　对外投资业务控制 …… 199
第五节　资产业务控制制度设计范例 …… 202
　　某高职高专院校货币资金管理办法 …… 202
　　某高职高专院校银行账户管理办法 …… 206
　　某高职高专院校国有资产管理办法 …… 209
　　某高职高专院校对外投资管理办法 …… 215

第九章　基本建设项目控制设计范例 ………………………… 222

第一节　基本建设项目控制及风险清单 …………………………… 222
第二节　基本建设项目立项业务控制 ……………………………… 226
第三节　基本建设项目设计与概预算业务控制 …………………… 228
第四节　基本建设项目招标业务控制 ……………………………… 229
第五节　基本建设项目建设业务控制 ……………………………… 230
第六节　基本建设项目验收业务控制 ……………………………… 232
第七节　基本建设项目控制制度设计范例 ………………………… 235
　　某高职高专院校工程建设管理办法 …………………………… 235
　　某高职高专院校基本建设工程招标管理办法 ………………… 238
　　某高职高专院校基本建设工程合同管理办法 ………………… 241
　　某高职高专院校基本建设项目工程变更管理办法 …………… 243
　　某高职高专院校工程建设质量管理办法 ……………………… 245
　　某高职高专院校基建类档案管理制度 ………………………… 250

第十章　合同业务控制设计范例 …………………………………… 253

第一节　合同业务控制及风险清单 ………………………………… 253
第二节　合同订立业务控制 ………………………………………… 259
第三节　合同履行业务控制 ………………………………………… 269
第四节　合同归档业务控制 ………………………………………… 275
第五节　合同业务控制制度设计范例 ……………………………… 278
　　某高职高专院校经济合同管理办法 …………………………… 278

第三部分

第十一章　校企合作业务控制设计范例 ………………………… 287

第一节　校企合作控制范围及风险清单 …………………………… 287

第二节　校企合作立项控制 ·················· 292
第三节　校企合作决策控制 ·················· 294
第四节　校企合作签约控制 ·················· 296
第五节　校企合作履约控制 ·················· 297
第六节　校企合作终止控制 ·················· 298
第七节　校企合作控制制度设计范例 ·················· 300
　　某高职高专院校校企合作管理办法 ·················· 300

第十二章　校办产业业务控制设计范例 ·················· 305

第一节　校办产业的归口管理 ·················· 305
第二节　校办产业业务控制及风险清单 ·················· 307
第三节　校办产业业务控制制度设计范例 ·················· 311
　　某高职高专院校校办产业管理办法 ·················· 312

第十三章　学生资助业务控制设计范例 ·················· 317

第一节　学生资助业务控制及风险清单 ·················· 317
第二节　学生资助实施控制 ·················· 320
第三节　学生资助业务控制制度设计范例 ·················· 325
　　某高职高专院校学生资助管理办法 ·················· 325
　　某高职高专院校家庭经济困难学生认定工作制度 ·················· 330

第十四章　财政专项项目控制设计范式 ·················· 334

第一节　财政专项项目控制及风险清单 ·················· 334
第二节　财政专项项目规划控制 ·················· 340
第三节　财政专项项目申报与立项控制 ·················· 343
第四节　财政专项项目实施控制 ·················· 348
第五节　财政专项项目绩效评价与验收控制 ·················· 353
第六节　财政专项项目控制制度设计范例 ·················· 359
　　职业教育某专业教学资源库建设资金使用与管理实施细则 ·················· 360

第四部分

附录：典型控制文档摘录 ································· 369
 一、单位层面内部控制文档 ································· 369
 二、预算业务控制文档 ····································· 371
 三、收支业务控制文档 ····································· 374
 四、采购业务控制文档 ····································· 379
 五、资产业务控制文档 ····································· 383
 六、基本建设项目业务控制文档 ····························· 389
 七、合同业务控制文档 ····································· 395
 八、校企合作业务控制文档 ································· 397
 九、学生资助业务控制文档 ································· 404
 十、财政专项项目控制文档 ································· 407

后记 ·· 414

第一部分

第一章

内部控制与高职高专院校治理

党和国家高度重视单位内部控制。自 2012 年 11 月财政部印发《行政事业单位内部控制规范（试行）》（财会〔2012〕21 号）起，先后出台了一系列政策文件，确立了建立和实施内部控制的基础框架，提出了内部控制建设工作的总体要求、主要任务和保障措施。明确要求已经建立并实施内部控制的单位，对本单位内部控制制度的全面性、重要性、制衡性、适应性和有效性进行自我评价、对照检查，并针对存在的问题，抓好整改落实，进一步健全制度，提高执行力，完善监督措施，确保内部控制有效实施。内部控制尚未建立或内部控制制度不健全的单位，必须于 2016 年底前完成内部控制的建立和实施工作。对学校而言，2013 年 12 月教育部下发《关于做好〈行政事业单位内部控制规范（试行）〉实施工作的通知》（教财函〔2013〕142 号），明确提出教育系统要加快内部控制建设。2016 年 9 月份又印发《教育部直属高校经济活动内部控制指南（试行）的通知》（教财厅〔2016〕2 号），这一指南对高职高专院校内部控制建设工作具有极强的指导意义和参考价值。财政部和教育部如此高密度出台政策文件，对内部控制建设定目标、搭框架、提要求，充分说明加强高校内部控制建设的必要性和迫切性。

第一节　内部控制是学校治理的重要组成部分

一、内部控制是学校《章程》中应该凸显的重要内容

《中华人民共和国高等教育法》、《职业教育法》等教育法律法规为高职高专院校自主办学提供了基本的法律依据。《国家中长期教育改革和发展规划纲要（2010－2020 年）》明确指出：要建设现代大学制度，加强章程建设，

各类高校应依法制定章程,依照章程规定管理学校。高职高专院校要通过学校章程正确处理好学校与政府、社会、企业、教师、学生的关系,构建以人为本的和谐校园,从而推动高等职业教育事业的全面发展。

《行政事业单位内部控制规范(试行)》(简称《单位内控规范》)明确指出:行政事业单位内部控制是单位为实现控制目标,通过制定制度、实施措施和执行程序,对经济活动的风险进行防范和管控。学校章程主要是就办学宗旨、内部管理体制及财务活动等重大的、基本的问题做出全面规范而形成的自律性基本文件。学校章程是学校自主管理、自律及行政监督管理的基本依据。由此可见,内部控制是学校正常运行的必要保证,也是学校章程的具体化和补充;建立健全学校内部控制能有效促进学校章程的完善,也是完善学校治理结构的重要保证。

随着国家财政对高职教育投入的大幅度增长,全面推进高职高专院校内部控制建设,进一步加强对高职教育经费的监管,是完善高职高专院校内部治理结构、建立现代大学制度、依法治校的必然要求。因此,高职高专院校应将内部控制纳入学校章程,作为章程的重要组成部分。高职高专院校应当在学校章程中的组织结构、决策机制、民主管理和监督机制,内设机构的组成、职责和管理体制,经费及资产的使用原则和管理制度等方面体现内部控制的有关要求。

二、内部控制是一项全员参与的基础性、系统性、长期性工程

内部控制,人人有责。它不是学校某一部门或某个人的行为,也不仅仅是管理层的行为,涉及学校各个层面和环节,关系着学校全部教职员工,是全员参与和全员控制的系统工程。内部控制强调的是一个过程,而这一过程是由学校全体员工共同参与、共同实施的,它不仅仅是学校管理层或者某一部门的事情,而是需要依靠学校管理层、各部门、各单位以及全体教职员工所共同维护的,是贯穿于学校日常管理运作的全过程控制(如图表1-1所示)。为了提升高职高专院校综合管理水平和内控风险能力,必须提高全员的内部控制意识,形成全员内控文化,这样内部控制才能得以有效实施。因此,内部控制是一项全员性参与的基础性、长期性工程。

内部控制是一项复杂的系统工程,必须遵循全面性原则和制衡性原则。内部控制应当贯穿学校经济活动的决策、执行和监督全过程,实现对经济活动的全面控制。内部控制应当在学校内部的部门管理、职责分工、业务流程

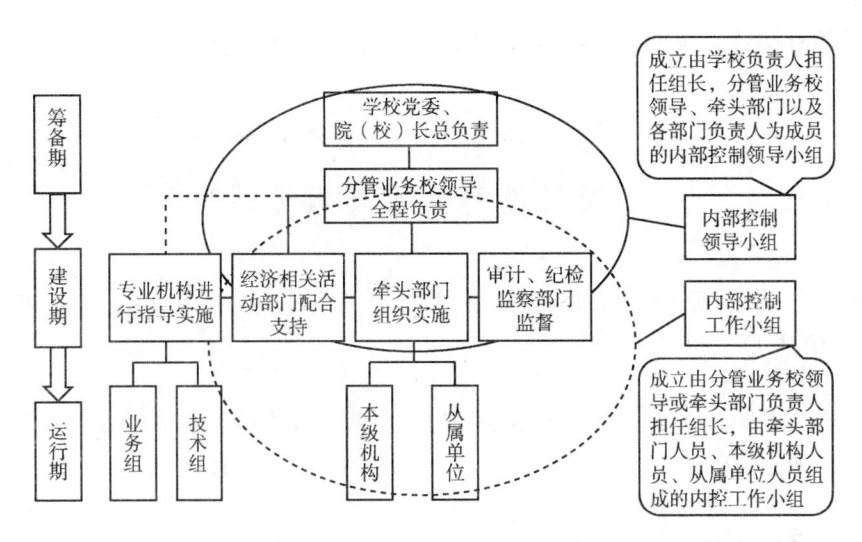

图表1-1　高职高专院校内部控制工作组织体系

等方面形成相互制约和相互监督的牵制机制。内部控制覆盖面广，涉及到学校的各个方面，不能有控制盲点。因此，内部控制工作必须全员参与并相互牵制，必须明确不相容岗位相互分离，不能出现一个人全过程经办一项业务的现象，否则内部控制就会失去作用。

三、内部控制是学校"一把手"工程

《单位内控规范》第六条明确规定：单位负责人对本单位内部控制的建立健全和有效实施负责；第七条明确规定：单位应当根据本规范建立适合本单位实际情况的内部控制体系，并组织实施。具体工作包括梳理单位各类经济活动的业务流程，明确业务环节，系统分析经济活动风险，确定风险点，选择风险应对策略，在此基础上根据国家有关规定建立健全单位各项内部管理制度。《会计法》第四条明确规定：单位负责人对本单位的会计工作和会计资料的真实性、完整性负责；第二十七条明确规定：各单位应当建立、健全本单位内部会计监督制度。

根据上述法律法规的规定，高职高专院校内部控制建设的第一责任人是学校的"一把手"，是学校的"一把手"工程。高职高专院校主要领导对内部控制工作的重视和支持程度是内部控制建设工作成败的关键，这就要求"一把手"应负责建立有效的内部控制体系，在整个组织内倡导控制意识、完善治理结构、规范议事规则、明确授权和分权，做好顶层设计。

第二节　内部控制是高等职业教育事业发展的基础性保障工程

一、建立健全内部控制体系是高职高专院校构建反腐倡廉责任体系的需要

习近平同志强调，党风廉政建设和反腐败斗争是全面从严治党的重要方面。高职高专院校党委是反腐倡廉建设的责任主体，各职能部门、院系和各级领导干部都要按照"一岗双责"和"谁主管，谁负责"的要求，认真执行党风廉政建设责任制，各负其责，齐抓共管，形成合力，构建好权责明晰、逐级负责、层层落实的反腐倡廉建设责任体系。学校反腐倡廉建设，需要通过建立健全学校内部控制，完善领导班子科学民主决策机制，加强对财务、基建、采购、科研经费、校企合作、校办产业等的管理和监督，通过内部控制合理分权，依照法规和制度规范权力运行，从源头上和制度上防止腐败。当前发生的众多腐败案件中，内部控制失效，权力失去制衡是根本原因。因此，构建全面、有效的内部控制体系，建立健全权力运行的制约体系和监督体系，保证权力在阳光下运行，是构建高职高专院校反腐倡廉责任体系的关键环节。

二、建立健全内部控制体系是高职高专院校主动适应国家财税体制改革的需要

随着国家财税体制改革的深入，教育投入与管理的环境正在发生深刻变化，国家加大对教育经费投入的同时，管理也应进行相应的调整。财税体制改革按照《中共中央关于全面深化改革若干重大问题的决定》提出的"强化权力运行制约和监督体系，坚持用制度管权管事管人"、"把权力关进制度笼子里"，将制度建设赋予了新的内涵和更高的要求。制度建设成为事业发展的导航仪，规范事业在正确的路线轨道上运行；成为权力运行的红绿灯，明确权力运用的标准、底线；成为监督管理的标尺，便于衡量和检查。

党的十八届三中全会对深化财税体制改革进行了战略部署，明确提出建立现代财政制度，实施全面规范、公开透明预算制度的要求，并于2014年6月中央政治局审议通过了改革总体方案，提出了财税体制改革的重点，确立

了预算管理制度改革在财税体制改革中的地位和作用。2014年8月全国人大常委会审议通过了预算法修正案，颁布了新的《预算法》，2014年9月国务院印发了《关于深化预算管理制度改革的决定》（国发〔2014〕45号），为全面改进预算管理，实施全面规范、公开透明的预算制度提供了政策依据；并发布了一系列与之配套的制度文件，主要包括：《财政部关于进一步加强财政支出预算执行管理的通知》（财预〔2014〕85号）、《国务院关于实行中期财政规划管理的意见》（国发〔2015〕3号）、《国务院办公厅关于进一步做好盘活财政存量资金工作的通知》（国办发〔2014〕70号）、《财政部关于推进中央部门中期财政规划管理的意见》（财预〔2015〕43号）、《财政部关于加强和改进中央部门项目支出预算管理的通知》（财预〔2015〕82号）、《财政部关于印发〈中央部门预算绩效目标管理办法〉的通知》（财预〔2015〕88号）、《财政部关于加强中央部门预算评审工作的通知》（财预〔2015〕90号）等。

高职高专院校要适应和落实国家财税体制改革的要求，用好办学自主权和教育经费管理权，做到事权与财权的统一，提高资金的使用效率，提高自身的管理水平，必须练好内功，建立健全内部控制，完善和优化内部治理，加强制度建设，彰显制度控制并建立长效机制。

三、建立健全内部控制体系是保驾高等职业教育可持续发展的需要

截至2015年，全国独立设置的高职高专院校达1341所，招生数348万，毕业生数322万，在校生数1048万，占高等教育的41.2%，高职高专院校数量和学生人数均占高等教育的半壁江山。近年来，全国所有省份均建立了高职生均经费制度，促进了高职教育快速发展。但由于大部分学校建校时间不长，或中职升格，或几校合并，普遍存在内部管理薄弱的短板，与本科院校相比差距较大。尤其是近年来高职高专院校发展的内外部环境发生了很大的变化，对加快内控体系建设提出了新要求，主要表现在：业务规模不断扩大，业务活动不断增多，单位对内、对外各项事务越来越多，与社会建立的关系越来越复杂；各类经济活动增多，且日趋复杂化；资金风险、采购风险、基建项目风险、合同风险等呈现多样化重大化的趋势。伴随着国家推进依法治国、党风廉政建设和反腐败斗争的进一步深入，各类监管要求愈发严格，巡视、审计和各类专项检查常态化。党的十八大以来，部分高职高专院校发生的腐败案件来看，究其原因，主要是单位内部治理结构不够完善、内部控制缺失所致，由此可见，高职高专院校要实现自身发展目标，实现教育部提出

高职教育7个"更"的目标（更明的方向、更高的质量、更优的结构、更顺的体制、更强的保障、更加的公平、更好的开放），建立健全内部控制是必由之路。通过制定制度、实施措施和执行程序，对学校管理活动的风险进行评估和防范，从而实现高职高专院校教育目标。

高等职业教育的培养目标要求高职高专院校必须通过校企合作实现产教融合，加快建设现代职业教育体系，全面增强职业教育服务经济社会发展能力。高职高专院校开展深度的校企合作、开办校办企业、学生资助等业务，有别于其他行政事业单位，也有别于本科院校的业务。现有的内部控制规范相关规定基本没有或很少有相关控制规定，也没有可借鉴的范例。高职高专院校为适应社会要求，培养技能型应用人才，提高高职教育质量，就应当开展与自身教育特点相关的教学活动，其业务的多变，要求高职高专院校要适时建立健全相关特殊业务的内部控制。

第三节 高职高专院校内部控制体系的构建

一、内部控制体系建设的目标

《单位内控规范》规定，内部控制的目标是指通过制定制度、实施措施和执行程序，对学校经济活动风险进行防范和管控，实现经济活动合法合规，资产安全和使用有效，财务信息真实完整，有效防范舞弊和预防腐败，提高公共服务的效率和效果。

建立完善的内部控制体系，对经济活动的风险进行防范和管控，能使学校的经济活动有规可循，能保证其按照国家的经济政策要求进行，也能及时地发现其中存在违背国家法律法规的行为，予以更正处置；可以使得学校资产按照合理的途径进行流动，能很好地控制经济活动中可能致使学校资产发生损失的行为，确保资产的安全；能够确保学校会计信息的真实性，能够将这些信息准确及时地传递到学校领导层的手中，有效防范舞弊和预防腐败；能帮助学校发现阻碍其运行管理的因素，及时地进行排除；也能够从各个方面对学校的运行效果进行评估，确保学校能不断提高运行绩效。

二、内部控制体系建设的基本思路

每个高职高专院校由于其办学规模、办学历史、区域位置不同，制度建设和治理水平差异较大，内部控制体系建设所面临的基础和内外部环境也就不同。所以，本书将高职高专院校内部控制体系建设的总体思路概括为实现"四个平衡"，即尊重历史，注重基础，实现传承与创新的平衡；兼顾内外，齐头并进，实现外部合法性和内部合规性的平衡；横向到边，纵向到底，实现纵向层级和横向部门的平衡；风控嵌入，管理提升，实现微观内控和宏观治理的平衡（如图表1-2所示）。具体来说就是充分利用学校已经积累的管理基础与经验，引入风险控制思想，将风险控制环节嵌入到内部控制体系中；将外部合规与自身管理水平实质性改进并重，实现两者间的平衡、兼顾和共赢；逐步形成跨层级、跨部门协同的流程规范、操作标准及权责体系，并兼顾与原有体系对接，让内部控制体系更加完善；完善的内部控制体系能够帮助管理者解决实际问题，确保各项事务有效落地、执行到位，持续推动管理水平不断提升。

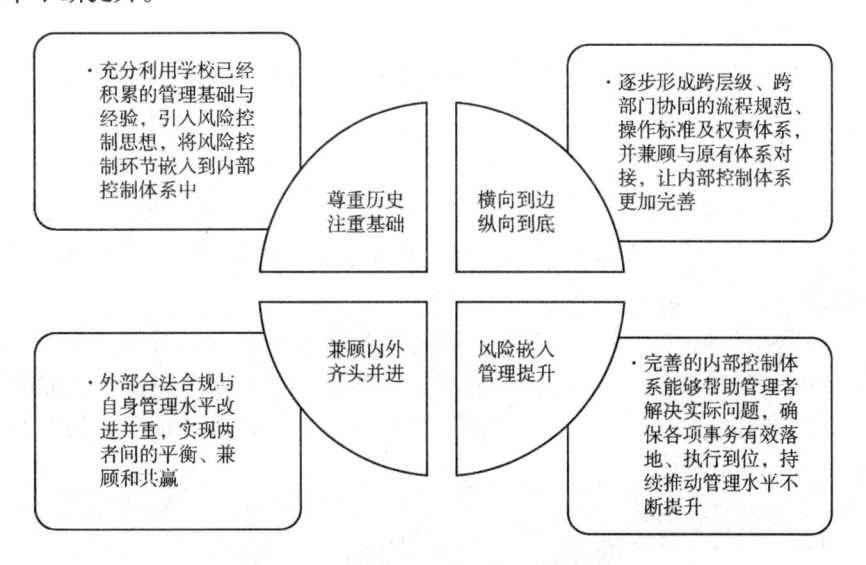

图表1-2 内部控制体系建设思路示意图

三、内部控制体系建设的内容

（一）单位层面的内部控制

高职高专院校单位层面内部控制的建立主要包括七个方面的内容。

一是根据相互分离、相互制衡的原则对现有机构设置和职权进行进一步优化。学校成立财经工作领导小组（委员会）、学术委员会、专家咨询委员会等机构，以提高学校决策的专业化和科学化水平。

二是建立健全由学校党委、院（校）长、教学部门、各职能部门和监督部门多方组成的控制结构，要求基建、采购、财务、资产等重点部门或重点岗位列示和绘制权力清单及权力运行图并予以公示，加强权力监督。

三是制定学校"三重一大"目录清单和决策议事规则，充分发挥教代会的作用，将校长负责制与民主集中制有机地结合。提高全体教职员工，特别是主要领导的内部控制意识，真正将内部控制作为"一把手"工程来抓。

四是明确内部控制牵头部门或成立内部控制管理部门，负责组织协调各业务部门、职能部门和监督部门，在内部控制中分别发挥不同的作用。

五是科学合理地设置人事管理制度，特别是绩效考评制度，科学设置考核指标，减少随意性和其他人为干扰，并根据教职员工的意见建议修改完善绩效考评制度。

六是加强对关键岗位的管理，对重点部门及重点部门的关键岗位人员要建立严格的轮岗制度并切实执行。

七是依据法律法规的原则与要求，制定并完善教学、科研、学生、人事、资产、财务、基建、后勤、安全、对外合作等方面的管理制度，建立健全各种办事程序、内部机构组织规则、议事规则等，形成健全、规范、统一的制度体系。

高职高专院校单位层面内部控制主要是通过建立内部控制的组织架构和工作机制，制定和完善内部管理制度，明确内部控制关键工作人员的要求、实施措施和执行程序，运用现代科技手段对经济活动的风险进行防范和管控。

（二）业务层面的内部控制

高职高专院校业务层面的内部控制主要包括预算业务、收支业务、采购业务、资产业务、基本建设业务和合同业务等六大财政部明确要求的内容，以及根据高职高专院校特点需特别关注的校企合作业务、校办产业业务、学生资助业务和财政专项项目等四方面内容。

1. 预算业务控制。

预算业务内部控制主要包括：合理设置预算编制、审批、控制、监督和考核机构；根据预算编制有关政策，严格按照预算编制的程序，将全部收入、支出纳入预算，保证预算的全面、完整、准确；严格预算执行控制；严禁无预算或超预算支出；做好年度预算执行情况分析和资金使用绩效考评，严格兑现奖惩；按要求公开预算编制及执行情况。

2. 收支业务控制。

收支业务内部控制主要包括：根据不相容岗位相互分离的原则合理设置岗位；根据业务情况和人员配备情况，合理设置收支业务流程，重点加强各环节的审核工作；加强财会人员业务及职业道德培训，提高财会人员的业务水平；合理设置经费支出的审批权限，严格执行学校经费支出审批管理办法的有关规定；加强收费及票据管理，防止乱收费、收费不开票、收费不上账等问题。

3. 采购业务控制。

采购业务内部控制主要包括：根据不相容岗位相互分离的原则合理设置采购业务中的采购申请、审批、执行、合同签订、验收、付款、资产管理等部门的职责与权限；严格执行政府采购法律法规和学校的采购管理办法；做好采购业务资料的归档工作；加强教育和学习，提高相关人员道德修养和业务素质。

4. 资产业务控制。

资产业务内部控制主要包括：建立健全资产管理制度，明确相应岗位职责与权限，确保资产安全；落实资产清查制度，固定资产每年应全面清查一次，确保固定资产账实相符，及时掌握资产使用状况，对账实不符的要查明原因及时处理；科学设置资产使用绩效评价体系，逐步建立资产有偿使用机制。

5. 基本建设业务控制。

基本建设业务层面内部控制主要包括：合理设置基本建设业务控制流程，做到可行性研究与决策、概预算编制与审核、项目实施与价款支付、竣工决算与审计等不相容岗位相分离，强化建设项目的全过程监控；严格执行国家建设工程招投标制度，确保招投标公开、公平、公正进行；严格执行建设项目资金专款专用制度，严禁截留、挤占和挪用。

6. 合同业务控制。

合同业务内部控制主要包括：确定合同归口管理部门，合理设置合同的草拟、审核、订立、执行、管理等环节的职责和权限；严禁个人以单位名义签订任何形式的合同，严禁违规签订担保、投资和借贷业务合同；按照归口管理权限要求，合同签订后应及时向合同管理部门备案；定期对合同的履行开展监督检查，针对合同履行中存在的问题，查明原因并及时处理，避免或降低合同履行风险。

7. 校企合作业务控制。

校企合作业务内部控制主要包括：确定校企合作归口管理部门，合理设置校企合作业务控制流程，确保校企合作的可行性研究与决策、校企合作合同的草拟与审核、校企合作合同订立与执行、校企合作业务的管理与监督等不相容岗位相分离；严禁个人以单位名义开展校企合作；作好校企合作业务的监督检查，科学评价校企合作业务的实施效果，建立校企合作项目淘汰机制。

8. 校办产业业务控制。

校办产业业务内部控制主要包括：确定校办产业归口管理部门，合理设置校办产业业务控制流程，确保校办产业投资的可行性研究与决策、校办企业经营与考核、校办产业的管理与监督等不相容岗位相分离；建立健全校办产业日常经营管理相关规章制度和经营目标考核体系；建立健全校办企业自身的内部控制，加强对校办产业的内部审计监督。

9. 学生资助业务控制。

学生资助业务内部控制主要包括：确定学生资助归口管理部门，合理设置学生资助业务控制流程，科学界定不同岗位职责和权限；确保学生资助申请的初核、复核、审批、支付、管理、监督等不相容岗位相分离；作好学生资助政策的宣传、信息公开；加强对学生资助业务工作的内部审计监督。

10. 财政专项项目控制。

财政专项项目内部控制主要包括：根据财政专项项目的业务范围确定其归口管理部门，并分不同项目制定相应的项目管理办法和资金管理办法；合理设置财政专项项目控制流程，明确专项资金预算编制、审核、审批，专项资金支付申请、审批、支付等环节的职责和权限；严格执行财政专项资金专款专用，专账管理制度；加强对财政专项项目业务工作的内部审计监督，强化项目的绩效评价。

（三）监督与评价

内控体系建设完成后，学校应定期开展内控监督和评价工作，确保内控体系有效运行和持续优化。要保证内部控制的基本目标得以实现，需要通过对内部控制建立与实施情况进行监督检查，评价内部控制设计和运行的有效性，发现内部控制缺陷，提出改进措施并要求整改。主要包括对建立并执行内部控制的整体情况进行持续性检查评价，对内部控制的某一方面或者某些方面进行专项检查评价，提交相应的检查报告、提出有针对性的改进措施等。通过开展内部监督评价工作，提高内部控制设计和执行的有效性；促进内部控制体系的持续优化和完善，提升学校社会形象和公众认可度。内部控制评价程序一般包括：制定评价控制方案、组成评价工作组、实施评价工作与测试、认定控制缺陷、汇总评价结果及编报评价报告等环节。

四、内部控制体系建设的步骤

无论学校的规模和制度基础如何，内部控制体系的建立一般都需经过以下五个阶段（如图表1-3所示），即前期调研与方案拟定阶段、风险评估与内控诊断阶段、管理优化与内控手册设计阶段、内控运行与监督评价阶段、内部控制信息化落地实施阶段等。

阶段	1. 前期调研与方案拟定	2. 风险评估与内控诊断	3. 管理优化与内控手册设计	4. 内控运行与监督评价	5. 内控信息化落地实施
内容	团队组建 确定工作范围和内容 制定工作方案和实施计划 内控建设宣传培训	收集经济活动资料 识别与评估经济活动风险 梳理业务流程识别控制点 评估控制有效性	优化经济活动风险控制 确认内控改进方式与路径 汇编内控手册，固化内控建设成果	内控体系运行和持续优化 建立内部控制评价体系 开展内部控制评价，出具内控评价报告	内控信息化规划与方案设计 内控信息系统设计与开发 内控信息系统操作培训与上线试运行
成果	·工作方案 ·工作计划 ·访谈计划	·风险数据库 ·流程体系 ·缺陷清单	·内控管理优化方案 ·内部控制手册	·内控评价手册 ·内控评价报告	·内控信息化规划 ·内控信息系统

图表1-3　高职高专院校内部控制体系建设步骤示意图

前期调研与方案拟定阶段是指在调研的基础上进行团队组建，确定工作范围和内容，制定工作方案和实施计划，内控建设宣传培训。风险评估与内控诊断阶段是指通过收集经济活动资料，进行识别与评估经济活动风险，梳理业务流程、识别控制点，建立风险数据库，内部流程体系、缺陷清单等。管理优化与内控手册设计阶段是指优化经济活动风险控制，确认内部控制改进方式与路径，汇编内控手册，固化内控建设成果。内控运行与监督评价阶段是指进行内部控制体系的试运行，持续对内部控制方案进行优化，建立内部控制评价体系，开展内部控制评价，出具内部控制评价手册和内部控制报告。内部控制信息化落地实施阶段是指进行内部控制信息化的规划与方案设计，进行内部控制信息系统的设计与开发，进行内部控制信息系统操作培训与上线试运行。

本章主要参考文献

[1]《中共中央关于全面深化改革若干重大问题的决定》

[2]《中华人民共和国教育法》

[3]《中华人民共和国职业教育法》

[4]《中华人民共和国会计法》

[5]《中华人民共和国预算法》

[6]《关于深化预算管理制度改革的决定》（国发〔2014〕45号）

[7]《国务院关于实行中期财务规划管理的意见》（国发〔2015〕3号）

[8]《国务院办公厅关于进一步做好盘活财政存量资金工作的通知》（国办发〔2014〕70号）

[9]《国家中长期教育改革和发展规划纲要（2010－2020年）》

[10] 财政部.《行政事业单位内部控制规范（试行）》（财会〔2012〕21号）

[11] 教育部.《关于做好〈行政事业单位内部控制规范（试行）〉实施工作的通知》（教财函〔2013〕142号）

[12] 财政部.《关于全面推进行政事业单位内部控制建设的指导意见》（财会〔2015〕24号）

[13] 财政部.《关于进一步加强财政支出预算执行管理的通知》（财预〔2014〕85号）

[14] 财政部.《财政部关于推进中央部门中期财政规划管理的意见》（财预〔2015〕43号）

[15] 财政部.《财政部关于印发中央部门预算评审工作的通知》（财预〔2015〕90号）

[16] 财政部.《关于开展行政事业单位内部控制基础性评价工作的通知》（财会〔2016〕11号）

[17] 从建乡.高职院校内部控制研究[D].济南：山东大学，2014（11）

[18] 高飞.高校内部控制体系构建研究[D].合肥：安徽大学，2015（05）

[19] 耿成兴.事业单位业务层面内部控制研究[J].当代会计，2014（01）

［20］甘湘宁．校园文化与高职院校内部控制环境的探讨［J］．经济师，2012（04）
［21］中国新闻网．中国高等职业教育院校达1300余所在校生过千万［EB］．2016.6.28
［22］曹驯、李天星．行政事业单位内部控制体系建设思路与方案［DB/CD］．互联网

第二章

内部控制风险点

第一节 准确把握内部控制关键风险点

随着我国高等职业教育改革的不断深入，高职高专院校在决策、执行、管理等方面面临的风险也在不断增多。为此，高职高专院校必须树立规范管理、防范风险意识，准确识别、密切关注面临的关键风险点，制定切实可行的防范措施，守住底线，处理好发展与风险管控的平衡，保证高等职业教育事业持续健康发展。

一、加强对风险的认识

风险是指在某一特定环境下，在某一特定时间段内，某种损失发生的可能性结果，是潜在事项的发生对单位目标实现产生的影响，它具有客观性、不确定性、普遍性、可测性等特征。对高职高专院校来说，风险主要指高职高专院校内部可能产生的不合法规及低效率的行为。按照管理层级分类，高职高专院校风险可以分为单位层面的风险（宏观）和业务层面的（微观）风险。

单位层面的风险主要是指高职高专院校在治理结构、发展战略、人力资源、文化建设等方面所面临的风险，包括组织架构、机制建设、制度建设、关键岗位管理、信息披露等，具体来说有战略风险、发展风险、财务风险、法律风险和廉政风险等。

业务层面的风险主要是指学校经济活动管理方面的风险，包括预算管理风险、收支管理风险、采购管理风险、资产管理风险、建设项目管理风险和合同管理风险等。高职高专院校还应重点关注校企合作、校办产业、学生资助等方面的风险。

二、准确把握关键风险点

(一) 关键风险点

内部控制是高职高专院校规范管理的重要措施，是促进高职高专院校高效、有序运行的重要保障。在高职高专院校经济活动的每一个环节，都或多或少存在风险。不能有效识别关键风险点就无法控制不确定事项，也无法保障内部控制的有效运行，高职高专院校管理者要对内部业务事项进行梳理，找出内部控制的关键风险点，并对其进行有效识别、分析，采取相应措施进行管控，才能有效提高高职高专院校的风险防范能力和管理服务水平，促进高职高专院校健康可持续发展。

所谓的关键风险点，是指此类风险一旦发生可能会对学校产生重要影响的风险点。一项风险事件发生可能有多种成因，但关键成因往往只有几种，关键风险点管理就是对引起风险事件发生的关键成因指标或因素进行的控制。

(二) 把握关键风险点的重要性

风险重在防范，要防止风险发生，控制风险发生，重要的是找准关键风险点，把握了关键风险点，学校整体风险就总体可控。

风险控制重点在效率，没有有效风险控制，不仅会严重阻碍高职高专院校事业发展，成为事业发展的绊脚石，而且会酿成重大的经济风险或声誉风险，威胁学校安全稳定运行，抹黑学校的形象，对学校造成致命影响，因此，高职高专院校要及时把握好关键风险点，增强风险管控能力，进一步提升办学水平。

(三) 高职高专院校关键风险点的分类

高职高专院校关键风险点存在于单位层面和业务层面中，有战略风险、决策风险、法律风险、财务风险、监督风险、廉政风险、声誉风险和其他风险等，上述风险又可以归纳为经济活动、法律及其他方面风险。

1. 经济活动内部控制关键风险点，包括决策、业务运行中的风险。
2. 法律、监督方面的关键风险点，包括政策变化产生的风险及违规违法风险。
3. 其他方面的关键风险，包括但不限于安全稳定、重要舆情、信息系统方面的风险。

第二节 单位层面关键风险点

如何维持高职高专院校管理活动的健康、有序、高效运转，构建全面风险管理内部控制体系并把握关键风险点，已经成为衡量高职高专院校内部治理系统优良的关键。高职高专院校单位层面关键风险点识别应从单位组织、体制机制、制度设计和信息系统等方面入手。

一、组织架构关键风险点

1. 治理结构形同虚设，缺乏科学决策、良性运行机制和执行力；
2. 内部机构设置不科学，权责分配不合理；
3. 机构重叠、职能交叉，运行效率低下。

二、权责分配关键风险点

1. 决策、执行、监督"三权"未有效分离，权责不对等；
2. 未建立健全议事决策机制、岗位责任制、内部监督机制等；
3. 不相容岗位未实现相互制衡；
4. 关键岗位未实行定期轮岗或专项审计。

三、制度建设关键风险点

1. 制度体系设计不健全、不科学、不规范；
2. 制定的制度不可行，软话、活话、空话太多；
3. 制度自由裁量空间太大，规定之间相互掣肘；
4. 制度形同虚设，执行不力，违反制度惩处力度不到位。

四、信息系统关键风险点

1. 信息系统未归口管理；
2. 信息系统缺乏或规划不合理；

3. 信息系统未嵌入内部控制；
4. 系统运行维护和安全措施不到位。

第三节　业务层面关键风险点

业务层面的关键风险点就是高职高专院校在开展经济业务活动过程中必须关注的重要环节的节点，若不采取控制措施可能出现风险损失。针对重大经济事项，高职高专院校必须做到事前体现集体决策，事中明确岗位牵制，事后公开信息监督。在实施过程中，重点是要关注经济活动中的重大风险，采用正确的内部控制方法，找准风险点，做好风险评估工作，抓好预算、收支、采购、资产、工程、合同等业务层面的内部控制关键风险点的控制。高职高专院校6个业务层面及需要特别关注的4个特殊业务的关键风险点，具体防控措施及流程详见本书第二部分、第三部分。

一、业务层面的关键风险点

（一）预算业务关键风险点

1. 预算编制与学校发展规划不匹配；
2. 预算与资产配置计划相脱节；
3. 预算编制前期论证不充分；
4. 预算指标分配不合理；
5. 预算调整违规审批；
6. 决算与预算相互脱节；
7. 预算执行监控不到位；
8. 财务报告编制不规范；
9. 财务报告使用不当。

（二）收支业务关键风险点

1. 收入业务归口不明确；
2. 违规设立收费项目；
3. "收支两条线"管理规定执行不严格；

4. 收入核算不规范；

5. 不相容岗位未实现相互分离。

（三）采购业务关键风险点

1. 采购计划编制不科学；

2. 采购项目与预算安排不匹配；

3. 采购活动不规范；

4. 采购验收不严密；

5. 采购业务归档不完整。

（四）资产管理关键风险点

1. 资产归口管理不明确；

2. 资产盘存、处置不及时；

3. 无形资产权属不清晰；

4. 对外投资论证不充分；

5. 资产出租出借评估不当；

6. 债权管理不健全。

（五）工程项目关键风险点

1. 立项可行性研究不充分；

2. 设计方案编制不科学；

3. 招标工作组织不当；

4. 施工过程监管不力；

5. 项目变更审核不合规；

6. 项目结算管理不规范；

7. 项目竣工验收不严格；

8. 项目竣工决算不审计；

9. 项目资产及档案移交不及时。

（六）合同管理关键风险点

1. 合同管理未归口；

2. 合同印章管理不规范；

3. 合同内容和条款不合法；

4. 合同履行不到位；

5. 合同保管不当；

6. 合同纠纷处理不妥善。

二、特别关注的四个业务环节关键风险点

（一）校企合作业务关键风险点

1. 合作对象非最优选择；
2. 合作内容不符合职业教育规律，不符合需求；
3. 合作事项未进行前置审批或与相关法律法规冲突；
4. 决策流程完整性缺失；
5. 合同文本不完备；
6. 合同履行不规范；
7. 期满终止清算不及时。

（二）校办产业业务关键风险点

1. 校办产业业务未归口管理，管控缺失；
2. 校办产业治理结构不完善、组织架构设置不当；
3. 校办产业的内控制体系不健全；
4. 校办产业经营决策不当，经营行为违规；
5. 校办产业财务报告信息失真。

（三）学生资助业务关键风险点

1. 受助资格审核不严格，标准不一；
2. 公示信息不完备，公示范围、时间不符合要求；
3. 未足额提取或已提取但用于学生资助金额未达到标准；
4. 资助金额未直接或未及时足额发放至受资助对象。

（四）财政专项项目关键风险点

1. 项目规划缺乏总体统筹协调；
2. 项目制度设计不科学，执行不到位；
3. 项目申报立项论证、预算评审、决策程序不合理；

4. 项目执行违反制度规定，未按规定管理与使用；
5. 项目验收与绩效评价操作不规范。

第四节 学校风险评估

一、高职高专院校内部控制、治理结构和风险的关系

高职高专院校治理结构是现代大学制度的一个重要组成部分，而内部控制与治理结构都是建立在委托代理理论之上的，学校治理结构中包涵了内部控制。

内部控制是高职高专院校治理的基础，加强内部控制是强化高职高专院校治理的重要举措，其目标是合理保证高职高专院校各项事务合法合规、资产安全、财务报告信息真实完整可靠，提升办学效果，使学校整体协调运转，促进学校发展战略的实现；是为实现学校的控制目标，建立一种权责制衡的机制，由学校全体人员参与的控制过程；是一套控制程序和制度安排。高职高专院校治理结构的目标是各利益主体的权力制衡，是政府、社会、学校等多方参与的共同治理，内部控制的目标与治理结构目标总体上是一致的。内部控制制度的有效运行，将促进高职高专院校治理结构的不断完善。

内部控制与风险管理均要求高职高专院校主动应对风险，对学校可能发生的风险进行动态连续的管理控制，内部控制以风险评估为起点，其核心始终是风险管理，本质是控制风险，风险管理是内部控制的完善和延伸。

二、风险对高职高专院校治理的影响

我国绝大多数高职高专院校从诞生到现在不足20年，内部控制的构建才刚刚起步，随着高等教育适龄人口减少影响的渐显、高等教育不断扩招力量的释放、国外教育机构争夺生源的加剧以及外部问责压力的不断加大，高职高专院校面对的外部环境更加复杂多变。

近年来，面对自身发展的种种不确定因素和复杂前景，高职高专院校在风险识别、评价、应对方面都缺乏实践经验，几乎未能建立有效的预警和防范措施，缺乏有效的风险识别、评价、应对机制。如何优化高校治理，对高职高专院校来说是严峻挑战。可以毫不夸张地说，在不久将来，新一轮高职高专院校遭遇重新洗牌乃至失败，都可以归咎为内部控制和风险管理失效。因此，高职

高专院校必须有策略地管理风险，以便确保自身的稳定与可持续健康发展。

三、高职高专院校风险评估

（一）开展风险评估的目的

风险管理就是单位为确保目标的实现，对其面临的风险进行目标设定、识别和评估，并采取应对措施将风险控制在可以接受的程度。风险评估是风险管理中最为重要的一环，风险评估就是要量化测评风险发生的可能性及其造成的后果，是单位及时识别、分析经济活动与实现内部控制目标相关的风险，并合理确定风险应对策略的过程，它是实施内部控制的重要环节，是采取控制活动的依据。

风险评估决定了内部控制的方向，它要求高职高专院校对管理过程中内部或外部的各种因素导致的风险进行识别和评价，而这些风险不同程度地影响高职高专院校内部控制目标的实现。因此，必须时刻关注高职高专院校各层次和各环节的风险，并对各种风险进行评估，制定切实有效的控制措施。

（二）风险评估的内容

与高职高专院校的风险相对应，其风险评估也分为两个层面：一是单位层面的风险评估；二是经济活动业务层面的风险评估。这些风险在不同程度上影响了高职高专院校内部控制目标的实现。风险评估是一个全面而复杂的系统过程，需要高职高专院校认真识别和分析风险，及时关注风险点并适当采取应对措施。一般来说，风险评估的主要内容有：

1. 识别单位面临的各种风险；
2. 评估风险概率和可能带来的负面影响；
3. 确定单位承受风险的能力；
4. 确定风险应对的优先等级；
5. 制定风险应对策略并做出适时调整。

（三）开展风险评估的主体

风险评估是高职高专院校内部控制建设的主要工作。为及时、有效发现存在的关键风险点，学校应当建立定期风险评估机制，对单位层面和业务层面存在的风险进行全面、系统和客观评估。

1. 风险评估机构设置及主要任务。

高职高专院校应当成立风险评估工作小组。该机构是在学校统一领导下，由各项经济活动的关键岗位工作人员及技术专家组成的跨部门联合工作小组。风险评估工作小组办事机构可以设在学校内部审计部门。风险评估工作小组组长由学校主要负责人担任，成员为由财务、资产、采购、基建、审计、纪检监察等各项经济活动的关键岗位工作人员组成。其主要任务为：全面统筹协调学校的风险评估工作；识别学校面临的各种风险点；评估风险概率和可能带来的负面影响；确定学校承受风险的能力以及风险消减和控制的优先等级；提出风险消减对策。

2. 风险评估周期。

为及时发现风险，经济活动风险评估至少每年进行一次。

第一次风险评估应尽可能全面、细化，最好形成业务流程图，确定关键风险点，剖析风险存在原因以及导致损失的可能性。后期的风险评估可以定期进行，主要侧重于经济活动的变化部分。

当外部环境、经济活动或管理要求等发生重大变化时应及时对经济活动风险进行重估。经济活动风险评估结果应当形成书面报告并及时提交高职高专院校领导班子，作为完善内部控制的依据。

（四）风险评估业务流程

高职高专院校的风险评估主要涵盖四个流程：目标设定、风险识别、风险分析、风险应对。学校应当结合自身的目标设定可辨认、分析和管理相关风险的机制，以了解所面临的单位层面的风险和经济活动业务层面的风险，在充分识别各种潜在风险影响因素的同时，对关键风险点进行科学分析和评估，有针对性的采取相应的应对策略。

1. 目标设定。

目标设定是指高职高专院校在识别、分析和应对风险之前采取适当的程序去设定目标，以确保设定的目标符合单位自身的职责使命，并与其风险承受能力相符。但是，风险的存在会使学校的经济活动偏离其设定的目标，内部控制的建立就是为了纠正脱离目标的偏差，确保目标的实现。

为开展风险评估工作，高职高专院校应当确定各项经济活动的控制目标。高职高专院校的目标是由单位的理念和其所追求的价值所决定的，总体上与内部控制的整体目标相一致，包括：合理保证单位经济活动合法合规、资产安全和使用有效、财务信息真实完整，有效防范舞弊和预防腐败，提高公共服务的效率和效果。但是由于各项经济活动各有特点，所以各项经济活动的控制目标也有所侧重。

设定目标为学校从事经济活动提供了可计量的标准，风险评估工作小组应当根据各项经济活动的自身特点和相互联系，准确识别影响控制目标实现的单位层面的风险和经济活动业务层面的风险，确定单位的风险承受度，采用恰当的程序去设定控制目标，确保选定的目标支持和切合单位的实际情况。毕竟，不合适的目标会使高职高专院校承受太多不必要的风险。

2. 风险识别。

风险识别是指对高职高专院校面临的各种不确定因素进行梳理、汇总，形成风险清单。风险识别遵循系统性、连续性和全面性原则，主要目的不仅要帮助学校认识和发现风险，而且还要为学校提供如何管理风险的思路。风险识别不是一蹴而就的，是一个动态的连续过程。具体来说，风险识别就是发现风险源和认识风险因素的过程。风险识别要从风险产生的原因入手，通过各种识别工具和方法来发现客观存在的不确定性，然后对建立的详细风险清单进行分析。高职高专院校在识别风险的同时，还要确定相应的风险承受度。风险承受度是指学校能够承担的风险限度。

高职高专院校单位层面的风险识别主要是从组织、机制、制度、岗位和信息系统入手，主要包括：内部控制工作的组织情况；内部控制机制的建设情况；内部管理制度的完善情况；内部控制关键岗位工作人员的管理情况；财务信息的编报情况。经济活动业务层面的风险识别应当从梳理业务流程、明确业务环节入手，主要包括：各项经济活动的业务流程是否清晰合理，流程中的相关岗位的职责权限是否明确，不相容岗位是否分离；每个环节的授权审批是否科学完整，相关信息是否得到全面记录；各项管理要求是否在内部管理制度中予以明确，各项制度的执行是否有效，关键控制措施是否得到落实。

风险识别的基本方法是风险清单，由专业人员设计好风险标准的问卷，问卷尽可能包括所有高职高专院校可能面临的风险，例如"潜在损失一览表"、"资产暴露分析表"等。此外，还要辅以一些其他方法，如现场调查法、组织图分析法、财务报表分析法等。

3. 风险分析。

风险分析是指在风险识别的基础之上，运用定量和定性方法进一步分析风险发生的可能性和对高职高专院校目标实现的影响程度，以便为制定风险应对策略、选择应对措施提供依据。

高职高专院校应当采用定性与定量相结合的方法，依据风险发生的可能性及其影响程度，对识别的风险进行分析和排序，确定关注重点和优先控制的风险。

风险分析包括风险发生的可能性和风险产生的影响程度。风险发生的可能性分析采用定性测评，也可以使用风险发生的概率或者一定期间内发生的次数。

风险产生的影响程度分析主要针对相关风险对单位目标实现的影响程度判断（如图表2-1、图表2-2所示）。在进行风险分析时，高职高专院校应充分吸收专业人员，组成风险分析团队，按照严格规范的程序开展工作，确保风险分析结果的准确性。

图表2-1　　　　　　　　　　风险发生的可能性

序号	描述性	举例
1	几乎确定	在多数情况下预期会发生
2	很可能	在多数情况下很可能发生
3	可能	在某些时候可能发生
4	不太可能	在多数情况下不太可能发生
5	几乎不可能	只有在例外情况下才可能发生，发生的概率非常低

图表2-2　　　　　　　　　　风险产生的影响程度

序号	描述性	举例
1	不重要	目标实现不受影响，如发生，将造成较低的损失
2	次要	对目标实现有轻度影响，如发生，将造成轻微的损失
3	中等	对目标实现有中度影响，如发生，将造成中等的损失
4	主要	对目标实现有严重影响，如发生，将造成较大的损失
5	重大	对目标实现有重大影响，如发生，将造成极大的损失

4. 风险应对。

风险应对是指在风险分析的基础之上，针对高职高专院校存在的风险，提出各种风险解决方案，经过分析论证与评价从中选择最优方案并予以实施。风险应对策略有四种基本类型：风险规避、风险降低、风险分担、风险承受。高职高专院校应当综合运用风险应对策略，实现对风险的有效控制。

（1）风险规避。风险规避是学校对超出风险承受度的风险，通过放弃或者停止与该风险相关的业务活动以避免和减轻损失的策略。这是控制风险的一种最彻底、最有力的措施，是在风险事故发生之前，将所有风险因素完全消除，从而彻底排除某一特定风险事故发生的可能性。

（2）风险降低。风险降低是学校在权衡成本效益之后，准备采取适当的控制措施降低风险或者减轻损失，将风险控制在风险承受度之内的策略。

(3) 风险分担。风险分担是学校准备借助他人力量，采取业务分包、购买保险等方式和适当的控制措施，将风险控制在风险承受度之内的策略。

(4) 风险承受。风险承受是学校对风险承受度之内的风险，在权衡成本效益之后，不准备采取控制措施降低风险或者减轻损失的策略。这也是一种最普通、最省事的风险应对策略。

（五）风险评估具体应用

在风险评估之后，高职高专院校应当采取相应的控制方法将风险控制在可承受范围之内。高职高专院校风险控制方法一般包括8种（如图表2-3所示）：

图表2-3　　　　　　　　风险控制方法

序号	可能存在风险点	方法
1	不相容岗位相互分离	合理设置内部控制关键岗位，明确划分职责权限，实施相应的分离措施，形成相互制约、相互监督的工作机制。
2	内部授权审批控制	明确各岗位办理业务和事项的权限范围、审批程序和相关责任，建立重大事项集体决策和会签制度。相关工作人员应当在授权范围内行使职权、办理业务。
3	归口管理	根据本校实际情况，按照职责对等的原则，采取成立联合工作小组并确定牵头部门或牵头人员等方式，对有关经济活动实行统一管理。
4	预算控制	强化对经济活动的预算约束，使预算管理贯穿于单位经济活动的全过程。
5	财产保全控制	建立资产日常管理制度和定期清查机制，采取资产记录、实物保管、定期盘点、账实核对等措施，确保资产安全完整。
6	会计控制	建立健全本校财会管理制度，加强会计机构建设，提高会计人员业务水平，强化会计人员岗位责任制，规范会计基础工作，加强会计档案管理，明确会计凭证、会计账簿和财务会计报告处理程序。
7	单据控制	根据国家有关规定和单位的经济活动业务流程，在内部管理制度中明确界定各项经济活动所涉及的表单和票据，要求相关工作人员按照规定填制、审核、归档、保管单据。
8	信息内部公开	建立健全经济活动相关信息内部公开制度，根据国家有关规定和单位的实际情况，确定信息内部公开的内容、范围、方式和程序。

1. 单位层面风险评估。

高职高专院校单位层面风险评估是站在单位整体层面角度进行的风险评估，目的是为了发现单位层面内部控制的关键点。进行单位层面的风险评估时，应当重点关注以下方面：

（1）内部控制工作的组织情况。识别、分析和应对学校的经济活动风险，需要组织和人员方面的保障，以及相关部门之间的通力合作。包括是否确定内部控制职能部门或牵头部门；是否建立单位各部门在内部控制中的沟通协调和联动机制。

（2）内部控制机制的建设情况。内部控制机制无论在单位层面还是在经济活动业务层面的风险评估中都发挥着十分重要的作用，就单位层面来看，包括经济活动的决策、执行、监督是否实现有效分离；权责是否对等；是否建立健全议事决策机制、岗位责任制、内部监督等机制。

（3）内部管理制度的完善情况。为明确经济活动流程、岗位职责和审批权限，必须建立和完善内部管理制度，以使学校的经济活动有据可依。包括内部管理制度是否健全，执行是否有效。

（4）内部控制关键岗位工作人员的管理情况。关键岗位工作人员，是高职高专院校内部管理的设计者和实施者，其专业胜任能力和职业道德水平，影响到单位各项经济活动的正常开展。因此，必须重点关注内部控制关键岗位工作人员的管理情况，是否建立工作人员的培训、评价、轮岗等机制；工作人员是否具备相应的资格和能力。

（5）财务信息的编报情况。财务信息全面、客观、总括地反映了高职高专院校的各项经济活动，编制不合规、内容不真实不完整的财务报告表明高职高专院校经济活动中舞弊风险的存在，因此，必须关注财务报告的编制情况，包括是否按照国家统一的会计制度对经济业务事项进行账务处理；是否按照国家统一的会计制度编制财务会计报告。

（6）其他情况。除了上述五个方面，如果高职高专院校单位层面还存在其他与控制目标有关的经济活动风险，也必须适时给予重点关注。

2. 业务层面风险评估。

高职高专院校经济活动业务层面的风险评估主要针对其具体业务循环的内部控制展开，包括预算管理、收支管理、采购管理、资产管理、建设项目管理和合同管理等。单位进行经济活动业务层面的风险评估时，应当重点关注以下方面：

（1）预算管理情况。高职高专院校的预算来源于单位实际发生的经济行为，根据单位内部各项工作任务对经济行为进行合理计划，以实现财务对业务的支撑和管理。包括在预算编制过程中单位内部各部门间沟通协调是否充分；预算编制与资产配置是否相结合、与具体工作任务是否相对应；是否按照批复的额度和开支范围执行预算，进度是否合理，是否存在无预算、超预算支出等问题；决算编报是否真实、完整、准确、及时。

（2）收支管理情况。高职高专院校收支管理风险分散在各个业务部门，收入金额不实、私设"小金库"、报销时单位审核不严格、使用虚假发票套取资金的情形时常发生，因此，在进行风险评估时应重点关注：收入是否实现归口管理，是否按照规定及时向财务管理部门提供收入的有关凭据，是否按照规定保管和使用印章及票据等；发生支出事项时是否按照规定审核各类凭据的真实性、合法性，是否存在使用虚假票据套取资金的情形。

（3）采购管理情况。高职高专院校采购业务的主要流程是先预算、后计划、再采购，但是，仍然存在部门之间缺乏沟通协调、采购活动不规范、采购业务档案管理不善等情形。采购管理中需重点关注的方面，包括是否按照预算和计划组织采购业务；是否按照规定组织采购活动和执行验收程序；是否按照规定保存采购业务相关档案。

（4）资产管理情况。资产管理关注点包括是否实现资产归口管理并明确使用责任；是否定期对资产进行清查盘点，对账实不符的情况及时进行处理；是否按照规定处置资产。

（5）建设项目管理情况。高职高专院校的建设项目包括固定资产的新建、改建和扩建，以及技术改造、设备更新等。重点关注点包括是否按照概算投资；是否严格履行审核审批程序；是否建立有效的招投标控制机制；是否存在截留、挤占、挪用、套取建设项目资金的情形；是否按照规定保存建设项目相关档案并及时办理移交手续。

（6）合同管理情况。高职高专院校开展收支业务、政府采购业务、建设项目，都会涉及到经济合同的签订与履行。重点关注包括是否实现合同归口管理；是否明确应签订合同的经济活动范围和条件；是否有效监控合同履行情况；是否建立合同纠纷协调机制。

（7）校企合作业务管理情况。高职高专院校开展校企合作是强化学生实践教学的重点环节，其合作形式多样，内容丰富。应重点关注校企合作业务立项申报是否科学合理；业务决策过程是否周详严密；履约过程控制是否有效；期满终止清算是否及时。

（8）校办产业业务管理情况。高职高专院校对校办产业的评估应重点关注是否实现了校企共赢的发展战略；是否确保了学校对校办产业投资的安全和完整；是否实现了学校投入的经营性资产的保值、增值；是否理顺了校办产业管理体制，完善了校办产业各项管理制度；是否保证了校办产业财务信息真实、完整。

（9）学生资助业务管理情况。学生资助是维护教育公平，促进职业教育持续健康发展的重点环节。应重点关注资助政策、资助过程、资助结果是否公开；学生资助资金是否及时足额发放；学生资助资金使用与管理上否规范有序；是否实现既定的绩效目标。

（10）财政专项项目管理情况。应重点关注财政专项业务立项申报是否科学合理；业务决策、执行与监督过程是否合法合规；实施过程控制是否有效；资金管理是否规范，是否专款专用，是否真实准确反映财务报告及相关信息。

（11）其他情况。除上述方面，对高职高专院校经济活动业务方面可能产生的其他风险，也必须给予重点关注。

第五节　学校风险评估报告范例

一、风险评估样表

高职高专院校风险评估报告至少应当包括基本情况、风险评估范围、事项描述、主要风险点及风险评级、主要风险应对措施等方面的内容，在具体实施时可以对照风险样表（如图表2-4所示），从单位层面、业务层面的风险点做好风险识别、风险分析、风险应对的基础性工作，这样就为后面科学、规范撰写风险报告做好了准备，以确保风险报告的质量。

图表2-4　　　　　　　　　　风险评估报告样表

某高职高专院校风险评估报告

年　月　日

风险评估范围								
评估周期								
控制目标								
	风险	风险识别	风险分析		风险应对			
			可能性分析	影响程度分析	风险规避	风险降低	风险分担	风险承受
单位层面风险	（1）内部控制工作的组织情况							
	（2）内部控制机制的建设情况							
	（3）内部管理制度的完善情况							
	（4）内部关键岗位工作人员的管理情况							
	（5）财务信息的编报情况							
	（6）其他							

续表

经济活动业务层面风险	基本业务	（1）预算管理风险						
		（2）收支管理风险						
		（3）采购管理风险						
		（4）资产管理风险						
		（5）建设项目管理风险						
		（6）合同管理风险						
		（7）校企合作风险						
	特别关注业务	（8）校办产业风险						
		（9）学生资助风险						
		（10）财政专项风险						
		（11）其他						

二、风险评估报告范例

完成风险评估样表中所列示的工作后，风险评估工作小组应当做好汇总、整理和分析工作，形成书面材料，并撰写风险评估报告，并及时提交单位领导班子，作为完善内部控制的依据。特别是对风险评估中发现的重大风险，学校领导应当尽快安排确定解决方案，并要求相关业务部门的负责人高度重视、协调解决。

风险评估报告范例包括风险评估活动组织情况、风险评估活动发现的风险因素、风险分析、风险应对措施建议等部分，下面我们将某高职高专院校的风险评估报告范例列示如下，供各校参考与研究。

某高职高专院校风险评估报告

院（校）长并校党委（常委）：

（引言）

一、风险评估活动组织情况

（一）工作机制

....

（二）风险评估范围

1. 单位层面风险。…………
2. 业务活动层面风险。…………
（三）风险评估的程序和方法
1. 风险评估程序。…………
2. 风险评估方法。…………
（四）收集的资料和证据等情况
…………

二、风险评估活动发现的风险因素
（一）单位层面风险因素（按经评估发现的风险逐一描述）
…………
（二）业务层面风险因素（按经评估发现的风险逐一描述）
…………

三、风险分析
（一）单位总体风险水平
…………
（二）重要和重大风险因素
…………

四、关于应对风险的措施建议
…………

特此报告

学校风险评估工作领导小组
年　月　日

本章主要参考文献

[1] 财政部.《行政事业单位内部控制规范（试行）》（财会〔2012〕21号）
[2] 刘永泽、唐大鹏. 行政事业单位内部控制实务操作指南[M]. 大连：东北财经大学出版社，2016
[3] 方周文，张庆龙，聂兴凯. 行政事业单位内部控制规范讲解[M]. 上海：立信出版社，2013
[4] 乔春华. 高校内部控制研究[M]. 苏州：苏州大学出版社，2014
[5] 郭洁. 美国公立高校风险管理：背景、机制与借鉴[J]. 高校教育管理，2015（6）

第三章

内部控制自我评价

第一节 内部控制自我评价目标与原则

内部控制评价是内部控制发展到一定阶段的必然产物。最早提出"内部控制评价"这一概念的是美国公证执业会计业协会（AICPA），它经联邦储备委员会批准，在1929年发布的《财务报表》一文正式提出"要对内部控制的有效性做出评价而抽查的范围将取决于检查内部控制系统的结果"。2010年，我国财政部等五部委联合发布的《企业内部控制评价指引》（财会〔2010〕11号）第二条指出："本指引所称内部控制评价，是指企业董事会或类似权力机构对内部控制有效性进行全面评价、形成评价结论、出具评价报告的过程"。因此，内部控制评价是企业对现有内部控制系统的设计、实施及运行的结果进行调查、测试、分析和评价，并得出相应报告的活动。高职高专院校的内部控制评价是指高职高专院校管理层或指定专门部门对内部控制的建立和执行的有效性进行全面评价、形成评价结论、出具评价报告的过程。

一、高职高专院校内部控制评价的目标

评价目标指的是通过评价要达到的效果如何。由于内部控制评价的最终目的是实现内部控制系统的有效性，完善内部控制体系，其实质是对内部控制的再控制，最终目的是为了实现内部控制的目标。因此，内部控制评价目标与内部控制目标是一致的。内部控制评价目标应该是从内部控制目标出发，来对内部控制的设计和执行进行评价，考核内部控制所规定的目标是否实现。高职高专院校自身进行的内部控制评价，其目标不能仅局限于财务报告目标

和合法合规目标，还应关注学校资源利用的绩效目标、满足社会对优质职业教育资源需求的社会责任目标以及战略目标的实现程度。

高职高专院校内部控制评价的目标主要包括：

1. 进一步促进高职高专院校严格遵守国家法律法规，遵守党和政府有关规范办学的规定；

2. 促进高职高专院校强化内部控制意识，建立健全内部控制机制，完善内部控制制度；

3. 严格落实各项控制措施，确保内部控制体系的有效运行；

4. 促进高职高专院校财务和管理信息的真实性、完整性和及时性；

5. 提高资产管理和公共服务的绩效；

6. 促进高职高专院校提高风险管理水平，保证高职高专院校发展战略目标的实现。

二、高职高专院校内部控制评价应把握的原则

内部控制评价体系是内部控制评价的制度保证，高职高专院校应充分考虑相关资源的配合以及风险和控制的关系，把握以下主要原则：

（一）持续改进原则

从效应控制的角度看，任何管理效应都是在管理系统运行中实现的。1950年美国学者戴明（W. Edwards. Deming）提出在全面质量管理中要应用"PDCA循环"。"PDCA循环"是一个质量持续改进模型，它包括持续改进与不断学习的四个循环反复的步骤，即计划（Plan）、执行（Do）、检查（Check）、处理（Act）。而一个完整的内部控制系统同样也包括"设计－执行－评价－改进"四个环节，这四个环节构成一种持续不断的过程，形成一个密不可分的有机整体，体现了PDCA工作原理在内部控制建设中的具体应用。其中，内部控制评价就相当于PDCA循环中的检查（Check）环节。

高职高专院校内部控制的有效性包括设计有效性和运行有效性，而判断内部控制是否恰当设计并得到有效执行，就需要对内部控制进行评价，也可以说是一个"诊断"、"反馈"、"治疗"的过程，是一个承前启后的关键环节，是促进内部控制系统持续改进的重要手段。

（二）成本效益原则

成本效益原则，即经济性原则，实施内部控制评价所取得的收益要大于

实施内部控制评价而花费的成本。实施内部控制本身就是通过完善的内部控制制度，降低成本和人为因素，最大程度的提高单位综合效益。如果实施内部控制所花费的成本大于其本身所能带来的效益，就失去了实施内部控制的必要性。因此，高职高专院校在开展内部控制评价时，应该在全面评价的基础上，围绕重要业务事项，关注风险点和关键控制点，重点是判断是否以比较小的控制成本实现了内部控制的目标。另外，合理确定实施内部控制评价的时间间隔也体现了成本效益原则，如根据学校规模和业务复杂程度明确一年、两年一次。

（三）风险导向原则

高职高专院校评价内部控制并非为了控制本身，而应针对开展教科研活动和其他经济活动中可能面临的风险。因此，内部控制评价主要考虑现有的内部控制系统是否能将剩余风险控制在可接受的水平；并且将内部控制评价的结果作为相关责任人业绩的一部分，通过将内部控制评价和个人业绩的对接来提高完善内部控制的自主性。

第二节　内部控制自我评价指标体系

一、内部控制评价指标体系的构建思路

内部控制评价指标体系的构建有两种模式：一种是目标导向评价模式。从内部控制目标实现水平的角度展开对高校内部控制有效性的评价。这种模式注重内部控制的结果，可以保证其评价结果的客观性和可靠性，还可以较好地规避高校内部控制制度设计上的"形式主义"行为。另一种是要素评价模式。COSO报告发布以后，以COSO报告五要素的必要条款为评价标准的要素评价模式风靡一时，我国颁布的《企业内部控制基本规范》(2008)在形式上借鉴了COSO报告的五要素框架，并在《企业内部控制评价指引》(2010)中指出内部控制评价应紧紧围绕内部环境、风险评估、控制活动、信息与沟通、内部监督五要素进行。这种模式是立足于内部控制要素特征的内部控制功能性评价，注重内部控制过程，反映企业的内部控制水平，为管理层提供内部控制潜在问题的信息及改善业务的机会与建议。

面对日趋复杂的内部管理形势，高职高专院校应该结合自身的特点和评价目标，参照《企业内部控制评价指引》（2010），同时借鉴企业内部控制评价的先进理论成果，从过程、结果等方面着手，采用适合自己的模式，以对高职高专院校内部控制系统进行全方位的评价。

二、高职高专院校内部控制评价的指标体系

综前所述，高职高专院校内部控制评价指标体系可以按两种模式构建：一种是目标导向评价模式，另一种是要素评价模式。现分述如下：

（一）目标导向评价模式指标体系

根据财政部2016年印发的《关于开展行政事业单位内部控制基础性评价工作的通知》（财会〔2016〕11号）文件精神，结合高职高专院校实际，构建内部控制评价指标体系（如图表3–1所示）。

图表3–1　　　　高职高专院校内部控制评价指标体系

类别	评价指标
单位层面	1. 内部控制组织机构建设情况
	2. 单位主要负责人承担内部控制建立与实施责任情况
	3. 对权力运行的制约情况
	4. 内部控制制度完备情况
	5. 不相容岗位与职责分离控制情况
	6. 内部控制管理信息系统功能覆盖情况
业务层面	7. 预算业务管理控制情况
	8. 收支业务管理控制情况
	9. 政府采购业务管理控制情况
	10. 资产管理控制情况
	11. 建设项目管理控制情况
	12. 合同管理控制情况
	13. 校企合作管理控制情况
	14. 校办产业管理控制情况
	15. 学生资助管理控制情况
	16. 财政专项资金管理控制情况

（二）要素评价模式指标体系

要素评价模式指标体系如图表 3-2 所示。

图表 3-2　　　　高职高专院校内部控制评价指标及其内涵

一级指标	二级指标	指标内涵
控制环境	治理结构	治理结构是否健全；是否形成科学有效的制衡机制；"三重一大"是否集体决策等。
	组织机构	学校内设机构是否结合自身特点和内部控制要求；机构是否明确职责权限；内部责权分配和授权是否有效进行；是否编制内部管理手册等。
	学校文化	是否体现民主和科学的精神；教职工是否恪守诚实守信的职业操守；管理哲学是否有利于内部控制的建立健全等。
	人力资源政策	是否将职业道德和专业胜任能力作为选拔和聘用的标准；提拔干部和晋升职称是否公开；是否注重员工培训和继续教育；制定和实施可持续发展的人力资源政策等。
风险评估	目标设定	是否按照战略目标设定了内部控制相关目标；是否设定了符合适用的法律法规合规的目标；是否设定了可靠性的财务报告目标；是否设定了有效和高效地利用资源的目标；是否设定了防止资源损失、浪费和毁坏的安全目标等。
	风险识别	是否根据确定的战略目标和内部控制目标来识别风险；与目标相关的内部风险和外部风险分别是什么；整体层和业务层的风险承受度如何；能否识别内外部风险并判断风险的严重程度等。
	风险分析	采用何种方式对风险进行评价；对抗风险的预警能力和化解能力如何；是否制定了风险报告；风险评估方法是否适当等。
	风险应对	风险应对策略是否考虑成本效益原则；风险规避、风险降低、风险分担、风险承受策略分别如何实施的；是否制定一些明确的防范和降低风险的举措；举措的执行及效果如何等。
控制活动	不相容岗位控制	不相容岗位设置是否符合内部牵制的原则；是否有效地实施不相容岗位相互分离和监督；关键岗位人员是否定期岗位轮换等。
	授权审批控制	是否区分一般授权和特殊授权；是否明确各岗位的权限范围、审批程序和相应责任；授权批准的责任和程序是否定期检查；是否有越权业务的事项等。
	归口管理	经济业务、行政事务是否归口管理。
	预算控制	预算编制、预算执行和预算考核是否岗位分离；预算管理制度是否完善；预算是否刚性控制；编制预算和调整预算是否符合程序；是否对偏离预算的行为进行纠偏等。
	会计控制	会计人员是否持证上岗；是否严格按照会计准则和制度处理业务；会计处理程序是否符合国家规定；是否设置稽核人员稽核会计业务；是否及时结账和定期对账，做到账证相符、账账相符；是否保持会计资料的真实完整等。

续表

一级指标	二级指标	指标内涵
控制活动	财产保护控制	是否做到限制直接接触；是否做到财产记录；是否做到定期盘点；是否做到财产保险等。
	人力资源控制	是否有健全的员工聘用、辞退、薪酬、考核、晋升和奖惩政策；人才引进、晋升与奖惩等事项是否严格透明；关键岗位员工是否实行强制休假制度和委派制度等。
	文件记录控制	是否建立组织机构职能图和授权审批权限一览表；是否建立全员岗位说明书；使用有业务流程手册；使用有经手记录，即文件传递、手续交接、财产转移、信息传达等事项所必须有的记录；是否有会议记录、会议纪要并有签名等。
	信息公开控制	教育部《高等学校信息公开办法》规定的"高校学校应当主动公开12项以上信息"是否对外公开等。
	绩效考评控制	是否进行认真的预算绩效考评；是否进行认真的人事绩效考评等。
信息与沟通	信息系统	是否采集与内部控制相关的内部和外部财务和非财务的信息；是否重视信息质量等。
	沟通渠道	是否重视信息的有效传达；是否重视正常报告或者"小报告"等。
监督	监督	是否有监督制度；是否有独立监察和审计机构；是否有监察和审计报告；是否有监察和审计反馈等。
	评价	是否有评价制度；是否有评价方案；是否有评价报告；是否有评价反馈等。

第三节 内部控制自我评价方法

一、高职高专院校内部控制评价的主体和客体

1. 评价主体是指由谁来实施内部控制评价。

作为内部评价，主要是以学校内部审计部门为主体，管理层和其他相关人员广泛参与的活动过程。

2. 内部控制评价的客体是指内部控制评价的实施对象，即对什么内容进行评价。

内部控制是一个动态的过程，其有效性是在特定时点的状态。从时间范畴看，要将内部控制评价作为一个过程，贯穿在高职高专院校日常的业务活动中。从空间范畴看，内部控制是对高职高专院校单位层面的决策机制、组织架构和监督机制进行控制，还要对业务层面的预算业务、收支业务、采购

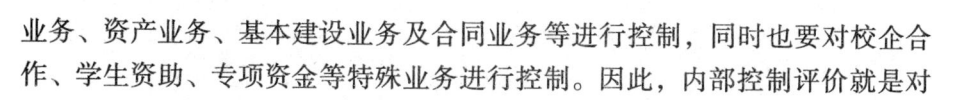

业务、资产业务、基本建设业务及合同业务等进行控制，同时也要对校企合作、学生资助、专项资金等特殊业务进行控制。因此，内部控制评价就是对高职高专院校单位层面、业务层面以及特殊业务层面的全过程的评价。

二、内部控制评价的方法

1. 目标导向评价法。

首先针对影响既定目标的相关风险进行评估；其次针对评估出的风险，判断学校是否存在应对该风险的内部控制措施；再次，搜集寻找相关证据，以评价已存在的内部控制运行是否有效；最后，评估内部控制的缺陷，判断是否为实质性漏洞，对内部控制是否有效做出最终评定。

2. 要素导向评价法。

首先评价内部控制设计的有效性，以内部控制框架（或标准）为参照物，通过判断内部控制框架中所制定的各个组成要素存在与否来进行评价；其次对内部控制运行的有效性进行评价；最后综合前两步的结果，对内部控制的有效性得出一个整体评价，评估影响内部控制目标实现的风险因素，并判断重大漏洞存在的可能性，最终判定内部控制是否有效。

3. 具体操作方法。

在进行内部控制评价时，应将下面的具体方法结合使用：（1）个别访谈法，适用于了解高职高专院校内部控制的现状，对单位层面和业务层面进行评价。（2）调查问卷法，适用于单位层面评价，该方面要注意保密，题目尽量简单易答。（3）穿行测试法，在内部控制流程中任意选取一个事项作为样本，追踪该流程从起点到终点的全过程，以此评价控制措施设计的有效性，并识别出关键控制点。（4）实地查验法，针对业务层面的控制（如财产清查），通过盘点、清查核对等方法对控制环节进行现场查验。（5）抽样法，针对具体的内部控制业务流程，按照业务发生频率及固有风险高低，从总体中抽取一定比例的业务样本进行判断，进而对业务流程控制运行的有效性做出评价。

三、高职高专院校内部控制自我评价过程

1. 明确实施内部控制自我评价的部门或机构。

实施内部控制自我评价应成立内部控制评价领导小组，领导小组应包括学校主要领导、分管校领导和相关职能部门负责人，以保证自我评价工作的顺利

开展。领导小组的职责是审核批准评价方案，组建内部控制自我评价工作小组。内部控制自我评价工作小组应明确由审计部门牵头实施，管理层和其他人员广泛参与。如果学校内部审计部门不能实施，也可委托社会中介机构实施。

2. 对学校的概况做总体了解。

了解学校性质、占地面积和建筑面积；了解在校生规模，包括高职本科生、成人教育生、社会培训等规模；了解国有资产总体情况，包括固定资产总值，教学科研仪器设备总值等；了解学校年度预算收支总额、执行财务制度和会计制度；了解学校教职工人数，包括专任教师、兼职教师，教师职称、学历结构等；了解学校职能部门、教学单位以及直属单位设置情况；了解专业设置及实验实训室条件等；了解学校的发展规划、年度计划。

3. 掌握学校内部控制现状。

掌握学校章程的制订情况，以及是否批准等情况；掌握学校的治理结构，党委和行政的议事规则、学术委员会、教职工代表大会等的组成和运行情况；掌握学校的人事分配制度，包括考核评价激励机制和绩效工资体系；掌握学校的财务管理体制，是集中管理还是两级管理；掌握学校信息化建设情况等。

4. 确定内部控制评价指标体系，并通过一定的方法将之转换为内部控制自我评价评分表。

确定了内部控制评价指标体系，只能说明为了达到内部控制评价的目标，体现了内部控制的思路，但还没有达到具体的操作层面，必须要通过一定的方法，转换为内部控制自我评价评分表，才能通过调查问卷的方式由评价单位管理层和各个方面人员进行测评，从而发现内部控制缺陷，经过分析后形成评价结果，并加以改进。

第四节 目标导向评价模式下的内部控制建设自我评价报告范例

一、评价过程

目标导向评价是以问题为导向的评价模式，主要通过建立评价指标体系，进一步分析各控制层面关键控制点，按评价要点设立二级评价指标，设立权重，进行逐一赋分。其具体的评价步骤为：

1. 设置二级评价指标体系，建立评价标准，制定各控制层面评价指标评价分值如图表 3-6 所示。

采用量化评价的方式，设置单位层面评价指标和业务层面评价指标，分别为 45 分和 55 分，合计 100 分。单位层面评价指标分为 6 类 21 项指标，业务层面评价指标分为 10 类 27 项指标。

图表 3-3　　某高职高专院校内部控制评价指标评分表

类别	评价指标	评价要点	分值	评价得分
单位层面（45 分）	1. 内部控制组织机构建设情况（本指标 10 分）	1.1 成立内部控制领导小组，制定相关的工作机制	3	
		1.2 开展内部控制专题培训	2	
		1.3 开展内部控制风险评估	2	
		1.4 开展组织及业务流程再造	3	
	2. 单位主要负责人承担内部控制建立与实施责任情况（本指标 3 分）	2.1 单位主要负责人主持召开会议讨论内部控制建立与实施相关的议题	1	
		2.2 单位主要负责人主持制定内部控制工作方案，健全工作机制	1	
		2.3 单位主要负责人主持开展内部控制工作分工及人员配备等工作	1	
	3. 对权力运行的制约情况（本指标 6 分）	3.1 权力运行机制的构建	3	
		3.2 对权力运行的监督	3	
	4. 内部控制制度完备情况（本指标 16 分）	4.1 建立预算管理制度	2	
		4.2 建立收入管理制度	2	
		4.3 建立支出管理制度	2	
		4.4 建立政府采购管理制度	2	
		4.5 建立资产管理制度	2	
		4.6 建立建设项目管理制度	2	
		4.7 建立合同管理制度	2	
		4.8 建立决策机制制度	2	
	5. 不相容岗位与职责分离控制情况（本指标 4 分）	5.1 对不相容岗位与职责进行了有效设计	2	
		5.2 不相容岗位与职责得到有效的分离和实施	2	
	6. 内部控制管理信息系统功能覆盖情况（本指标 6 分）	6.1 建立内部控制管理信息系统，功能覆盖主要业务控制及流程	4	
		6.2 系统设置不相容岗位账户并体现其职权	2	

41

续表

类别	评价指标	评价要点	分值	评价得分
业务层面 (40分)	7. 预算业务管理控制情况（本指标7分）	7.1 对预算进行内部分解并审批下达	3	
		7.2 预算执行差异率	4	
	8. 收支业务管理控制情况（本指标6分）	8.1 收入实行归口管理和票据控制，做到应收尽收	2	
		8.2 支出事项实行归口管理和分类控制	2	
		8.3 举债事项实行集体决策，定期对账	2	
	9. 政府采购业务管理控制情况（本指标7分）	9.1 政府采购合规	4	
		9.2 落实政府采购政策	2	
		9.3 政府采购方式变更和采购进口产品报批	1	
	10. 资产管理控制情况（本指标6分）	10.1 对资产定期核查盘点、跟踪管理	4	
		10.2 严格按照法定程序和权限配置、使用和处置资产	2	
	11. 建设项目管理控制情况（本指标8分）	11.1 履行建设项目内容变更审批程序	2	
		11.2 及时编制竣工决算和交付使用资产	2	
		11.3 建设项目超概算率	4	
	12. 合同管理控制情况（本指标6分）	12.1 加强合同订立及归口管理	3	
		12.2 加强对合同履行的控制	3	
特殊业务层面 (15分)	13. 校企合作管理控制情况（本指标4分）	13.1 加强归口管理，决策程序严密	1	
		13.2 履约过程控制有效	2	
		13.3 期满终止清算及时	1	
	14. 校办产业管理控制情况（本指标4分）	14.1 实现了校企共赢	2	
		14.2 经营性资产的保值、增值	1	
		14.3 校办企业各项管理制度完善	1	
	15. 学生资助管理控制情况（本指标4分）	15.1 政策、资助过程、资助结果公开	1	
		15.2 资金及时足额发放	2	
		15.3 资助管理制度健全	1	
	16. 财政专项资金管理控制情况（本指标3分）	16.1 立项申报科学合理、业务决策合规	1	
		16.2 实施过程控制有效	1	
		16.3 资金管理规范	1	
合计 (100分)		评价总分		

2. 设计评价操作细则，可以设置扣分项，确定具体评价赋分方法。
3. 发放评价调查表，收集相关佐证资料。
4. 根据学校实际情况逐项进行打分。按指标赋分时，可以采取加权平均法综合计算。
5. 汇总各项评价指标得分，即为学校的评价得分，满分为100分。

因参评单位不涉及某类业务，导致某项指标不适用的，其评价得分需要换算，换算公式如下：

$$评价得分 = \frac{参评指标得分}{(100-不适用指标分值)} \times 100 分$$

评价等级：评价得分60分以下为不合格；60~80分为基本合格；80~90分为良好，90分~100分为优秀。

6. 根据评价结果及发现的问题，出具评价报告。

二、评价报告范例

下面我们将《某高职高专院校内部控制自我评价报告》作为范例提供给读者，供在制度设计时参考与借鉴。

某高职高专院校内部控制自我评价报告

××部门：

为贯彻落实《财政部关于全面推进行政事业单位内部控制建设的指导意见》的有关精神，依据《行政事业单位内部控制规范（试行）》的有关规定，我们成立了学校内部控制评价小组，对学校的内部控制管理情况进行了评价。

一、内部控制基础性评价结果

根据《高职高专院校内部控制评价指标评分表》中列明的评价指标和评价要点，学校单位层面内部控制评价得分为　　分，业务层面内部控制评价得分为　　分，共计　　分。因存在不适用指标，换算后学校的综合性评价得分为　　分。
学校各指标具体得分情况（如图表3-4所示）：
在学校内部控制评价过程中，存在扣分情况的指标汇总如下：
　　[逐项列示存在扣分情况的评价指标、评价要点、扣分分值及扣分原因]
二、特别说明事项
（一）特别说明情况
学校内部控制出现问题，导致单位在经济活动中［发生重大经济损失/

引起社会重大反响/出现经济犯罪]，特将相关情况说明如下：

图表 3-4　　　　　　　学校各指标具体得分情况表

类别	评价指标及标准	评价得分
单位层面 (45 分)	1. 内部控制组织机构建设情况（10 分）	
	2. 单位主要负责人承担内部控制建立与实施责任情况（3 分）	
	3. 对权力运行的制约情况（6 分）	
	4. 内部控制制度完备情况（16 分）	
	5. 不相容岗位与职责分离控制情况（4 分）	
	6. 内部控制管理信息系统功能覆盖情况（6 分）	
基本业务层面 (40 分)	7. 预算业务管理控制情况（7 分）	
	8. 收支业务管理控制情况（6 分）	
	9. 政府采购业务管理控制情况（7 分）	
	10. 资产管理控制情况（6 分）	
	11. 建设项目管理控制情况（8 分）	
	12. 合同管理控制情况（6 分）	
特别关注点 (15 分)	13. 校企合作管理控制情况（4 分）	
	14. 校办产业管理控制情况（4 分）	
	15. 学生资助管理控制情况（4 分）	
	16. 财政专项资金管理控制情况（3 分）	
(100 分)	评价总分	

［具体描述发生的相关事件、影响及处理结果］

［如学校未发生相关事件，填写"未发生相关情况"］

（二）补充评价指标及其评价结果

学校根据自身评价需求，自愿将［填写补充评价指标名称］等补充评价指标纳入本次内部控制评价范围。现将补充评价指标及评价结果说明如下：

［具体描述各个补充评价指标的所属类别、名称、评价要点及评价结果等内容］

三、内部控制评价下一步工作

基于以上评价结果，学校将［描述与存在扣分情况的评价指标及评价要点相关的管理领域］等管理领域作为××××年内部控制建立与实施的重点工作和改进方向，并采取以下措施进一步提高内部控制水平和效果：

［逐项描述拟采取的进一步建立健全内部控制体系的工作内容、具体措

施、工作责任人、牵头部门、预计完成时间等]

单位负责人：[签名]
××单位
××××年××月

第五节　要素导向评价模式下的内部控制建设自我评价报告范例

一、评价过程

内控控制评价体系是一个具有多层次和多指标的复合体系，对各层次和各指标的相对重要性进行定量分析是个难点。而邀请专家对B层5个指标两两之间的重要性进行定性判断却相对容易，这就是专家意见法，又称德尔菲法（Delphi）。然后运用层次分析法（AHP）可以将专家的定性判断转变为定量分析，其中分层次进行决策判断和评价的特点与内部控制评价目标的多重性特点是相一致的。因此，通常运用层次分析法对高职高专院校内部控制评价指标权重进行计算。

通常通过如下步骤进行评价：

（一）将图表3-1转换为3个层次的指标体系（如图表3-5所示）

图表3-5　　　　某高职高专院校内部控制评价指标层次

A层 决策层	B层 要素层	C层 方案层
内部控制评价	控制环境	治理结构
		组织机构
		学校文化
		人力资源政策
	风险评估	目标设定
		风险设别
		风险分析
		风险应对

续表

A 层 决策层	B 层 要素层	C 层 方案层
内部控制评价	控制活动	不相容岗位控制
		授权审批控制
		归口管理
		预算控制
		会计控制
		财产保护控制
		人力资源控制
		文件记录控制
		信息公开控制
		绩效考评控制
	信息与沟通	信息系统
		沟通渠道
	监督	监督
		评价

（二）用德尔菲法（Delphi）和层次分析法（AHP）相结合的方法来确定学校内部控制评价指标体系的权重（分数），建立内部控制自我评价评分表

a. 德尔菲法（Delphi）：通过设计调查问卷，邀请专家（为保证客观性，邀请9个）按照两两比较，进行判断，得出综合判断结果。判断要素或指标的重要性分5个度：同等重要、稍微重要、比较重要、十分重要、绝对重要，对B层5个要素进行两两判断，然后对C层的22个指标也进行两两判断。

b. 层次分析法（AHP）：利用yaahp软件（张建华研制的层次分析法软件）建立模型；根据德尔菲法的专家综合判断结果建立判断矩阵，进行运算，即得到C层、B层的权重。确定了权重即确定了分数，然后对照图表3-1的指标内涵，根据调查、测试、分析的情况进行总体评价（如图表3-6、图表3-7所示）。

图表 3－6　某高职高专院校内部控制评价要素层判断矩阵结果（yaahp 运算结果）

（一致性比例：0.0878；对总目标的权重：1.0000；λ_{max}：5.3933）

内部控制评价	控制环境	风险评估	控制活动	信息与沟通	监督	Wi（权重）
控制环境	1	0.3333	0.3333	5	5	0.19
风险评估	3	1	0.3333	3	3	0.24
控制活动	3	3	1	5	5	0.45
信息与沟通	0.2	0.3333	0.2	1	1	0.06
监督	0.2	0.3333	0.2	1	1	0.06
						1.00

图表 3－7　某高职高专院校内部控制评价方案层权重（yaahp 运算结果）及分数

备选方案	权重	分数
治理结构	0.11	11
组织机构	0.05	5
高校文化	0.01	1
人力资源政策	0.02	2
目标设定	0.03	3
风险设别	0.12	12
风险分析	0.04	4
风险应对	0.05	5
不相容岗位	0.07	7
授权审批	0.08	8
归口管理	0.03	3
预算控制	0.08	8
会计控制	0.09	9
财产保护	0.02	2
人力资源	0.02	2
文件记录	0.03	3
信息公开	0.02	2
绩效考评	0.01	1
信息系统	0.03	3
沟通渠道	0.03	3
监督	0.04	4
评价	0.02	2
	1.00	100

将图表 3－6、图表 3－7 的权重及分数列入某高职高专院校内部控制自我评价评分表（如图表 3－8 所示），并且规定评价等级，其中"很好"得

86%~100%的分数,"较好"得61%~85%的分数,"一般"得41%~60%的分数,"较差"得21%~40%的分数,"很差"得0~20%的分数。

图表3-8　　某高职高专院校内部控制自我评价评分表

一级指标	权重（分数）	二级指标	权重（分数）	评价内容及分数	很好 0.86~1.0	较好 0.61~0.85	一般 0.41~0.60	较差 0.21~0.40	很差 0~0.20
控制环境	19	治理结构	11	1. 治理结构健全度（4）					
				2. 制衡情况（3）					
				3. 三重一大（4）					
		组织机构	5	……					
		学校文化	1	……					
		人力资源政策	2	……					
风险评估	24	目标设定	3	……					
		风险识别	12	……					
		风险分析	4	……					
		风险应对	5	……					
控制活动	45	不相容岗位控制	7	……					
		授权审批控制	8	……					
		归口管理	3	……					
		预算控制	8	……					
		会计控制	9	……					
		财产保护控制	2	……					
		人力资源控制	2	……					
		文件记录控制	3	……					
		信息公开控制	2	……					
		绩效考评控制	1	……					
信息与沟通	6	信息系统	3	……					
		沟通渠道	3	……					
监督	6	监督	4	……					
		评价	2	……					

（三）内部控制自我评价评分表的发放与测评

测评主要选取学校内部对内部控制理论及实务有一定了解的财务人员、审计人员、资产管理部门工作人员、人事管理部门及党政办公室工作人员，这样可以保证参与人员能够正确地理解评分表中所涉及的问题，从而提高测评的可靠性与正确性。某高职高专院校在被调查人员中，选取了处级干部6人，科级干部8人，一般职工16人。分别占总人数的20%，27%，53%。共发放测评表30份。测评表回收30份，均为有效测评。

通过分析、测评，某高职高专院校综合评价总得分为84.3分，为"较好"等级。

二、评价报告范例

下面我们将《某高职高专院校内部控制自我评价报告》作为范例提供给读者，供在制度设计时参考与借鉴。

某高职高专院校内部控制自我评价报告

××部门：

为贯彻落实《财政部关于全面推进行政事业单位内部控制建设的指导意见》的有关精神，根据《行政事业单位内部控制规范（试行）》和我校《××学院内部控制实施办法》的规定，我们对学校的内部控制有效性等情况进行了自我评价。现将学校内部控制评价情况报告如下：

一、管理层声明

单位管理层保证本报告内容不存在任何虚假记载、误导性陈述或重大遗漏，并对报告内容的真实性、准确性和完整性承担个别及连带责任。

建立健全并有效实施内部控制是单位负责人的责任。

单位内部控制的目标是：合理保证单位经济活动合法合规、资产安全和使用有效、财务信息真实完整，有效防范舞弊和预防腐败，提高公共服务的效率和效果。

二、内部控制自我评价工作的总体情况

管理层授权审计处负责内部控制自我评价的具体组织实施工作，对纳入评价范围的部门和经济活动进行评价［描述评价工作的组织情况，一般包括评价工作组织结构图、主要负责人及汇报途径等]。

单位［是/否］聘请了专业机构［中介机构名称］提供内部控制咨询服务；单位［是/否］聘请了专业机构［中介机构名称］协助开展内部控制自我评价工作。

三、内部控制自我评价的范围

（一）纳入评价范围的部门和单位包括：[列示部门和单位名称，并描述纳入评价范围单位的性质和层级等]

（二）纳入评价范围的业务和事项包括［根据实际情况调整，未尽事项可以充实]：

1. 单位层面：（1）内部控制环境；（2）风险评估；（3）控制活动；（4）信息与沟通；（5）评价与监督。

2. 业务层面：（1）预算业务控制；（2）收支业务控制；（3）政府采购业务控制；（4）资产控制；（5）建设项目控制；（6）合同控制。

上述部门、单位和经济活动的内部控制涵盖了单位风险的主要方面，不存在重大遗漏。[如存在重大遗漏，需逐条说明未纳入评价范围的重要部门、单位或经济活动，并说明原因，对内部控制自我评价报告真实完整性产生的重大影响等]

四、内部控制自我评价的程序和方法

内部控制自我评价工作严格按照《行政事业单位内部控制规范（试行）》规定的程序执行［描述单位开展内部控制检查评价工作的基本流程]。

评价过程中，我们通过设计内部控制自我评价指标体系、内部控制自我评价评分表，以及抽取测评样本进行测评、穿行测试和实地查验等适当方法，广泛收集单位内部控制设计和运行是否有效的证据，如实填写评价工作底稿，分析、设别内部控制缺陷［说明评价方法的适当性及证据的充分性]。

五、内部控制缺陷及其认定

根据学校内部控制实施办法对重大缺陷、重要缺陷和一般缺陷的认定要求，结合单位规模、行业特征、风险偏好和风险承受度等因素，研究确定了本单位的内部控制缺陷具体认定标准，并与以前年度保持了一致［描述单位内部控制缺陷的定性及定量标准]，或作出了调整［描述具体调整标准及原因]。

根据上述认定标准，通过测评和分析，我们发现报告期内存在［数量］

个缺陷，其中重大缺陷［数量］个，重要缺陷［数量］个。

重大缺陷分别为：［1. 控制环境方面；2. 风险评估方面；3. 内部控制管理制度方面；4. 信息沟通体系方面；5. 监督与评价……对重大缺陷进行描述，并说明其对实现相关控制目标的影响程度］。

六、内部控制缺陷的整改情况

针对报告期内发现的内部控制缺陷（含上一期未完成整改的内部控制缺陷），单位采取了相应的整改措施［描述整改措施的具体内容和实际效果］。对于整改完成的重大缺陷，单位有足够的测试样本显示，与重大缺陷［描述该重大缺陷］相关的内部控制设计且运行有效［运行有效的结论需提供90天内有效运行的证据］。

经过整改，单位在报告期末仍存在［数量］个缺陷，其中重大缺陷［数量］个，重要缺陷［数量］个。重大缺陷分别为：［对重大缺陷进行描述］。

针对报告期末未完成整改的重大缺陷，单位拟进一步采取相应措施加以整改［描述整改措施的具体内容及预期达到的效果］。

七、内部控制有效性的结论

单位已经根据《行政事业单位内部控制规范（试行）》的要求，对单位截至××××年12月31日的内部控制设计与运行的有效性进行了自我评价。

（存在重大缺陷的情形）报告期内，单位在内部控制设计与运行方面存在尚未完成整改的重大缺陷［描述该缺陷的性质及其对实现相关控制目标的影响程度］。由于存在上述缺陷，可能会给单位未来业务和管理带来相关风险［描述该风险］。

（不存在重大缺陷的情形）报告期内，单位对纳入评价范围的部门、单位和经济活动均已建立了内部控制，并得以有效执行，达到了单位内部控制的目标，不存在重大缺陷。

通过评价，我们注意到，内部控制应当与单位规模、业务范围、竞争状况和风险水平等相适应，并随着情况的变化及时加以调整。［简要描述下一年度内部控制工作计划］未来期间，单位将继续完善内部控制，保障内部控制有效运行，促进单位事业健康、可持续发展。

单位负责人：［签名］
××单位
××××年××月

本章主要参考文献

[1] 财政部、教育部.《高等学校财务制度》（财教〔2012〕488号）
[2] 财政部.《行政事业单位内部控制规范（试行）》（财会〔2012〕21号）
[3] 财政部、证监会、审计署、银监会、保监会.《企业内部控制评价指引》（财会〔2010〕11号）
[4] 财政部.《关于开展行政事业单位内部控制基础性评价工作的通知》（财会〔2016〕11号）
[5] 乔春华.高校内部控制研究[M].苏州：苏州大学出版社，2014
[6] 樊珂.高校内部控制评价体系研究[D].河南大学，2013
[7] 曹美静.高校内部控制评价标准体系研究[D].首都经济贸易大学，2013
[8] 王玲娟.对SY高校内部控制的自我评价及改进建议[D].西安石油大学，2015
[9] 潘庆阳.高职院校实训基地项目绩效评价研究[J].会计之友，2013(12下)

第二部分

第四章

单位层面内部控制设计范例

内部控制贯穿单位经济活动的决策、执行和监督全过程，以实现对经济业务的全面管控为目的。高职高专院校的各项经济活动有其自身不同的特点，同时又相互联系、相互影响、相互制约。要想管好经济活动，就要站在学校全局的角度，将各项经济活动纳入统一的管控体系，建立相关部门和岗位之间的沟通协调机制、制衡机制，形成控制合力。高职高专院校的内部控制包涵两个层面，即单位层面和业务层面的控制。单位层面的内部控制侧重于内部治理机制的建立，着眼于长远；而业务层面的内部控制则侧重于具体措施、操作程序，立足于实际。只有两者紧密联系，相辅相成，才能形成内部控制的整体。高职高专院校单位层面的内部控制为业务层面内部控制提供了环境基础，它涉及组织架构、运行机制、人力资源政策、财务体系、信息技术运用和学校内部控制环境等方面。业务层面的控制涉及预算、收支、资产、采购、基建项目、合同、校企合作、校办产业、学生资助和财政专项等十大方面的内容。本章就高职高专院校单位层面的内部控制进行简要阐述，业务层面的内部控制设计作为本书第二、三部分的内容在以后的章节中重点阐述。

第一节 单位内部控制环境

控制环境，是指高职高专院校内部控制存在和发展的空间，是实施内部控制的基础，直接影响、制约着内部控制的建立和执行，主要包括发展规划、内部控制组织架构、运行机制、关键岗位与人员、会计及信息系统等方面。

一、学校内部控制环境建设是业务层面内部控制的基础

从目前各行业、各单位内部控制实践来看,凡是内部控制建立和实施情况良好、成效明显的单位,一般都有以下几个特点:一是单位领导非常重视,积极支持有关部门开展内部控制;二是组织机构和人员队伍比较健全,岗位职责明确,并形成了工作合力;三是制度建设比较完备,议事决策机制、岗位责任制等制衡机制比较完善,注重构建一系列相互配合、相互支撑的制度体系;四是善于总结经验,开拓创新,利用信息化手段提升管控效能。也就是说良好的内部控制环境,为业务层面内部控制的建立和实施提供了基础性的保障。所以推进高职高专院校内部控制建设,不仅要从经济活动的业务流程入手,加强业务层面的管控,也要重视业务层面内部控制所依存的内部环境,加强单位层面内部控制建设,做到单位层面和业务层面的内部控制并重。

二、控制环境中关键风险点

高职高专院校内部控制应重点关注控制环境中的下列风险:

1. 发展规划不明确,或规划实施不到位,可能导致高职高专院校盲目发展,脱离实际,造成资源浪费,难以形成竞争优势,丧失发展机遇和动力;

2. 治理结构不完善,缺乏科学决策、良性运行机制和有效执行,可能导致高职高专院校事业发展停滞或缓慢,难以实现发展目标;

3. 内部机构设置不科学,权责分配不合理,可能导致机构重叠、职能交叉或缺失、推诿扯皮,运行效率低下。岗位设置不合理,岗位职责不明确,可能导致关键岗位缺少控制和监督,产生控制风险;

4. 会计与信息系统建设不到位,人力资源政策不合理,缺乏积极向上的大学文化等,可能造成内部控制建设贯彻落实不到位。

控制环境建设应当全面考虑高职高专院校经济活动的决策、执行和监督全过程,关注重要经济活动及其可能产生的重大风险。

三、明确机构是推进内部控制环境建设的组织保障

单位内部控制体系就如同一张"网",任何业务或事项均是"网"上之结,任何部门或个人不能游离于单位内部控制体系之外。高职高专院校的各

项经济活动各有特点，而且是相互联系、相互影响、相互制约的。所以，要管好经济活动，解决控制环境中存在的潜在风险，必须站在学校全局的角度，将各项经济活动纳入统一的管控体系中，在符合"三定"（定编、定员、定岗）规定的前提下，比较理想的是由独立的部门组织协调内部控制的建立与实施，并建立起相关部门和岗位之间沟通协调机制、相互核查机制，形成控制合力。

（一）单独设置内部控制职能部门或者确定牵头部门

高职高专院校内部控制体系建设涉及到学校经济活动的方方面面，是一项复杂的系统工程。单独设置职能部门或者确定牵头部门，为内部控制的建立与实施工作提供了强有力的组织保障。

内部控制职能部门或牵头部门主要做好以下工作：

1. 负责组织协调学校内部控制日常工作；
2. 研究提出学校内部控制体系建设方案和规划；
3. 研究提出学校内部跨部门的重大决策、重大风险、重大事件和重要业务流程的内部控制工作；
4. 组织协调学校内部跨部门的重大风险评估工作；
5. 研究提出风险管理策略和跨部门的重大风险管理解决方案，并负责方案的组织实施和对风险的日常监控；
6. 组织协调相关部门和岗位落实内部控制的整改计划和措施；
7. 组织协调学校内部控制的其他有关工作。

（二）积极发挥经济活动相关部门或岗位的职能作用

高职高专院校的经济活动主要包括预算业务、收支业务、政府采购业务、资产管理、建设项目管理和合同管理。内部控制的建立与实施，应当建立起财务管理、政府采购、基建、资产管理、合同管理等部门或岗位之间沟通协调机制，充分发挥各相关部门或岗位的作用。

相关部门应当积极配合内部控制职能部门或者牵头部门主要做好以下工作：

1. 配合内部控制职能部门或牵头部门对本部门相关的经济活动进行流程梳理和风险评估；
2. 对本部门的内部控制建设提出意见和建议，积极参与学校经济活动内部控制制度体系的建设；

3. 认真执行学校内部控制管理制度，落实内部控制的相关要求；
4. 加强对本部门实施内部控制的日常监控；
5. 做好内部控制执行的其他有关工作。

（三）充分发挥单位内部审计、纪检监察部门的职能作用

恰当的内部监督有利于及时发现内部控制建立和实施中的问题和薄弱环节，并及时加以改进，确保内部控制体系得以有效运行。高职高专院校的内部审计部门和纪检监察部门是内部监督的主要力量，所以内部控制的建立和实施也离不开单位内部审计部门和纪检监察部门的参与和支持。

内部审计、纪检监察部门在内部控制中应当主要做好以下工作：
1. 研究制定内部监督管理制度；
2. 组织实施对内部控制的建立和执行情况及有效性的监督检查和自我评价，并提出改进意见和建议；
3. 督促相关部门落实内部控制的整改计划和措施；
4. 做好内部控制监督检查和自我评价的其他有关工作。

第二节　组织架构

组织架构作为高职高专院校内部控制的有机组成部分，在内部控制体系中处于基础地位。组织架构是学校开展风险评估、实施控制活动、促进信息沟通、强化内部监督的基础设施和平台载体。

一、组织架构内容

组织架构是指高职高专院校按照国家有关法律法规、大学章程，结合高职高专院校实际，明确内部各层级机构设置、职责权限、人员编制、工作程序和相关要求的制度安排，包括组织机构和岗位设置等。单位机构设置和权责分配，从静态角度呈现内部控制在学校整体上做出的安排。高职高专院校应当按照科学、精简、高效、透明、制衡的原则，综合考虑发展战略、管理要求和高职高专院校文化等因素，合理设置组织机构，明确各机构的职责权限、人员任职条件、议事规则和工作程序，避免职能交叉、缺失或权责过于集中。

二、组织架构设置要求

科学有效、分工制衡的组织架构，使学校能够准确识别和分析面临的风险，有针对性地采取有效措施予以控制，相关信息及时准确顺畅地传递，监督适时有力，目标得以实现。

(一) 制衡性

在高职高专院校内部控制过程中，一般通过决策、执行和监督之间的相互分离来实现权力的制衡。决策过程、执行过程和监督过程相互分离、相互独立、相互影响和相互制约。一般来说，决策是高职高专院校的权力中心，决策的执行属于具体承办部门负责，监督是约束决策和执行的关键。在确定职权和岗位分工过程中，高职高专院校应注重体现不相容岗位相互分离的控制要求，避免既当"运动员"又当"裁判员"情况的发生，防止出现舞弊和腐败的风险。高职高专院校经济活动的决策、执行和监督的分离机制建设，应当适应各高职高专院校的实际情况。

(二) 适应性

由于高职高专院校的特殊性，各学科学术研究方向不同，分级管理及单独核算的方式可以在高职高专院校的各部门运行中保持更多的积极性和灵活性。高职高专院校应在组织结构设定中有明确的分工，相互独立，使每个教学单位都有自己专业的学科和管理，能够规划其未来的发展，也能灵活自主的适应国内教学环境出现的新情况并迅速做出反应。选择适当的组织架构，可以使其具有良好的适应性。

(三) 协同性

由于高职高专院校知识日益专业化和教学研究规模的迅速扩大，再加上分易合难的传统和心态，学校内不可避免地出现部门增多的趋势。虽然高职高专院校部门增扩有其必然性和合理性，但如果缺乏适当的制衡，只有分化不讲整合，各自为战，将会影响高职高专院校职能的积极实现。因此应在组织架构中加强整合性和协同性，无论是高素质人才培养，还是高科技研发或者是高水平的服务产出，对学校组织结构的要求都包含相当大的协同性和适当的灵活性，必要时能够合纵连横。

三、组织架构设置

高职高专院校的组织架构是高职高专院校明确内部各层级机构设置、职责权限、人员编制、工作程序和相关要求的制度安排。对高职高专院校而言，就是如何按照制衡机制的原理设置学校内部管理职能机构和岗位。

一般情况下，高职高专院校在设置组织机构时必须遵循如下原则：合"情"、合"理"、合"法"、合"算"、权责对称、分工与统一相协调。合"情"就是符合学校组织的整体特点、学校的类型、规模、教师的整体素质、学校的文化。合"理"就是符合理论、理念和道理。合"法"就是符合法律、法令和法规。合"算"就是要符合精简高效，讲求效率和效益。权责对称就是指学校组织机构的特定职能部门必须承担一定的管理职责，同时被赋予一定的权力，使岗位职责和职业权力一致。分工与统一相协调就是指学校的各个职能部门的设置和职责划分要与学校的统一领导有机结合，协调一致。

具体机构设置如图表4-1所示。每一所高职高专院校可以根据不同的规模、不同的管理要求以及人员素质情况整合相容岗位的职能部门，但是不相容岗位的职能部门不能相互合并。

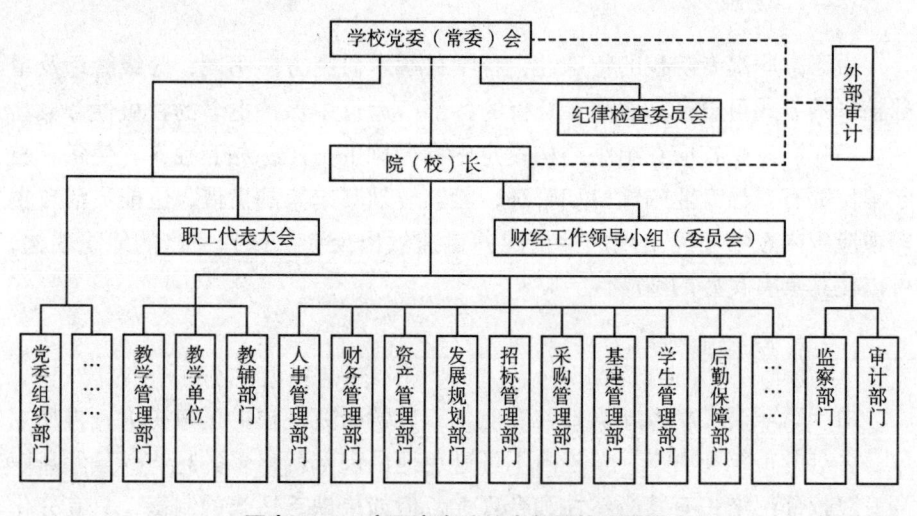

图表4-1 高职高专院校内部机构设置图

此外，高职高专院校在根据决策、执行和监督相互分离的原则进行组织架构和岗位设置时，可以在服从学校的"三定"（定编、定员、定岗）规定的要求下，在现有编制内按照内部控制的要求设计工作机制，也可以从经济活动的特点出发，建立联合工作机制。例如，成立由学校领导、财务管理部门等内部相关部门的负责人组成的预算管理委员会，负责对预算和资金使用方面重要事项进行决策。成立由单位领导、政府采购归口管理部门、财务管理部门和相关业务部门负责人组成政府采购领导小组，负责对学校的政府采购事项进行决策，政府采购归口部门负责具体执行政府采购业务。成立由单位负责人、内部审计部门、纪检监察部门等相关部门负责人组成的内部监督领导小组，负责统一领导对内部控制的监督检查和自我评价。预算管理委员会、政府采购工作领导小组、内部监督领导小组等虽然不是按照"三定"规定设置的常设机构，但对学校的预算业务、政府采购业务、内部监督有了明确的决策主体、审批权限，在经济活动的风险管控中能够发挥不可替代的作用。

第三节 运行机制

内部控制的核心在于"制衡"，制衡机制的设计是内部控制体系建设的核心内容。高职高专院校的运行机制从动态角度呈现了内部控制在业务活动开展过程中的运用。高职高专院校应通过建立议事决策机制、执行机制、协同机制、监督机制以及岗位责任制等运行机制，规范管理、有效控制、追责问效、防范风险，确保高职高专院校可持续发展。

一、三权制衡

所谓三权，是指高职高专院校经济活动过程中涉及的决策权、执行权和监督权。三权制衡要求学校在进行部门设置和权力分配时有意识地将这三种权力归属到三种不同的机构，以达到权力制衡的效果。决策权、执行权、监督权三权制衡是实现科学决策、有序执行和有效监督的基本保障。

从学校整体层面看，高职高专院校应当建立议事决策机制、岗位责任机制、关键岗位轮岗机制等制衡机制，并确保经济活动的决策、执行和监督相互分离。

二、决策机制

经济活动决策关系到经济资源优化配置，议事决策机制是高职高专院校经济活动科学决策、民主决策的重要保证。高职高专院校应当制定学校领导班子议事决策程序等有关制度，完善议事决策机制。学校建立议事决策机制应当符合以下要求：

1. 建立健全议事决策制度。

议事决策制度包括确定议事成员构成、决策事项范围、决策规则、决策纪要的撰写、流转和保存、决策事项的贯彻落实和监督程序等。

2. 集体研究与专家论证、技术咨询相结合。

高职高专院校经济活动的重大决策实行领导班子集体研究决定。领导班子由党委（常委）、行政和纪检的主要领导组成。集体决定应坚持民主集中原则。在做出重大决策时，对于业务复杂、专业性较强的业务事项，应当注意听取专家的意见，必要时可以组织技术咨询。尤其是基本建设项目和政府采购项目往往技术要求、业务流程比较复杂，又存在国家强制性的标准和硬性要求，如果没有专业的论证很难保证决策的合法性、合规性、有效性。

3. 明确实行集体决策的重大经济事项的范围。

重大经济事项一般包括大额资金使用、大宗资产采购、基本建设项目、重大外包业务、对外投资和融资业务、重要资产处置、信息化建设以及预、决算及预算调整等。重大经济事项的决策，应由学校领导班子集体研究决定，经学校教职工代表大会表决通过。由于各学校实际情况不同，重大经济事项的认定标准应当根据有关规定和本学校实际情况确定，一经确定，不得随意变更。

4. 做好记录备案，注重决策落实。

学校应当做好相关会议记录，如实反映每一个领导班子成员的决策过程和意见，并请每一位领导班子成员核实记录并签字认可，及时归档，妥善保管。

5. 强化问责问效。

决策后要注重落实，对决策执行的效率和效果进行跟踪评价，避免决策走过场，失去权威性。高职高专院校应建立决策问责制度，对经济活动中出现的未履行集体决策程序、重大决策失误、执行不力等追究相应责任。

三、执行机制

高职高专院校业务运行中，影响任务完成过程的有关因素包括资金、设备、工作流程、组织环境、人为因素等，涉及人事管理部门、财务管理部门、资产管理部门等关键岗位和人员，这些因素在具体实施中，通过具体业务部门的有效运转和执行来实现，需要有良好的组织和程序。理顺工作程序，可以减少内部摩擦，增加人员的配合度。高职高专院校应建立和完善执行机制，充分发挥不相容岗位相分离、内部授权审批控制、归口管理、预算控制、资产保护控制、会计控制、单据控制、信息披露控制、信息技术控制的重要作用。

四、监督机制

高职高专院校应设立独立的监督机制，将纪检、监察、内部审计等部门的监督职能进行强化，使其能够被真正赋予对人、财、物等资源配置的独立监督权，充分发挥内部监督的作用，通过内部控制评价和内部审计监督及时发现内部控制建立和实施中的问题和弱点，及时改进，保证内部控制体系的有效运行。

第四节　人力资源

一、岗位责任制

关键岗位责任制是高职高专院校结合本单位性质、预算类型、收支管理特点，对某些对内部控制目标实现有重要影响的关键性岗位，明确其岗位职责权限、人员分配，以及按照规定的工作标准进行考核及奖惩而建立起来的制度。

(一) 明确内部控制关键岗位

高职高专院校要明确权责分配，使各机构部门都清楚自己承担的责任和拥有的权利，使每个人既不被忽略也不会滥用其职权。合理的机构人员设置要能够保证对于每项经济业务，从纵向来说至少要经过上下两级，上级受下级牵制，下级受上级监督；从横向来说至少要经过无隶属关系的两个机构部门的制衡。

高职高专院校在确定岗位职责和分工的过程中，应当着重体现"不相容岗位相互分离"的控制要求，确保不相容岗位相互分离、相互制约和相互监督。

高职高专院校内部控制的关键岗位主要包括预算业务管理、收支业务管理、政府采购业务管理、资产管理、建设项目管理、合同管理以及内部监督等经济活动的关键岗位。具体包括预算编制、决算编制、绩效评价、资金管理、票据管理、账户管理、印章管理、采购及验收管理、资产保管、建设项目的设计施工管理、债务管理、合同管理、档案管理、信息系统管理、会计管理、内部审计等岗位。

（二）落实岗位责任制

高职高专院校应当符合实际情况和经济活动特点，科学设置内部控制关键岗位，并通过经济活动业务流程图、岗位责任书等方式，使相关工作人员了解和掌握业务流程、岗位责任和权责分配情况，指导相关工作人员正确履行职责，以免发生越权或相互推诿的情况。

在开展经济活动中，关键岗位的设置要特别关注。学校应当进一步明确这些关键岗位的职责权限、任职条件和工作要求，切实做到因事设岗、以岗选人、避免因人设事或设岗。并遵循德才兼备、以德为先和公开、公平、公正的原则，通过公开招聘、竞争上岗等多种方式选聘具备与关键岗位相适应的资格和能力，能够胜任岗位职责要求的优秀人才。

（三）强化关键岗位的管理

1. 建立考核与奖惩制度。

高职高专院校应当制定科学合理的岗位考核制度，对教职工履行职责情况实施全面、公正、准确的考核，客观评价教职工的工作表现。通过制定合理的目标、建立明确的考核与奖惩标准、执行严格的考核与落实配套的奖惩，促进教职工责、权、利的有机统一和院校内部控制的有效执行。

2. 实行轮岗制度。

高职高专院校可以根据自身实际情况，对某些控制薄弱易发生舞弊行为的岗位实行轮岗制度。

二、对关键岗位工作人员实施有效的管理

(一) 把好人员入口关

预算业务、收支业务、政府采购业务、资产管理、建设项目管理和合同管理以及内部审计都需要专业人才。对于内部控制关键岗位工作人员应当具备与其工作岗位相适应的资格和能力。对于高职高专院校而言,要把职业道德水平和专业胜任能力作为选拔和聘用工作人员的重要标准,为内部控制岗位配备具备能力和资格合格的人员,把好人员入口关。财务、内部审计等部门负责人必须具备与其工作岗位相适应的资格和能力。任用人员的资格和能力,包括知识、技能、专业背景和从业资格等。

(二) 加强业务培训

在日常工作开展过程中还要对关键岗位的工作人员加强业务培训和继续教育,制定科学、合理的培训计划,提高培训的针对性和实效性,不断提升员工的业务素质,使其及时了解和认真执行国家的有关法律法规政策,督促相关工作人员自觉更新和提升专业技能和业务水平。

(三) 强化职业道德教育

高职高专院校可以通过制定内部控制关键岗位职业道德准则等多种方式明确规定可接受的行为与不可接受的行为;加强职业道德教育,使工作人员了解和掌握职业道德要求;定期检查关键岗位工作人员对职业道德要求的遵循情况,对发现的违反职业道德的行为要及时加以惩戒,不断提高工作人员的职业道德水平和综合素质。

三、完善绩效考评办法

(一) 准确把握绩效考评的本质

绩效考评的实质就是指从高职高专院校整体目标出发,根据各岗位和部门之间不同的工作特点和要求,采取既定的方法,在一定时间内对各部门和员工进行评价和监督,考察其完成既定目标的情况。因此,绩效考评工作的重点是日常工作中工作行为和工作效果,完成工作任务与目标的效

率与效能，更加强调量化有一定时间限制的既往工作绩效。绩效考评活动本身就是一个识别、测评和开发的过程，是日常管理工作中一个重要的部分。绩效评价系统不是一个短暂的过程，它是随时间变化而不断延续的一个动态过程。

（二）科学合理地分类绩效考评

每个高职高专院校在进行考评前，有必要根据不同的部门属性进行相应的划分。1. 教学科研机构的考核评价，主要从党建工作、教学目标管理研究工作、专业建设、学生工作、队伍建设等方面进行量化评价。2. 机关职能部门其工作范围和职能有根本的不同，当对他们进行考评时，无法对其进行全面的横向比较，只能比较其存在的共性。采用定性分析和定量分析相结合的量化模式，定性分析部分主要是根据每个部门的工作职责范围制定其考评指标体系，根据制定的这些指标对其进行评价。

（三）优化考评方法，提高管理水平

绩效考评所量化的考评内容主要包括工作能力、工作态度、工作绩效这三个方面，在考评进程中，考评人员不仅要对清晰的、可直接把握的因素实施考评，而且还要对间接的因素进行综合考虑。因此，如何选择科学合理的评价方法十分重要，因为它可以直接确定考评结果的质量和认可程度。优化考评方法，与提高考评管理水平直接相关。

（四）规范绩效考评程序

考评程序和步骤是进行良好考核工作的基本先决条件，考核充分体现公开透明、民主规范的基本原则。为此，需要设立考评领导小组，成员由有关院系、职能部门主要负责人来担任，正、副组长由校领导担任，这样可以充分凸显出考评工作的权威性。根据考评工作的实际需要，还要成立由服务对象、专家代表组成的考评委员会。为了进一步提高考评工作的质量和效率，有必要建立若干考核工作小组，由其进行具体的评价工作。因此，整个的考评程序和步骤就由多个环节来组成：部门自评、考评委员会考评、民主测评定性、考评领导组最终审查，并将考评的结果进行公示。流程规范以后，考评工作的质量将有显著提高。

四、健全财务体系，规范财务控制

财务体系是指财会机构、会计人员和会计工作的有机结合。健全的财务体系，能够为学校管理提供真实、完整的财会信息，并对学校的经济活动的合法合规、资产的安全进行有效监督。因此，财务体系建设在高职高专院校内部控制中发挥着重要作用。

（一）严格按照法律规定进行会计机构建立和人员配备

高职高专院校应当按照法律的要求建立健全会计机构，为会计管理工作有序运转提供组织和人员保障。《中华人民共和国会计法》（简称《会计法》）对单位会计机构建立和配备提出了明确法律要求。《会计法》第三十六条规定："各单位应当根据会计业务的需要，设置会计机构，或者在有关机构中设置会计人员并指定会计主管人员；不具备设置条件的，应当委托经批准设立从事会计代理记账业务的中介机构代理记账。国有的和国有资产占控股地位或者主导地位的大、中型企业必须设置总会计师。总会计师的任职资格、任免程序、职责权限由国务院规定。"第三十八条规定："从事会计工作的人员，必须取得会计从业资格证书。担任单位会计机构单位负责人（会计主管人员）的，除取得会计从业资格证外，还应当具备会计师以上专业技术职务资格或者从事会计工作三年以上经历。会计人员从业资格管理办法由国务院财政部门规定。"

单位负责人要按照《会计法》要求，承担起会计责任，根据《会计法》要求建立会计机构，配备具有相应资格和能力的会计人员，财务负责人应该具备从事会计工作满3年以上，或者中级会计师以上职称的条件。单位应当优先保障财务管理部门的人员编制，以便财务管理部门能够实施必要的不相容岗位的分离和轮岗。

（二）完善财务管理制度，规范财务控制

除了上级部门有比较完善的内部管理制度并可以遵照实施外，高职高专院校应当制定健全与完善的各项财务管理制度。

1. 完善财务控制制度，确保内控方式、技术、手段等有章可循，特别要关注预算控制对财务控制的影响；

2. 建立完善的财务处理程序、严格的核对制度，确保财务信息真实

有效；

3. 建立严格的档案管理制度，加强财务档案的保管控制和管理；

4. 规范财务基础工作，明确会计凭证、会计账簿和会计报告的处理程序。

（三）落实岗位责任制，确保不相容岗位互相分离

按照不相容职务相互分离的原则，合理设计会计和相关工作岗位，明确职责与权限，形成相互制衡机制，应当为每个岗位编写岗位责任书，明确每个岗位的权利义务，并有相应会计人员签字确认，明确学校和会计人员的权利义务。会计工作岗位，可以一人一岗、一人多岗或者一岗多人，《会计法》和《会计基础工作规范》都明确规定出纳人员不得兼任稽核、会计档案保管和收入、支出、费用、债权债务账目的登记工作。所以，高职高专院校应当依法合理设置会计工作岗位，形成相互分离、相互制约的机制，并以岗位责任书等形式明确职责权限，落实岗位责任。同时，应当实行财会部门关键岗位定期轮岗制度或采取代替控制措施，防范财务舞弊的发生。

（四）加强会计基础工作管理，按法定要求编制和提供财务信息

《会计法》第九条明确规定："各单位必须根据实际发生的经济业务事项进行会计核算，填制会计凭证，登记会计账簿；编制财务会计报告。任何单位不得以虚假的经济业务事项或者资料进行会计核算。"因此，高职高专院校的财会人员应当尽快熟练掌握新财务会计准则制度，并按照国家统一会计制度的规定对实际发生的经济业务事项进行账务处理、编制财务报告，确保财务信息真实、完整。

（五）强化财务分析，明晰财务会计报告流程

高职高专院校应当明确财务分析的职责、内容、具体方法和程序。财务分析的内容包括：权益类指标分析、资产负债类指标分析、现金流量指标分析。在财务分析的方法上，采用因素分析法、比较分析法等，重点对财务报表中影响权益指标收入、支出因素及其他费用的变化进行分析；同时通过财务分析对财务报表的真实性进行核实。

高职高专院校应当建立并不断完善财务会计报告流程，主要包括以下几方面的内容：

1. 编制财务会计报告的前期工作；
2. 教学单位及项目资金预算执行报告流程；
3. 管理服务部门预算执行报告流程；
4. 财务会计报告批复及归档；
5. 财务会计报告考评及内部审计。

（六）提高会计信息质量

高职高专院校会计信息质量是指会计信息应达到或满足的基本质量要求，会计信息作为国民经济信息体系的重要组成部分，会计信息在将经济信息传达给外部世界方面发挥着重要作用，其重要作用正越来越受到重视。会计信息质量不仅关系到学校内部管理的效果，而且关系到我国宏观经济政策的制定。

1. 健全高职高专院校内部财务机制和监督机制。由于我国高职高专院校的内部控制制度尚不完善，降低了会计信息的透明度，增加了中介审计机构的审计难度，给较低质量水平的高职高专院校会计信息的存在提供了条件。首先，内部控制制度不完善，各部门的开支范围有限，不属于开支范围内项目较多，又非开支不可的，只能采取迂回的办法。其次，在使用专项资金和建设资金时，不能形成相互监督和有效控制的机制。因此必须强化内部控制制度，从内部保障会计信息的质量。

2. 增强高职高专院校会计人员责任意识。《会计法》强调了会计人员的法律责任，在实际工作中部分会计人员忽视会计信息提供的可靠性、重要性、及时性、审慎性等原则，对会计信息质量要求认识不全面，未充分认识到所提供的会计信息资料是为投资者、使用者、决策者提供的真实可靠的财务信息资料。从本单位的利益出发，会计人员应当如实地提供与财务状况，经营成果和现金流量有关的所有重要交易和事项。充分认识到会计人员应该承担的这些责任，是确保会计信息真实性的一个先决条件。

3. 加强高职高专院校会计诚信体系建立。建立会计诚信教育机制，完善会计诚信教育体系建设，通过诚信教育，确立会计人员诚信观念和诚信意识，使会计人员把会计诚信作为重要的工作准则和最基本的工作要求。建立会计诚信法律机制，增强会计诚信的立法和执法建设，不断完善法律制度，为会计信息质量提供环境保障。

（七）加强与业务部门沟通协调

由于财务信息的特殊性和专业性，极易造成与业务部门之间无法相互理解、沟通不畅的问题，对此，财务管理部门可以尝试引入管理会计的理论，将部分数据化信息进行加工，使其更为通俗易懂。财务管理部门应该多增加一些事前的、预防性的沟通，对可能出现的财务问题进行预警，从而避免更多的事后沟通；同时，财务管理部门定期提供最详尽的数据，以便告诉业务部门实际情况怎样，并在此基础上讨论如何改进、哪些是重点以及时间表和责任人等。此外，业务部门对财务管理部门参与经营、对业务提供支持的需求正在不断增加，而财务管理部门为了真正提高与业务部门沟通的有效性，就必须去了解业务，必须懂得业务部门的语言。

第五节 信息技术

随着信息技术在内部控制方面的广泛应用，高职高专院校内部控制的信息化也成为一种必然趋势。各院校应当充分运用现代科学技术手段加强内部控制。

内部控制的信息化系统是指将内控理念、控制活动、控制手段等要素通过信息化的手段固化到信息系统，实现内部控制体系的系统化和常态化。

一、信息公开控制

高职高专院校内部应当建立健全学校政务信息公开制度，并指定机构负责学校政务信息公开的日常工作，具体职责是：具体承办政务信息公开事宜；维护和更新政务信息；组织编制政务信息公开指南、政务信息公开目录和政务信息公开工作年度报告；对拟公开的政务信息进行保密审查；本单位规定的与政务信息公开有关的其他职责。

二、信息技术控制

与信息技术相关的控制可分为两种类型：一般控制和应用控制。一般控制包括以下方面的控制：1. 数据中心运行（如工作方案、备份和恢复程序）；2. 系统软件控制（如操作系统的获取和实施）；3. 访问安全；4. 应用系统开发和维护控制（如个别计算机软件应用的取得和实施）。应用控制旨在控制数据处理，并有助于确保交易处理的完整性、准确性、授权和有效性。应用控制也包括不同应用程序间的交互接口以及数据交换的方式。因此，高职高专院校要强化信息系统的安全管理，建立用户管理制度、系统数据定期备份制度、信息系统安全保密和泄密责任追究制度等措施，确保重要信息系统安全、可靠，增强信息安全保障能力。

三、信息归口控制

学校应当根据内部控制相关要求，结合组织机构、业务过程、技术能力等因素，制定信息系统建设总体规划，健全信息系统管理程序，设置信息系统管理岗位，明确信息系统管理责任，对信息系统实行归口管理，将经济活动及其内部控制流程嵌入单位信息系统中，并确保各重要信息系统之间的互联互通、信息共享和业务协同。以减少或消除人为操纵因素，提高办事效率和管理水平，促进信息公开和廉政建设，增强经济活动处理过程与结果的透明和公正，保护信息安全。

四、信息外力控制

高职高专院校要实现内部控制的信息化，可能需要借助更多外力来共同完成。外力即专业机构或专业人员的力量，比如，内部控制专业咨询机构，内部控制应用软件开发商、专门研究高职高专院校内部控制的教授、研究人员等。

五、信息沟通协调控制

高职高专院校的各部门之间应加强信息沟通，定期开展必要的信息核对，实现重要经济活动信息共享。例如，财务管理部门与资产管理部门应当通过软件管理系统对接，定期对账，以确保资产账实相符；预算管理部门与各部门应当定期核对预算执行情况，提高预算执行的有效性等。只有加强沟通协调，才能使各相关部门形成内部控制合力。因此，高职高专院校应当建立各部门之间的沟通协调机制，以提升内部控制效能。

第六节　单位层面内部控制制度设计范例

一、经济责任制

某高职高专院校经济责任制

第一章　总则

第一条　根据《中华人民共和国会计法》《中华人民共和国预算法》等中央和地方有关法律法规及制度规定,结合学校财经工作实际,特制定本责任制。

第二条　建立健全经济责任制的核心是按照责权利对等的原则,将责权利三者紧密结合。通过明确责任人的经济责任,赋予责任人以经济权利,联系责任人的经济利益,使各级领导和各有关部门在财经工作中,既按规定行使权利,又按规定履行责任。

第三条　经济责任制是学校财经制度的重要组成部分,是加强财务管理的一项基本制度,是考核各级经济责任人履行经济责任制及其他财经制度情况的基本依据,是规范学校经济行为,强化经济责任意识,严肃财经纪律,加强财务监督,保障国有资产安全完整,避免财经工作失误,提高学校财务管理水平,促进廉政建设的制度保障。

第四条　经济责任制的内容贯穿学校财经工作的全过程。主要包括:

(一) 经济政策和财经制度制定与调整的经济责任制;

(二) 财务管理体制确立与变动的经济责任制;

(三) 财务第一责任人任用与变动的经济责任制;

(四) 财务部门负责人任用与变动的经济责任制;

(五) 预算制定与实施的经济责任制;

(六) 财务收支的经济责任制;

(七) 重大支出项目安排和对外投资的经济责任制;

(八) 国有资产完整和保值增值的经济责任制;

(九) 其他。

第五条　学校财经工作实行"统一领导,分级管理"的管理体制。在学校党委领导下，建立以院（校）长为第一责任人的分事行权、分岗设权、分级授权的分级经济责任制。学校重大经济工作实行集体决策制度，实行参与决策的有关部门和人员重大经济事项会商与会签制度。

学校总会计师（或分管财务工作的院（校）领导，统称总会计师）协助院（校）长领导全校财经工作。

第六条 为严格决策程序，保证学校财务工作的科学、民主、公开、公正，成立学校财经工作领导小组。财经工作领导小组可以根据学校实际成立财经工作领导小组办公室、预算管理专业委员会、资产管理专业委员会、绩效管理专业委员会等办事机构。

第二章 学校党委（常委）会的经济责任

第七条 学校党委（常委）会是学校的最高决策机构，负责全校重大经济事项的决策。

第八条 学校党委（常委）会的经济责任主要包括：

（一）审批由学校财经领导小组提交，经院（校）长办公（校务）会审议的重大财经方略、财务规章制度；

（二）审批学校三年滚动规划及年度预决算、基本建设计划和基础设施维修改造计划等全校性的重大财务收支计划事项；

（三）审批由院（校）长办公（校务）会提交的其他重大财经事项。

第三章 院（校）长办公（校务）会的经济责任

第九条 院（校）长办公（校务）会是学校财经工作的日常决策机构。

第十条 院（校）长办公（校务）会的经济责任主要包括：

（一）负责对财经规章制度及重大经济事项进行审议，并对权限内的重要经济事项行使决策权；

（二）审议由学校财经领导小组提交的重大财经方略、财务规章制度；

（三）审议学校三年滚动规划及年度预决算、基本建设计划和基础设施维修改造计划等重大财务收支计划事项；

（四）审议由学校财经领导小组提交，须提请学校党委（常委）会审批的重大财经事项。

第四章 学校财经领导小组的经济责任

第十一条 学校财经领导小组由党委书记、院（校）长、总会计师、发展规划部门、财务管理部门、人事管理部门、教学管理部门、科研管理部门、校企合作管理部门、资产管理部门、学生管理部门、后勤保障部门以及校内财经专家、职工代表大会推举的代表等组成。财经领导小组组长由院（校）长担任，副组长由总会计师担任，办公室设在学校财务部门。

必要时，分管业务的院（校）领导、有关部门、教学单位（含二级单位）负责人列席会议。

第十二条　财经领导小组的经济职责主要包括：

（一）审议学校财经方略和重要财经规章制度以及学校财务管理体制；

（二）审议学校的各种收费及收入分配管理办法；

（三）审议学校年度综合财务预算和年度财务报告；

（四）审议预算追加和调整方案；

（五）审议学校其他重要财经事项。

第五章　院（校）长的经济责任

第十三条　院（校）长作为学校的法人代表，在学校党委领导下，行使全面领导和管理学校各项工作的法定权利，对学校的财经工作实施统一领导，依法组织实施学校各项经济与管理决策、决议，表示学校财经工作的良好运转和财务资料的真实性、合法性、完整性，签署财务会计报告，对学校的财经工作负法律责任。

第十四条　院（校）长的经济责任主要包括：

（一）贯彻执行《中华人民共和国会计法》和其他财经法律、法规、制度的规定，主持院（校）长办公（校务）会议，组织研究、制定并按程序审批学校的财经方略、重要财经制度和财务管理办法、财务收支预决算方案、重大经济计划，必要时按程序提交院（校）长办公（校务）会或学校党委（常委）会批准，并组织实施；

（二）负责学校国有资产管理，督促学校资产管理部门和使用部门履行管理职能，建立健全资产管理制度，提高资产的利用率、完好率，维护国有资产产权。督促财务、审计部门加强财务监督与审计，保证国有资产的完整和安全；

（三）在权限内负责按程序审批学校重要支出项目和重要经济决策。限额以上的财经事项，须由院（校）长办公或学校党委（常委）会审批，经院（校）长签署后执行；

（四）校内财务部门负责人的任用与变动，应当事前征得院（校）长同意，再按干部管理权限逐级报批、任命；保证会计机构、会计人员依法履行职责；依法任用具有会计从业资格的会计人员；依法保障会计人员的继续教育和培训；依法奖励忠于职守、坚持原则、做出显著成绩的财务工作人员；

（五）对违反国家财经法律法规和学校财务规章制度，在经济上造成或可能造成损失的行为，有权进行处理；经处理仍无效时，提请学校党委（常委）会处理。

第六章　总会计师*的经济责任

第十五条　总会计师协助院（校）长全面主持学校财经工作，经院（校）长授权代表院（校）长对学校经济活动、会计工作的合法性和会计资料的真实性、完整性负责。

第十六条　总会计师的经济责任主要包括：

（一）总会计师组织和参与学校重要经济决策、财经制度和财务管理办法的制定，组织学校各级单位、部门建立健全各项财务规章制度和内部控制制度，协助院（校）长对学校事业发展、校办产业发展以及基本建设投资等问题作出决策，参与重大经济合同和经济协议的研究、审查、并提出审查、评估意见，报院（校）长办公（校务）会议审议决定；

（二）组织编制学校预算，提出学校三年滚动规划和年度预算方案并组织实施年度预算，对各部门年度预算的执行情况进行检查，确保学校财务收支平衡，督促有关部门降低消耗、节约费用，提高经济效益，组织人员建立健全经济核算制度，利用财会资料进行经济活动分析，审核本校编制的财务会计报告，保证报告的真实性、合法性和完整性；

（三）制定和按程序审批学校收费项目和收费标准，防止和制止校内乱收费现象，多渠道筹集办学资金，保障学校正常运转；

（四）在授权范围内审批预算追加和调整方案、基建项目、设备采购或改造、对外投资项目、融资项目、不可预见特殊支出项目。限额以上的财经事项须报请院（校）长；

（五）组织协调学校资产管理，提出加强资产管理的措施，确保国有资产的安全、完整和保值增值；

＊ 注：本书通篇称"总会计师"为学校分管财务校领导。

（六）根据学校实际情况，提出各级财务机构设置方案，按程序研究后，依据干部管理权限配备、选用具备法定从业资格的财务人员，支持和保障会计人员依法行使职权。

第七章　分管院（校）领导的经济责任

第十七条　分管其他业务院（校）领导应协助院（校）长完成其分管的各项工作，确保分管领域经济活动规范安全有效。

第十八条　分管院（校）领导的经济责任主要包括：

（一）负责组织编制、审核分管单位（部门）的三年滚动规划和年度预算方案，组织和监督分管单位（部门）执行支出预算，确保支出预算进度，保证资金使用效益；

（二）协助院（校）长督促分管单位执行学校资产管理制度，定期开展清产核资工作，保证其分管单位占有和使用的国有资产安全、完整，防止国有资产流失，确保国有资产的安全完整和保值增值；

（三）在其分管的工作职责范围内，按规定行使权利和履行责任，对发生的经济业务的真实性、合理性、有效性负监督管理责任；

（四）对违反财经法律法规和损害学校利益的行为应当予以制止或纠正，制止或纠正无效时应当及时向院（校）长报告或提请院（校）长办公（校务）会进行处理。

第八章　财务部门负责人的经济责任

第十九条　财务部门负责人，在总会计师的领导下，具体负责学校的日常财经管理工作，对学校财务部门工作负责。

第二十条　财务部门负责人的经济责任主要包括：

（一）根据国家有关的财经法规，结合学校实际情况，具体组织拟定学校财务规章制度、经济政策和管理办法，规范学校财经行为，依法管理学校财务收支活动，建立内部会计监督制度，确保各项经济政策和财务制度的贯彻执行，依法参与学校重大经济活动的立项、调查取证、效益考核工作，为院（校）领导决策提供真实、完整、可靠的财务资料；

（二）参与编制学校各项经济计划和事业发展规划，根据《预算法》和学习各项事业活动计划，具体组织编制学校年度综合财务收支、预算和经费分配方案，经学校批准后组织实施；

（三）依法组织开展会计核算，提高会计核算质量，如实反映学校综合财务收支预算的执行情况，组织学校财务决算工作的实施，及时编制和保送财务报表，审核财务会计报告，并在报告上签名盖章，真实、完整、准确地提供各种财务会计信息，管理全校的会计档案；

（四）根据财权适当下放，财力相对集中原则，依法多渠道筹措办学资金，组织制定学校收费标准，审查学校收费项目，严格遵守物价部门有关规定，按证收费，防止学校财源流失，集中管理学校财务收支，运筹资金，合理调度、保证学校的资金实力，检查预算执行情况，对预算执行过程进行控制和管理，贯彻执行勤俭办学的方针，严格控制各项财务开支，杜绝浪费，把学校有限的资金落到实处，以提高学校资金的使用效益，按照"收支两条线"的原则严格管理学校的各项收入和支出；

（五）对学校及总会计师授权的有关经济事项进行审批，对限额以上的经济业务报总会计师审批；

（六）对学校会计事务实施管理。对独立核算单位、学校所属法人单位的财务机构进行业务指导，监督其遵守学校统一的规章制度和财经政策；

（七）负责组织全校的财务监督和会计监督，定期检查学校各级各单位的财务收支情况和财经制度执行情况，配合查出财经违纪问题，维护国家和学校财经纪律，堵塞漏洞，规范学校经济秩序；

（八）制定全校会计岗位的设置和聘任方案，组织会计人员的业务培训，并进行指导和考核，会同校内有关部门（单位）对财会人员的任用、职称（职务）评聘、后续教育、奖惩等实施管理，保证学校会计机构、会计人员依法履行职责，不得授意、指使、强令会计机构、会计人员违法办理会计事项。

第九章 部门（单位）负责人的经济责任

第二十一条 学校职能部门（单位）负责人根据国家有关财经法律法规和学校财经规章制度，具体负责本部门（单位）经济业务活动，对本部门

（单位）经济活动的真实性、合理性、有效性负责；学校职能部门还应当对所属单位相关经济业务的真实性、合理性、有效性负有监管责任。

第二十二条 部门（单位）负责人的经济责任主要包括：

（一）组织人员编制本部门及其所属三年滚动规划和年度预算，经批准后负责具体执行和监督执行；

（二）对学校下拨的职能分管经费，应根据预算管理规定和业务活动需要，将预算经费落实到预算具体执行单位和项目，有规定用途或开支范围的专项资金和其他资金应当专款专用，不得截留、挤占、挪用；

（三）贯彻落实"收支两条线"的原则，所有收入必须全部纳入学校财务统一核算，不得自立收费项目或提高收费标准，不得自购或自制收据，不得在校外另立银行账户，禁止截留、私分、坐支、公款私存等违反财经纪律的行为，不得私设"小金库"、搞账外账，督促所属人员及时清理债权、债务，不得授意、指使、强令有关人员违法办理经济业务事项，对违反财经法律法规的行为坚决予以制止；

（四）负责本部门及其所属国有资产的管理，确保国有资产的安全完整和保值增值；

（五）在预算额度内，部门（单位）负责人根据授权负责本部单位开支。

第十章　校办企业法人代表的经济责任制

第二十三条 校办企业法人代表对本单位经济活动负法律责任。在学校授权范围内依法组织经营活动。

第二十四条 校办企业法人代表的经济责任制主要包括：

（一）校办企业法人按照企事分开的原则对校办产业进行管理，正确处理国家、学校和企业三者经济利益，认真履行职责，既要确保完成学校下达的利润上交和有关费用返还任务，又要确保防止和避免因经营不善等带来影响学校正常教学、生活、工作秩序的风险；

（二）严格按照国家有关规律进行会计核算，不得随意改变资产、负债、所有者权益的确认标准或者计量办法，虚列、多列、不列或者少列资产、负债、所有者权益，虚列隐瞒收入，推迟或提前确认收入，随意改变费用、成本的确认标准或者计量办法，虚列、多列、或少列费用、成本，随意调整利润计算、分配办法，编造虚假利润或者隐瞒利润；

（三）组织编制本企业会计报表和会计报告，并按规定及时提交学校财务部门，对本企业会计资料的真实性、合法性、完整性负责；

（四）保证本企业会计机构、会计人员依法履行职责，不得授意、指使、强令会计机构、会计人员违法办理会计事项；

（五）建立健全企业资产管理制度，对本企业国有资产的保值增值负责。

第十一章　项目负责人的经济责任制

第二十五条　本章所指项目包括上级批准设立的有关事业发展专项计划、工程以及大型修缮、大型购置项目、各类纵横向科研项目以及学校为完成特定工作任务或事业发展目标而设立的专项业务、修缮、建设等项目。

第二十六条　项目负责人全面负责项目的实施和管理，严格执行国家财经法规和学校各项财务规章制度及管理办法，按照既定的开支标准、开支范围和开支程序使用资金，确保项目资金发挥最大效益，对项目支出的合法性、合理性、真实性、有效性负责。

第二十七条　相关部门负责人对项目支出的合法性、合理性、真实性、有效性负监管责任；财务部门从技术上指导项目负责人编制项目经费预算，审查项目决算，监督指导项目负责人按照项目立项或合同约定，以及有关财经法规在其权限范围内使用经费以及专账核算。

第十二章　财务及相关人员的经济责任制

第二十八条　财务及相关人员应当遵守《会计法》等国家财经法律法规和学校各项财务规章制度。

第二十九条　财会人员应当协助单位负责人做好本单位财务管理和会计核算工作，守土有责；财会人员应当按照岗位职责要求处理日常经济事项；财会人员应当依法进行会计核算，实行会计监督，管理好会计与资产档案，做好信息化风险防控。

第三十条　负责固定资产的账务核算工作的，应当如实反映固定资产的增减变动情况，财会人员与资产管理部门工作人员应当按照规定定期核对账目，确保资产的安全完整。

第十三章 附 则

第三十一条 对于不履行经济责任的，要依据上级以及学校有关规定，严肃处理。构成犯罪的，依法追究刑事责任。

第三十二条 经济责任制以绩效为导向，绩效考核结果是下年度预算安排的重要依据，在个人年度考核中具有"评优"一票否决权。

第三十三条 在执行过程中，本经济责任制与上级有关规定不一致时，以上级有关规定为准。

第三十四条 本经济责任制由学校依法治校办公室解释。

第三十五条 本经济责任制自公布之日起执行。

二、"三重一大"制度规定

某高职高专院校"三重一大"制度规定

第一章 总 则

第一条 为进一步规范学校领导班子的决策行为，防控决策风险，提高科学决策水平，为创建一流高职学院提供制度保证，根据《中国共产党章程》《高等教育法》《中国共产党普通高等学校基层组织工作条例》《关于坚持和完善普通高等学校党委领导下的校长负责制的实施意见》等有关文件的精神和要求，结合学校实际，制定本规定。

第二条 "三重一大"是指学校重大决策、重要人事任免、重要项目安排和大额度资金的使用。学校"三重一大"决策要坚持严谨、务实和高效，保证科学性；要广泛听取各方意见，保证民主性；要遵守国家的法律法规、党内规章制度和有关政策，保证合法合规。

第三条 "三重一大"事项应通过党委（常委）会集体研究做出决策。党委（常委）会实行民主集中制原则。对于"三重一大"行政工作事项，按照集体讨论、校长决定的原则，由校长办公（校务）会负责拟订决策方案或研究确定执行方案。

第四条 党委（常委）会和校长办公（校务）会应当严格执行学校《党委（常委）会议事规则》和《校长办公（校务）会议规则》。

第二章 范　　围

第五条 重大决策事项是指事关学校改革发展稳定全局和广大师生员工切身利益的重要事项。主要包括：

（一）贯彻执行党的路线方针政策、上级重要指示决定和学校党员代表大会确定的目标、任务的实施方案和措施；

（二）学校办学方向、工作方针及指导思想、发展规划；

（三）学校年度党政工作要点和工作总结；

（四）学校改革发展中的重大问题，包括学校章程、发展规划和重要规章制度，以及教学、科研、行政管理中的重大事项；

（五）学校党的建设中的重大问题或重要事项；

（六）学校思想政治工作、德育工作、思想政治理论课建设、精神文明建设、文化建设和安全稳定等重大问题或重要事项；

（七）学校内部组织机构的设置、干部职数及干部队伍建设中的重大问题；

（八）学校人才工作规划和重大人才政策；

（九）学校年度财务预算方案、决算情况的审定；

（十）学校重大建设项目、重要国有资产处置和国内外重大合作项目等问题；

（十一）重要奖惩；

（十二）教职工工资、津贴、奖金分配原则；

（十三）涉及群众切身利益的重大问题；

（十四）工会、教代会、共青团、统战及老干部工作中的重要问题；

（十五）出国组团和处级以上领导干部因公出国（境）；

（十六）全校性或在社会上有较大影响的活动；

（十七）其他应当集体决策的重要事项。

第六条 重要人事任免事项是指学校中层干部的任免和需要报送上级机关审批的重要人事事项。主要包括：

（一）向上级推荐校级领导干部、校长助理；

(二) 校级后备干部推荐、选拔；

(三) 中层干部任免；

(四) 上级党代会代表，区级以上人大代表、政协委员候选人的推荐；

(五) 校级领导小组、工作小组、委员会成员的任免；

(六) 其他应当集体决策的重要人事安排。

第七条 重要项目安排事项是指对学校规模条件、办学质量等产生重要影响的项目设立和安排。主要包括：

(一) 学校基本建设规划、基本建设计划的确定；

(二) 重大经济合同的签订；

(三) 学校校办企业产权变更；

(四) 学校大型庆典及纪念活动；

(五) 其他重大项目安排事项。

第八条 大额度资金使用事项是指超过学校所规定的党政领导人员有权调动、使用的资金限额的资金调动和使用。

(一) 学校《关于规范党委全委会、党委常委会和校长办公（校务）会议事规则的有关规定》中涉及的未列入预算的大额资金使用；

(二) 学校对外的重大捐赠；

(三) 其他大额度资金运作事项。

第三章 程　　序

第九条 决策酝酿程序：

(一) "三重一大"事项议题应按学校《关于规范党委全委会、党委常委会和校长办公（校务）会议事规则的有关规定》中的程序提出。除遇重大突发事件或紧急情况外，未按程序提出的议题或临时动议原则上不予讨论；

(二) "三重一大"事项议题提交会议决策前，应按照学校《关于"会前充分调研、专题酝酿"的实施意见》进行充分调研和论证，通过召开相关校领导及部门共同参与的专题会进行研究和酝酿，形成初步方案。

第十条 集体决策程序：

(一) "三重一大"事项应以会议的形式集体讨论做出决策，不得以传阅会签或个别征求意见等方式代替会议决定；

(二) 学校党委常委会集体讨论决策重大问题，必须有三分之二以上的常委出席，方为有效；表决事项时，可以采取口头表决、举手表决和无记名投票等方式，以超过应到会常委人数的半数同意为通过，未到会常委的意见不计入票数。对干部人事任免等重要事项的表决，应采取票决制，以赞成票超过应到会常委人数的半数以上为通过；

（三）意见分歧较大或者有重大问题不清楚的，除紧急情况外，应当暂缓作出决定，待进一步调查研究或向上级党组织请示后再决定。

第十一条　决策执行程序：

（一）经集体决策讨论通过的决议、决定，以文件、会议纪要等形式下发或召开有关会议进行传达，按照集体领导、分工负责的原则，由分管领导负责组织落实，学校各单位、各部门必须严格执行；

（二）学校党政办公室负责决议的督办和执行情况的反馈和汇报工作；

（三）会议成员必须坚决执行会议的决议、决定，在执行过程中如发现新情况需要复议，经同意后，可以进行复议。但在重新作出决定前，不得有任何与会议决议、决定相违背的言论和行动。

第四章　监督、考核和责任追究

第十二条　执行"三重一大"制度是落实党风廉政建设责任制的重要内容。学校党委要切实履行主体责任，纪委要切实履行监督责任，学校领导班子成员要切实履行党风廉政建设责任，切实加强对制度执行情况的监督和检查。

第十三条　执行"三重一大"制度的情况还应作为领导班子民主生活会、民主评议、考核领导干部及领导干部述职述廉的重要内容，以加强领导班子成员的互相监督和接受群众监督。

第十四条　对不执行或不正确执行"三重一大"制度的校级领导班子成员，有以下情况的，应根据有关规定追究责任。

（一）对于应当经集体讨论决定的重大事项而未经领导班子集体讨论，由个人或少数人擅自决定"三重一大"问题的（除遇紧急情况外）；

（二）未经领导班子集体复议，由个人或少数人擅自改变原集体决议的；

（三）在决策过程中，违反民主集中制原则，造成决策失误，并由此造成重大经济损失或不良影响的；

（四）不遵守、不执行集体决定，或未能按照集体的决定和分工履行自己的职责，给工作造成损失的；

（五）其他因违反"三重一大"制度决策程序，而造成决策失误的。

第五章　附　　则

第十五条　本规定由学校党政办公室负责解释。

第十六条　本规定自公布之日起施行。

三、党委（常委）会议议事规则范例

某高职高专院校党委（常委）会议议事规则

第一章　总　　则

第一条　为了保证党委（常委）议事决策的科学化、民主化、规范化，根据《中国共产党章程》、《中华人民共和国高等教育法》、《中国共产党普通高等学校基层组织工作条例》和中共中央办公厅印发的《关于坚持和完善高等学校党委领导下的校长负责制的实施意见》和学校《章程》等有关规定，特制定本规则。

第二条　学校党委会是学校党员代表大会闭会期间的最高决策机构。

第三条　党委（常委）会议事必须遵循以下原则：

（一）遵循集体领导、民主集中、个别酝酿、会议决定的原则；

（二）遵循实事求是、务实高效的原则；

（三）遵循维护团结、严守秘密的原则。

第二章　议事范围与议题

第四条　学校重大事项须由党委（常委）会议集体讨论决定。党委（常委）会议事范围包括：传达贯彻党的路线、方针、政策和上级重要文件、会议精神，研究讨论贯彻措施；研究学校党群工作的重大事项。学校改革、建设、发展的"三重一大"事项必须经党委（常委）会研究。内容包括：

（一）研究贯彻上级重要指示、文件和会议精神的具体实施意见和落实措施；

（二）研究决定学校改革、发展和基本管理制度等重大事项；

（三）研究决定党的建设、思想政治、德育、统战、群众工作、安全稳定、精神文明建设的规划、制度和重大措施；

（四）研究审定学校教学、科研、行政管理等工作中的重大问题；

（五）研究审定学校内部组织机构的设置，决定内部组织机构负责人的人选，处科级干部的选拔、任免及队伍建设；

（六）审定学校年度经费预决算；

（七）研究安全、稳定及突发事件的处置，以及涉及群众切身利益的重大事项；

（八）审定校外先进集体和先进个人推荐名单，审定学校先进集体、先进个人名单；

（九）审定国内外重大合作交流项目、合作办学与校外投资、出国（境）组团与校领导出国等；

（十）定期听取涉及全局性工作的专项汇报；

（十一）需要提交党委（常委）会讨论决定的其他重大问题和事项。

第五条 会议议题由党委书记征求校长意见后确定。

拟提交党委（常委）会讨论的党群工作方面议题，分管业务校领导应召集相关职能部门认真研究，征求有关方面意见；重要议题应先召开书记办公会充分酝酿；较为复杂的重大事项须进行立项调研或专题会议研讨，关系师生员工利益的重大事项须经职工代表大会或学生代表大会审议，形成解决方案或倾向性意见；涉及行政工作方面重大事项，由校长办公（校务）会提交。书面材料内容应全面、准确、简明扼要，一般包括：议题的意义、作用，议题各方案的政策依据，倾向性方案或结论。

议题由党群部门负责人或校长办公（校务）会委托人填写《党委（常委）会议议题表》，经有关部门负责人、分管业务校领导、党委书记签字，由党政办公室安排列入议题。

第六条 会议议题确定后，由办公室提出会议议程草案（包括：会议时间、地点、议题、参加人、列席人等），报送会议主持人审定，并在会议召开前1至2天将会议通知发至各位委员和列席人员。

第七条 如意见尚未成熟或准备不充分，一般不列入党委（常委）会议题。除紧急情况外，会议不讨论临时议题。

第八条 日常工作研究部署、协调执行和党委（常委）会重大议题准备以书记办公会形式进行。书记办公会，根据议题，由党委书记或副书记主持，党委书记、副书记、纪委书记参加。必要时，相关工作分管校领导、有关部门（单位）负责人可以列席。

第三章 会议的组织

第九条 党委（常委）会议一般定期召开。根据工作需要或遇特殊情况，经党委书记或半数以上委员提出，可以临时举行党委（常委）会。

第十条 党委（常委）会由党委书记或委托副书记召集并主持。

根据会议内容需要，主持人可指定有关人员列席党委（常委）会，列席会议的人员有发言权，没有表决权。

所研究的议题，涉及委员及其亲属时，本人应当回避。

第十一条 会议必须有半数以上委员到会方可召开。讨论干部问题时，必须有三分之二以上委员到会方可召开。

第十二条 与会人员因故不能出席会议的，必须在会前向会议主持人请假；如果会前已审阅了会议将要讨论议题的有关材料，其意见可用书面形式表达。

第四章 会议程序与纪律

第十三条 党委（常委）会应一题一议，有议有决。议定议题时，由主持人简要说明议题内容后，指定主管领导或列席人员对议题进行说明和汇报，对不同意见和看法，应一并说明。

第十四条 与会委员围绕议题，充分发表意见，经认真讨论意见基本一致后，由主持人进行总结归纳，按照民主集中制原则形成决议。其中需要落实或办理的事项，应明确主办负责人和承办部门。

第十五条 对意见不够集中或有较大意见分歧的议题，除在紧急情况下必须按少数服从多数的原则形成决定外，一般应当暂缓做出决定，待进一步调查研究、交换意见后，提交下次会议讨论决定。

第十六条 需要通过表决形成决议的议题，在充分讨论、认识基本一致的基础上，按照少数服从多数的原则进行表决。表决时，同一问题赞成票数超过应到会委员半数为通过。表决可根据表决事项的内容，分别采取口头、举手、无记名投票或记名投票的方式。表决多个事项时，应逐项表决。推荐、提名干部，决定干部任免、奖惩事项，应逐个表决。表决结果由会议主持人当场宣布。

第十七条 党委（常委）会议由办公室做好记录并编印会议纪要，由会议主持人签发，发送有关部门执行或公示。保密事项，不得向会议以外人员泄露。会议原始记录须归入档案，未按规定办理报批手续，不得查阅。

第十八条 党委（常委）会决议，通过分工负责制进行实施。实施情况由办公室负责督办，并向党委书记或党委（常委）会反馈。

第十九条 党委（常委）会集体讨论决定的问题，必须严格遵守，坚决执行，任何人不得擅自改变。

如有不同意见可以保留，并按规定程序向上级组织反映，但不得在决议执行时有任何与决议相违背的言论和行为。如在工作中发现新情况，或有重大原则性失误，在实际工作中确实难以执行，必须复议时，由分管的委员向会议主持人说明原因，经同意后方能提请党委（常委）会复议。

第五章 附 则

第二十条 本规则由办公室负责解释。

第二十一条 本规则经学校党委（常委）会审定通过，自公布之日起执行。

四、校长办公（校务）会议议事规则

某高职高专院校校长办公（校务）会议议事规则

第一章 总 则

第一条 为全面贯彻党的教育方针，保证行政决策科学、民主、规范、高效，根据《中华人民共和国高等教育法》、《关于坚持和完善高等学校党委领导下的校长负责制的实施意见》和学校《章程》等有关规定，特制定本规则。

第二条 校长办公（校务）会是对重要行政事项进行研究处理和决策的工作会议。

第二章 议事范围与议题

第三条 校长办公（校务）会议事范围包括：研究上级有关行政工作的重要文件、会议精神的传达贯彻与落实措施；研究决定教学、科研和行政管理工作中的重要事项；研究落实党委（常委）会和职工代表大会决议的实施意见和措施；酝酿需提交党委（常委）会讨论的行政工作中的重大问题和重大事项的方案。主要内容包括：

（一）传达上级重要文件、会议精神和学校党委（常委）会决议，研究讨论贯彻措施；

（二）研究拟定学校发展规划，行政规章制度，学校内部行政组织机构的设置方案；

（三）研究决定教学、科研、人事、财务、审计、外事、基建、资产管理、安全保卫、学生管理、后勤服务、信息化建设等行政工作的重要事项、重要问题和重要活动；

（四）研究师资队伍建设计划、教师以及内部其他工作人员聘任与解聘，研究涉及教职工切身利益的工资待遇、医疗、住房、职称等重要事项的政策落实、年终分配方案与奖励事项；

（五）研究招生计划，毕业生就业工作方案，学生教育培养、学籍管理、奖励与处分的重要事项；

（六）研究年度经费预算方案，资金使用、基本建设、条件装备、资产保护管理以及学校对外交流合作、事业拓展等行政工作中的重要事项；

（七）根据党委（常委）决议，研究落实德育工作和精神文明建设、廉政建设的重要方案和措施；

（八）根据党委（常委）意见，研究落实有关教代会、团代会、学代会等有关行政工作的提案，以及关于师生员工切身利益的重要事项；

（九）需要研究、审议和决定的其他事项和问题。

第四条 校长办公（校务）会议议题一般由校长、副校长或行政职能部门负责提出，并由校长征求党委书记意见后确定。

第五条 拟提交校长办公（校务）会讨论的议题，分管业务校领导应召集相关职能部门认真研究，充分听取专家、教职工意见；重要议题应先召开校长办公（校务）会充分酝酿；较为复杂的重大事项须进行立项调研或专题会议研讨，形成解决方案或倾向性意见的书面材料，填写《校长办公（校务）会议议题表》，经有关部门负责人、分管业务校领导、校长签字，由党政办公室安排列入议题。

第六条 会议议题确定后，由办公室提出会议议程草案（包括：会议时间、地点、议题、参加人、列席人等），报送会议主持人审定，并在会议召开前1天将会议通知发至与会者。

第七条 如意见尚未成熟或准备不充分，一般不列入校长办公（校务）会议题。除紧急情况外，会议不讨论临时议题。

第八条 凡在分管业务校领导各自职权范围内能够解决或通过协商能够解决的问题，一般不列入校长办公（校务）会议题。

日常工作研究、协调、部署以校长办公（校务）会形式进行，由校长或受托的副校长主持。

第三章 会议组织

第九条 校长办公（校务）会一般两周召开1次。如遇急需处理的事项可以临时召开。

第十条 校长办公（校务）会议由校长或受托的副校长主持，校长、副校长、相关行政工作分管校领导、总会计师参加。必要时，可以邀请党委书记参加。

根据议题需要，主持人可指定有关职能部门（单位）负责人列席会议，列席会议的人员有发言权，没有表决权。

在讨论与本人及家属有关的议题时，本人应主动回避。

第十一条 会议必须有半数以上的应出席人到会方能举行。

第十二条 与会人员应按时到会，因故不能出席会议时，应会前向主持人请假；如果会前已审阅了会议将要讨论议题的有关材料，可以发表口头或书面意见。

第四章　议事程序与纪律

第十三条 校长办公（校务）会应一题一议，有议有决。分管领导或列席人员就提交议题作基本情况、政策依据和方案建议的汇报。重要议题应有两个以上的落实方案；对不同意见和看法，应一并说明。

第十四条 与会者应从学校改革、发展、稳定大局出发，紧扣议题，积极发表个人意见，认真听取其他同志意见，特别是不同意见。

第十五条 会议主持人在与会人员充分发表意见的基础上，总结归纳意见，坚持按民主集中制原则做出决定。其中需要落实或办理的事项，应明确主办负责人和执行部门。

第十六条 对意见分歧较大的重要问题，除紧急情况下必须按多数人的意见执行外，一般应暂缓做出决定，继续对问题加强调查研究，再提交校长办公（校务）会讨论。

第十七条 校长办公（校务）会议决定事项一般要形成纪要。纪要经校长签发后，发至校领导，并视议题内容抄送有关部门执行。校长办公（校务）会议定的重要事项应及时向党委（常委）会通报。

第十八条 会议原始记录应当归档，未按规定办理报批手续，不得查阅。需要保密的事项，与会者不得对外透露会议讨论时个人发表意见的情况。

第十九条 会议决议的落实情况由党政办公室负责督办，并向校长或校长办公（校务）会反馈，办公室加强督促、检查，监察部门对议决事项执行情况和结果进行监察。

第二十条 与会者必须坚决贯彻会议做出的决定，个人有不同意见允许保留，也可以向上级组织反映，但不得在会议以外的任何场合表现出与会议决定不相符的言行。

第二十一条 在执行中如遇新情况、新问题，不适宜或不可能按原决定执行时，分管领导应与有关职能部门商议，提出复议申请，经校长同意后提交校长办公（校务）会复议。

第五章 附 则

第二十二条 本规则由办公室负责解释。

第二十三条 本规则经学校党委（常委）会审定通过，自公布之日起执行。

五、财经领导小组议事规程

某高职高专院校财经工作领导小组议事规程

第一条 财经工作领导小组工作程序
（一）各单位将有关项目报告提交到学校财务管理部门；
（二）学校财务管理部门对各单位提交的项目报告进行初审，初步确定会议议题；
（三）财经工作领导小组组长或委托的主要成员对初审结果进行审核，确定列入财经工作领导小组全体会议讨论的议题；
（四）财经工作领导小组召开全体会议，按照民主集中制的原则进行议事决策。

对于一般事项，财经工作领导小组可直接作出决定；对于涉及学校重大决策或师生员工重大利益的事项，由财经工作领导小组提出初步意见，并提交校长办公（校务）会或党委（常委）会讨论决定。

第二条 财经工作领导小组会议，出席人数必须达到全体成员的三分之二以上方可召开会议。对于需要投票决定的事项，通过票数须达到全体参会成员半数以上方为有效。

第三条 财务管理部门应提前做好会议议题的收集工作，并及时将会议召开时间、议题通知各财经工作领导小组成员。

第四条 会议决议由财经工作领导小组组长或其授权人签发。

第五条 财务管理部门负责决议的跟踪落实，并做好财经会议资料、决议的档案管理工作。

六、财经管理规定

某高职高专院校财经管理规定

第一章 总 则

第一条 为规范学校财经行为，加强财经管理，促进学校事业发展，根据国家有关财经法律法规，结合学校实际，制定本规定。

第二条 财经管理基本原则是贯彻执行党和国家方针政策、法律法规和财经制度，坚持绩效导向和勤俭办学原则，正确处理事业发展需要和资金供给的关系，社会效益和经济效益的关系，国家、集体和个人三者利益的关系。

第三条 财经管理基本任务主要包括：

（一）建立健全财经规章制度，规范学校经济秩序；

（二）合理编制学校三年滚动规划和年度预算，对预算执行进行控制与管理；

（三）依法多渠道筹集事业资金，科学配置学校资源，厉行节约，提高资金使用效益；

（四）加强资金管理，防止国有资产流失；

（五）如实反映和监督学校经济活动以及财务状况。

第二章 财务管理体制

第四条 学校实行"统一领导，分级管理，集中核算"的财务管理体制。在党委的领导下，财务工作实行校长负责制，学校财经工作领导小组在校长统一领导下协调学校财经工作，总会计师协助校长主持学校日常财经工作，重大事项报学校党委（常委）会决定。

第五条 学校应当按照经济责任制规范管理财经工作。财务管理部门在校长和总会计师领导下，统一管理学校的财务工作。

第六条 学校财务、会计机构配备的财务人员必须具有会计从业资格，接受会计业务的继续教育和培训。财务管理部门负责人必须符合国家规定的任职资格。

第三章　预算绩效管理

第七条　学校预算包括三年滚动规划预算和年度预算。预算含收入预算和支出预算。一般按功能和经济业务分类进行编制。

第八条　预算编制以绩效为导向，坚持"量入为出、收支平衡"原则。

第九条　学校预算应当由发展规划部门和财务管理部门依据学校事业发展需要和年度工作任务，根据预算盘子，坚持预算目标相关性、政策相符性、经济合理性原则，按照"二上二下"的编制程序，提出预算建议方案，经学校财经工作领导小组审议通过后，报校长办公（校务）会议审核，由学校党委（常委）会审定，财务管理部门负责办理报批手续。

第十条　预算一经确定，原则上不予调整。确须调整的，应当按照程序报批。预算调整方案须经学校党委（常委）会审定。收入预算调整后，相应调增或调减支出预算，保证年度预算平衡。

第十一条　预算一经批复，遵循"依法使用，守土有责"的原则，按照预算批复的内容和标准，坚持"谁使用、谁负责"的资金使用要求，严格执行预算，合理加快执行进度，推动学校改革与事业发展。

第十二条　学校应当牢固树立绩效管理理念，加强预算绩效管理，重视绩效评价结果应用。

第四章　收支管理

第十三条　学校收入由财政补助收入、上级补助收入、行政事业收入、经营收入、附属单位上缴收入和其他收入等组成。学校须严格按照国家有关政策规定依法组织各项收入，全校上下所有收入全部纳入学校财务统一管理和核算，严格执行"收支两条线"，不得设置"小金库"。

第十四条　学校在取得各项收入时，须按规定使用合法票据。

第十五条　学校支出是指学校开展教学、科研及其他活动发生的经费开支，包括事业支出、经营支出、基本建设支出和对附属单位补助支出。

第十六条　学校各项支出应严格执行国家有关财务规章制度规定的开支范围及开支标准，并根据实际发生数据实列支，按照功能和经济科目分类正确归集、核算，不得虚列虚报，不得以计划数和预算数代替。不能直接归集的，须按规定比例合理分摊。

第十七条　对于从有关部门取得的有指定项目和用途并且要求单独核算的专项资金，须专款专用、专账管理，并按要求定期报告资金使用情况；项目完成后，须报送资金支出决算和使用效果书面报告，接受有关部门的检查、验收。

第五章 结转结余资金

第十八条 结转资金是指预算未全部执行或未执行，下年需按原用途继续使用的预算资金。结余资金是指项目实施周期已结束、项目目标完成或提前终止，尚未列支的项目支出预算资金和因项目实施计划调整，不需要继续支出的预算资金。

第十九条 年度预算执行结束时，尚未列支的基本支出全部作为结转资金管理，结转下年继续用于基本支出。

第二十条 项目实施周期内，年度预算执行结束时，除连续两年未用完的预算资金外，已批复的预算资金尚未列支的部分，作为结转资金管理，结转下年按原用途继续使用。项目实施周期结束，尚未列支的预算资金，作为结余资金原则上由财政部门收回。

第二十一条 经营支出与经营收入应相匹配，经营收支结余应单独反映，可按照国家有关规定弥补以前年度经营亏损，其余部分并入学校结余。

第六章 专用基金管理

第二十二条 专用基金是指学校按照规定提取和设置的有专门用途的资金。包括修购基金、职工福利资金、学生奖贷基金和勤工助学基金等。

第二十三条 修购基金是按照规定比例提取的，专门用于固定资金维修和购置的资金。职工福利基金是按照规定提取，专门用于职工集体福利设施、集体福利待遇等方面的资金。学生奖贷基金是按照规定提取用于发放学生奖学金和贷款的资金。勤工助学基金是按照规定从教育事业收入中按照一定比例提取的，专门用于支付学生开展勤工助学活动报酬以及困难学生补助的资金。

第七章 资产管理

第二十四条 资产是指学校占有或者使用的能以货币剂量的经济资源，包括各种财产、债权和其他权利。

第二十五条 学校的资产包括流动资产、固定资产、无形资产和对外投资等。

第二十六条 流动资产是指可以在一年以内变现或者耗用的资产，包括现金、各种存款、应收及暂付款项、借出款、存货等。学校应建立健全现金及各种存款的内部管理制度。对应收及暂付款项须及时清理结算，不得长期挂账；对确实无法收回的应及时暂付款项，须查明原因，分清责任，按规定程序批准后核销。

第二十七条　固定资产是指单位价值在1000元以上，使用期限在一年以上，并在使用过程中基本保持物质形态的资产。单位价值虽未达到规定标准，但耐用时间在一年以上的大批同类物资，也作为固定资产。学校的固定资产一般分为六类：房屋和建筑物、专用设备、一般设备、文物和陈列品、图书、其他固定资产。学校须根据规定的固定资产标准，结合具体实际，制定各类固定资产的明细目录。

学校固定资产的增加或减少须遵循严格的工作程序。学校接受捐赠的固定资产，在增加学校固定资产的同时，须进行相应账务处理。学校固定资产的报废和转让，须履行相关的审批程序后进行核销。

学校定期或不定期地对固定资产进行清查盘点。年度终了前须进行一次全面的资产清查，做到账实相符。对固定资产的盘盈、盘亏须按规定程序及时处理。

第二十八条　无形资产是指不具有实物形态而能为使用者提供某种权利的资产，包括专利权、商标权、著作群、土地使用权、非专利技术、商誉以及其他财产权利。

第八章　对外投资管理

第二十九条　对外投资是指学校利用货币资金、实物、无形资产等向企业和其他单位的投资。

第三十条　对外投资要严格执行学校对外投资有关规定。不得用房产、地产等资源对外投资，以实物、无形资产对外投资的，须按照国家有关规定进行资产评估，并经同级教育主管部门和同级财政部门审批后方可执行。对外投资取得的收入，计入投资收益，按有关规定账务处理。

第九章　负债管理

第三十一条　负债是指学校所承担的能以货币计量，需要以资产或劳务偿还的债务。包括借款、应缴款项、暂存和应付款、代管款项等。

第三十二条　学校是对外借款和贷款的唯一主体，二级单位不得以任何方式对外提供借款和贷款担保。学校对外借款和贷款事项按照规定须报经市级教育主管部门、市级财政部门审批。

第十章 校办产业管理

第三十三条 学校成立资产经营公司代表学校行使对校办产业的经营管理权，对学校负责。

第三十四条 学校校办产业实行财务独立核算、自负盈亏的管理方式，在保证国有资产保值增值的基础上，享有独立的经营自主权。

第三十五条 校办产业应参照《企业财务管理制度》建立健全相关财务管理规定，明确管理职责和权限，并报学校备案。

第十一章 财务报告与财务分析

第三十六条 财务报告是反映学校一定时期财务状况和事业发展成果的总结性书面文件。

第三十七条 学校按主管部门规定和要求，根据学校财务管理需要，定期编制财务分析报告，其内容包括学校事业发展和预算执行、资产使用管理、收入与支出、专用基金变动以及财务管理情况、存在主要问题和改进措施等。

第十二章 财务监督

第三十八条 财务监督包括国家审计、财政、物价、税收、银行等部门的外部专项监督和学校内部审计机构组织的内部审计监督。包括事前监督、事中监督和事后监督三种形式，可根据实际情况实行不同的监督方式。

第三十九条 学校内部审计机构作为学校内部监督的主管部门，在主管副校长的领导下积极开展各项经济事项的审计工作。

第四十条 学校实行财务公开制度。依法对学校收费项目、年度财务预算、决算等在一定范围通过一定形式进行公开，实现"阳光理财、平安理财"的目标。

第十三章 附 则

第四十一条 本办法由财经工作领导小组负责解释。

第四十二条 本办法自公布之日起执行。

七、信息技术介入内部控制制度

某高职高专院校信息技术介入内部控制制度

第一章 总　则

第一条　为了确保内部控制的及时性与有效性以及内部控制相关信息系统安全，根据《中华人民共和国会计法》《国务院办公厅关于利用计算机信息系统开展审计工作有关问题的通知》《会计电算化管理办法》《行政事业单位内部控制规范（试行）》等有关法律法规和制度规定，结合学校实际情况，特制定本制度。

第二条　信息技术介入内部控制的目标是通过现代技术手段，将内部控制工作流程进行固化，以财务管理信息系统为基础，对全校的资源进行调配、管控与监督，科学、全面、安全、及时的反映学校经济活动管理情况，从而实现内部控制的及时性和有效性。

第三条　本制度中信息技术内部控制系统是指学校及学校所属各部门配置的财务管理信息系统、与财务管理信息系统相关的审批系统及其他经济管理系统。

第二章　职责与权限

第四条　信息技术管理部门、财务管理部门、资产管理部门、学校办公室应协同建立并管理信息系统，内部控制管理部门对信息系统执行情况进行监督。

第五条　信息系统应固化各部门的职责范围与审批权限，校内各部门和单位之间应该严格遵守学校管理制度，严格按照部门职责执行审批权限，严禁越权、放权、弃权。

第六条　各部门和单位应该协同合作，合理分配职责及权限，避免脱节，出现内部控制的盲区。

第七条　各部门和单位应在局部范围行使职能，各自完成承担的任务，互相制约，提高系统安全可靠性。

第八条　学校领导对重大经济业务进行电子审批，如需经过党委（常委）会的经济业务，审批结果由学校办公室专人对系统进行操作。

第九条 各部门和单位应对自身使用的财务管理信息系统实行逐级授权审批制度。设置信息系统管理岗位，明确岗位管理责任，至少应设置以下岗位及职责权限：

（一）部门负责人：负责对本部门内部的所有重要经济业务进行最终审批，并协调本部门的信息系统使用及管理工作；

（二）业务审核：对所有的经济业务进行核对，对录入信息进行审核；

（三）业务录入：对经济业务进行办理，核对经济业务的实际情况，并录入信息系统。

各类人员应在规定范围内行使职能，各自完成承担的任务，互相制约，提高信息系统安全可靠性。

第十条 财务系统要严格按照预算执行，并对支出类别及范围在系统中进行固化操作，如需对此方面进行修改，必须经过财务部门负责人审批通过方可实行。

第十一条 在固化和编制系统时，应避免个别部门和岗位的权利集中，不相容的职责应相分离；保证学校制度和信息系统内容的统一，及时对变动部分进行修改。

第十二条 应对岗位变动和离职人员的用户权限及时收回，保证系统权责的完整、不外流；对需进行授权的情况，应严格明确所授权限，明确职责。

第十三条 纪检监察及审计部门有权对系统内所有的经济业务进行调看和查阅，监督系统，使系统合理、合法、合规的有序运行。

第三章 稳定及安全

第十四条 保证整个信息系统的稳定性，应设专人定期对软件和硬件系统进行维护，对不能满足使用要求的设备及时更新。

第十五条 对能够使用专网的系统部分应尽量保证网络系统的封闭性和独立性，对需要连接外网提供服务的必须加强防火墙等的管理，保证系统的安全性。

保证系统使用软件的来源及用途合理合法，并安装杀毒软件，定期扫描电脑。

第十六条 财务专网实行计算机专机专用，不得接入校园网，不得用外来设备如移动硬盘、U盘、光盘等以防止病毒入侵及黑客攻击。

第十七条 系统操作人员要制定合理的数据访问用户账号、密码，不使用简单密码，并定期修改密码，防止泄露账号及密码，如有丢失及时向系统管理员报告。不得猜测他人密码，不得使用黑客软件进行密码破解，不得窃取系统管理员密码。

第十八条　各部门和单位负责管理和维护信息系统的人员，应对使用的软、硬件环境进行定期检查，及时发现出现的问题，排查可能存在的安全隐患。减少主观人为损害和客观自然灾害对内控信息系统的影响。

第四章　人员及信息

第十九条　对使用系统的工作人员定期进行培训，提高对系统操作、安全、内控和责任等方面的认识。

第二十条　充分利用专业软件公司的技术支持，同时保证学校信息系统的安全及稳定。

第二十一条　应对系统内的经济业务信息定期做好备份，并且实行电子版和纸质版同时保存的原则；保留系统操作日志，确保责任的可追究性。

第二十二条　财务信息公开依照学校财务信息公开管理办法进行，接受监督。未经授权，不得随意公开财务数据。

第二十三条　内部控制管理部门在监督过程中，发现单位或者个人利用计算机技术手段违反内部控制规定，严重损害学校利益的行为，应要求违规单位停止使用该计算机系统，并应及时报告学校分管校领导处理。

学校监督职能部门对有违规开发、故意使用有舞弊功能计算机信息系统的，要提出依法追究有关单位和人员责任的建议；对情节严重，构成犯罪的，要移送司法机关处理。

第五章　附　　则

第二十四条　本制度由学校内部控制管理部门负责解释。

第二十五条　本制度自公布之日起执行。

本章主要参考文献

[1] 乔春华. 行政事务控制是行政单位内部控制的主要部分——再评《行政事业单位内部控制规范（试行）》[J]. 会计之友，2015（17）

[2] 王春晖. 高校单位层面内部控制指引研究 [J]. 教育财会研究，2015（10）

[3] 刘永泽主编. 行政事业单位内部控制制度设计操作指南 [M]. 大连：东北财经大学出版社，2013
[4] 教育部办公厅关于印发《教育部直属高校经济活动内部控制指南（试行）的通知》（教财厅〔2016〕2号）
[5] 龙海红. 王玉勇. 行政事业单位内部控制规范（试行）讲解及案例分析 [M]. 中国商业出版社，2013

第五章

预算业务控制设计范例

第一节 预算业务控制及风险清单

一、预算业务控制范围

一般来说，预算是以绩效为导向，以满足学校事业发展为前提，以学校事业规划和工作任务以及相关历史数据、行业标准、计划标准等为依据，统筹安排学校经济资源，完成既定工作目标的管理方式。通过三年滚动规划、年度预算和项目库三个层次预算管理体系的逐步建立，进一步加强和完善预算管理，保障学校事业健康发展。

（一）预算业务控制范围

预算业务控制是高职高专院校内部控制的重要组成部分，包括制度建设、预算编制、预算执行与调整、决算与预算绩效评价等关键环节。通过预算业务关键环节风险防控，确保高职高专院校各项经济活动在规范的程序和轨道上安全运行。控制范围主要包括：

1. 学校三年滚动改革发展规划及年度工作任务；
2. 学校年度预算的编制依据；
3. 预算编制程序及方法；
4. 预算方案的审批；
5. 预算目标的下达与指标的分解；
6. 预算执行及其分析；
7. 预算调整程序；
8. 决算与预算绩效评价。

（二）预算业务不相容岗位

按照不相容岗位相互分离的内部控制原则，预算业务不相容岗位主要包括：

1. 预算编制与审定；
2. 预算审定与执行；
3. 预算执行与考核。

二、预算业务控制目标

通过对预算业务各关键环节风险点的分析，建立相互制约、相互监督的防范和管控机制，实现预算管理职责清晰；预算编制科学、合理；预算执行规范、严格；预算绩效显现、有用的预算管理目标，实现预算业务的制衡约束，保证预算管理的科学性、合理性、合规性、效益性，不断提高预算管理能力现代化。具体目标如下：

1. 职责明晰性。

学校党委（常委）会是学校预算管理的决策机构；学校法人代表是学校预算管理的第一责任人；分管业务校领导应对预算业务的合理性、真实性负审核、把关责任；总会计师对预算业务的合规性、合法性负审核、把关责任；各业务部门是预算执行部门，部门负责人、项目负责人对预算执行的规范性、结果的有效性负直接责任；财务管理部门对预算资金的安全、合法使用负监控责任。总之，预算管理要树立全员参与、分岗负责的制衡理念，明晰管理职责。

2. 目标相关性。

预算申报经过充分的研究、论证，与学校的事业发展规划紧密贴合。

3. 政策相符性。

预算编制依据充分、正确、全面，符合国家、地方有关法律、法规规定，标准正确、依据准确。

4. 经济合理性。

预算编制能够充分考虑学校相关历史数据，结合学校财力可支持力度，统筹安排经费收支，编制全面、安排合理。

5. 执行严肃性。

预算执行严格、调整程序规范、预算刚性约束力强。

6. 结果有效性。

决算数据真实、准确、完整，能够真实、全面反映预算执行情况和结果。考核评价标准科学，程序规范，过程公开，结果有效且应用。

7. 评价有用性。

将评价结果充分利用，与下一年度预算编制和拨款挂钩，发挥绩效管理"指挥棒"的导向作用。

三、预算业务风险清单

预算业务控制主要包括预算编制业务、预算执行与调整、决算与预算绩效评价各环节的控制，主要风险点如图表5-1所示。

图表5-1　　　　　　　　　　预算业务风险清单

序号	关键环节	风险点	控制措施	责任部门
1	预算编制	中长期改革发展规划和年度工作任务论证不充分	贯彻党和国家教育方针政策，结合学校实际，制订并论证学校三年滚动发展改革规划和年度工作任务	发展规划部门
		制度建设不完善	制定、完善学校《预算管理办法》	依法治校管理部门、财务管理部门
		与事业规划不匹配、目标相关性差	发展规划部门正确、科学、合理的编制学校事业发展规划和年度工作计划，归口管理部门加强项目论证，分管业务校领导加强审核	发展规划部门、归口管理部门
		基础数据不准确，编制资料依据不充分	加大与以往年度基础数据的比较，分析数据变化的原因，并加强与各部门之间的沟通	相关业务部门
		预算编制不科学，经济合理性、政策相符性差	加强政策研究和落实，加强预算编制的统筹，科学、合理编制预算	财务管理部门
2	预算执行与调整	预算执行不严格，预算执行有偏差，	各部门要严格按照预算批复执行，定期进行预算执行情况分析，对差异较大的项目进行重点关注，确需调整预算的，提出明确的调整原因和依据	各业务部门 财务管理部门
		财务核算不准确	加强对财务人员的业务培训及继续教育	财务管理部门

续表

序号	关键环节	风险点	控制措施	责任部门
2	预算执行与调整	预算执行进度缓慢，结转结余异常	各部门按计划执行预算进度，加强预算执行的考核。	各业务部门、财务管理部门
		预算调整随意，存在无预算和超预算的现象	严格执行预算，加强预算控制，严格履行预算调整审批程序。	各业务部门、财务管理部门
3	决算与预算绩效评价	决算数据不真实、不科学、不完整	加强年底决算工作的组织管理。	财务管理部门
		预算绩效考评机制不健全、奖惩不到位，评价结果未得到充分利用	制定明确的考核指标并下发通知，将考核结果进行反馈整改，同时与下一年度预算分配挂钩。	绩效管理部门

第二节 预算编制控制

一、预算编制职责与权限

（一）党委（常委）会

1. 负责审议、批准学校事业发展规划和年度工作计划；
2. 审查、批准学校关于预算管理的规章制度；
3. 审定学校预算编制的原则和要求；
4. 审定学校年度预算。

（二）校长办公（校务）会

1. 研究、审议学校预算管理制度；
2. 研究、审议学校预算编制的原则和要求；
3. 研究、审议学校年度预算方案和预算草案；
4. 研究、决定项目经费投入方向及重点项目。

（三）总会计师

根据《总会计师条例》（中华人民共和国国务院令第 72 号）中规定，"全民所有制大、中型企业设置总会计师；事业单位和业务主管部门根据需要，经批准可以设置总会计师。凡设置总会计师的单位，在单位行政领导成员中，不设与总会计师职权重叠的副职"、"总会计师组织领导本单位的财务管理、成本管理、预算管理、会计核算和会计监督等方面的工作，参与本单位重要经济问题的分析和决策。"其主要职责是：

1. 负责组织制定、审核预算管理制度，提交预算管理委员会；

2. 负责依据学校事业发展规划和年度工作计划组织制定学校预算编制方案、审核预算草案，提出审核意见，提交预算管理委员会。

（四）分管业务校领导

1. 负责学校事业发展规划和年度工作计划审核，并报校长办公（校务）会、党委（常委）会审定；

2. 负责各业务部门申报的项目经费预算的可行性、合理性审核；

3. 负责各业务部门申报的部门预算的可行性、合理性审核。

（五）预算管理专业委员会

预算管理专业委员会受学校委托，监督学校预算管理工作，提高学校预算工作的科学性、促进学校各项工作的科学、协调发展。其主要职责是：

1. 对学校预算管理办法等重大政策进行研究、审议和并提出修改方案，供学校研究决策；

2. 根据学校事业发展规划和年度工作重点，提出预算目标、编制原则和方针建议，提交校长办公（校务）会、党委（常委）会批准后由学校财务管理部门负责落实；

3. 组织编制、审定预算草案，提交校长办公（校务）会、党委（常委）会批准。

（六）财务管理部门

财务管理部门是预算编制的技术支持部门，在预算编制环节，依据学校事业发展规划，参考上一年度预算执行情况、有关政策变化、基础数据变化等综合情况对本年度收支进行分析、测算，编制年度综合财务预算，经学校党委（常委）会审定通过后报行政主管部门和财政主管部门审批，并下达执行。主要职责是：

1. 负责启动预算编制工作，组织对校内人员的政策培训、宣传；

2. 负责根据学校预算管理委员会制定的经学校批准的预算目标、编制原则和方针建议，拟定预算管理政策，制定预算编制的具体措施和方法，提出预算方案；

3. 负责对各部门上报的基本经费预算及项目经费预算数据进行汇总、平衡、上报。

（七）归口管理部门

归口管理部门是预算编制业务的主要参与部门，负责提供预算相关基础数据、组织论证项目预算的可行性、合理性，保证预算编制的科学性、真实性、完整性。主要职责是：

1. 发展规划部门负责草拟学校事业发展规划和年度工作计划，并报学校党委（常委）会审议、批准；

2. 人事管理部门负责汇总学校各部门人员经费预算，评估其合理性后，上报财务管理部门；

3. 资产管理部门负责汇总、论证学校各部门提出的纳入到项目库中的资本性支出的采购预算，评估其合理性后，上报财务管理部门；

4. 后勤保障部门负责组织论证学校各部门纳入到项目库中的维修改造项目预算，评估其合理性后，上报财务管理部门；同时，负责提供学校建设规模的有关基础数据，核定正确后上报财务管理部门；

5. 教学管理部门负责提供学校实际在校生人数，论证各教学单位提出的纳入到项目库中的教学类项目并进行排序，上报财务管理部门；

6. 科研管理部门负责汇总、论证各教学单位提出的纳入到项目库中的科研类项目并进行排序，上报财务管理部门；

7. 信息技术管理部门负责汇总、论证各教学单位提出的纳入到项目库中的信息化类项目并进行排序，上报财务管理部门，同时组织参加同级业务主管部门的评审。

二、工作流程

1. 发展规划部门制订学校中长期滚动发展规划和年度工作任务，为预算经费安排提供依据；

2. 同级财政部门及主管部门召开预算布置会，下达下一年度项目经费预算控制数及基本经费财政定额拨款标准，并提出预算编制要求，财务管理部门下发学校年度预算编报工作通知并组织培训；

3. 归口管理部门提供相关基础数据，上报财务管理部门；

4. 财务管理部门依据相关历史数据、行业标准、计划标准、各归口部门提供的基础数据，考虑政策变化影响，测算编制学校收入预算；

5. 各部门申报财政项目经费预算，归口管理部门就任务的相关性、必要性、可行性等牵头组织论证并进行排序，报分管业务校领导审核后，提交财务管理部门；

6. 发展规划部门、财务管理部门依据学校的事业发展规划，科学、合理测算、平衡经费，汇总论证后的财政项目经费预算，编制学校支出预算，与收入预算共同形成学校预算草案，报总会计师进行审核；

7. 总会计师审核财务管理部门草拟的学校预算草案，提出审核意见反馈修改后。提交预算管理委员会；

8. 财经工作领导小组、预算管理专业委员会结合经费总量及学校工作的重点，按照预算编制原则进行研究、审核，确认预算草案上报学校校长办公（校务）会、党委（常委）会审议、确定；

9. 财务管理部门将学校审定的预算草案，通过预算管理系统上报主管部门，主管部门对学校基本经费以及项目经费预算进行初审，并报财政部门审批；

10. 财政部门对预算方案审批通过后，下达预算批复数到主管部门，主管部门下达给学校预算批复数，财务管理部门编制用款计划报财政部门批复执行；

11. 各业务部门编制部门基本经费支出预算，报分管业务校领导就任务的相关性进行审核后上报财务管理部门；

12. 财务管理部门根据各部门申报的预算，细化学校二级预算，形成校内预算分配方案草案，报总会计师审核；

13. 总会计师对二级预算的政策相符性、经济合理性、目标可行性进行审核。报预算管理委员会、校长办公（校务）会、党委（常委）会审核、审定；

14. 财务管理部门将学校审定后的校内预算进行批复下达；

15. 财务管理部门依法将学校预算进行公示。

预算编制工作流程如图表5-2所示。

图表 5-2　　　　预算编制工作流程*

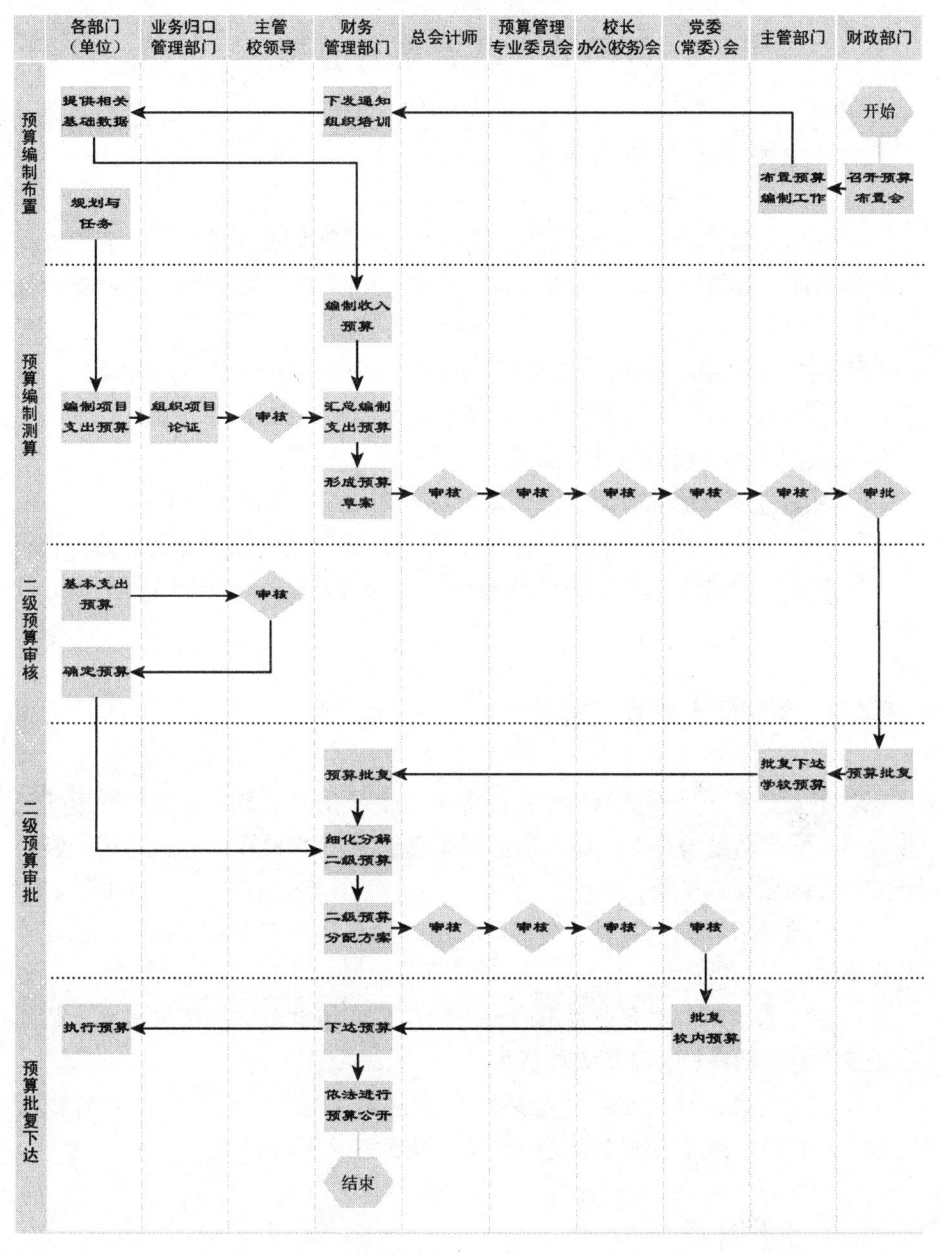

各部门(单位)	业务归口管理部门	主管校领导	财务管理部门	总会计师	预算管理专业委员会	校长办公(校务)会	党委(常委)会	主管部门	财政部门

预算编制布置

各部门提供相关基础数据 ← 财务管理部门下发通知组织培训 ← 主管部门布置预算编制工作 ← 财政部门开始/召开预算布置会

规划与任务

预算编制测算

编制项目支出预算 → 组织项目论证 → 审核 → 汇总编制支出预算 → 编制收入预算

形成预算草案 → 审核 → 审核 → 审核 → 审核 → 审核 → 审批

二级预算审核

基本支出预算 → 审核 → 确定预算

二级预算审批

预算批复 ← 批复下达学校预算 ← 预算批复

细化分解二级预算

二级预算分配方案 → 审核 → 审核 → 审核 → 审核

预算批复下达

执行预算 ← 下达预算 ← 批复校内预算

依法进行预算公开

结束

*本书通篇所有流程图表只表达了正向流程。

第三节 预算执行控制

一、预算执行职责与权限

1. 各业务部门严格按照预算批复执行，认真落实预算任务，保证预算执行的真实性、合理性。部门负责人按照经费支出审批权限对部门经费支出进行审批；

2. 财务管理部门是预算执行的监控部门，对预算执行情况进行监控、审核，对预算执行的刚性约束负责。协调解决全面预算执行中的问题；

3. 政府采购管理部门负责按规定组织政府采购事项；

4. 总会计师按照经费支出审批权限对各部门经费支出进行审批；

5. 校长办公（校务）会按照议事规则规定，对各部门经费支出进行审批；

6. 党委（常委）会按照议事规则规定，对大额资金的重点经费支出进行审批。

二、预算调整职责与权限

1. 各业务部门在预算执行中，因业务发生变化或政策发生调整等影响预算执行，确需调整预算时，提出预算调整（包括核减预算、追加预算、经济分类科目调整等）申请；

2. 主管业务校领导对各业务部门提出的预算调整事项的合理性、必要性进行审核；

3. 财务管理部门对各业务部门提出的预算调整申请进行支出标准、范围和额度等方面的审核，明确审核意见；

4. 总会计师、校长办公（校务）会、党委（常委）会按照议事规则规定的审批权限对预算调整方案进行审定，同级财政部门审批。

三、工作流程

（一）预算执行工作流程

1. 财务管理部门批复下达各业务部门预算指标；

2. 各部门根据预算批复的内容、范围和标准，严格执行预算；

3. 各业务部门在预算执行中，对需要签订合同的业务，按照合同管理办法规定，执行合同管理流程；

4. 各业务部门在预算执行中，对需要履行政府采购程序的业务，需要执行政府采购管理。上报学校政府采购管理部门，由政府采购管理部门统一组织政府采购，并签订合同；

5. 预算执行过程中，需进行资金支付的，按照学校经费支出审批权限执行资金支付流程，完成资金支付；

6. 财务管理部门监督预算执行情况，定期进行预算执行情况分析，按要求向主管部门上报预算执行情况。

预算执行工作流程如图表5－3所示。

图表5－3　　　　　　　预算执行工作流程

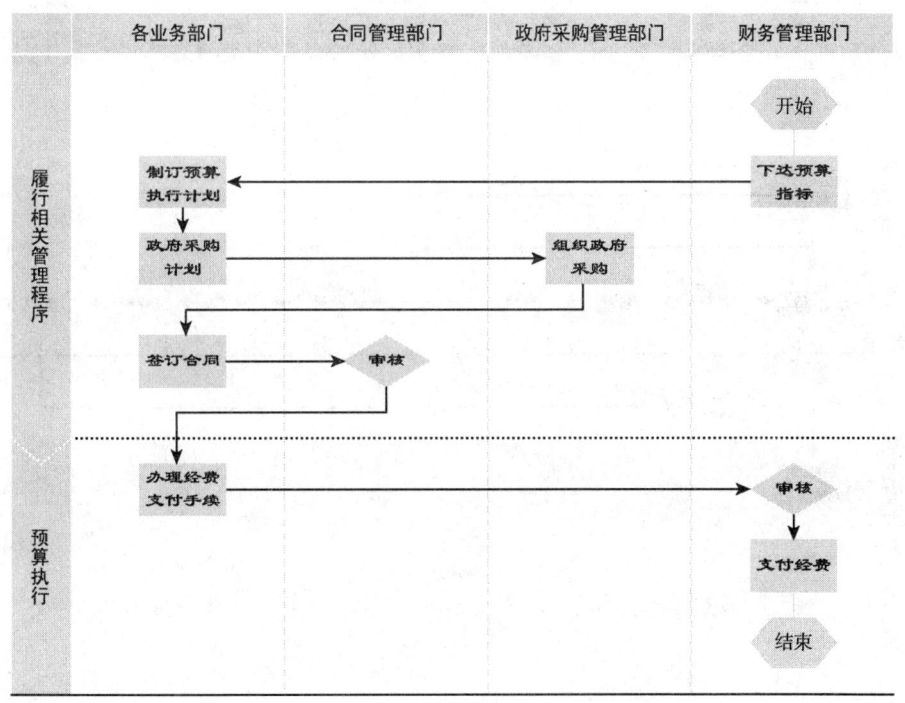

（二）预算调整工作流程

1. 各业务部门提出调整预算申请，编制预算调整计划，上报学校财务管理部门；

2. 财务管理部门对预算调整申请进行审核，按照学校的议事规则规定的权限逐级上报总会计师、校长办公（校务）会、党委（常委）会审定，上报主管部门和财政部门；

3. 财务管理部门取得预算调整批复后，将调整后预算批复下达各业务部门；

4. 各业务部门取得预算调整批复后方可执行。

预算调整工作流程如图表 5-4 所示。

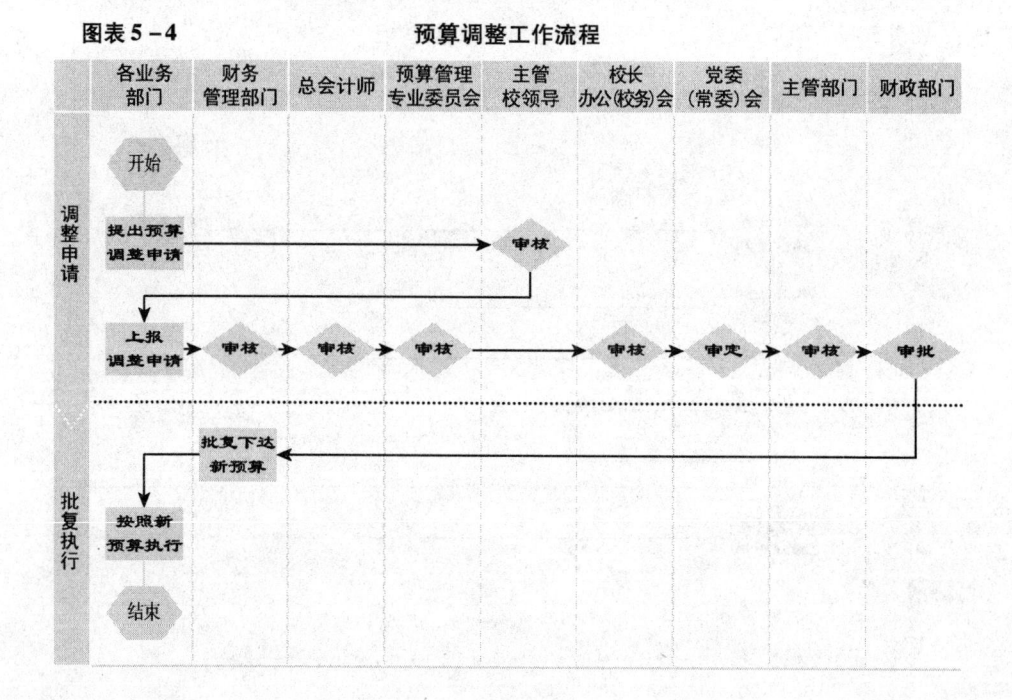

图表 5-4　　　　　　　　　预算调整工作流程

阶段	各业务部门	财务管理部门	总会计师	预算管理专业委员会	主管校领导	校长办公(校务)会	党委(常委)会	主管部门	财政部门
调整申请	开始 → 提出预算调整申请 → 上报调整申请	审核	审核	审核	审核	审定	审核	审核	审批
批复执行	按照新预算执行 → 结束	批复下达新预算							

第四节 决算控制

一、决算职责与权限

1. 各业务部门按批复后的预算，执行并完成全年预算任务，完成所有经费的支出；

2. 财务管理部门是决算工作的主责部门。根据会计核算的规定，负责进行年终结账、对账，并编制年度财务决算报表及决算分析报告，报总会计师审核。负责决算报表的上报及依法公示；

3. 总会计师负责复核财务管理部门编制的决算报表的真实性、完整性、正确性；

4. 校长办公（校务）会负责对决算报表进行审核；

5. 党委（常委）会研究、审定学校决算报表及决算报告。

二、工作流程

1. 各业务部门按批复后的预算，执行并完成全年预算任务，完成所有经费的支出；

2. 财务管理部门根据会计核算的规定，进行年终结账、对账；

3. 财务管理部门在对账正确、结账完整的基础上，编制年度财务决算报表及决算分析报告，报总会计师审核；

4. 总会计师对财务管理部门编制的决算报表的真实性、完整性、正确性进行审核，并明确审核意见，发现问题，及时反馈给财务部门进行修改，直至审核通过；

5. 校长办公（校务）会对决算报表进行审议，审议通过后，提交党委（常委）会；

6. 党委（常委）会研究、审定学校决算报表及决算报告；

7. 财务管理部门将经过党委（常委）会审定的决算报表上报主管部门并报送财政部门审批；

8. 财务管理部门将财政部门审核批复的决算报表依法进行公示。

决算工作流程如图表 5-5 所示。

图表 5-5　　　　　　　　决算工作流程

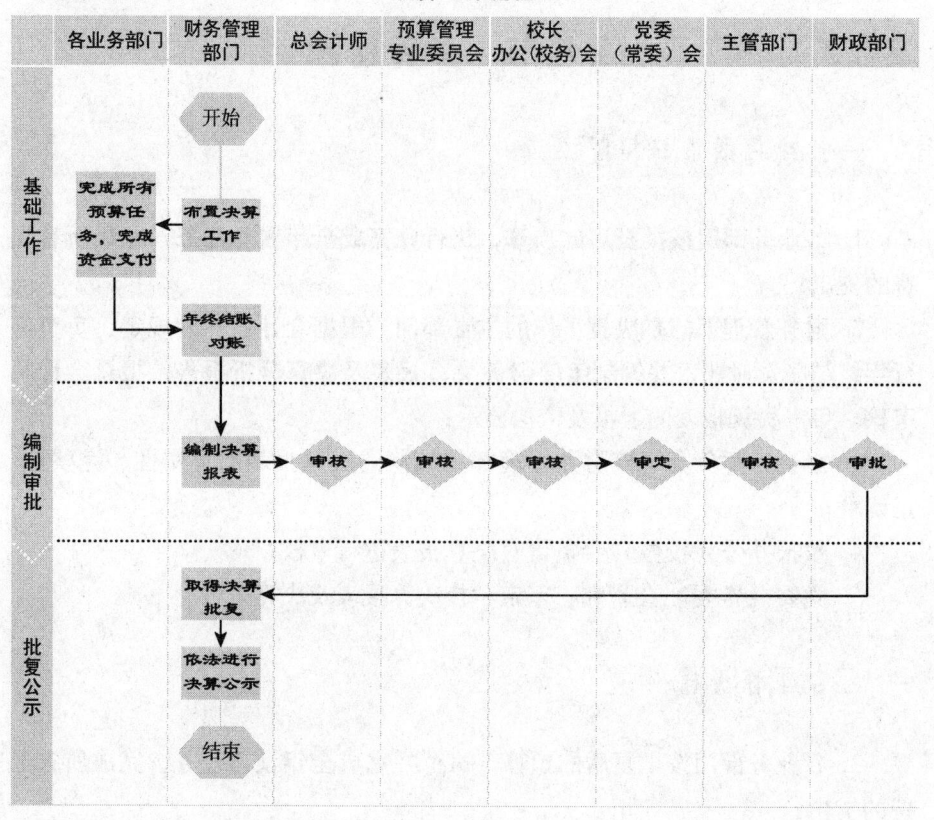

阶段	各业务部门	财务管理部门	总会计师	预算管理专业委员会	校长办公(校务)会	党委(常委)会	主管部门	财政部门
基础工作	完成所有预算任务，完成资金支付	开始 → 布置决算工作 → 年终结账、对账						
编制审批		编制决算报表	审核	审核 → 审核	审定	审核	审批	
批复公示		取得决算批复 → 依法进行决算公示 → 结束						←

第五节　预算绩效管理控制

一、预算绩效管理职责与权限

1. 各业务部门准备考核资料，参加绩效评价，针对反馈的评价结果进行整改；

2. 绩效考核部门负责制定学校预算考核标准及相关考核细则；负责绩效评价的组织工作；汇总、反馈考核结果，监督检查整改落实情况；

3. 分管业务校领导负责审核绩效考核结果、明确审核意见；

4. 校长办公（校务）会负责审定预算绩效考核结果。

二、工作流程

1. 绩效考核部门制定学校预算绩效考核标准及相关考核细则；
2. 各业务部门根据考核标准，准备考评资料；
3. 绩效考核部门组织、开展绩效考评；
4. 绩效考核部门将绩效考评资料和考评情况上报分管业务校领导进行审核；
5. 分管业务校领导审核绩效考评结果，明确审核意见，发现问题反馈绩效考核部门进行修改，直至全部审核通过后上报校长办公（校务）会审定；
6. 校长办公（校务）会审定通过后，绩效考核部门将考评结果反馈到各业务部门；
7. 各业务部门根据考评结果进行整改。

预算绩效管理工作流程如图表 5–6 所示。

图表 5–6　　　　　　　绩效评价管理工作流程

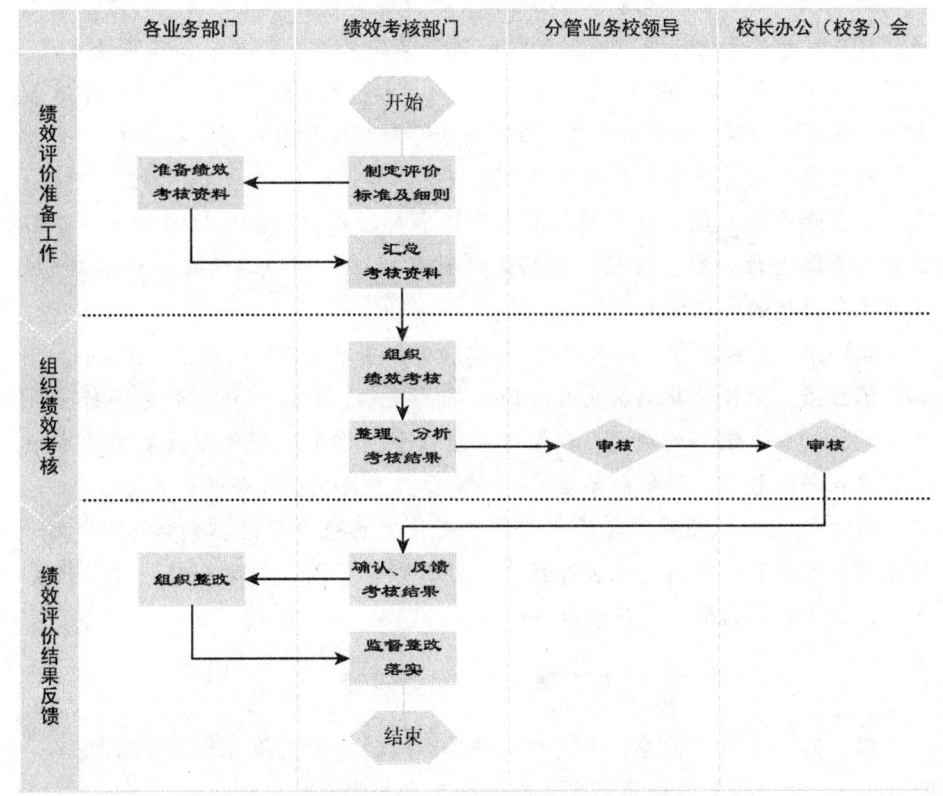

阶段	各业务部门	绩效考核部门	分管业务校领导	校长办公（校务）会
绩效评价准备工作	准备绩效考核资料	开始 → 制定评价标准及细则 → 汇总考核资料		
组织绩效考核		组织绩效考核 → 整理、分析考核结果	审核	审核
绩效评价结果反馈	组织整改	确认、反馈考核结果 → 监督整改落实 → 结束		

第六节　预算业务控制制度设计范例

一、预算管理办法

预算管理的制度设计应当涵盖预算编制与审批、分解下达、预算执行与调整、年度决算与评价等关键环节，通过程序的约定，规范各环节的工作流程和职责界定，保证预算管理的目标相关性、政策相符性、经济合理性、执行严肃性、结果有效性。下面我们将《某高职高专院校预算管理办法》作为范例予以提供，供在制度设计时参考与借鉴。

某高职高专院校预算管理办法

第一章　总　　则

第一条　为规范学校预算管理行为，充分发挥预算管理作用，科学配置资源，提高预算资金的使用效益，保障和促进学校教学、科研等各项事业发展，根据《中华人民共和国会计法》、《中华人民共和国预算法》及《高等学校财务制度》等有关法律、法规和文件规定，结合学校实际情况，制定本办法。

第二条　预算是指学校根据事业发展规划和计划编制的财务收支计划。

第三条　预算管理是利用预算对学校内部各部门、各单位的各种财务和非财务资源进行分配、考核、控制，以便有效组织和协调学校的经济活动，完成既定目标的管理活动。

第四条　学校实行"统一领导、分级预算、集中核算"的预算管理体制。

第五条　学校预算编制应当遵循"统筹兼顾、勤俭节约、量力而行、讲求绩效、收支平衡"的原则。在保证人员经费、水电气暖等刚性支出的基础上，重点保证教学、科研和学生管理的需要，严格控制公务费的开支。

第六条　学校预算管理的主要任务是：完善预算管理体制和运行机制；建立健全预算管理制度，积极筹措资金增加预算收入；科学合理地安排预算支出；强化预算监督；实行绩效评价等。

第二章　预算管理职责

第七条　党委（常委）会是学校预算管理的决策机构，其主要职责：
（一）负责审定学校事业发展规划和年度工作计划。

（二）审定学校关于预算管理的规章制度。

（三）审定学校预算编制的原则和要求。

（四）审定学校年度预算草案。

（五）审定××万元以上的大额资金预算调整方案。

（六）审定财务决算报表及决算报告。

第八条 校长办公（校务）会是学校预算管理的行政审议机构，根据学校议事规则规定，行使行政管理和决策职能。其主要职责：

（一）研究、审议学校预算管理制度。

（二）研究、审议学校预算编制的原则和要求。

（三）研究、审议学校年度预算方案和预算草案。

（四）研究、决定项目经费投入方向及重点项目。

（五）研究、决定××万元以下的预算调整方案。

（六）研究、审议学校决算报表及决算分析报告。

（七）研究、审定学校绩效考核结果。

第九条 总会计师：

根据《总会计师条例》（中华人民共和国国务院令第72号）中规定，"全民所有制大、中型企业设置总会计师；事业单位和业务主管部门根据需要，经批准可以设置总会计师。凡设置总会计师的单位，在单位行政领导成员中，不设与总会计师职权重叠的副职"、"总会计师组织领导本单位的财务管理、成本管理、预算管理、会计核算和会计监督等方面的工作，参与本单位重要经济问题的分析和决策。"其主要职责是：

（一）负责组织制定、审核预算管理制度，提交预算管理委员会。

（二）负责依据学校事业发展规划和年度工作计划组织制定学校预算编制方案、审核预算草案，提出审核意见，提交预算管理委员会。

（三）负责审议学校预算调整方案，审定×万元以下的预算调整。

（四）负责审议学校决算报表和决算分析报告，明确审核意见，提交预算管理委员会。

第十条 分管业务校领导：是预算管理中业务事项的审议者，按照议事规则规定，行使对具体业务筹划、审核、把关的职能。其主要职责：

（一）负责学校事业发展规划和年度工作计划审核，并报校长办公（校务）会、党委（常委）会审定。

（二）负责各业务部门申报的项目经费预算和部门基本经费预算与学校事业规划目标相关性审核。

（三）负责各业务部门申报的预算调整可行性、合理性审核。

第十一条 预算管理委员会：是受学校委托，监督学校预算管理工作，是学校预算的议事机构。其主要职责：

（一）对学校预算管理办法等重大政策进行研究、审议和修改并提出方案，供学校研究决策。

（二）审核预算草案，提交校长办公（校务）会议、党委（常委）会审定。

（三）审核预算调整方案，明确审核意见。

（四）审核学校决算报表和决算分析报告。

第十二条 财务管理部门：是学校预算管理的执行机构。为预算编制提供技术支持、监控预算执行、负责财务决算报表和决算报告的编制、起草。其主要职责：

（一）负责启动预算编制工作，组织对校内人员的政策培训、宣传。

（二）负责根据有关部门提供的基础数据测算收入预算、汇总经分管业务校领导审核的各业务部门支出预算，形成预算草案，提交学校研究、审议。

（三）负责监控预算执行，做好预算执行情况分析。

（四）负责预算调整的汇总、上报。

（五）负责财务决算报表编报、决算分析报告的起草。

第十三条 归口管理部门：是预算管理的主要参与部门，负责提供预算相关基础数据、组织论证各业务部门申报的项目预算的可行性、合理性，保证预算编制的科学性、真实性、完整性。主要职责是：

（一）发展规划部门负责草拟学校事业发展规划和年度工作计划，并报学校党委（常委）会审议、批准。

（二）人事管理部门、资产管理部门、后勤保障部门、教学管理部门负责汇总学校有关基础数据，评估其合理性后，上报财务管理部门。

（三）后勤保障部门、教学管理部门和科研管理部门分别负责汇总、论证学校维修改造项目、教学类项目、科研类项目，并进行排序。

（四）信息技术管理部门负责汇总、论证各教学单位提出的纳入到项目库中的信息化类项目并进行排序，上报财务管理部门，同时组织参加同级业务主管部门的评审。

第三章　预算编制

第十四条 学校预算分为收入预算和支出预算。

第十五条 收入预算应积极稳妥；支出预算应量入为出、收支平衡。

第十六条 预算编制程序："上下结合、分级编制、逐级汇总、依规审批"。

（一）发展规划部门制定学校发展规划和年度工作计划，为预算经费安排提供依据。

（二）财政部门及主管部门召开预算布置会，下达下一年度项目经费预算控制数及基本经费财政定额拨款标准，并提出预算编制要求，财务管理部门下发学校年度预算编报工作通知并组织培训。

（三）归口管理部门提供的相关基础数据，上报财务管理部门。

（四）财务管理部门依据相关历史数据、行业标准、计划标准、各归口部门提供的基础数据，考虑政策变化影响，测算编制学校收入预算。

（五）各部门申报财政项目经费预算，归口管理部门就任务的相关性牵头组织论证并进行排序，报分管业务校领导审核后，提交财务管理部门。

（六）财务管理部门依据学校的事业发展规划，科学、合理测算、平衡经费，汇总论证后的财政项目经费预算，编制学校支出预算，与收入预算共同形成学校年度预算草案，报总会计师进行审核。

（七）总会计师审核财务管理部门草拟的学校年度预算草案，提出审核意见反馈修改后。提交预算管理委员会。

（八）预算管理委员会结合经费总量及学校年度工作的重点，按照预算编制原则进行研究、审核，确认年度预算方案上报学校校长办公（校务）会、党委（常委）会审议、确定。

（九）财务管理部门将学校审定的年度预算，通过预算管理系统上报主管部门，主管部门对学校基本经费以及项目经费预算进行初审，并报财政部门审批。

（十）财政部门对预算方案审批通过后，下达预算批复数到主管部门，主管部门下达给学校预算批复数，财务管理部门编制用款计划报财政部门批复执行。

（十一）各业务部门编制部门基本经费支出预算，报分管业务校领导就任务的相关性进行审核后上报财务管理部门。

（十二）财务管理部门根据各部门申报的预算，细化学校二级预算，形成校内预算分配方案草案，报总会计师审核。

（十三）总会计师对二级预算的政策相符性、经济合理性、目标可行性进行审核。报预算管理委员会、校长办公（校务）会、党委（常委）会审核、审定。

（十四）财务管理部门将学校审定后的校内预算进行批复下达。

（十五）财务管理部门依法将学校预算进行公示。

第十七条 对于基本建设项目、大型修缮项目、信息化建设项目、大宗采购项目等重大事项，应在事前对项目的必要性、可行性和合理性进行论证，作为预算安排的依据。

第四章 预算执行与调整

第十八条 财务管理部门应及时将审批后的预算按照各部门申报的预算方案分解为二级预算指标下达到各部门执行。

第十九条 各部门应当认真组织实施，将预算指标落实到各事项、各环节、各岗位，严格按照预算内容、预算金额和计划进度执行预算。

第二十条 各部门应严格按照预算批复的范围、内容、标准执行，不得无预算、超预算开支。

第二十一条 预算一经批复、原则上不能调整。如遇特殊原因确需进行预算调整，由项目实施部门提出、财务管理部门汇总，履行学校审核、审定程序后上报主管部门、财政部门（或其他上级管理部门），履行调整审批程序，审核批准后方可执行。

第二十二条 预算调整按照分级授权的原则，制定审批程序，其中调整资金在×万元（含）以内的，由分管业务校领导审核、总会计师审定；调整资金在×万元～××万元（含）的，在分管业务校领导和总会计师审核的基础上，由校长审定；调整资金在××万元～××万元（含）的，由校长办公（校务）会审定；超过××万元以上的调整，由党委（常委）会审定。

第二十三条 财务管理部门依法进行会计核算和开展会计监督，加强对预算支出进度的管理，按要求向主管部门上报预算执行情况。

第五章 决 算

第二十四条 决算是指学校根据预算执行结果编制的年度报告。

第二十五条 在编制年度决算报告前，应进行全面的财产清查，确保账实相符。

第二十六条 财务管理部门在各业务部门全面完成当年预算任务的基础上，开展年终结账、对账工作，编制决算报告，做到内容完整、数字真实、计算准确、编报及时，符合相关法规要求。

第二十七条 财务管理部门编制的决算报告，经总会计师审核、校长办公（校务）会及党委常委会审定后上报主管部门及财政部门批复。

第二十八条 财务管理部门负责将财政审批后的决算报表依法公开。

第二十九条 财务管理部门应加强对财务报告的分析，构建科学的指标体系，充分利用决算报告反映的信息，全面分析财务状况和存在的问题，为决策提供依据，持续改进预算管理工作。

第六章 绩效管理

第三十条 学校建立"预算编制有目标、预算执行有监控、预算完成有评价、评价结果有反馈、反馈结果有应用"的全过程预算绩效管理机制。

第三十一条 在预算编制时，应明确项目的绩效目标，并可量化、可考核。

第三十二条 预算执行过程中，财务管理部门和各业务部门应适时对照预算绩效目标监控经济活动情况。

第三十三条 预算执行结束，绩效管理部门在各部门开展绩效自评的基础上形成学校绩效评价报告，作为绩效考核的依据。

第三十四条 绩效管理部门应将按照程序审议批准后的评价结果及时反馈各业务部门进行整改。

第三十五条 绩效管理部门监督检查整改落实情况，财务管理部门将考核结果与下一年度预算分配挂钩。

第七章 预算监督

第三十六条 内部审计部门负责对学校预算收支执行情况实施审计监督，及时发现和纠正存在的问题，并将审计结果纳入相关主要负责人年度考核和经济责任审计范畴。

第三十七条 学校应按照有关预决算公开的规定，做好预决算公开工作，接受社会监督。

第八章 附　则

第三十八条 本办法由财务管理部门负责解释。

第三十九条 本办法自公布之日起执行。

二、预算绩效考评办法

某高职高专院校预算支出绩效考评管理办法

第一章 总　则

第一条 为加强预算管理，强化资金支出责任，提高资金使用效益，根据《中华人民共和国预算法》、《财政支出绩效评价管理暂行办法》（财预(2011) 285 号）及国家有关财务规章制度，结合学校实际，特制定本办法。

第二条 预算支出绩效考评（以下简称绩效考评）是学校根据设定的绩效目标，运用科学、合理的考评方法、指标体系和考评标准，对预算支出进行客观、公正的考核和评价。

第三条 学校在财经工作领导小组下成立预算支出绩效考评工作办公室（以下简称考评办）。考评办针对考评对象，拟定考评工作具体方案，制定考评指标，确定考评标准和考评方法，实施绩效考评和监督等职能。

第四条 绩效考评的基本原则：

（一）科学规范原则。绩效考评应当注重资金使用的经济性、效率性和有效性，严格执行规定的程序，采用定量与定性分析相结合的方法，科学、合理、准确反映资金使用的实际绩效。

（二）公正公开原则。绩效考评应当客观、公正，标准统一，资料可靠，依法公开并接受监督。

（三）分级分类原则。绩效考评应根据考评对象的特点，分类制定考核评价指标、考核标准，分类组织考评。

（四）绩效相关原则，绩效考评应当针对具体支出及其产出绩效进行，考评结果应清晰反映支出和产出绩效之间的紧密对应关系。

第五条 绩效考评的主要依据

（一）国家相关法律、法规和规章制度；

（二）学校发展规划和方针政策；

（三）学校制定的绩效考评管理制度及工作规范；

（四）学校各部门工作职能和职责及年度工作计划；

（五）相关行业政策、行业标准及专业技术规范；

（六）学校各部门预算申报的相关材料及学校下达的年度预算通知；

（七）专项评估报告；

（八）其他相关资料。

第二章 绩效考评对象和内容

第六条 预算支出绩效考评的对象和范围包括学校各单位所有的纳入预算管理、形成预算支出的各项经费。包括基本支出绩效考评和项目支出绩效考评。

第七条 绩效考评的具体内容：

（一）绩效目标的设定情况，包括绩效目标设定是否科学、是否可量化、可执行、可考核。

（二）预算资金使用情况，包括是否按照预算的申报计划使用资金；

（三）绩效目标的实现程度及效果情况，包括是否达到预定产出和效果，为实现绩效目标制定的相关制度，采取的措施等；

（四）资产配置、使用、处置及其收益管理情况；

（五）需要考评的其他内容。

第八条 绩效考评一般以预算年度为周期，对跨年度的重大（重点）项目可根据项目完成情况实施阶段性考评。

第三章 绩效目标

第九条 绩效目标是指被考评对象使用预算资金计划在一定期限内预期达到的产出和效果。由预算申报部门在预算申报时填报。

第十条 绩效目标的设定原则

（一）目标明确原则。绩效目标应符合学校发展规划及单位职能要求，并与相应的预算支出范围、方向、效果一致。

（二）具体细化原则。绩效目标应当从数量、质量、成本和时效等方面进行细化，原则上采用定量表述，对不能以量化形式表述的情形，可以采用定型的分级分档形式表述。

（三）合理可行原则。制定绩效目标须通过调查研究做出科学预测，目标要符合客观实际。

第十一条 绩效目标的主要内容包括产出指标、效益指标和满意度指标。产出指标包括时效指标、数量指标和质量指标；效益指标主要指社会效益指标；满意度指标主要指服务对象满意度。

第四章 绩效考评指标、标准和方法

第十二条 绩效考评指标是指衡量绩效目标实现程度的考核工具。分为定量指标和定性指标。

定量指标包括共性指标和个性指标，具体包括基本情况指标、资金使用情况指标、项目完成情况指标等共性指标和结合考评对象的行业特点和具体情况而设置的个性指标。

定性指标是对项目进行定性因素分析和判断，对定量指标考评结果的补充和完善。包括描述和分析规划与立项情况、项目执行情况、绩效目标完成情况、组织管理情况和社会经济效益等。

第十三条 绩效考评标准是指衡量预算支出绩效目标完成程度的尺度，具体包括：

（一）计划标准。是指以预先制定的目标、计划、预算、定额等数据作为考评的标准。

（二）行业标准。是指参照国家公布的行业指标数据制定的考评标准。

（三）历史标准。是指参照同类指标的历史数据制定的考评标准。

（四）其他标准。

第十四条 绩效考评方法的选用应当坚持定量优先、简便有效的运用。绩效考评方法主要有成本效益分析法、比较法、因素分析法、最低成本法、公众评判法等。根据考评对象的具体情况，可采用一种或多种方法进行绩效考评。

第五章 绩效考评工作程序

第十五条 部门自评。在预算年度末或跨年度重大项目实施一定阶段时，各部门依据设定的绩效目标组织自评，分析绩效目标完成情况，形成绩效自评报告，报考评办备案。

第十六条 学校考评。绩效考评管理部门确定考评对象，审核单位绩效自评报告，确定考评指标、标准和方法。根据各方面材料和基础数据，绩效考评管理部门采用定量和定性分析、判断、综合专家意见，对预算支出的经济、社会、综合绩效进行全面评价、撰写绩效考评报告。

（一）基本支出绩效考评。由绩效考评管理部门根据实际情况组织实施。

（二）重点项目绩效考评。在每个预算年度，筛选部分有影响和有代表性的重点项目，特别是有大额资金投入的重大专项和对学校影响较大的项目，由绩效考评管理部门组织绩效考评，必要时可委托专业机构考评。

第十七条 绩效考评工作程序一般包括准备、实施、撰写报告三个阶段。

（一）绩效评价准备阶段：

1. 前期论证和设定绩效目标评价指标、标准；

2. 确定被评价的部门（单位）或项目；

3. 下达评价通知。

（二）绩效评价实施阶段：

1. 资料审核；

2. 拟定具体评价工作方案；

3. 组织开展绩效评价；
4. 确定考评结果。

（三）撰写报告、反馈结果阶段：
1. 撰写报告并提交报告；
2. 将绩效评价结果反馈，督促整改；
3. 绩效评价结果应用。

第六章　绩效考评结果及应用

第十八条　绩效考评结果应当采取评分与评级相结合的形式，具体分值和等级可根据不同考核内容设定。根据综合评价得分的高低，确定绩效级别，绩效级别可分为优秀、良好、一般和较差。

第十九条　绩效考评管理部门应当及时将考评结果反馈被考评单位，并督促进行整改。

第二十条　学校应重视绩效考评结果的应用，将考评结果与下一年度预算分配和拨款挂钩。绩效考评优秀的，在下一年度预算分配中给予一定的奖励或在下年度同类项目安排时给予优先支持、重点保证；考评结果不合格的，在一定范围内予以通报批评并责令其限期整改，同时在下一年度预算分配时给予一定比例的核减或在下年度同类项目安排时减少或停止。

第二十一条　绩效考评结果报学校领导审查同意后，将一定范围内公布，以加强各单位预算支出资金运用和行为监督，体现和增加预算支出公正性和透明度。

第七章　附　　则

第二十二条　本办法由学校绩效考评管理部门负责解释。

第二十三条　本办法自公布之日起执行。

本章主要参考文献

[1]《总会计师条例》（中华人民共和国国务院令第72号）
[2]《中央部门预算绩效目标管理办法》（财预〔2015〕88号）
[3]《中华人民共和国会计法》
[4]《中华人民共和国预算法》

第六章

收支业务控制设计范例

第一节 收支业务控制及风险清单

一、收支业务控制范围

（一）收入业务

收入是指高职高专院校为开展教学、科研及其他活动依法取得的各项非偿还性资金，包括财政补助收入、事业收入、上级补助收入、附属单位上缴收入、经营收入和其他收入。

收入业务的特点：

1. 收入是为开展教学、科研及其他活动而取得的，高职高专院校取得收入的目的是为了开展工作，而不是为了获取利润。

2. 收入是非偿还性资金。高职高专院校取得的收入，均为非偿还性资金。

3. 收入是依法取得的。高职高专院校取得收入，必须符合国家有关法律法规和规章制度的规定，获得的财政拨款，必须按照财政预算规定科目、内容和程序进行申报、审批和领拨。

4. 收入具有支配的自主性。在遵守国家有关规定的前提下，学校可自行决定收入的使用（专项资金除外），可以按照规定用于开展业务活动以及其他活动。

（二）支出业务

支出是指高职高专院校开展教学、科研及其他活动所发生的资金耗费和损失。

支出按照支出类别主要分为基本支出和项目支出两大类。基本支出是指本单位为保障机构正常运转和完成日常工作任务发生的支出，包括人员经费和公用经费。项目支出是指本单位为完成特定的工作任务，在基本支出之外发生的支出。

支出按照经济分类主要分为：工资福利支出、商品服务支出、对个人及家庭补助支出、债务利息支出、债务还本支出、其他资本性支出、其他支出等。

二、收支业务不相容岗位

按照不相容岗位分离原则，高职高专院校收入、支出业务管理的不相容岗位包括：

（一）收入业务不相容岗位

1. 收入预算编制与批准；
2. 收款与收入核算；
3. 收款与结算分配；
4. 票据管理与收入核算；
5. 票据使用与保管；
6. 收费审查和监督与收入核算。

（二）支出业务不相容岗位

1. 单位内支出控制标准的制定与执行；
2. 支出计划的编制与审批；
3. 支出的申请与审批；
4. 支出的执行与会计记录；
5. 支出的执行与检查监督；
6. 支出的执行与考核；
7. 支出的会计记录与评价考核。

三、收支业务的控制目标

（一）收入业务控制目标

1. 符合国家相关法律法规及制度规定，防止违法违规行为发生；

2. 收入依规及时足额收缴；
3. 归口管理，职责明晰，责任追究；
4. 票据、印章保管合理、合规；
5. 收入信息真实、准确、完整、及时。

（二）支出业务控制目标

1. 各项支出符合相关法律法规制度的规定；
2. 各项支出审核手续完备，符合程序规范；
3. 支出符合真实性、合理性、合法性、有效性；
4. 核算及时准确，信息完整可靠。

四、收支业务风险清单

（一）收入业务风险清单

高职高专院校收入业务控制主要包括收入管理及票据管理环节的控制，各环节主要风险点如图表6-1所示。

图表6-1　　　　　　　　高职院校收入业务风险清单

序号	风险点	控制措施	风险控制责任岗位
1	未执行统一收取及集中核算	收入业务由财务管理部门统一收取及集中核算，严格按要求签订合同，将合同交财务管理部门，保证各项收入应收尽收；严禁以个人名义收取学校收入，严禁设立账外账；收取款项退回个人时，严格执行相应的审批程序；严格收费票据管理，收入和票据定期核对	财务管理部门
2	未按规定设置收费项目	严格按规定的收费项目和标准收费，收费款项及时入账	财务管理部门
3	未及时上缴非税收入	非税收入及时上缴国库，收费款项及时入账	财务管理部门
4	收入核算不规范	定期进行财务检查和内部审计监督，加强往来账的清理和检查工作	财务管理部门
5	不相容岗位未分离	合理设置收费岗位，不相容岗位相互分离	财务管理部门

（二）支出业务风险清单

高职高专院校支出业务控制主要包括审批、审核及支付环节的控制，各环节主要风险点如图表6-2所示。

图表6-2　　　　　　　　高职院校支出业务风险清单

序号	关键环节	风险点	防控措施	责任主体
1	支出事项事前申请审核和审批	缺乏支出事前申请制度，各项支出申请事前未经严格审核、审批，可能导致支出内容不合理或不必要的支出事项发生，可能导致支出不符合单位预算和整体规划，影响财政资金的使用效率和效果	1. 支出事项发生前，各部门人员根据预算批复提出资金需求，填写支出凭单，列明事项、预计用款金额等要素。部门负责人负责对事项的必要性、合理性进行审核并签署审核意见； 2. 财务管理部门负责根据年度预算对支出事项进行审核； 3. 申请支出部门按照单位内部授权审批权限进行逐级报批； 4. 审核审批后，按规定开展支出业务。	申请支出事项部门，财务管理部门
2	支出事项事后审核和审批	各类凭据的真实性、合法性未经严格审核，使用虚假票据套取资金的情形，或票据不符合财务管理要求，可能导致支付不当，单位支出业务不合法不合规，出现虚构支出、"假发票"套取财政资金等舞弊情形，造成单位财政资金流失	1. 会计人员仔细复核原始单据基本内容的完整性、合理性和合法性；处理手续的完备性，包括金额计算是否准确，支付方式、支付单位是否妥当等；审核经济业务的合法性和合规性，财务人员有权拒绝一切不符合资金支付规定的支出。对不符合财务有关规定的原始凭证，有权提出异议，并退回经办人重新按规定办理；会计人员依据真实、合法、准确、完整、合规的报销凭证，办理记账手续； 2. 根据支出事项数额及支出事项性质的审批权限由不同的审批人进行审批； 3. 推行公务卡结算方式，实行无现金报账制度，严格票据审核，严禁超预算超标准报销业务发生。	申请支出事项部门，财务管理部门
3	支付控制	支付凭证等支持性资料保管不当，可能导致无法进行支付。资金支付不符合国库集中支付、政府采购、公务卡结算等政策规定，导致支出违规风险	1. 业务经办人报销借款，应填制报销凭证，支出报销单应按规定填写项目名称、支出内容、支出金额等，同时附发票； 2. 出纳人员进行复核； 3. 按照规定的资金支付方式进行资金支付。	财务管理部门

续表

序号	关键环节	风险点	防控措施	责任主体
4	核算和归档控制	各项支出的费用报销计算不准确，会计处理不符合行政事业单位会计准则相关规定，或未按规定编制财务报表并进行信息披露，可能导致单位账实不符，造成财务报告、财务信息不真实或不准确。会计资料不全，导致责任确认不清；往来款项长期挂账，导致支出不完整、不真实；缺少对支出情况规模的定期分析、及时清理，可能导致资金管理失控。	1. 按照会计制度将支出事项准确及时地进行确认和计量； 2. 财务管理部门根据支出凭证及时准确登记账簿，编制会计报表； 3. 加强对往来款项的清理，三年以上确实无法支付的应付账款，经学校批准，转做学校收入。制定应收账款管理政策，年底对确实无法收回的应收账款进行清查，形成清查报告报校领导审批； 4. 财务管理部门会计应将本单位财政资金上季度的收支情况进行统计汇总，形成支出分析报告，经财务管理部门负责人审核后向分管校领导汇报； 5. 会计档案妥善保管、严防毁损、散失、泄密或不当使用。	财务管理部门

第二节 收入业务控制

一、收入业务控制的职责与权限

高职高专院校财务管理部门作为收入归口管理部门，负责收费项目立项与标准的申报、核定、收入确认、收入核算与结算分配、收款和票据管理等工作。学校其他业务部门作为收入执收主体，负责根据财务管理部门批准的收费项目与标准收费，及时向财务管理部门递交相关收入业务合同，按时完成各项收入预算等。

（一）财务管理部门职责

1. 项目收费标准报批。

根据业务部门提交的项目立项批复文件，向物价部门和财政部门申请收费项目和收费标准，依批准的收费项目和收费标准执行收费。防止违反规定擅自增设收费项目、提高收费标准或扩大收费对象等乱收费现象产生。

2. 票据开具与管理。

建立票据管理制度，财政票据、发票等各类票据的申领、启用、核销、销毁均应履行规定手续。按照收入项目和标准开具相关票据，防止因票据审核不严，可能导致收入金额不实，或者存在私设"小金库"的情形。

3. 应收款项管理。

加强收入合同管理，督促相关职能部门及时收回合同规定的应收款项，确保应收款项及时到位。防止应收未收、收入金额不实，或者存在私设"小金库"的情形。

4. 收入核算管理。

根据收入性质，分部门、分项目进行核算，包括会计核算、报表编制台账统计、收入分析等，切实提高收入核算的准确性。防止因未及时、准确地确认收入，导致学校收入不完整、不真实。

5. 不相容岗位合理分离。

根据不相容岗位要求，合理设置收入业务岗位。防止因不相容岗位未实现相互分离，可能导致发生错误或产生舞弊。

6. 收支两条线管理。

严格按照收支两条线，加强收入管理。防止未按规定及时上缴各类非税收入，可能导致违规截留、挤占、挪用各类非税收入。

（二）执收部门职责

1. 收费申请。

业务部门提交收费申请，经收费领导小组审议通过后，由财务管理部门到物价部门办理审批手续。收费部门严格按物价部门批复的项目和标准收费，严禁超标准、无标准收费。收费款项及时足额上交财务管理部门。

2. 票据管理。

建立健全票据管理办法，合法、合规地使用票据。学校委派会计的单位，委派会计负责所在单位的收费票据领用、保管、缴回存根手续。没有委派会计的单位，单位负责人要指定专人管理本单位票据，并到财务管理部门备案。票据管理人员要登记保管好空白票据、作废票据和存根，不得销毁或丢弃。所有票据不得转借、代开或代管。单位负责人和票据管理人发生变动时，要及时办理交接手续。

各单位领取票据应持上次申领并已用完的票据存根，到财务管理部门办理申领新票据手续。

（三）审计部门职责

定期、不定期对学校收费情况以及票据使用情况进行专项审计。

二、收入管理业务工作流程

(一) 收费业务工作流程

1. 业务部门提交收费申请,经收费领导小组审议通过后,由财务管理部门到发展改革委员会办理收费许可审批手续,并对各项收费项目及标准进行公示。

2. 业务部门按照发展改革委员会核定的收费项目及收费标准开具收费通知单。

3. 交费主体持收费通知单到财务管理出纳柜台办理交款业务,收费会计开具发票,发票联交交费主体持有,记账联交核算岗办理入账手续,缴库联上交国库、存根联存档备查。

4. 收取的款项及时上缴国库,及时进行相关业务账务处理。

5. 定期对收费情况进行分析检查,重点关注有无超标准、无标准收费行为,有无个人名义收取学校收入的行为。

收入业务收费工作流程如图表6-3所示。

图表6-3　　　　　收入业务收费工作流程

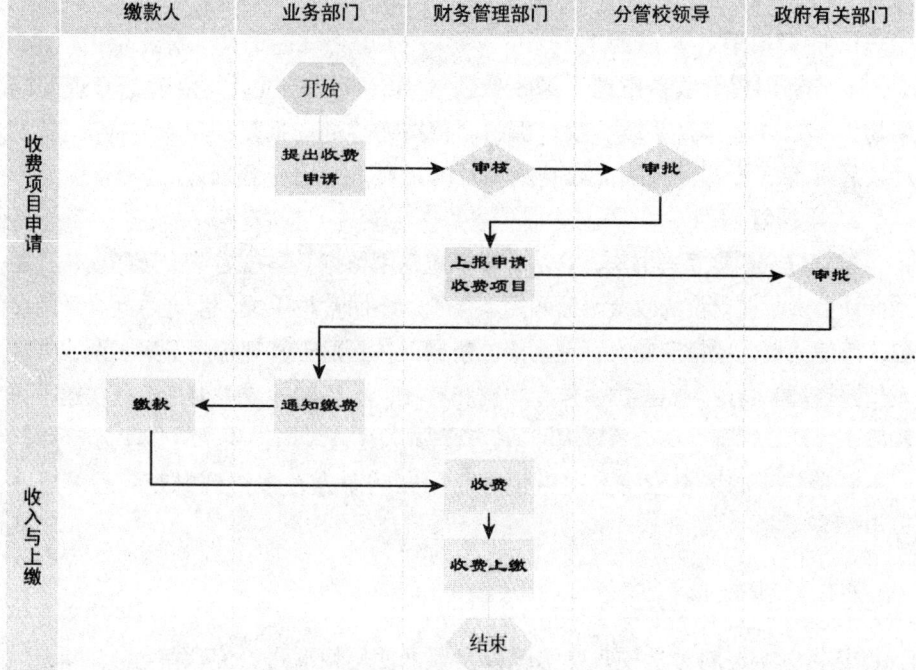

（二）票据管理业务工作流程

1. 收费管理员按规定领取或印制收费票据，在票据登记簿做备查登记；

2. 收费员领取票据，收费员保管使用票据，填制相关记录表；

3. 收费员填写票据使用情况报表，票据领用、结存、缴销及收入报表，交缴费管理岗办理收入入账手续；

4. 票据管理员审核汇总票据领用、结存、缴销情况，并对已使用的发票进行统计分析；

5. 发票使用及收入入账情况分析表交财务管理部门负责人审核；

6. 发票使用及收入入账情况分析表由票据管理员上交财政部门，办理票据领用结存缴销；

7. 财务管理部门负责人按月检查票据登记簿，进行发票盘点，确认实存数与账存数是否一致；

8. 审计部门：定期不定期对学校票据使用情况进行专项审计。

第三节 支出业务控制

一、支出业务控制的职责与权限

高职高专院校应当建立健全支出管理制度，实行归口管理；明确各项支出的开支范围、开支标准、审批权限、报销流程，确保票据来源合法使用正确、支出合法合规真实有效；合理设置相关岗位，明确职责权限，确保不相容岗位相互分离；严格执行国库集中支付制度和政府采购制度等有关规定办理支付事项；加强审核监督，及时发现存在的问题、纠正错误及舞弊行为。支出业务相关部门职责如下：

1. 财务管理部门职责。
（1）负责组织制定学校各项支出管理制度、管理办法；
（2）负责组织制定学校内部支付范围、支出定额及支出标准；
（3）负责收集并向决策者报告国家法定的支出控制标准及规定等有关材料；

（4）审核学校支出计划；

（5）审核学校大额支出申请及大额支付事项；

（6）组织对不可预见事项进行可行性分析，为学校决策提供依据；

（7）组织对学校支出的财务分析与评价，提供相关财务信息报告。

2. 人事管理部门职责。

（1）为制定各项支出管理制度、管理办法提供建议；

（2）提出内部办公经费、行政经费等基本支出的范围、支出定额及支出标准的建议；

（3）严格按照主管部门下达的人员编制标准配备在职人员；

（4）向财务管理部门提供人员经费等基本支出的预算及月度用款计划；

（5）严格执行部门支出预算。

3. 内部审计部门职责。

（1）负责现金、银行存款、银行账户、票据管理等工作的监督；

（2）负责财政资金收支工作的监督。

4. 其他部门职责。

（1）为制定各项支出管理制度、管理办法提供建议；

（2）组织本部门人员对项目进行可行性研究，组织编制项目可行性研究报告及项目预算；

（3）严格执行部门经费预算、月度用款计划及国家各项支出管理规定；

（4）对支出申请的必要性、合理性进行事前的业务审核；

（5）对资金支付申请的真实性、合理性进行业务审核；

（6）及时向财务管理部门办理经费报销、资金支付事务。

二、支出业务工作流程

高职高专院校支出管理流程主要涉及：事前申请、业务借款、报销及支付审批、资金支付及档案管理。

支出业务基本业务流程如图表6-4所示。

图表6-4　　　　　　　　支出基本业务工作流程

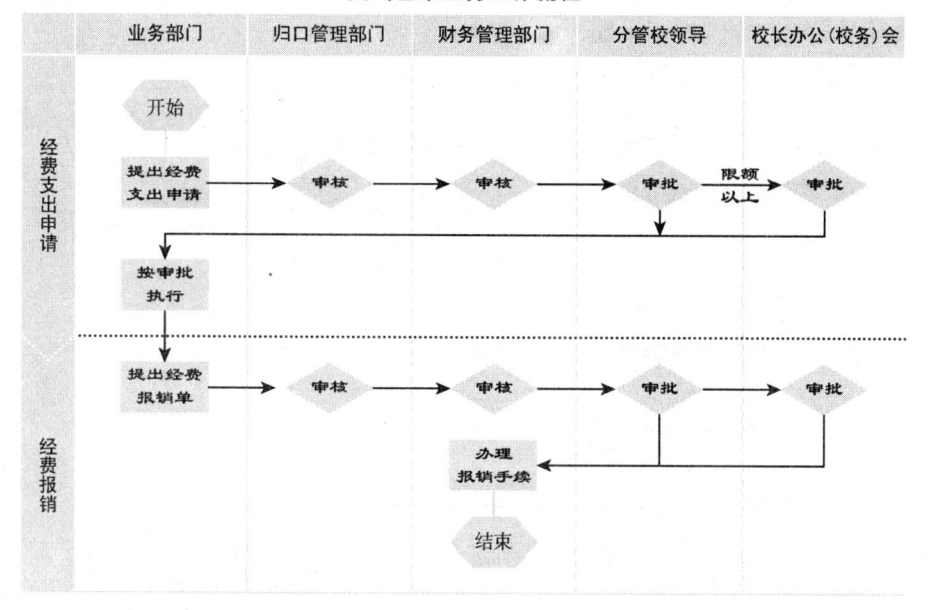

（一）事前申请

支出事项发生前，各部门业务经办人员应根据经济业务，填写相应的报销凭单（报销单据、差旅费报销单、支出凭单等），部门负责人对事项的真实性、必要性、合理性进行审核并签字；然后按照内部审批权限规定，经分管校领导、分管财务的校领导签字；财务管理部门报销人员对支出事项进行审核。

（二）业务借款

支出业务办理需借取资金的，按要求办理借款手续。

经办人因公借款时应按规定填写《借款单》，并附上与借款事项相关的事前审批单据，如出差审批单等。相关证明文件主要包括通知、项目合同书、项目任务书，或领导对相关经费的批示等。

经办人按照支出审批权限及审批程序办理审批。审批通过后，报财务管理部门审核，完成借款手续。

财务管理部门会计人员根据借款单等办理记账手续，出纳人员办理付款手续。

对于超出×××元（含）的业务不以现金结算，应使用公务卡结算。

借款应在项目结束后15个工作日内办理借款结束手续。逾期没有正当理由未归还的，财务管理部门将从借款人工资中扣取直至扣清。具体业务要求执行《高职高专院校暂付款管理办法》。

借款业务流程如图表6-5所示。

图表6-5　　　　支出业务管理-借款业务工作流程

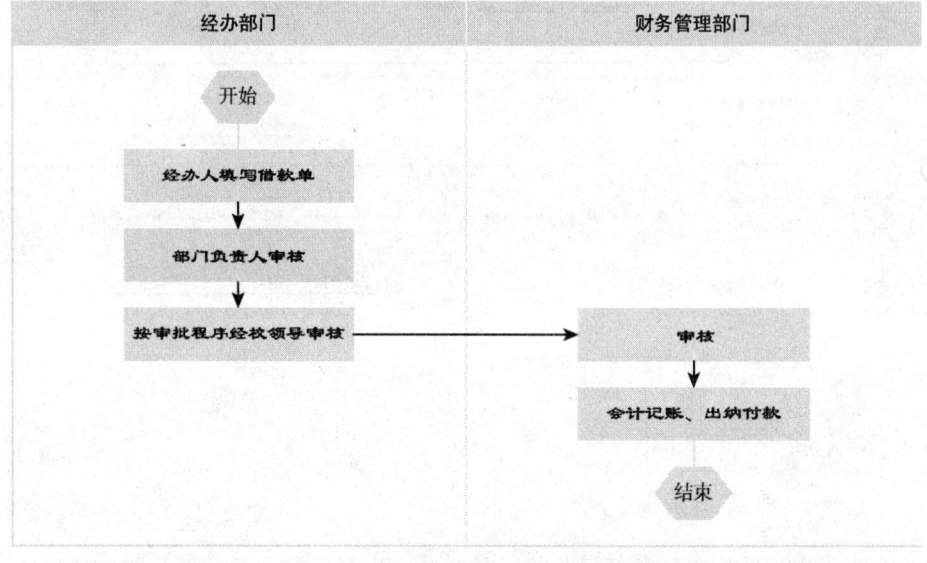

```
经办部门                                    财务管理部门
         开始
          ↓
   经办人填写借款单
          ↓
   部门负责人审核
          ↓
  按审批程序经校领导审核 ──────────→ 审核
                                      ↓
                              会计记账、出纳付款
                                      ↓
                                     结束
```

（三）报销及支付审批

1. 准备报销单据。业务经办人报销时，应按规定完整地填写相应的报销凭证，同时附原始单据；

2. 部门审核。部门负责人对资金支付的计划性、合理性、真实性进行初步审查并签字；

3. 校领导审核。按照单位签字审批程序，由部门分管校领导、分管财务的校领导审批签字；

4. 财务复核。由各部门报账员将报销凭单交财务管理部门会计人员审核。财务管理部门审核的内容主要为：支出是否有预算；支出是否超过预算控制数；支出是否符合规定的开支范围与标准；支出审批手续是否齐全；原始票据是否符合要求，金额填写是否正确；相关证明材料是否齐全。

财务人员有权拒绝一切不符合资金支付规定的支出。对不符合规定的凭单，有权提出异议并退回。

发现使用虚假发票报销的，会计人员应在发现当日向财务管理部门负责人及纪检监察室报告。纪检监察室应在受理报告的当日报党委会；

5. 根据审核无误的原始凭证填制记账凭证，记账凭证经审核岗审核后作为付款依据。

各类支出事项报销票据的标准详见支出事项报销一览表（如图表6-6所示）：

图表6-6　　　　　　支出事项报销票据一览表

序号	支出事项	外部票据	内部表单、文件	填报要求
1	办公费	正规发票、明细、pos小票等	报销单据	签字手续完备、填写完整、大小写正确、顶格填写
2	差旅费、会议费、培训费、技能大赛等	正规发票、明细、pos小票、会议通知、培训通知等	差旅费报销单、出差审批单	签字手续完备、填写完整、大小写正确、顶格填写
3	列入政府采购的项目	中标通知书、验收报告、合同、正规发票、明细等	报销单据	年初提报了政府采购预算，政府采购计划、政府采购申请、发票等签字手续完备。否则不予报销。填写完整、大小写正确、顶格填写
4	招待费	正规发票、明细、来访公函	明细单、公务接待审批单	签字手续完备、填写完整、大小写正确、顶格填写
5	各类耗材	正规发票、明细	报销单据	签字手续完备、填写完整、大小写正确、顶格填写
6	专家劳务费等		支出凭单、自制表格	按规定代扣个税、手续完备、填写完整、大小写正确、顶格填写

（四）资金支付

根据审核无误的记账凭证办理付款业务。付款时核实使用资金的类型，正确选择支付方式。对已签发的支付凭证及时、准确进行登记。使用公务卡结算的，应当按照公务卡使用和管理有关规定办理业务。

（五）档案管理

财务管理部门根据支出凭证及时准确登记入账，与支出相关的合同等材料应提交财务管理部门作为账务处理依据。财务管理部门根据支出相关的会计凭证,文件及其他资料按规定及时归档,妥善保管。

第四节　债务业务控制及风险清单

一、债务业务控制范围

债务业务,是指高职高专院校向银行等金融机构借入的各类款项,以及高职高专院校利用学校资产向非银行金融机构开展融资等活动取得的款项。

高职高专院校承担的能以货币计量,需要以资产或劳务偿还的应付及预收款项、应缴款项、代管款项等其他债务,以及学校财务账上未反映的,且在未来需支付的工程款、质保金等。

二、债务业务不相容岗位

1. 举债申请与审批。
2. 债务业务经办与会计核算。
3. 债务业务经办与债务对账检查。

三、债务业务控制目标

高职高专院校应当建立健全债务风险控制机制和预警系统,妥善处理存量债务和新举债务的关系,严格履行审批程序、严格按照借入资金的拟定用途使用,及时对账、检查和清理,保证各项债务在规定期限内偿还,严防发生债务违约。

1. 建立健全债务内部管理制度。

明确归口管理部门;确定管理岗位及职责权限;债务的工作流程;审批权限和责任划分;主合同的订立、履行、登记等程序;大额债务的认定标准;与债务业务相关的对账和检查责任。

2. 对举借债务进行充分论证。

对债务业务进行充分评估和论证。学校应该根据单位支出需求、宏观经济和金融市场形势,恰当选择举债方式,编制债务融资和偿还方案,并对方案进行评估和论证，对大额债务的举债，还应当由学校领导班子集体研究决定。

3. 加强对债务业务的审批控制。

学校应当在债务内部管理制度中明确规定举债和偿还债务的审批权限、相关程序和责任。债务的举债和偿还应当严格执行审批程序。

4. 加强对债务业务的日常管理。

与银行订立合同，加强债务资金的日常管理，一是严格按照规定用途使用债务资金。二是应当做好债务的会计核算和档案保管工作。三是加强债务的对账和检查控制，定期与债权人核对债务余额，应当按照债务融资和偿还方案安排还本付息资金、做好偿债准备，按时足额还本付息，进行债务清理，防范财务风险。四是及时评价债务业务活动，发现问题的，应当确定整改措施，追究违规人员的责任。

四、债务业务风险清单

高职高专院校债务业务控制主要包括债务项目确定及审批、债务项目的履行及债务核算与归档，各环节主要风险点如图表 6-7 所示。

图表 6-7　　　　　　　　债务业务各环节风险清单

序号	关键环节	风险点	防控措施	责任主体
1	债务项目确定及审批	未经充分论证或未经集体决策，擅自对外举借大额债务，可能导致不能按期还本付息，出现财务风险	1. 进行债务项目论证和评估，财务管理部门编制债务融资和偿还方案； 2. 大额债务在充分论证的基础上，由单位领导班子集体决定； 3. 需报请主管部门和财政部门进行外部审批的，按照规定进行报批。	单位负责人，债务业务归口管理部门
2	债务项目的履行	债务管理和监控不严，没有做好还本息的准备，出现财务风险或单位利益受损	1. 按照规定的用途使用资金； 2. 财务管理部门按照债务融资和偿还方案按时还本付息，做好偿债准备； 3. 财务管理部门定期核对债务余额，进行债务的对账和检查控制； 4. 归口部门及时进行债务清理，控制债务风险。	单位负责人，债务业务归口管理部门，财务管理部门

续表

序号	关键环节	风险点	防控措施	责任主体
3	债务核算与归档	债务没有及时纳入账内核算，形成账外债务和财务风险	1. 财务管理部门及时进行债务业务的会计核算； 2. 做好档案保管工作，妥善保管相关记录、文件和凭证。	财务管理部门

五、债务业务流程

（一）债务项目确定及审批

高职高专院校应对拟筹建项目的可行性进行充分论证，严格审核筹资方案和还本付息方案，评估学校的偿债能力和债务风险控制水平。学校应该根据单位支出需求、宏观经济和金融市场形势，恰当选择举债方式，编制债务融资和偿还方案，并对方案进行评估和论证，对大额债务的举债，还应当由学校领导班子集体研究决定。

具体审批流程为：由业务部门提出融资需求，财务管理部门论证并制定需求计划，在充分论证的基础上，大额贷款（大于××万元）事项由学校领导班子集体研究决定，按照规定需要上级主管部门和同级财政部门报批的，还应当履行严格的审批手续。

（二）债务项目的履行

与银行订立合同，加强债务资金的日常管理，一是严格按照规定用途使用债务资金。二是应当做好债务的会计核算和档案保管工作。加强债务的对账和检查控制，定期与债权人核对债务余额，应当按照债务融资和偿还方案安排还本付息资金、做好偿债准备，按时足额还本付息，进行债务清理，防范债务风险。三是应当及时评价债务业务活动，发现问题的，应当确定整改措施，追究违规人员的责任。

（三）债务核算与归档

高职高专院校应当建立债务台账，加强对债务业务的财务控制，妥善保管借款合同、收款凭证、还款凭证等资料，及时整理归档。债务业务工作流程如图表6-8所示。

图表6-8　　　　　　　　债务业务工作流程

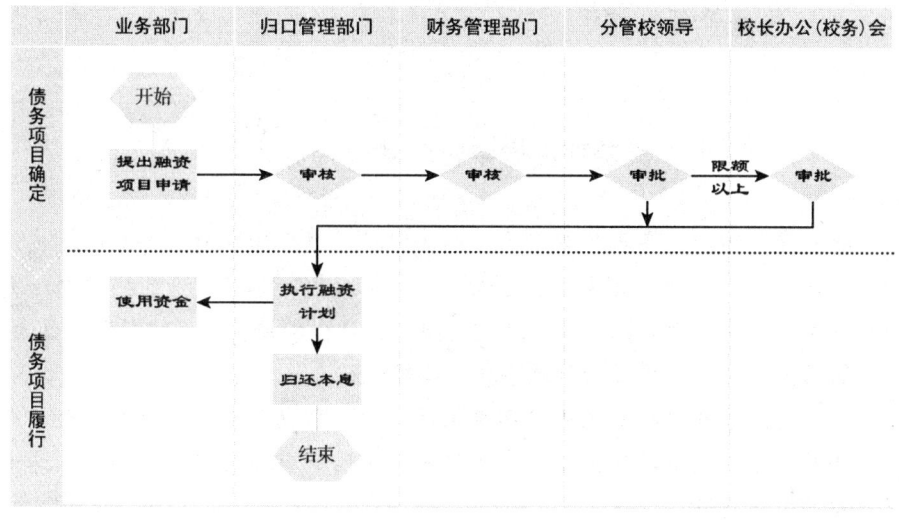

[债务项目确定 / 债务项目履行]
业务部门 | 归口管理部门 | 财务管理部门 | 分管校领导 | 校长办公(校务)会

开始 → 提出融资项目申请 → 审核 → 审核 → 审批 →(限额以上)→ 审批

执行融资计划 → 使用资金
归还本息
结束

第五节　收支业务控制制度设计范例

　　高职高专院校的收支业务归口学校财务管理部门统一管理。学校各项收入的取得均应符合国家法律法规和政策的相关规定，均应纳入预算管理。关于收入管理方面，相关的制度遵循主要有《高等学校收费管理暂行办法》（教财〔1996〕101号）、教育部、国家发展和改革委员会、财政部《关于进一步规范高校教育收费管理若干问题的通知》（教财〔2006〕2号）、《政府非税收入管理办法》（财税〔2016〕33号）、《财政票据管理办法》（财政部令第70号）、《中共中央国务院关于推进价格机制改革若干意见》（中发〔2015〕28号）、教育部、国家发展改革委、财政部、审计署、国家新闻出版广电总局联合印发《关于2016年规范教育收费治理教育乱收费工作的实施意见》等。各地方根据中央政策文件精神制订了地方收费管理政策和规定，各学校也相应制订了实施细则，用制度规范收费行为。鉴于收入管理制度较为完备，这里不再提供范例，只将《某高职高专院校经费支出管理办法》范例如下，以供参考。

　　说明：以下管理办法中限额仅供参考，各学校可根据学校情况自行调整。

一、收费管理办法

某高职高专院校收费管理办法

第一条 为规范各类收费行为，切实维护学校和学生的合法权益，促进廉政建设和学校事业的健康发展，根据《中华人民共和国教育法》第二十九条的规定和国家行政事业性收费的相关规定，结合学校实际，特制定本办法。

第二条 学校收费分为行政事业性收费、服务性收费、代收费等。

学校行政事业性收费主要指各类学历教育收取的学费、培养费、住宿费以及根据国家有关规定代教育主管部门或根据国家有关规定自行组织入学考试收取的考试费等。

服务性收费是指学校在正常教学之外为在校学生、职工以及校外人员、单位提供自愿选择的非教学服务而收取的费用。

代收费是指学校为方便学生、职工学习和生活，在自愿的前提下，为提供服务的单位代收的相关费用。

各单位因管理需要，暂收的款项如：保证金、押金等应严格控制，及时清理。

第三条 学校各类收费应符合国家法律、法规的规定。

（一）行政事业性收费应严格按照省物价局颁发的收费许可证规定的项目和标准收费；

（二）服务性收费必须坚持学生自愿和非营利原则，由学校在收费发生时及时收取，不与学费合并统一收取，严禁校内单位强制服务，或只收费不服务；

（三）代收费必须遵循自愿和合理成本的原则，收费项目仅限于教材等规定必须由学校统一代收的项目。校内各单位不得强行统一收取代收费，也不得在学生缴纳学费时合并收取，所收款项应及时据实结算、多退少补，不得在代办收费中加收任何费用。

第四条 对家庭经济困难的学生应酌情减免收取学费，具体减免办法，由省级人民政府根据国家有关规定制定。学校及其主管部门要采取包括奖学金、贷学金、勤工助学、困难补助等多种方式，切实帮助家庭经济困难学生解决学习和生活上的困难，保证他们不因经济原因而中断学业。

第五条 学费按学年或学期收取，不得跨学年预收。学费收取实行"老生老办法，新生新办法"。

第六条 事业性收费必须由学校财务部门统一收取、统一核算、统一管理。由财务管理部门到指定的物价部门申领收费许可证，并使用省级财政部门统一印制的行政事业性收费专用票据。

第七条 学校各类收费，要严格按照"收支两条线"管理，不得"坐收坐支"，严禁账外设账，私设"小金库"；严禁公款私存、转移资金。任何部门、单位和个人不得截留、挤占和挪用。学费的收支情况应按级次向教育主管部门和财政、物价部门报告，并接受社会和群众监督。

第八条 学校为学生提供的住宿收费，应严格加以控制。住宿费收费标准必须严格按照实际成本确定，不得以营利为目的。具体收费标准，由学校主管部门提出意见，报当地物价部门会同财政部门审批。

第九条 学校内各部门执行具体收费时必须向财务管理部门申请收费许可，填写收费申请表，经审批通过后方可执行收费，收费时必须使用学校财务管理部门指定的统一收费票据，财务管理部门指定专人负责票据管理工作，做好票据的领用与核销登记。

第十条 服务性收费原则上由学校财务管理部门统一收取，不具备条件的，可由学校相关职能部门收取，但应由学校财务部门统一进行核算和管理。严禁学校财务管理部门以外的其他部门自立账户，进行核算和管理。

第十一条 代收费应及时收取，及时据实结算、多退少补，不得加收额外费用。

第十二条 学校应当建立健全收费监督检查制度。财务管理部门、审计部门和行政监察部门应按各自工作职能将收费监督检查纳入日常工作。各收费（或代收）单位应积极配合收费监督检查工作，如实提供账表、凭证等有关资料。

第十三条 学校财务管理部门应对收费标准执行情况进行检测或定期审核，包括：收费项目和标准的执行情况、票据使用情况、收入上缴情况以及有无违规收费等；审计部门应将收费资金收支情况，资金分配上缴情况纳入对收费单位负责人的任期届满审计；行政监察部门应当依法对违规违纪收费行为进行立案、查处。

第十四条 有下列情形之一的，属乱收费行为：

（一）未经学校批准，擅自设收费项目或自定收费标准的；

（二）未经学校批准，擅自扩大收费范围或调整收费标准的；

（三）其他违法、违规收费行为。

第十五条 有下列行为之一的，属违纪违规行为：

（一）现金收费时不开收据的；

（二）现金收费后不入账或者不上缴财务的；

（三）将收费收入私自或在单位领导人授意下公款私存的；

（四）不使用国家和学校规定的统一收费票据，或者擅自印制、转让、转移、代开收费票据，或者超范围使用和收费票据的；

第十六条 学校内部各部门或个人违反本办法规定的，擅自设立收费项目乱收费行为者，学校将责令立即停止收费行为，并将所收款项退还原缴费者；无法退还的，学校予以没收，根据国家有关规定处理，并追究有关人员的责任。对严重违纪违规、乱收费行为，学校将移交司法机关处理。

第十七条 本办法未尽事宜按国家和学校的有关规定执行。

第十八条 本办法由学校财务管理部门负责解释。

第十九条 本办法自公布之日起执行。

二、票据管理办法

某高职高专院校票据管理办法

第一章 总 则

第一条 为加强学校收费管理，规范收费票据的购领、使用、保管及核销工作，根据《中华人民共和国会计法》、《中华人民共和国发票管理办法》、财政部《行政事业性收费和政府基金票据管理规定》等国家、地方有关规定，结合学校实际情况，制定本办法。

第二条 本办法所称的票据，是指学校根据法律、法规在收取事业收费时，向被收取单位或个人开具的收款凭证。主要有财政票据、税务发票等。各类收费票据之间不得相串用，也不得转让、转借及代开。

第三条 除法律、法规另有规定外，学校各部门、教学单位（系、所、中心）及附属学校等单位均使用本办法。

第四条 学校对各类收费票据实行统一管理，学校财务管理部门是学校各类收费票据的主管部门，负责各类收费票据的购领、发放、检查、核销等管理工作。校内各用票单位严禁私自印制或自购收费票据。

第二章 票据的领用

第五条 校内二级单位应指定一名在编职工作为票据专管员，负责本单位票据管理工作。票据专管员需报学校财务管理部门备案,各单位票据专管员不应频繁更换,其工作变动时要办理移交手续,并在学校财务部门办理变更备案。

第六条　学校财务管理部门对票据管理遵循"计划购领、定额管理"原则。各用票单位每年12月底应根据经常性业务实际用票情况,编制下一年度票据使用计划,报学校财务管理部门。学校财务管理部门根据各单位的计划申报情况统一安排调配。

第七条　校内各用票单位遵循"申报领证、凭证领票"原则。初步购领时,应填写《票据购领申请表》,经用票单位分管财务负责人审批,报学校财务部门审核后,专管员凭《票据购领本》办理购领手续。

第八条　校内各用票单位实行"计划管理、定额控制、统一购领、验旧换新"领用方式。学校财务管理部门根据用票单位的申领计划、收费种类和收费人数,核定票据票用数量,对经常性需要的以一个月周转用量为限,对临时性需要的以一次性业务用量为限。

第九条　校内各单位在第一次申请领用或有新的收费项目申请领用收费票据前,应提供该收费项目的收费申报表,报学校相关主管部门或学校收费小组审批。未经批准或备案不得领用收费票据进行收费不得自制、自购或无票收费。经批准收费项目不得擅自更改收费项目或收费标准。

第十条　学校财务管理部门票据管理人员在办理领用手续时应按收费票据种类、领用部门详细等级领用票据种类、发出时间、领用单位、票据起止号码、收费内容、领用人员等,并由用票单位的票据专管员当面检查票据是否存在重号、漏号、缺页等情况,确认无误后,在登记簿上签字确认。

第三章　票据的使用和保管

第十一条　各类收费票据必须严格按照规定用途使用,不得相互混用。收费业务必须真实,并与票据的使用范围和开票内容一致,严禁虚构收费业务内容,虚开收费票据,扩大收费票据开具范围。

第十二条　各用票单位的票据专管员对购领的收费票据负有业务指导、妥善保管、按期缴销责任。票据专管员应设置专柜妥善保管收费票据,并按要求对收费票据的购领、使用和保管进行详细记录。票据专管员同时富有监督和指导本部门其他开票人员正确使用收费票据的责任。

第十三条　各用票单位按票据的号码顺序填写,开票日期、缴款部门(人)、收款(费)项目、金额、开票人、收款人等栏目内容完整,大小写金额数目要符合规范,字迹工整,全套一次性复写,保证全部联内容一致,票据需要加盖××学校发票专用章方为有效。

第十四条 对于填写错误的不得随意涂改、挖补或撕毁。对作废票据应加盖作废戳记并妥善保留全部联，以备核查。

第十五条 开票人对自己开具的票据承担直接责任，严禁代开、出借票据，不得以红字填写财政收费票据和拆本使用票据。

第十六条 各用票单位在收到款项并开具收费票据后，应凭票据入账联及所收款项及时办理入账手续，以保证学校收入及时到位。确认票款相符后，由负责办理入账业务的财务人员票据存根上注明入账日期及入账会计凭证编号，并签名盖章。

第十七条 收费票据若发生丢失，应查清号码及时上报学校财务管理部门，并尽快查明原因，写出书面报告，报财政或税务部门，并在地级以上报刊登载声明作废（登报费用由责任人承担），与事发后十五日内自行至财政或税务部门接受处理。事情处理完毕后，将相关资料复印件交学校财务管理部门备案。

第十八条 因工作需要更换票据专管员时，双方的交界工作必须在用票单位主管财务负责人的监督下进行。交接工作完毕，用票单位财务负责人应将票据专管员的变动情况以书面形式报学校财务管理部门备案，移交人和接管人须一起到学校财务管理部门确认本部门尚未核销的票据总量。

第十九条 收费票据工作的移交必须有详细的书面记录，包括移交时间、票据的种类、数量、并由移交人和接管人和财务管理部门负责人三方签字，加盖公章。移交清单一式四份，交接双方各执一份，部门存档一份，学校财务管理部门一份。

凡收费票据移交工作手续不清楚且属移交人责任的，接管人有权拒绝接受据管理工作，用票单位不得为移交人办理工作调动或离职手续。

第四章　票据的核销与检查

第二十条 同一本财政收费票据不得跨年度使用。财政票据在公历12月25日前尚未用完，在下一年不可继续使用，必须重新起用另一本财政票据，原先未用完的票据应于12月31日前交回学校财务部门办理核销手续。

遇财政、税务机关票据换版，校内用票单位必须在规定期限内办结旧版发票的收入入账及和手续。

第二十一条 收费业务结束或整本票据使用完毕后，用票单位必须按规定填列票据封面和封底，才能办理和手续。

第二十二条 用票单位在核销票据前必须仔细检查所谓应该销票据的收

款联及收费收入，是否已经按核算要求全部及时、足额入账。核对无误后，票据专管员必须尽快持票据存根到学校财务管理部门办理核销手续。学校财务管理部门将进行检查，并对没有按要求办理入账和核销手续的单位进行处罚。

第二十三条 对发生临时性收费业务的用票单位，必须于收费业务完成后10个工作日内到学校财务管理部门办理票据核销手续。对发生经常性收费业务的用票单位，经学校财务管理部门批准，可在购领票据后三个月内到学校财务管理部门办理核销已用票据的手续，否则，学校财务管理部门有权对该部门暂停供应票据。

第二十四条 因业务改变不再使用票据的部门，应及时将剩余票据交回学校财务管理部门，并办理核销手续。

第二十五条 学校财务管理部门负责及时缴销并妥善保管已开具的收费票据存根。经财政或税务部门核验的收费票据，其保管期一般为五年。保管期满按规定报财政或税务部门检验核准后销毁。与票据的领用、缴销有关的凭证、账册保留十五年。

第二十六条 学校财务管理部门负责对校内各个用票单位收费票据的使用、保管、缴销等工作进行定期或不定期的检查，并建立相关监察稽查机制。校内各单位必须做好检查配合工作，如实反映情况，提供资料，接受监督和检查，不得拒绝、隐瞒或弄虚作假。

第二十七条 下列行为属于违反票据管理规定的行为：
（一）未经批准，擅自印制和使用票据的；
（二）私自刻制、使用和伪造票据印制章的；
（三）未按规定使用票据；
（四）单于转借、转让、代开、买卖、销毁、涂改票据；
（五）不按规定接受票据管理机构监督管理或不按规定提供有关材料的；
（六）管理不善，丢失毁损票据；
（七）其他违反本规定的行为。

第二十八条 违反本办法有关规定的，按国家法律、法规及学校有关规定处理。

第五章 附　　则

第二十九条 本办法由学校财务管理部门负责解释。

第三十条 本办法自公布之日起执行。

三、公务卡管理办法

某高职高专院校公务卡管理办法

第一章 总 则

第一条 为适应国库集中支付制度改革，规范预算单位财务管理，减少现金支付结算，提高公务支出透明度，加强预算执行监控管理，根据有关规定，结合学校实际，特制定本办法。

第二条 本办法所称公务卡，是指学校在职在编工作人员持有的，主要用于日常公务支出和财务报销业务的贷记卡。它既具有一般信用卡所具有的授信消费等共同属性，同时又具有财政财务管理的独特属性。

第三条 公务卡由单位统一组织申请办理后，卡片和密码均由个人保管，在性质上属于个人卡，因个人保管不善等原因引起的公务卡有关费用均由持卡人承担。

第二章 公务卡的日常管理

第四条 学校在职在编工作人员每人可申领一张公务卡，新增的需办理公务卡的工作人员，应及时到发卡行办理申领手续。个人申办成功收到公务卡后，持卡人到财务处确认登记，并由财务处将持卡人姓名和卡号等信息添加到国库集中支付系统中。

第五条 公务卡实行实名制。持有公务卡的学校工作人员（以下统称持卡人）应当妥善保管公务卡，规范使用公务卡办理公务支出的支付结算业务，并及时到财务管理部门办理报销手续。持卡人应及时归还公务卡项下银行欠款。因离职、调动、退休等原因离开学校，应按要求清理公务卡项下的债务，停止公务卡使用。公务卡日常对账由持卡人自行负责。

第三章 公务卡的使用范围

第六条 凡使用财政性资金（包括基本经费、专项经费）支付的公务性支出应按规定使用公务卡。

第七条 公务卡支付的范围主要包括办公费、差旅费和会议费等纳入强制结算目录范围的公务支出。凡目录规定的公务支出项目，应按规定使用公务卡结算，

第六章 收支业务控制设计范例

原则上不再使用现金结算。原使用转账方式结算的，可继续使用转账方式。

序号	政府收支科目编码 类	政府收支科目编码 款	公务卡结算项目	备注
1	302	01	办公费	指单位购买按财务会计制度规定不符合固定资产确认标准的日常办公用品、书报杂志等支出。
2	302	02	印刷费	指单位的印刷费支出。
3	302	03	咨询费	指单位咨询方面的支出。
4	302	04	手续费	指单位支付的手续费支出。
5	302	05	水费	指单位支付的水费支出。
6	302	06	电费	指单位支付的电费支出。
7	302	07	邮电费	指单位开支的电话费、电报费、传真费、网络通讯费等支出。
8	302	09	物业管理费	指单位开支的办公用房、职工及离退休人员宿舍等的物业管理费，包括综合治理、绿化、卫生等方面的支出。
9	302	11	差旅费	指单位工作人员因出差支付的住宿费、购买机票支出等。
10	302	13	维修（护）费	指单位日常开支的固定资产（不包括车船等交通工具）修理和维护费用，网络信息系统运行与维护费用。
11	302	14	租赁费	指租赁办公用房、宿舍、专用通讯网以及其他设备等方面的费用。
12	302	15	会议费	指会议中按规定开支的房租费、伙食补助费以及文件资料的印刷费、会议场地租用费等。
13	302	16	培训费	指各类培训支出。
14	302	17	公务接待费	指单位按规定开支的各类公务接待费用。
15	302	18	专用材料费	指单位购买日常专用材料的支出。具体包括药品及医疗耗材，农用材料，兽医用品，实验室用品，专用服装，消耗性体育用品，专用工具和仪器，艺术部门专用材料和用品，广播电视台发射台发射机的电力、材料等方面的支出。
16	302	31	公务用车运行维护费	指公务用车的燃料费、维修费、保险费等支出。
17	302	39	其他交通费用	指单位除公务用车运行维护费以外的其他交通费用。如飞机、船舶等的燃料费、维修费、保险费等。

147

第四章 公务卡的使用与报销

第八条 本单位工作人员在公务支出支付结算时，具备刷卡条件的，应在公务卡授信额度内，使用公务卡刷卡支付，并取得银行卡刷卡凭证、发票和支出明细。认真核对刷卡凭证和发票上的收款单位名称（以发票章名称为准）是否一致。

第九条 持卡人报销公务卡消费时除需持有原报销办法所需审批单据（必须事前审批）和原始票据外，还需持有签名清晰的POS机刷卡记录单，无刷卡记录单原则上不予报销。

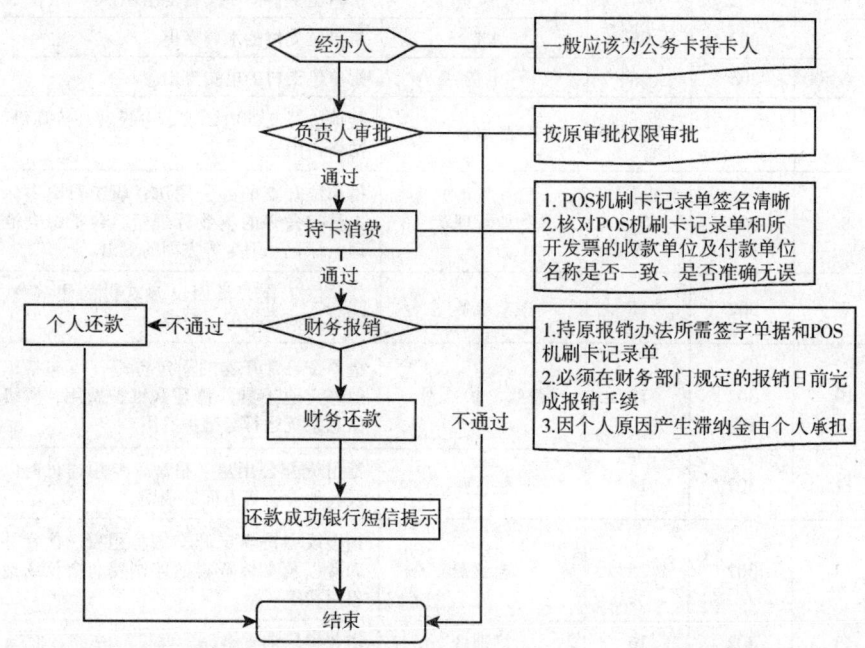

```
                  ┌─────────┐      ┌──────────────────────┐
                  │  经办人  │─────→│ 一般应该为公务卡持卡人 │
                  └─────────┘      └──────────────────────┘
                       ↓
                  ┌─────────┐      ┌──────────────────────┐
                  │负责人审批│─────→│    按原审批权限审批    │
                  └─────────┘      └──────────────────────┘
                       ↓通过
                  ┌─────────┐      ┌──────────────────────────────┐
                  │ 持卡消费 │─────→│1. POS机刷卡记录单签名清晰      │
                  └─────────┘      │2. 核对POS机刷卡记录单和所      │
                       ↓通过        │   开发票的收款单位及付款单位    │
   ┌────────┐    ┌─────────┐      │   名称是否一致、是否准确无误    │
   │个人还款│←───│ 财务报销 │      └──────────────────────────────┘
   └────────┘不通过└─────────┘      ┌──────────────────────────────┐
        │              ↓            │1.持原报销办法所需签字单据和POS│
        │         ┌─────────┐      │   机刷卡记录单                 │
        │         │ 财务还款 │─────→│2.必须在财务部门规定的报销日前完│
        │         └─────────┘不通过 │   成报销手续                   │
        │              ↓            │3.因个人原因产生滞纳金由个人承担│
        │         ┌──────────────┐  └──────────────────────────────┘
        │         │还款成功银行短信提示│
        │         └──────────────┘
        │              ↓
        │         ┌─────────┐
        └────────→│   结束  │
                  └─────────┘
```

第十条 公务卡持卡人应在刷卡消费后的10个工作日内到财务管理部门完成报销手续。因个人报销不及时，此笔业务支出及产生的相关罚息、滞纳金等费用，均由持卡人个人承担。

第十一条 公务卡公务支出不允许提取现金。对公务卡提现行为，视同个人支付行为，财务管理部门将不予报销相关费用。

第十二条 财务管理部门将按照财务制度的规定对公务卡刷卡消费凭证进行审核，对符合报销条件的予以报销、还款；对不符合报销条件的，不予报销，不予报销的部分，由持卡人自行在银行规定的还款期内偿还。

第十三条 凡使用公务卡支付的业务，发生退货等事项产生的退款，所退资金必须退还到公务卡中。持卡人应及时向财务管理部门提出，并办理相关手续。

第十四条 持卡人因调离、退休等原因离开学校的，应确认本人名下的公务卡没有未归还款项后，将公务卡交回学校财务管理部门，由财务管理部门统一办理注销手续。

第十五条 公务卡持卡人应遵守国家关于银行卡使用管理的法律法规，规范使用公务卡。严禁持卡人违规使用公务卡、恶意透支、拖欠还款、利用公务卡套取现金或将非公务支出用于公务报销。

第十六条 因以下情况发生的费用不予报销，由持卡人个人负担。

一、报销费用与提供的报销凭证、刷卡交易凭条明显不符的；

二、因个人报销不及时超过免息期后发生的银行罚息、滞纳金等费用；

三、因个人保管不慎或遗失等原因，导致公务卡被盗刷所形成的支出；

四、消费后无交易凭条或发票等形成的支出；

五、其他不符合财务管理规定和要求的。

第十七条 学校工作人员使用公务卡结算的各项公务支出，必须在规定的免息还款期内（即银行记账日至发卡行规定的到期还款日之间的期限），尽早到财务处报销，因个人报销不及时造成的罚息等相关费用，对个人资信影响等责任，由持卡人承担。

第十八条 各类报销发票和公务卡刷卡凭证等经财务人员审核通过后，按国库集中支付相关制度通过国库零余额账户将报销资金转到公务卡，完成报销。

第五章 管理职责

第十九条 根据上级主管部门的要求，财务管理部门负责在学校范围内积极推行公务卡结算方式，加强对持卡人宣传、培训；做好公务卡的日常管理、报销与清算管理，遇人员变动时应及时通知发卡行；严禁为非学校在职在编工作人员办理公务卡、违规办理公务卡报销业务或查询、泄漏公务卡持卡人的私人交易信息。

第二十条 持卡人应按规定申请办理公务卡，妥善保管公务卡和密码，并承担因个人保管不善等原因引起的公务卡有关费用；执行公务支出，原则上应使用公务卡结算和报销，并接受上级财政部门和财务管理部门对公务支出的监控管理。

第二十一条 持卡人应遵守国家关于银行卡使用管理的法律法规和本办法有关规定，规范使用公务卡。严禁持卡人违规使用公务卡、恶意透支、拖欠还款、利用公务卡套取现金或将非公务支出用于公务报销。

第六章 附 则

第二十三条 本办法未尽事宜，有上级相关规定的，按相关规定执行，没有相关规定的，由学校财务管理部门负责解释。

第二十四条 本办法自公布之日起执行。

四、差旅费管理办法

某高职高专院校差旅费管理办法

第一章 总 则

第一条 为了加强和规范学校国内差旅费管理，推进厉行节约反对浪费，依据《党政机关厉行节约反对浪费条例》和《中央和国家机关差旅费管理办法》（财行〔2013〕531号），并根据学校的具体情况，制定本办法。

第二条 差旅费是指单位人员临时到常驻地以外地区公务出差（包括外出参加会议、培训、考察、调研等）所发生的城市间交通费、住宿费、伙食补助费和市内交通费。

第三条 学校严格执行差旅费预算管理，控制差旅费支出规模；从严控制出差人数和天数；严禁无实质内容、无明确公务目的的差旅活动；严禁以任何名义和方式变相旅游；严禁委托旅行社安排出差事宜。学校各部门安排公务出差事项的，要根据学校《经费报销审批办法》中明确的审批权限执行。

第四条 学校实行差旅费预算总额控制，纳入学校财务统一管理。其中：使用基本经费安排差旅费的，各部门须在年初部门预算中申报差旅费预算，经学校审议批准后，方可执行；使用专项经费（包含校内专项）安排差旅费的，须在项目申报时进行申报差旅费预算，经项目评审确定后方可执行；使用横向科研课题及其他收入安排差旅费的，由课题负责人或相关部门负责人按照经费使用要求安排，并严格执行本办法的相关要求和审批程序。

第二章 城市间交通费

第五条 城市间交通费是指单位人员因公到常驻地以外地区出差乘坐火

车、轮船、飞机等交通工具所发生的费用。

第六条 出差人员应当按规定等级乘坐交通工具。乘坐交通工具的等级见下表：

交通工具 级别	火车（含高铁、动车、全列软席列车）	轮船（不包括旅游船）	飞机	其他交通工具（不包括出租小汽车）
部级及相当职务的人员	软席（软座、软卧），高铁/动车商务座，全列软席列车一等软座	一等舱	头等舱	凭据报销
司局级及相当职务人员	软席（软座、软卧），高铁/动车一等座，全列软席列车一等软座	二等舱	经济舱	凭据报销
其余人员	硬席（硬座、硬卧），高铁/动车二等座、全列软席列车二等软座	三等舱	经济舱	凭据报销

注：司局级及相当职务人员指学校司局级干部及学校聘任的具有正高级专业技术职务的人员。

未按规定等级乘坐交通工具的，超支部分由个人自理。

第七条 到出差目的地有多种交通工具可选择时，出差人员在不影响公务、确保安全的前提下，应当选乘经济便捷的交通工具。

第八条 乘坐飞机的，原则上不得购买全价机票，应优先选择通过政府采购方式（政府采购机票管理网站 www.gpticket.org）购买国内各航空公司的航班机票，若各航空公司提供的促销优惠票价低于政府采购价格，也可选择购买。

第九条 乘坐飞机、火车、轮船等交通工具的，每人次可以购买交通意外保险一份。乘坐飞机的，民航发展基金、燃油附加费可以凭票据报销。

第十条 出差交通路线应选择从出发地到目的地直达路线往返。因个人原因未选择直达路线往返的，学校将按照直达路线费用和实际路线费用两者比较取其低的办法确定报销往返交通费。其中直达路线费用参照同行人员采用的直达交通工具的费用标准；若无同行人员，则参照直达路线的火车票价最低标准。超标部分由个人自理。若因工作需要，短期内需前往多地公务出差的，请选择最快捷的城际间交通工具，并在报销时，出具经领导批准的各公务出差事项的申请作为报销依据，学校给予据实报销。

第十一条 城市间交通费发生的订票费、经批准发生的签转或退票费凭票据实报销。

第三章 住宿费

第十二条 住宿费是指单位人员因公出差期间入住宾馆（包括饭店、招待所，下同）发生的房租费用。

第十三条 单位人员出差住宿费限额标准依照国家最新颁布规定的标准执行。

第十四条 住宿房间标准：在住宿费标准基础上，司局级及相当职务人员可住单间，其他人员住标准间。

第十五条 出差人员应当在职务级别对应的住宿费标准限额内，选择安全、经济、便捷的宾馆住宿。

第四章 伙食补助费

第十六条 伙食补助费是指对单位人员在因公出差期间给予的伙食补助费用。

第十七条 伙食补助费按出差自然（日历）天数计算，按规定标准包干使用。

第十八条 出差伙食补助费限额标准依照《中央和国家机关差旅费管理办法》（财行〔2013〕531号）规定的标准执行。（具体标准见附表）

第十九条 外出参加会议、培训，由举办单位统一安排食宿的，会议、培训期间不再给予伙食补助，按规定学校只给予在途期间的伙食补助。若会议、培训期间虽举办单位统一安排食宿，但需自己另支付餐费的，需提供接待单位出具的餐费发票及有关证明，在规定的补助标准内给予据实报销。同时不再享受伙食费补助。

第五章 市内交通费

第二十条 市内交通费是指单位人员因公出差期间发生的市内交通费用补助。

第二十一条 市内交通费补助按出差自然（日历）天数计算，每人每天80元包干使用。

第二十二条 外出参加会议、培训，由举办单位统一安排的，会议、培训期间不再给予市内交通费补助，按规定学校只给予在途期间的市内交通费补助。

第六章　报销管理

第二十三条　单位人员国内出差应严格按规定开支差旅费，不得超标准支出。住宿费、往返交通费按照规定标准凭票据实报销。景点门票原则上不予报销，特殊专业工作需要的，需提供经业务主管校领导批准的说明。

第二十四条　城市间交通费按乘坐交通工具的等级凭票据报销；住宿费在标准限额之内凭发票据实报销；伙食补助费按出差目的地的标准报销，在途期间的伙食补助费按当天最后到达目的地的标准报销；市内交通费按规定标准报销；未按规定开支差旅费的，超支部分由个人自理。

第二十五条　外出调研、考察的出差事项，牵头组织单位需提交经学校有关领导审批后的调研、考察申请，明确参加人员、调研考察地点及时间。调研考察结束后要出具考察报告作为报销附件提供。

第二十六条　外出参加会议、培训的时间以会议、培训通知的时间为准，考虑城际往返交通时间，可在通知规定的时间前后各加一天。超出规定时间所发生的费用学校不予报销。

第二十七条　单位人员出差结束后应当及时办理报销手续。差旅费报销时应当提供出差审批单、机票、车票、住宿费发票等原始凭证。

第二十八条　财务管理部门将严格按规定审核差旅费开支，对未经批准出差，以及超范围、超标准开支的费用不予报销。

第二十九条　实际发生住宿而无住宿费发票的，不能报销住宿费以及城市间交通费、伙食补助费和市内交通费。

第三十条　出差需要发生的城市间交通费、住宿费、培训（会务）费等要通过公务卡或银行汇款等方式支付。原则上不能使用现金支付。

第七章　监督问责

第三十一条　学校各部门要加强本部门人员出差事项的审批，要严格在学校批复的差旅费预算额度内安排出差事项，对未经批准擅自出差、不按规定开支和报销差旅费、擅自改变出差路线、增加出差时间和地点等支出，学校不予报销。

第三十二条　财务管理部门会同审计、监察等有关部门对学校差旅费管理和使用情况进行监督检查。

第八章　附　　则

第三十三条　本办法由学校财务管理部门负责解释。

第三十四条 本办法自公布之日起施行。

五、国库集中支付管理办法

某高职高专院校国库集中支付管理办法

第一章 总 则

第一条 国库集中支付是指财政性拨款资金不再拨付到各预算用款单位，而是通过财政主管部门在中国人民银行及其代理银行设立的国库单一账户体系存储、支付和清算。各预算用款单位职能依据财政部批准的用款额度办理资金的使用。为了加强财政性资金管理的监督，提高资金运行效率和使用效益，规范学校的国库集中支付行为，保证财政国库管理制度改革试点工作的顺利进行，根据《财政国库管理制度改革试点方案》《中央单位财政国库管理制度改革试点资金支付管理办法》《教育部2002年财政国库管理制度改革试点工作实施方案》等有关法律法规，特制定本办法。

第二条 国库集中支付实行财政直接支付和财政授权支付两种方式。

（一）财政直接支付是指由财政主管部门向中国人民银行和代理银行签发支付指令，代理银行根据支付指令通过国库单一账户体系将资金直接支付到收款人或用款单位账户。

（二）财政授权支付是指预算单位按照财政主管部门的授权，向代理银行签发支付指令，代理银行根据支付指令，在财政主管部门批准的用款额度内，通过国库单一账户体系将资金支付到收款人账户。

第二章 零余额账户的设立、使用和管理

第三条 "零余额账户"是财政主管部门为预算单位开设的、用于反映、核算预算单位实行国库集中支付资金用款额度的收入和支出的专用银行账户。该账户每日发生的支付银行垫付，当日营业终了前代理银行与国库进行清算，清算后该账户存款余额为"零"。

第四条 "零余额账户"可以办理转账、提取现金等结算业务，可以向学校的相应账户划转工会经费、住房公积金及提租补贴，可以划转经财政主管部门批准的特殊款项，除此以外，不得违反规定向学校其他账户和上级主管单位账户、所属下级单位账户划拨资金。

第五条 学校"零余额账户"具有唯一性。

第六条 "零余额账户"设专人管理，负责印鉴的保管、与银行对账等业务。

第三章 用款计划的编制和用款额度的拨付、使用

第七条 分月用款计划是经教育主管部门、财政主管部门批准的在预算范围内，根据事业发展、项目进度对国库支付资金的需求量，按照财政预算科目类、款，按季分月编制的国库支付资金的计划。用款计划是办理国库集中支付的依据。财政主管部门根据学校的分月用款计划批复每月的用款额度，学校按照用款计划在批复的用款额度内支付资金。

第八条 分月用款计划分"学校分月用款计划"和"校内各预算项目分月用款计划"。

（一）学校分月用款计划是由学校财务管理部门根据同级教育主管部门、同级财政主管部门批复的预算和校内各单位、项目分月用款计划，按照财政预算科目类、款、项核项目汇总编制的，向同级教育主管部门、同级财政主管部门申报学校国库支付资金的用款计划，是校内各预算项目分月用款计划汇总。

（二）校内各预算项目分月用款计划是由各单位和项目负责人根据学校当年下达的各单位、项目的预算数额，按事业发展核项目进度，按季分月编制的国库支付资金的用款计划。各预算项目分月用款计划是校内各单位和项目负责人使用、支付预算项目资金的依据和前提，任何单位和项目负责人不按规定编制和上报预算项目分月用款计划，不能支付资金。

第九条 分月用款计划按季分月编制。

第十条 用款计划编制的原则

（一）用款计划的编制必须在核定的预算范围内编制。

（二）学校分月用款计划严格按国家预算支出的对应科目及要求编制。根据同级教育主管部门下达学校的年度预算数（或预算控制数）及项目进度，按国家预算支出的类、款、项核项目，科学编制用款计划。基本建设支出、科技三项费用及修购基金、专项业务费等专项类支出按项目编制，其他支出按类、款、项编制。

（三）用款计划的编制要符合实际。一般基本支出用款计划按均衡性原则编制、项目支出用款计划按照项目实施进度编制。

（四）主管职能部门归口管理原则。二次分配预算经费的主管职能部门

负责汇总编制分管经费的分月用款计划。

第十一条 学校分月用款计划编制的依据

（一）根据上级批复的预算编制。第一季度、第二季度分月用款计划根据同级教育主管部门下达的预算控制数编制，第三季度、第四季度分月用款计划根据教育主管部门、财政主管部门下达的年度预算编制。当教育主管部门下达的年度预算与预算控制数差距较大时，必须根据年度预算及时调整第二季度的分月用款计划。

（二）根据校内各预算项目分月用款计划汇总编制。

第十二条 校内各预算项目分月用款计划编制的依据

（一）按照学校下达的各预算项目的当年预算数和上年结余数合计编制。

（二）按照各预算项目的事业计划进度编制。

第十二条 学校分月用款计划按照同级财政主管部门统一制定的《基层预算单位分月用款计划表》编制，校内各预算项目分月用款计划按照财务部门统一制定的《××学校国库集中支付分月用款计划表》编制。

第十三条 分月用款计划一般不作调整，因特殊情况确需调整的，用款单位应在用款月度前××个工作日提出申请，经报教育主管部门、财政主管部门批准后方可执行。

第十四条 用款计划编报时间要求

（一）主管职能部门、各单位在当年预算下达后××天内按预算项目将一季度的分月用款计划报送财务管理部门，每年××年××日、××月××日前分别报送本年第二季度、第三季度、第四季度的分月用款计划。

（二）财务管理部门于每年的××月××日、××月××日前分别报送本年第二季度、第三季度、第四季度的分月用款计划。

第十五条 用款额度的拨付、使用

（一）同级教育主管部门于每季度最后月份的××前批复下达学校下一季度的分月用款计划。

（二）财务管理部门在各预算项目一季度的分月用款计划核准后××日内将一季度的用款额度下达到各项目，并通知主管部门、各单位；第二、三、四季度各个预算项目的用款额度根据教育主管部门、财政主管部门批复的用款计划下达到各项目，并通知主管职能部门、各单位。

（三）主管职能部门负责及时通知各项目负责人。

（四）项目负责人接到通知后，可在批复的用款额度内根据有关规定支出资金。

（五）年度终了，学校的国库支付用款额度余额将注销，下一年度同级教育主管部门、同级财政主管部批复后再按规定使用。

第四章 会计核算

第十六条 财务管理部门根据财政国库改革的要求，结合内部核算的需要，在不改变原有基本核算体系和方法的前提下，对现有会计科目核项目编码原则进行适当调整。会计科目的的调整应有利于对账和报表，项目编码原则的调整应适应核算和项目管理的要求。

第十七条 对于涉及"零余额账户"收入、支出和年底余额上缴的账务处理严格按财政部门、教育部门有关规定办理。

第十八条 建立《财政授权支付凭证》的领用、保管制度。

第十九条 建立对账制度，专人负责定期、及时与教育部门、财政部门、银行及学校内部对账。

第二十条 各预算项目负责人根据财务管理部门及主管部门通知的用款额度到财务部门办理支付手续。

第二十一条 支用财政授权支付额度时，财务部门在填写有关银行票据的同时须按项目所属类、款、项填写《财政授权支付凭证》，通知银行办理财政授权支付业务。

第五章 管理与监督

第二十二条 财务管理部门在国库集中支付管理中的主要职责：

（一）制定学校国库集中支付方面的规章制度、操作流程。

（二）负责国库集中支付资金的财务管理和会计核算工作。

（三）根据财政部门批复的预算控制数，结合学校编制的年度预算，提出实行国库集中支付的具体项目。

（四）负责组织、指导有关职能部门编制"各预算项目分月用款计划"，审核并汇总编制"学校分月用款计划"，按时上报教育主管部门。

（五）根据上级批复的额度，及时拨付并通知主管部门及用款单位。

（六）监督、检查各预算单位年度、季度分月用款计划的执行情况。

（七）按类、款、项和项目向教育主管部门、财政主管部门报送国库集中支付的支出月报表及相关资料；向学校提供实行国库集中支付资金的执行情况。

（八）及时与教育主管部门、财政主管部门、银行对账。

（九）负责办理与国库集中支付有关的其他事宜。

第二十三条　各预算项目负责人在国库集中支付管理中的主要职责：

（一）按项目进度编制预算项目的分月用款计划，并严格按批复的计划执行。

（二）各预算项目负责人按照学校财务管理部门及主管部门的要求编制项目的分月用款计划并及时报送主管部门。

（三）负责提供国库集中支付所需的有关材料。

第六章　附　　则

第二十四条　本办法未尽事宜，有上级相关规定的，按相关规定执行，没有相关规定的，由学校财务管理部门负责解释。

第二十五条　本办法自公布之日起执行。

第七章

采购业务控制设计范例

第一节 采购业务控制及风险清单

一、采购业务控制范围

（一）采购业务

本书所称的采购业务，是指高职高专院校以合同方式有偿取得货物、工程和服务的行为，包括购买、租赁、委托、雇用等。

货物是指各种形态和种类的物品，包括材料、燃料、设备、产品、图书、教材和药品等。

工程是指建设工程，包括建筑物和构筑物的新建、改建、扩建、装修、拆除、修缮等。

服务是指除货物和工程以外的其他采购对象，如高职高专院校对物业管理公司的选择、外部审计单位的选择等。

（二）采购业务管理模式

高职高专院校采购业务按照采购形式和组织方式的不同可分为政府采购和自行采购。购买依法制定的集中采购目录以内的或采购限额标准以上的货物、工程和服务的行为属于政府采购，购买集中采购目录以外的且在采购限额标准以下的货物、工程和服务的行为属于自行采购。政府采购实行集中采购和分散采购相结合。实行集中采购的政府采购项目，由集中采购目录确定；集中采购目录以外且在采购限额标准以上的采购项目，实行分散采购。

集中采购管理是指高职高专院校使用财政性资金采购政府集中采购目录以内的货物、工程和服务的行为。集中采购不仅仅是一个采购过程，也是采购政策、采购程序、采购过程及采购管理的总称。

自行采购管理是指采购政府集中采购目录之外,同时又在政府采购限额之内购买货物、工程和服务的行为,是单位内部管理一项措施,也是单位自身行为。

(三) 采购业务内部控制

采购业务内部控制的主要内容(如图表7-1所示)。

图表7-1　　　　　　　　　　采购业务内部控制

序号	关键环节	控制内容
1	预算与计划	采购预算、采购计划合理性、采购预算、采购计划审批机制合理性进行控制
2	采购管理	采购申请的申请与批复、采购组织形式、采购方式、采购程序及采购合同管理进行控制
3	验收与付款	采购验收、资金支付进行控制
4	档案管理	采购工作质疑投诉、采购档案保管进行控制

(四) 采购业务归口管理

高职高专院校由资产管理部门负责对采购业务进行管理。资产管理部门牵头建立采购业务内部控制制度,明确相关部门在采购工作中的职责分工,建立采购管理部门、资产管理部门、财务管理部门等机构及岗位间的沟通协调机制,共同做好采购预算编制、采购计划编制、确定采购需求、组织采购活动、履约验收、答复询问质疑、配合投诉处理及监督检查等工作。

(五) 采购业务不相容岗位

按照不相容岗位分离原则,高职高专院校采购业务管理的不相容岗位主要包括:

1. 采购预算的编制与审定;
2. 采购需求制定与内部审批;
3. 招标文件准备与复核;
4. 合同签订与验收;
5. 验收与保管;
6. 付款审批与付款执行;
7. 采购执行与监督检查。

二、采购业务控制目标

1. 建立健全采购业务预算与计划管理机制，确保采购业务纳入预算管理，按照计划办理采购业务；

2. 建立采购管理、资产管理、财务管理、内部审计、纪检监察部门协调制约机制，对采购业务活动实施归口管理，确保采购业务申请适应资产存量情况、符合资产配置标准要求、符合预算指标额度；

3. 加强对采购业务项目验收的管理，确保采购工作达到预期目标，保证学校采购业务工作的顺利开展；

4. 严格采购信息管理，防止机密信息泄露。

三、采购业务风险清单

采购业务控制主要包括采购预算与计划、采购活动管理、验收与付款、采购档案管理等环节，各环节主要风险点如图表 7-2 所示。

图表 7-2　　　　　　　　采购业务风险清单

序号	关键环节		风险点	主要防控措施	责任主体
1	采购预算计划管理	采购业务预算编制与审核	资产管理与预算编制部门之间缺乏沟通协调，采购业务活动与业务活动相脱节，出现资金浪费或资产闲置等问题	建立预算编制、采购管理和资产管理等部门或岗位之间的沟通协调机制，联合进行采购业务预算编制。	业务部门、采购管理部门、财务管理部门、资产管理部门
		采购计划编制	超预算指标和内容编制采购计划，影响采购业务预算的执行效果	业务部门严格按照采购业务预算范围、数量、金额和要求等编制采购计划。	业务部门
		采购计划审核	采购业务需求审核审批不严格，未按采购业务预算进行采购，影响采购业务预算的严肃性和采购业务效果	1. 采购业务部门审核采购计划的合理性：采购计划列入预算情况、与业务部门的工作计划和资产存量相适应；与资产配置标准相符情况；2. 专业设备附有相关技术部门的审核意见；3. 财会部门审核采购计划列入预算指标额度情况。	采购管理部门、财务管理部门
		采购计划审批		1. 合理设置采购业务计划的审批权限、程序和责任；2. 经审核的采购业务计划按照相应程序进行审批；3. 审批后采购业务计划下达给各业务部门，作为业务部门办理采购业务的依据。	采购管理部门

续表

序号	关键环节	风险点	主要防控措施	责任主体
2	采购活动管理	业务部门采购的申请与审核	采购业务活动开展不规范，未按规定选择采购方式、发布采购信息，甚至化整为零或其他方式规避公开招标。	1. 业务部门以批复的采购业务预算和计划提出采购业务申请；2. 业务部门负责人进行复核；	业务部门
		采购业务部门审核		采购业务部门对业务部门的采购申请进行审核。1. 审核重点：符合采购业务计划、采购预算情况，采购组织形式合规情况；2. 对采购进口产品、变更采购方式等事项加强审核和审批。	采购管理部门
		采购业务信息的发布		1. 在政府指定的采购业务信息发布媒体上进行发布；2. 对招标公告、邀请招标资格预审公告；中标公告等信息依法公开。	采购管理部门、业务部门、集中采购机构
3	验收与付款	验收与付款	验收人员组成不科学或验收程序不合规；财务资金支付程序不规范。	1. 根据采购业务组织形式的不同，确定验收方式；2. 组建验收小组；3. 出具验收证明；4. 财会部门根据验收证明及相关财务制度办理款项支付。	资产管理部门、财务管理部门
4	采购档案管理	质疑投诉处理	质疑投诉处理不及时、不规范，既不利于及时发现问题，发挥社会监督作用，也影响政府公信力。	1. 专人负责质疑投诉处理工作；2. 规定质疑答复工作的职责权限和工作流程；3. 答复中形成的各种文件由采购业务部门进行归档和保管；4. 质疑投诉问题要进行定期梳理报告，发现问题，改进工作。	采购管理部门
		采购业务记录控制	采购业务档案管理不善、信息缺失，影响采购业务信息和财务信息的真实完整	1. 建立采购业务工作档案；2. 定期分类统计采购业务信息；3. 内部通报政府预算执行情况、采购业务开展情况。	采购管理部门
		涉密采购业务项目管理	涉密事项被泄密	与相关供应商或采购中介机构签订保密协议或者在合同中设立保密条款	采购管理部门

四、采购业务流程

1. 经批准的采购预算下达业务部门，业务部门根据工作计划编制采购计划，提出采购申请；

2. 资产管理部门组织论证；

3. 财务管理部门对项目经费来源进行审核；

4. 采购管理部门组织采购：政府集中采购目录以内及限额以上的，委托外部集中采购机构招标采购。否则，由招标管理部门自行组织采购；

5. 采购管理部门发布中标公告，发出中标通知书，审查与会签合同；

6. 业务部门根据招投标文件和中标通知书，与中标单位签订合同；

7. 资产管理部门组织验收，出具验收报告；

8. 财务管理部门应根据中标通知书、合同、验收报告及采购发票等原始票据，依据相关财务管理制度付款。

9. 资产管理部门应当做好归档工作。

采购业务管理基本流程如图表7-3所示。

图表7-3　　　　　　　　采购业务管理基本流程

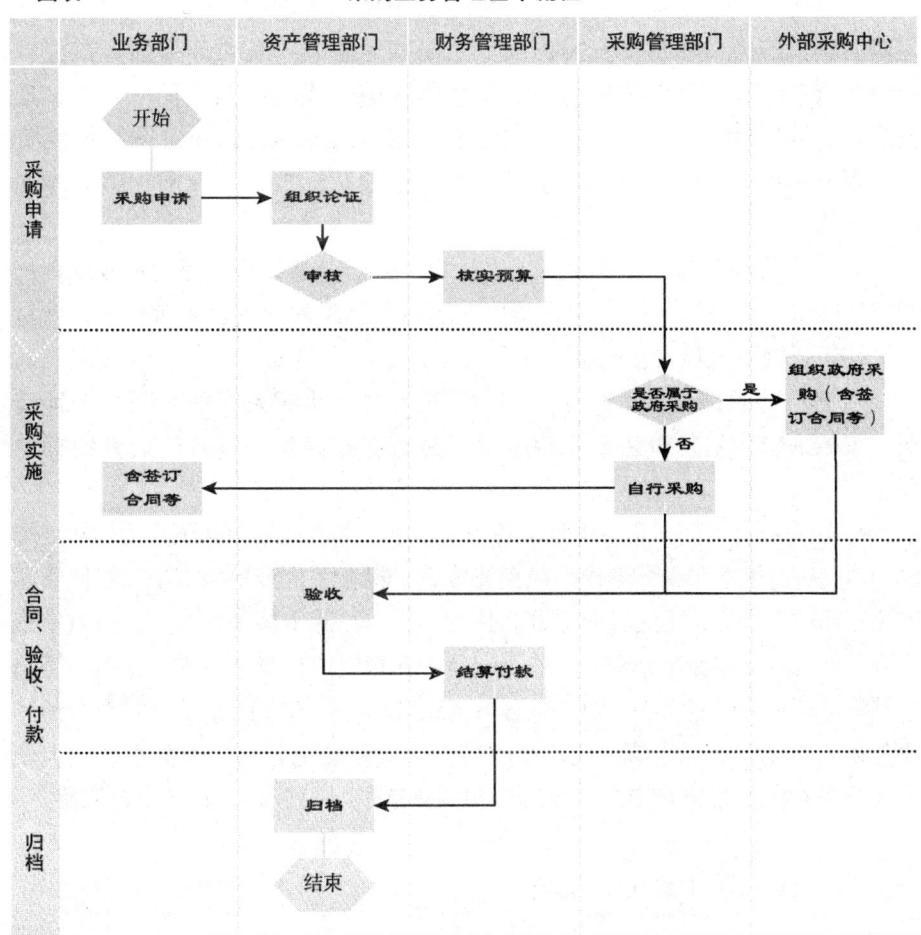

第二节 采购预算与计划业务控制

一、预算与计划业务控制的职责权限

1. 业务部门。依据实际需求申报本部门预算建议数；依据批复的采购预算按季度编制采购计划，填报采购业务计划表；根据批复的计划提出采购业务申请；对采购文件进行调整、修改及确认；按照同级财政主管部门的批复及工作需要编制采购计划。业务部门编制采购计划必须符合相关要求，主要包括：一是编制采购计划时应当注重采购的规模效应，同一季度内对同一采购品目尽量不安排两次以上采购计划；二是业务部门不得将应当公开招标方式采购的货物或者服务化整为零，或者以其他任何方式、理由规避公开招标，在一个年度内采用公开招标以外的方式重复采购相同货物或服务两次以上，资金总额超过公开招标数额标准的，视同化整为零规避公开招标。

2. 资产管理部门。依据年度工作计划、资产存量、资产使用绩效及资产配置标准审核业务部门提交的采购预算建议数、采购计划、采购申请；针对专业性很强的重大项目采购组织立项论证。

3. 采购管理部门。审核业务部门采购计划，审核资产配置项目论证情况，审核采购计划是否注重规模效益，是否存在化整为零规避公开招标的现象。

4. 财务管理部门。负责编制汇总采购预算、采购计划，从预算指标额度控制的角度进行汇总平衡，形成采购预算草案，报相关决策机构审定、报同级财政主管部门审批后，下达各业务部门执行；负责汇总审核采购计划，重点审核采购计划资金落实情况，审核采购计划是否在批复的预算范围内，包括是否与预算审核通过的购置需求一致，是否与同级财政主管部门批复通过的采购预算中的采购数量和资金来源对应；及时转发同级财政主管部门有关管理规定及采购业务相关信息；审核各业务部门申报采购的相关资料，确定资金来源。

二、预算与计划工作流程

经财政部门批复的采购业务预算下达业务部门，业务部门根据年度工作

安排提出采购计划，填写立项申请表，重大项目需经资产管理部门组织可行性论证并就资产是否超标准超规模配置签署审核意见。采购计划经财务管理部门审核、采购管理部门审核、采购领导小组审核，由分管采购的校领导审批后执行，重大采购项目需经党委（常委）会审核后方可实施。

预算与计划工作流程如图表 7-4 所示。

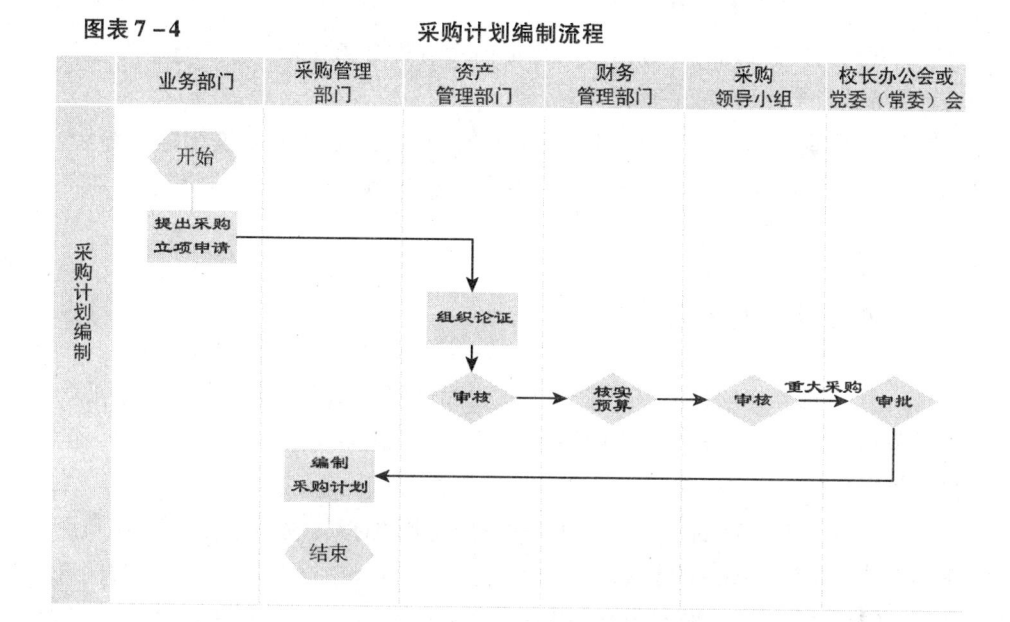

图表 7-4　　　　　　　　采购计划编制流程

第三节　采购实施业务控制

一、采购管理业务职责与权限

1. 业务部门。根据批复的预算及下达的采购计划提出采购申请，填写《采购项目登记表》，明确资金来源、采购项目分类（货物、服务、工程类采购）、需求日期、采购方式等。采购业务确定为公开招标方式采购的，负责招标文件技术标准的编制。参与采购合同的签订，按照合同提出资金支付申请。

2. 采购管理部门。一是负责招标文件商务标的编制。按规定的格式内容在同级财政主管部门制定的采购业务信息发布媒体上发布采购业务信息，提高采购业务的透明度。二是负责采购申请的审核。审核内容主要包括：申请是否符合采购计划；成本是否控制在预算指标额度内；是否进行市场调查（参数是否公允，定价是否合理）；采购业务定价是否接近国家有关标准；审核采购业务的组织形式及采购方式的选取是否符合国家有关标准。三是负责对进口产品、变更采购方式的审核。四是确定采购方式。五是督促业务部门依法订立和履行采购合同。

3. 财务管理部门。一是审核采购申请对应资金落实情况。二是审核招标文件及采购合同付款方式等事项。

4. 资产管理部门。一是审核采购申请对应资产是否超规模超标准配置，确保采购申请适应资产存量情况、符合预算指标额度。二是指导和监督业务部门依法订立和履行合同。

二、采购实施业务工作流程

1. 审核批准的项目实施申请表交采购管理部门实施，属于政府集中采购目录范围内的采购由集中采购机构组织采购，采购业务目录以外限额以内的实行校内采购。

2. 采购方式确定为由校外集中采购机构公开招标时，由采购管理部门负责招标文件审查与会签，确定校内专家人选，负责接收中标结果，经业务部门确认后，由外部集中采购机构发布预中标公告。

3. 采购方式为校内公开招标方式时，由采购管理部门负责编制标书，接受投标报名，审查投标人资格，确定投标人名单，发出招标文件。根据需要对投标人进行考察，组织招标文件答疑，确定评审专家组成员，组织开标、评标，经公示后确定中标人，发出中标通知书。

4. 采购方式确定为校内邀请招标时，采购管理部门负责编制标书，邀请供应商参与投标，发出招标文件，组织招标答疑，确定评审专家成员，组织开标、评标，经公示后确定中标人，发出中标通知书。

5. 采购方式确定为校内竞争性谈判时，组织成立谈判小组，制定谈判文件，进行一轮或多轮谈判，确定供应商，发出中标通知书。

6. 采购方式确定为校内单一来源采购时，组织成立谈判领导小组，确定谈判方案，进行一至多轮谈判，确定供应商，发出中标通知书。

7. 采购方式确定为校内询价采购时，组织成立询价小组，制作询价单，组织询价，确定供应商，发出中标通知书。

8. 采购结束,根据中标通知书签订采购合同。招标管理部门督促合同执行,保证项目如期完成。

采购管理业务工作流程如图表7-5所示。

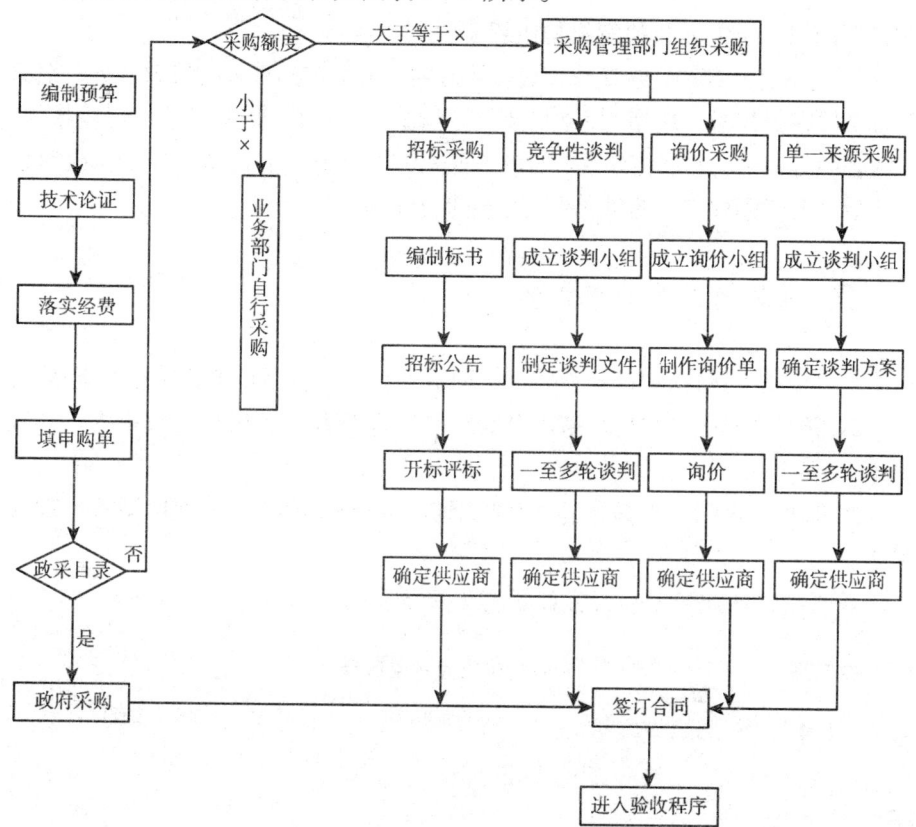

图表7-5 采购管理业务工作流程图

第四节 验收与结算业务控制

一、验收与结算业务职责与权限

1. 业务部门。全程参与验收工作,首先对照合同条款针对采购物资或工程项目的质量、数量及技术指标等进行初步验收,并在初验报告上签字确认。在初验合格的基础上,提请资产管理部门进行验收。负责申请登记资产,持采购发票、检验报告、验收证明等材料提出付款申请。

2. 资产管理部门。依据验收制度、招投标文件、合同等相关文件组织验

167

收,出具验收报告。对验收报告的真实性、合法性进行重点把控,重点检查合同履约情况。

3. 外部集中采购机构。大型或者复杂的采购项目,可由外部集中采购机构邀请国家认可的质量检测机构组织验收。

4. 财务管理部门。按照货币资金管理的有关规定办理采购付款业务;财务管理部门在付款时,应当对采购合同约定的付款条件、采购发票、检验报告、验收证明等相关资料的完整性和合法性进行严格审核;在完成必要的审批审核程序后,及时办理统一支付的手续,确保合同如期履约。

二、验收与结算工作流程

1. 业务部门根据招投标文件,合同对货物、工程及服务进行初步验收;
2. 资产管理部门在初验基础上组织专家进行验收,出具验收报告,办理资产入库手续;
3. 财务管理部门根据合同、验收报告、资产入库单、付款申请等办理支付手续。

验收与付款业务工作流程如图表7-6所示。

图表7-6　　　　　　　　验收与付款业务流程图

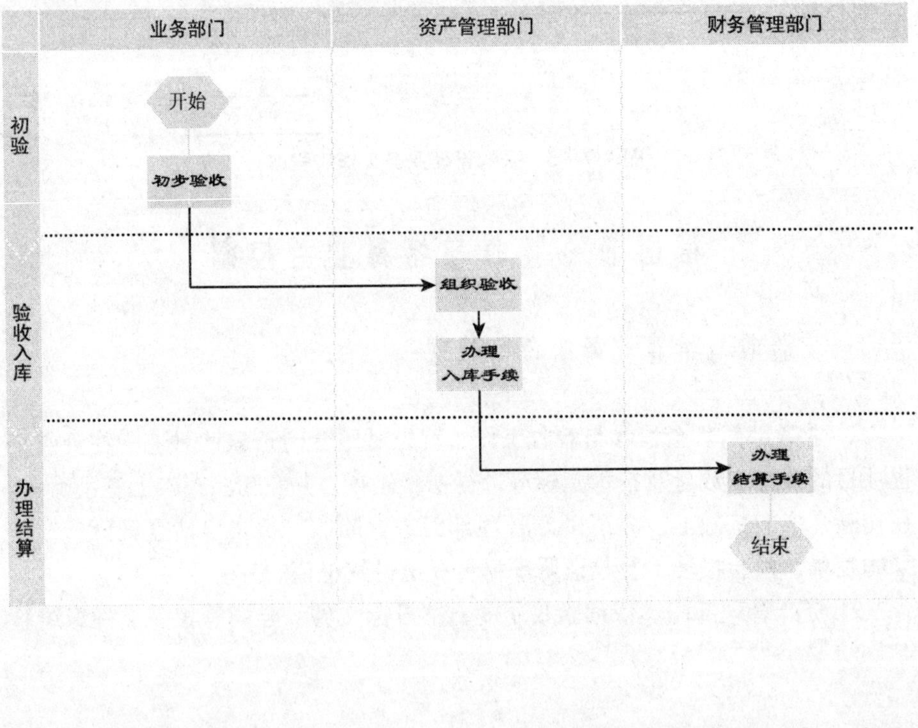

	业务部门	资产管理部门	财务管理部门
初验	开始 → 初步验收		
验收入库		组织验收 → 办理入库手续	
办理结算			办理结算手续 → 结束

第五节　采购档案管理

一、采购档案管理原则

1. 全面性。档案必须按照归档内容要求收集、整理、立卷、装订和编制目录，以保证项目档案的标识清晰有效。
2. 客观性。档案必须真实客观地反映采购业务的全过程，关键内容不得涂改、调换、遗失、残破。
3. 保密性。采购资料以及整理到位的档案不得随意借出。

二、采购档案管理内容

由资产管理部门牵头，组织业务部门、财务管理部门等部门，按照国家规定的事项、程序和要求做好采购业务质疑投诉答复工作，并对答复过程中形成的各种文件进行归档。

资产管理部门负责采购业务涉及的相关资料归档工作，采购业务相关资料主要包括：采购业务预算与计划、各类批复文件、招标文件、投标文件、评标文件、合同文本、验收证明等。定期对采购业务信息进行分类统计，并在年内通报。

对于涉密的采购业务项目，学校应当与相关供应商或采购中介机构签订保密协议或者在合同中设置保密条款，通过这种方式明确供应商或保密机构责任，从而加强对涉密采购项目的安全保密控制。

第六节　采购业务控制制度设计范例

采购业务内部控制制度，是学校为了保证采购业务活动的有序进行、确保资产的安全完整、防止欺诈和舞弊行为、实现学校管理目标而制定和实施的一系列具有控制职能的方法、措施和程序。

（一）采购业务特点

1. 与学校工作计划密切相关；

2. 直接导致货币资金的支出或对外负债的增加；

3. 业务发生频繁、工作量大、运行环节多，容易产生管理漏洞。

(二) 采购业务内部控制制度的设计原则

设计采购业务内部控制制度最基本的原则是实事求是，"因校而宜"，灵活兼顾。

1. 相互牵制原则。一项完整的采购业务，如果是经过两个以上的有相互制约环节对其进行监督和核查，其发生错弊现象的可能性就很小。就具体内控措施来说，相互牵制必须考虑横向控制和纵向控制两个方面的制约关系。从横向关系来讲，完成某个环节的工作需有来自彼此独立的两个部门或人员协调运作、相互监督、相互制约、相互证明；从纵向关系来讲，完成某个工作需经过互不隶属的两个或两个以上的岗位和环节，以使下级受上级监督，上级受下级牵制。例如，在材料采购控制系统中，采购部门只有凭领导审批后的采购单或合同（纵向牵制）进行采购，而采购的材料必须经过验收（横向牵制）后，才能办理有关手续。因而只有经过横向关系和纵向关系的核查和制约，才使发生的错弊减少到最低程度，或者即使发生问题，也易尽早发现，及时纠正。

2. 成本效益原则。从经济效益出发，如果单纯从控制的角度来考虑，参与控制的人员和环节越多，控制措施越严密，控制的效果就越好，其发生的错弊现象就越少，但因控制活动造成的控制成本就越高。因此，在设计采购业务内部控制时，一定要考虑控制投入成本和控制产出效益之比，要根据学校自身的实际情况，权衡实施成本与预期效益科学设立，力争以最小的控制成本取得最大的控制效果。

3. 岗位责任原则。采购业务内部控制的设立是与学校的管理模式紧密联系的，学校应按照其推行的管理模式设立工作岗位，并赋予其责、权、利，规定相应的操作规程和处理程序。在设置岗位时必须考虑到授权岗位和执行岗位的分离、执行岗位和审核岗位的分离、保管岗位和记账岗位的分离等，通过不相容职责的划分，各部门和人员之间相互审查、核对和制衡，避免一个人控制一项交易的各个环节，以防止员工的舞弊行为。

4. 协调配合原则。设计采购业务内部控制制度要有利于各部门之间、人员之间相互配合、协调同步、紧密衔接，避免只管相互牵制而不顾办事效率的做法，导致不必要的扯皮和脱节现象。为此，必须做到既相互牵制，又相互协调，保证学校管理活动持续、有效地进行。

以下管理办法仅供参考借鉴。

某高职高专院校采购管理办法

第一章 总 则

第一条 为加强学校采购管理，使各类采购工作规范化、程序化，提高教育投资效益，根据《中华人民共和国招标投标法》《中华人民共和国招标投标法实施条例》《中华人民共和国政府采购法》《中华人民共和国政府采购法实施条例》《政府采购货物和服务招标投标管理办法》（财政部第18号令）、《政府采购非招标采购方式管理办法》（财政部第74号令）、《政府采购竞争性磋商采购方式管理暂行办法》（财政部财库214号）等相关规定，结合学校实际情况，制定本管理办法。

第二条 本管理办法适用于使用学校各类资金采购货物、工程和服务的行为。

第三条 本管理办法所称采购是指学校通过一定程序，从供应市场获取产品（包括货物、工程）或服务作为学校资源，以保证学校教育教学活动正常开展的一项经济活动，包括购买、租赁、委托、雇用等。采购形式包括政府采购和其他采购形式。

本管理办法所称货物是指各种形态和种类的物品，包括各种设备、原材料、燃料、产品等；本管理办法所称工程是指纳入政府采购的维修改造工程，按照学校规划经同级发改委立项批准并纳入同级固定资产投资的基本建设项目另行规定；本管理办法所称服务是指除货物和工程以外的其他采购对象。

第四条 本管理办法所称政府采购，是指使用财政性资金采购同级政府发布的集中采购目录以内或者采购目录以外限额标准以上的货物、工程和服务的行为。

政府采购包括项目采购和协议采购。纳入同级政府采购集中采购目录范围但超过限额标准的货物和服务、虽未纳入同级政府采购集中采购目录范围但已达到政府采购数额标准的项目，应执行政府采购项目采购程序。凡纳入同级政府采购集中采购目录范围且在限额标准以内的货物和服务应执行协议采购。

本管理办法所称政府采购以外的其他采购形式，是指学校采购在集中采购目录以外且政府采购限额标准以下的货物、工程和服务的行为。

第五条 各类采购工作必须严格执行国家有关法律、法规和规定，必须严格执行学校制定的"三重一大"决策程序，必须遵守学校的规章制度。遵循公开透明原则、公平竞争原则、公正原则和诚实信用原则。

第二章 项目采购方式和程序

第六条 按照国家的法律、法规和规定，以及同级每年公布的集中采购目录和标准，达到政府采购限额标准以上的采购项目必须履行项目采购程序，学校须从财政专网立项，并委托同级政府采购中心或招标代理机构履行采购程序。

第七条 按照国家相关法律、法规和规定，项目采购履行政府采购的方式分为：公开招标、邀请招标、竞争性磋商、竞争性谈判、单一来源和询价采购等。公开招标是项目采购的主要方式。按照上级相关文件规定，采购货物、服务和工程的项目分别达到规定限额标准的必须履行公开招标的采购程序，符合下列规定条件的货物、服务，履行论证与报批程序后可采用邀请招标、竞争性谈判、单一来源和询价等其他采购方式：

（一）达到公开招标限额标准，但符合下列情形之一的货物或者服务，可以采用邀请招标方式采购：

1. 具有特殊性，只能从有限范围的供应商处采购的；
2. 采用公开招标方式的费用占政府采购项目总价值的比例过大的。

（二）达到公开招标限额标准，但符合下列情形之一的货物或者服务，可以采用竞争性谈判方式采购：

1. 招标后没有供应商投标或者没有合格标的或者重新招标未能成立的；
2. 技术复杂或者性质特殊，不能确定详细规格或者具体要求的；
3. 采用招标所需时间不能满足用户紧急需要的；
4. 不能事先计算出价格总额的。

（三）达到公开招标限额标准，但符合下列情形之一的货物或者服务，可以采用单一来源方式采购：

1. 只能从唯一供应商处采购的；
2. 发生了不可预见的紧急情况不能从其他供应商处采购的；
3. 必须保证原有采购项目一致性或者服务配套的要求，需要继续从原供应商处添购，且添购资金总额不超过原合同采购金额百分之十的。

（四）达到公开招标限额，但采购的货物规格、标准统一、现货货源充足且价格变化幅度小的政府采购项目，可以采用询价方式采购。

第八条 改造工程项目达到限额标准的施工、勘察、设计、监理按规定要在同级建筑市场进行招标。属于同级政府采购集中采购目录范围内的产品和定点服务但达到公开招标限额标准的,按规定必须在同级政府采购中心履行采购程序。

第九条 未达到上级规定的政府采购限额标准,且采购单价或批量×万元以上的货物、服务(特殊情况单独审核),改造工程达到××万元以上或未达××万元但专业性较强的特殊项目,学校委托招标代理机构参照政府采购方式履行采购程序。纳入预算的日常维修事项按学校《基础设施中小修项目实施管理办法》执行。属于同级政府采购集中采购目录范围的定点服务项目(一般包括物业管理服务、法律服务、会计服务、审计服务、资产及其他评估服务等),在限额标准以下的自行遴选服务商,超过限额标准的按规定方式选择服务商。

第十条 按照国家相关规定,符合条件可选择以下采购方式:

(一)符合《政府采购非招标采购方式管理办法》规定条件的项目,可采取非招标采购方式,即竞争性谈判、单一来源采购和询价采购方式。

1. 依法制定的集中采购目录以内,且未达到公开招标数额标准的货物、服务;

2. 依法制定的集中采购目录以外、采购限额标准以上,且未达到公开招标数额标准的货物、服务;

3. 达到公开招标数额标准、经批准采用非公开招标方式的货物、服务;

4. 按照招标投标法及其实施条例必须进行招标的工程建设项目以外的政府采购工程。

(二)符合《政府采购竞争性磋商采购方式管理暂行办法》规定条件的项目,可以采用竞争性磋商方式采购。

1. 政府购买服务项目;

2. 技术复杂或者性质特殊,不能确定详细规格或者具体要求的;

3. 因艺术品采购、专利、专有技术或者服务的时间、数量事先不能确定等原因不能事先计算出价格总额的;

4. 市场竞争不充分的科研项目,以及需要扶持的科技成果转化项目;

5. 按照招标投标法及其实施条例必须进行招标的工程建设项目以外的工程建设项目。

第十一条 学校在履行项目采购程序时,选择公开招标以外其他政府采购方式的审批程序如下:

（一）达到公开招标的限额标准的项目，如依实际情况和条件选择邀请招标、竞争性磋商、竞争性谈判、单一来源和询价采购等方式，由项目单位提出申请，经资产管理部门会同财务管理部门、审计处审核，报经学校校长办公（校务）会批准后，按相关规定程序委托招标代理机构论证、公示，报上级有关部门审批后执行。

（二）在公开招标限额标准以下、政府采购限额标准以上的项目，如依实际情况和条件选择邀请招标、竞争性磋商（工程改造除外）、竞争性谈判、单一来源和询价采购等方式，由项目单位提出申请，经学校资产管理部门审核，报主管资产的校领导批准。

（三）在政府采购限额标准以下、采购单价或批量×万元以上的货物、服务和××万元以上的维修改造项目，且委托招标代理机构参照政府采购程序执行的，根据实际情况和条件，采购方式由资产管理部门审核执行。

第十二条 纳入政府采购项目的采购程序

（一）财务管理部门将上级批复的政府采购预算项目下发到资产管理部门和各相关项目单位及项目负责人。

（二）资产管理部门负责项目采购程序的组织与落实。资产管理部门通过财政专网对政府采购项目立项。学校授权资产管理部门与招标代理机构签订"同级政府采购项目委托代理协议"，履行政府采购程序。

（三）需采购进口货物的，资产管理部门依据上级《政府采购进口产品管理办法》的相关规定，组织项目负责人填报进口货物审批材料，报上级主管部门批准备案。

（四）项目负责人依据项目批复文本，在批复下达20日内填写"项目执行计划审批表"报资产管理部门，其中"招标技术需求"应符合国家有关要求。资产管理部门对填表过程提供政策支持并进行审核后，提交招标代理机构。

（五）招标代理机构组织专家对招标技术参数进行论证，专家对技术参数的审核意见由项目负责人确认后发布。

（六）招标代理机构负责编制招标文件，并在指定媒体上按规定时间发布招标采购公告。

（七）评标委员会组成专家按规定从专家库中抽取。学校评标代表由资产管理部门通过抽签产生，评标委员会按照规定程序评定，最终确定中标候选人。

（八）中标结果由项目负责人确认，资产管理部门审核后加盖学校公章。

（九）由招标代理机构在指定媒体上发布中标公告和中标通知书。

（十）如发生废标情况，除采购任务取消情形外，招标代理机构应当重新组织招标。需要采取其他方式采购的，按规定程序进行审批。

（十一）中标人持中标通知书与项目负责人按照学校规定程序办理合同签订手续。

（十二）项目负责人按照合同约定组织项目实施。项目完成后，按规定程序组织项目验收。涉及固定资产的采购项目，须及时办理固定资产入账手续。未经验收合格项目，财务管理部门不办理尾款支付。

第三章 协议采购的方式和程序

第十三条 协议供货是指由同级财政局通过公开招标方式确定中标供应商及其协议供货产品和定点服务商，每年同级财政局下发同级政府采购集中采购目录文件并在同级政府采购网发布，由采购人在公布的供应商范围内选购货物和定点服务。

第十四条 凡购置同级政府采购集中采购目录范围内的产品和服务，购置金额在限额标准以下，无论经费来源，均须履行协议采购的政府采购方式。

第十五条 实施协议供货的产品，按照集中采购目录的规定，采购金额达到限额标准以上按相关采购方式执行。按规定应优先采购节能、环保等国内产品。

第十六条 选择协议供货商的主要因素为信誉和服务，除项目连续性等情况外，不能过于集中选择一家协议供货商。资产管理部门制定相关控制审批流程。

第十七条 协议供货程序

（一）各单位根据预算资金的批复情况，在"同级政府协议采购综合查询系统"上查询有关设备品牌、规格等信息，填报《通用类设备购置经费审批表》。

（二）资产管理部门负责通用类产品协议采购的管理工作，联系同级政府采购网中标的供应商，按同级市级行政事业单位日常办公设备配置标准进行审核。

（三）供应商在同级政府采购网上打印4份采购协议供货合同，学校授权项目负责人在合同上签字，由资产管理部门审核后，履行学校合同签订审批程序。

（四）双方签订合同后供应商送货。各单位收到货物后进行验收并办理固定资产入账手续。

（五）资产管理部门通知供应商打印采购供货结算明细单。项目负责人并供货商持合同原件、发票、固定资产入库单（财务联）至财务管理部门办理支付手续。

第四章 其他采购的方式和程序

第十八条 单项或批量采购金额在×万元（不含×万元）以下的货物和服务，由项目单位自行询价采购。日常维修事项按学校《基础设施中小修项目实施管理办法》执行。

第十九条 项目单位自行采购的程序

（一）履行单位"三重一大"决策程序，履行学校预算审批程序，做到公开、透明，科学决策。

（二）采购执行过程中至少委派2人参与并确认。

（三）要求供货商提供法人营业执照及法人身份证复印件加盖公章，询价材料（含报价清单的原件、传真件），需加盖供货商公章。

（四）采购单位须与供货商按学校规定程序签订合同，明确采购的货物名称、单价、数量及付款方式等必要条款。合同的签订需供货商法人签字，非法人签订合同，需持有法定代表人授权书，被授权人身份证复印件作为合同必要资料附后。

（五）采购单位自行组织验收，达到固定资产标准的货物，须及时办理固定资产入账手续。财务管理部门依合同、验收报告和固定资产入账手续支付合同款、尾款或履约保证金。

（六）采购档案资料按有关规定予以保存。

第五章 采购管理

第二十条 学校采购工作实行统一领导、分级管理。

（一）资产管理部门负责纳入政府采购项目（货物、服务、工程改造类）采购程序的组织和管理，包括：制定相关制度和工作流程，负责项目库工作，委托采购代理机构，组织政府采购，组织签订合同和资金支付管理，组织项目验收，按上级规定建立项目采购档案。参加项目校内评审和绩效考评工作。

（二）财务管理部门负责项目的资金管理、预算评审组织管理和校级绩效考评组织工作，制定相关制度和工作流程，参加项目验收。

（三）审计处负责项目的审计工作，参与政府采购相关工作的管理，参加项目验收。纪检监察部门履行监督检查的职能。

（四）信息中心对学校信息化建设类项目组织校内评审，统筹规划，按规定上报有关部门评审，评审结果作为学校审批项目的前提条件。参与信息化项目的绩效管理并参加验收。

（五）相关职能管理部门，按照职责对采购项目进行规划和指导，归口组织项目校内评审，监督检查项目执行和项目绩效完成情况，根据需要参与或组织项目验收工作。

第二十一条 项目单位作为实施主体，在项目策划、项目申报、项目执行和项目绩效等方面负有主体管理责任。

（一）组织申报项目的策划、调研和论证工作，申报的项目作为二级单位的"三重一大"决策事项，经过会议研究决定，形成相关会议纪要。学校预算审批之外的采购事项，按学校议事规则履行事项审批程序。

（二）上报学校项目库前，在一定范围内广泛征求意见，做到公开、透明，二级单位的评审需由院长、教学副院长、系主任和项目负责人等参加并签字（其他单位由中层干部、项目主管科长和项目负责人等参加）。重大项目按规定聘请校外专家参加评审。申请立项的项目需向主管校领导汇报。

（三）研究确定项目负责人，授权开展工作。在项目执行过程中，定期听取项目负责人进展情况的汇报，加强对项目负责人的管理、监督和考核，支持和帮助项目负责人开展工作。项目负责人如遇聘任和其他原因离开原项目单位，应认真做好项目移交工作。

（四）加强对预算调研阶段的管理，参与调研报价的企业需实质性三家以上，货比三家，提高项目预算合理性。除连续项目等因素外，供货商不得过于集中。

（五）加强项目执行过程中的管理。履行设备到货开箱验货记录程序并存档；严格按预算、合同内容执行；协调在执行过程中存在的问题；在项目完成后组织预验收，按合同清单检查设备、服务完成情况，移交设备说明书及相关图纸资料。

（六）做好项目功能开发和利用，强化使用效益等绩效目标的实现。

（七）加强项目执行的力度，保证项目经费支出进度。

（八）达到固定资产入账标准的采购资产须办理入账手续，纳入学校固定资产管理。固定资产之外的消耗性材料等，要建立相应出入库台账，实施有效管理。

（九）保存有关项目管理过程的档案资料。

第二十二条 实行项目负责人的管理制度，在项目单位的领导下，项目负责人具体负责项目的实施工作。

（一）对项目进行前期调研，按要求编制项目申报文本材料。

（二）参加校内项目论证，按论证结果修改项目文本。参加学校组织的项目评审工作，准备第三方预算评审所需提供的支撑材料。

（三）按照学校预算批复组织项目的实施，学校授权其参加项目的政府采购工作，参与项目技术文件的编制，提供技术参数并参加专家论证。协议采购的项目，按协议采购的程序执行。

（四）审核采购合同，保证合同货物的数量、品牌、规格、质量或服务内容与批复内容、投标文件内容相一致。按学校合同管理规定报批，授权其签订合同。

（五）监管项目的具体执行和质量，重要设备开箱拍照验货并签字，保证执行的数量、品牌、规格、质量或服务与合同相一致。保证项目执行和支出进度。

（六）填写验收报告，在项目单位预验收的基础上，申报学校验收。保存项目资料。

（七）在验收工作完成后办理固定资产入账手续。

（八）接受项目的绩效考评和项目审计检查等相关工作。

第六章 相关纪律规定和要求

第二十三条 严防廉政风险，牢固树立廉洁是采购管理生命线的根本理念，将纪律和规矩挺在前面。控制法律风险，依法依规组织开展政府采购活动，明晰事权，依法履职尽职，既不能失职不作为，也不能越权乱作为。要保证制度规定的严肃性，任何人不得超越制度和程序办事，因不履行规章制度而产生的问题，由相关人员承担责任。

第二十四条 加强学校项目库建设工作，按规定程序申报学校项目库，避免仓促立项、仓促预算、与规划相背和可能因此造成缺失监督的风险。除紧急性事项外，不经过项目库评审环节的项目，学校原则上不予支持立项。项目立项须履行学校"三重一大"的审批程序。

第二十五条 使用财政资金的采购项目，按照规定一经审批，经过项目评审和政府采购相关程序后，原则上不允许变更、调整，不得改变和超越开支范围。禁止挤占、挪用、套取项目资金等违规行为。

第二十六条 树立执行周期及风险意识，合理安排项目执行方案和时间，防止前松后紧、仓促执行、项目变更、不求质量、违反合同、仓促验收等情况发生，项目必须在规定时间内完成。

第二十七条 加强验收环节管理，履行政府采购程序的项目学校组织验收，由资产管理部门组织，财务管理部门、审计处及相关处室人员参加，重大项目应聘请校外专家或机构共同验收。未完成验收的项目不得支付项目尾款。

第二十八条 加强对中标企业的评估管理，鼓励使用信誉和质量好的企业参与项目预算。对于在项目预算、执行、验收和后期服务保障等环节中出现问题的企业，不得参与学校下一年度的预算咨询。问题严重的将列入"黑名单"。

第二十九条 项目单位和项目负责人应掌握项目采购的控制权，除市场调研和项目预算环节需要企业参与外，不允许将填写项目申报文本、项目评审资料交给企业编制，更不得出现由投标企业代理填写招标文件、技术参数的情况，不得在招标文件中出现违规的倾向性问题。

第三十条 落实项目效益目标，防止"只建不用"和"重复建设"的现象，不得出现采购的设备资产长期不开箱、不使用的现象。

第三十一条 严格遵守保密要求，不得以任何形式泄露招标相关信息，杜绝与投标方串标、围标等违规现象的发生。不得接受企业任何礼品、礼金及参加有碍公务的任何形式的活动，严禁关联交易。

第七章 附 则

第三十二条 本办法由学校资产管理部门负责解释。

第三十三条 本办法自公布之日起执行。

本章主要参考文献

[1] 龙海红，王玉勇. 行政事业单位内部控制规范 [M]. 北京：中国商业出版社，2013

[2] 财政部会计司. 行政事业单位内部控规范讲座 [M]. 北京：中国财政经济出版社，2013

[3] 刘永泽. 行政事业单位内部控制制度设计操作指南 [M]. 大连：东北财

经大学出版社，2013

［4］德敏．行政事业单位内部控制精细化管理全案［M］．北京：中国劳动社会保障出版社，2010

［5］郑爱平，张建富．校科研仪器设备采购方式探讨［J］．实验技术与管理，2011（28）

［6］卫星，朱龙杰，吴小明．政府采购法规选编［M］．北京：中国财政经济出版社，2006

［7］方周文，张庆龙，聂兴凯．行政事业单位内部控制规范实施指南［M］．北京：立信会计出版社，2013

第八章

资产业务控制设计范例

第一节 资产业务控制及风险清单

一、资产业务控制范围

本书所称资产是指高职高专院校占用或者使用的能以货币计量的经济资源，包括各种财产、债权和其他权利。资产按经济性质分为非经营性资产和经营性资产；按表现形式分为流动资产、实物资产、在建工程、无形资产、对外投资和其他资产。

资产包含内容较多，本书围绕内部控制这一主题，主要对货币资金、固定资产、在建工程、对外投资和其他资产等业务控制进行分析。为了便于分析风险点和建立防控措施，明确职责和权限，本书将其他资产中的存货业务与固定资产合并统称为实物资产业务；在建工程业务控制，将在第九章高职高专院校基本建设项目业务控制设计范例中予以阐述。鉴于绝大多数高职高专院校目前实际情况，本书不对债权和其他权利、无形资产做重点阐述。

二、资产业务控制目标

高职高专院校资产业务控制目标是根据国家有关资产管理的法律、法规，分别对资产范围进行界定，分析资产控制中的风险点，设计针对这些风险点的控制措施和业务流程，以保证高职高专院校资产合规、有效运作的一个动态的、连续不断的过程。

高职高专院校资产的内部控制应实现以下目标：

确保资产的取得合法、合规；防止并及时发现资产业务的各种差错和舞弊事件，防止资产流失，保护资产的安全完整；提高资产使用的效率和效果；支持高职高专院校的事业发展战略。

三、资产业务不相容岗位

学校资产业务控制应当合理设置资产管理岗位，确保关键岗位人员合理配置，切实做到资产业务不相容岗位相互分离、制约和相互监督。

按照不相容岗位分离原则，资产业务控制不相容岗位主要包括：

1. 货币资金业务不相容岗位主要有：货币资金支付的审批与执行；货币资金的保管与盘点清查；货币资金的会计记录与审计监督；

2. 实物资产业务不相容岗位主要有：实物资产的预算编制、审批与执行；采购、验收与款项支付；保管与会计记录；处置审批与执行；

3. 无形资产业务不相容岗位主要有：无形资产的预算编制、审批与执行；无形资产的采购、验收与款项支付；无形资产的处置审批与执行；

4. 对外投资业务不相容岗位主要有：对外投资项目可行性研究与评估；对外投资的决策与执行；对外投资处置的审批与执行；

5. 应收及预付款项业务不相容岗位主要有：应收及预付款项的审批与执行。

四、资产业务风险清单

按照资产的表现形式分别描述资产业务风险控制点。（如图表 8-1-1、8-1-2、8-1-3、8-1-4、8-1-5 所示）。

图表 8-1-1　　　　　　货币资金业务控制风险清单

关键环节	风险点	防控措施	责任主体
收取	少入账，舞弊	票据控制；出纳与记账岗位分离。	财务管理部门
支付	不按规定用途支付、舞弊	建立授权批准制度；印章分开保管。	
收支报告	不真实、不完整	定期盘点；定期进行银行对账、编制银行余额调节表。	
大额资金支付	贪污、侵占、挪用	集体决策、审批	校长办公（校务）会或党委（常委）会

第八章 资产业务控制设计范例

图表 8-1-2　　　　　　实物资产业务控制风险清单

关键环节	风险点	防控措施	责任主体
采购取得	超预算、违反政府采购、公开招标等规定	审核预算 制订招标、采购业务流程	采购管理部门
验收移交	以次充好、数量不符、登记不完整	规范验收程序、详细登记、信息化管理	资产管理部门 使用部门
资产入账	资产入账不及时，形成账外资产	制定《国有资产管理办法》，加强资产实物盘点，做到账实相符	资产管理部门 财务管理部门
使用维护	保管松弛、使用效率低下、损坏及资产流失	落实使用及保管责任人，进行绩效考核	使用部门 资产管理部门
出租出借	资产流失、舞弊、贪污、受贿	统一归口管理、制订出租出借审批程序	资产经营公司 资产管理部门
处置报废	资产流失、舞弊、贪污、受贿	技术鉴定、公示、批准程序、公开拍卖	资产管理部门 财务管理部门

图表 8-1-3　　　　　　无形资产业务控制风险清单

关键环节	风险点	防控措施	责任主体
取得与验收	权属不清引发的法律风险	归口管理 注册登记	科研管理部门 资产管理部门
使用与保全	校名校标被侵权、校企合作中被占用	专利申请及注册、有偿使用	
技术升级与更新换代	技术落后、技术安全隐患	评估、加大研发力度	
处置	资产流失	技术鉴定、公示、批准程序、公开拍卖	

图表 8-1-4　　　　　　对外投资业务控制风险清单

关键环节	风险点	防控措施	责任主体
方案可行性论证	不可行、不符合战略、利益受损	第三方评估	资产经营公司
方案决策	资产流失、利益受损、不符合战略	聘请律师、授权批准、集体决策	党委（常委）会或校长办公（校务）会
方案执行	信息不对称、利益受损、违反法律法规	归口管理 目标考核 财务控制	资产经营公司 资产管理部门 财务管理部门
到期处置	资产流失、利益受损、	第三方评估 公示、批准程序	资产经营公司 资产管理部门 财务管理部门

图表8-1-5　　　　　　应收及预付款项业务控制风险清单

关键环节	风险点	防控措施	责任主体
日常管理	未及时催收，拖延，逾期	及时催收	财务管理部门
逾期核销	资产流失、真实性	批准程序	党委（常委）会或校长办公（校务）会

第二节　货币资金业务控制

货币资金业务控制主要包括货币资金支付业务、库存现金管理、银行存款管理、银行账户管理、票据管理和印章管理等业务控制。

一、货币资金业务控制的职责与权限

1. 党委（常委）会或校长办公（校务）会：负责对学校重要或大额资金支付业务，按照"三重一大"有关规定，实行集体决策和审批，并建立责任追究制度，防范贪污、侵占、挪用货币资金等行为，是货币资金最高决策机构。

2. 财务管理部门：负责履行货币资金管理的职能。建立货币资金业务的岗位责任制，明确相关部门和岗位的职责权限，确保办理货币资金业务的不相容岗位相互分离，相互制约和监督。

二、货币资金业务控制工作流程

（一）货币资金支付业务工作流程

货币资金支付业务必须严格按照规定的审批程序办理，具体流程是：
1. 支付申请。
资金使用部门或个人应当提前向审批人提交货币资金使用申请，注明款项的用途、金额、预算、支付方式等内容，并附有效经济合同或相关证明；
2. 支付审批。
货币资金的支付实行分级授权审批，各级审批人根据其职责、权限和相应程序，对支付申请的合法性、合规性以及支付申请凭证的真实性、完

整性、准确性进行审批，对不符合规定的货币资金支付申请，审批人应当拒绝批准；

3. 支付复核。

会计复核人对批准后的货币资金支付申请进行复核，复核货币资金支付申请的批准范围、权限、程序是否正确，手续及相关单证是否齐全，金额计算是否正确，支付方式、支付单位是否妥当等，复核无误后，交由出纳人员办理支付手续；

4. 办理支付。

出纳人员根据复核无误的支付申请，按规定办理货币资金支付手续，及时登记库存现金和银行存款日记账。

货币资金支付业务工作流程如图表 8-2 所示。

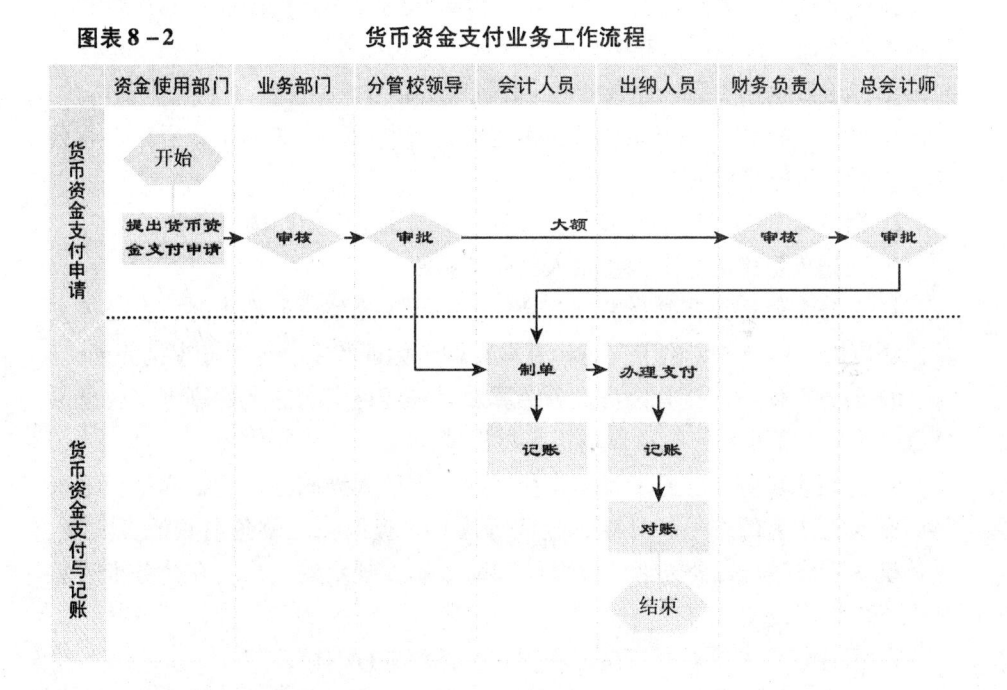

图表 8-2　　　　　　货币资金支付业务工作流程

	资金使用部门	业务部门	分管校领导	会计人员	出纳人员	财务负责人	总会计师
货币资金支付申请	开始 → 提出货币资金支付申请	审核	审批 → 大额			审核	审批
货币资金支付与记账				制单 → 记账 → 对账 → 结束	办理支付 → 记账		

（二）库存现金管理工作流程

学校要加强库存现金管理，严格按照《现金管理暂行条例》的有关规定管理现金和办理业务。具体工作流程如下：

1. 学校取得的货币资金收入在确保合法、合规前提下，出纳人员必须及时存入银行，不得私设"小金库"，不得账外设账，严禁收款不入账；

2. 加强库存现金限额的管理，超过库存限额的现金应及时存入银行；

3. 出纳人员要严格按照规定办理现金支付业务。不准以白条冲抵现金，不得擅自将单位现金借给其他单位，不得利用银行账户代其他单位和个人存入或支取现金，不得用不符合财务制度的凭证顶替库存现金，不得保留账外现金；

4. 出纳人员定期和不定期对库存现金进行清查盘点，财务负责人指定专人实施监盘，财务负责人至少每月对库存现金进行抽查盘点，并对清查盘点表进行签字确认。若发现账款不符，则应及时查明原因，并作出相应处理。

（三）银行存款管理工作流程

为进一步规范学校结算行为，保障货币资金安全，学校一定要加强对银行存款资金管理，规范各项业务办理支付结算的程序，正确使用和严格管理各种结算凭证，按照国家有关规定办理银行支付业务。

银行结算业务中的公务卡管理工作流程如下：

1. 教职工根据《预算单位公务卡管理暂行办法》有关规定，提出办理公务卡申请，并填写相关申办表格；

2. 财务管理部门指定专人负责为教职工到指定银行办理公务卡；

3. 出纳人员将公务卡信息录入公务卡系统；

4. 公务卡使用人在办理差旅、会议、购买等公务业务支出时，在公务卡信用额度内，用公务卡刷卡支付，并取得刷卡凭证和发票等财务报销凭证；

5. 公务卡使用人持有经济业务结算发票和经持卡人签名的刷卡支付交易凭证，按照财务报销审批程序进行审批报销；

6. 出纳人员登录公务卡支付系统，根据审核无误的原始凭证和报销人提供的刷卡凭证上的卡号、日期、金额等信息，查询核对公务消费的真实性，审核确认后，对符合公务卡结算范围和财务制度规定的支出，在公务卡还款期内予以报销；

7. 财务稽核人员对所有单证和预算指标等进行稽核；

8. 财务负责人或指定专人应当定期或不定期地对公务卡结算业务办理情况进行检查，若发现问题，则应及时查明原因，并作出相应处理；

9. 公务卡使用人员使用公务卡消费结算的各项公务支出，必须在规定的免息还款期内到财务报销。因个人报销不及时、违规提现等原因造成的罚息、滞纳金等相关费用，由持卡人自行承担。

公务卡管理工作流程如图表8-3所示。

图表 8-3　　　　　　　　公务卡管理工作流程

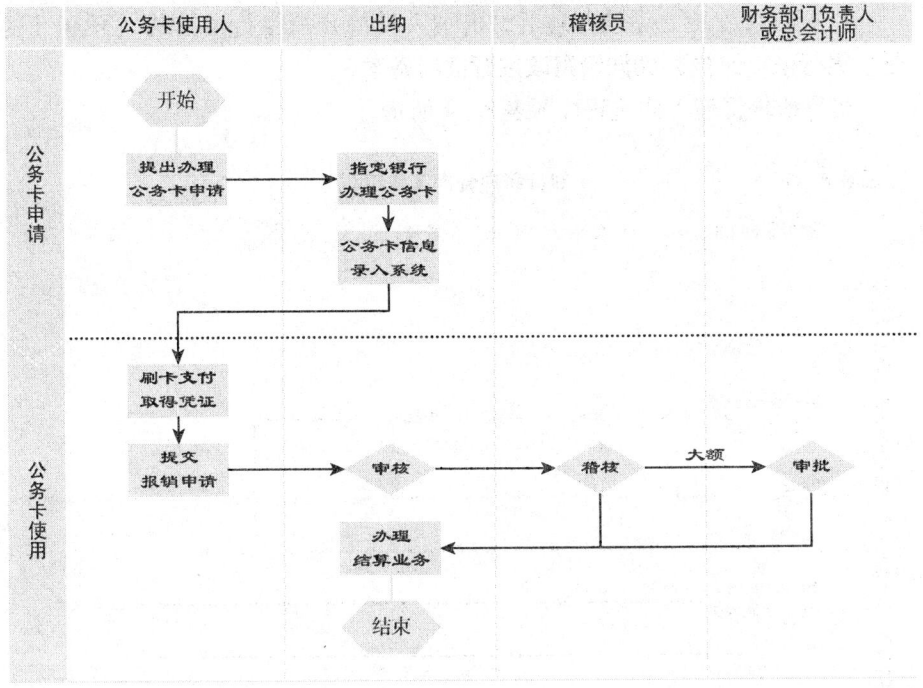

公务卡使用人	出纳	稽核员	财务部门负责人或总会计师

（流程图：公务卡申请阶段——开始→提出办理公务卡申请→指定银行办理公务卡→公务卡信息录入系统；公务卡使用阶段——刷卡支付取得凭证→提交报销申请→审核→稽核→（大额）审批→办理结算业务→结束）

（四）银行账户管理工作流程

学校要加强银行账户的管理，开立（变更）和撤销银行账户要严格按照国家有关规定报批或备案，流程如下：

1. 财务管理部门根据工作需要，提出开立（变更）银行账户的书面申请，报经总会计师和校长审批；

2. 财务管理部门依据书面申请，填写《行政事业单位银行账户开立（变更）申请表》，并向同级财政主管部门提出书面申请；

3. 财务管理部门持《行政事业单位银行账户开立（变更）申请表》、学校书面申请文件和经校长批准的内部申请文件履行学校盖章审批程序，并在《行政事业单位银行账户开立（变更）申请表》与书面申请文件相应位置加盖单位公章；

4. 出纳人员持签章齐全的《行政事业单位银行账户开立（变更）申请表》与书面申请文件以及开户（变更）要求提供的其他资料，报同级财政主管部门申请开户（变更）；

5. 学校收到同级财政主管部门有关开户（变更）的批复文件及《开立

（变更）银行账户通知书》后，到开户银行办理开户（变更）手续；

6. 开户（变更）手续办理后，出纳人员持开户银行出具的《开立（变更）银行账户回执》到同级财政主管部门备案。

银行账户管理工作流程如图表 8-4 所示。

图表 8-4　　　　　　　银行账户管理工作流程

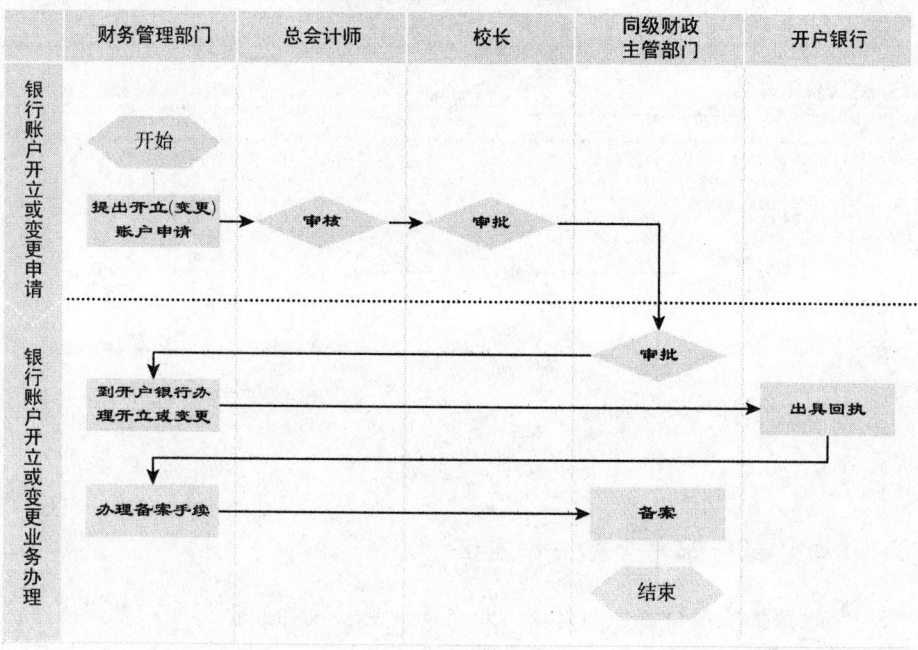

（五）票据管理工作流程

学校要加强票据管理，要明确各种票据的购买、保管、使用、核销和销毁等环节的权限与程序，专设登记簿进行记录，防止空白票据的遗失和被盗用给学校带来经济损失。具体流程如下：

1. 票据管理人员根据工作需要提出票据领购申请；

2. 财务负责人和总会计师审批后，票据管理人员向财政、税务等部门申请领购；

3. 财政、税务部门审批后，财务票据管理人员负责申领、购买和保管票据；

4. 出纳人员和各部门根据工作需要领用票据，并严格按照票据监管机构核准的使用范围开具票据，用完票据及时交票据管理人员保管；

5. 财务负责人定期审核票据领购、使用、保管和核销情况，防止空白票据的遗失和被盗。

票据管理工作流程如图表 8 – 5 所示。

图表 8 – 5　　　　　　　　票据管理工作流程

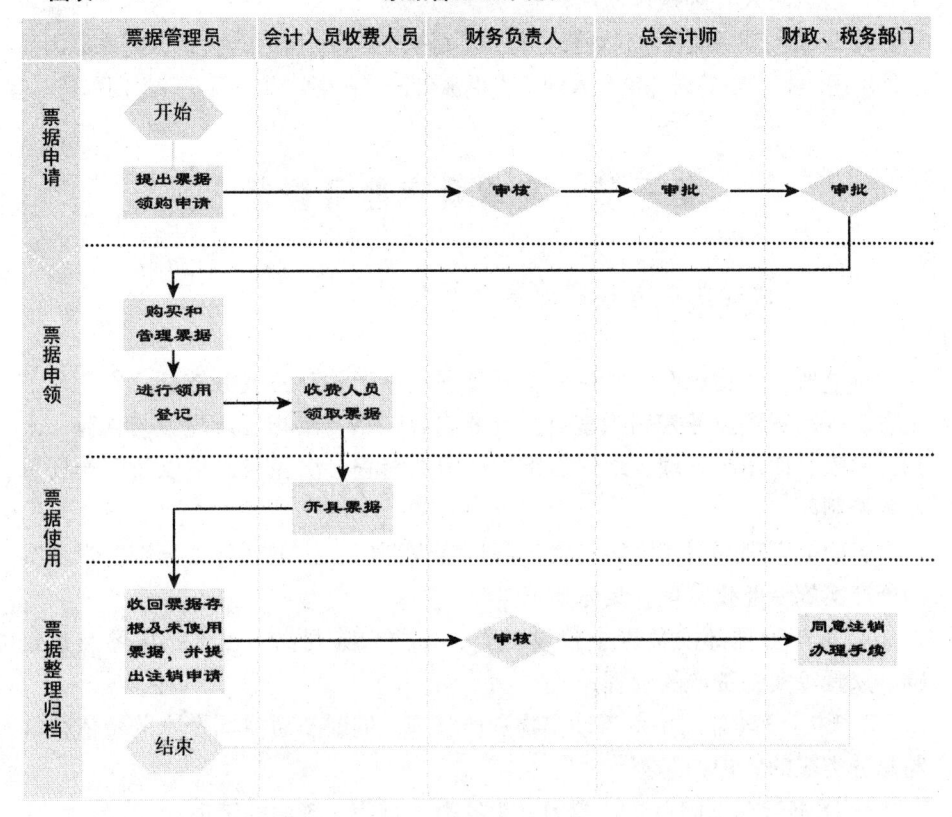

	票据管理员	会计人员收费人员	财务负责人	总会计师	财政、税务部门
票据申请	开始 → 提出票据领购申请		审核 →	审批 →	审批
票据申领	购买和管理票据 → 进行领用登记	收费人员领取票据			
票据使用		开具票据			
票据整理归档	收回票据存根及未使用票据，并提出注销申请 → 结束		审核 →		同意注销办理手续

（六）财务印章管理工作流程

财务管理部门作为财务印章直接管理的职能部门，要建立印章管理办法，明确财务印章的印刻、使用和保管权限。严格按照审批权限使用，指定专人负责保管，严禁一人保管支付款项所需的全部印章，确保货币资金安全。具体流程如下：

1. 印章使用人申请使用印章时，应填写印章使用申请，详细说明使用印章的理由、起止时间、申请人等内容；

2. 使用财务专用章必须经过财务负责人同意，大额开支和上报预、决算报表等重要事项必须经过学校领导批准；

3. 使用法人名章必须经过财务负责人和单位法人同意;

4. 实行电子支付时使用的银行网银盾和用于财务直接支付系统专用财务负责人和法人的密钥及密码,必须根据财务负责人和法人审签后的经济业务事项,指定两人分别操作使用;

5. 印章的使用应在单位内部进行,不得携带印章外出用印。确因特殊原因需要外出用印的,须经财务负责人同意方可带出,并在事情办完后立即送回单位。

第三节 实物资产业务控制

一、实物资产业务控制的职责与权限

本章所讲实物资产业务控制主要是固定资产和存货业务控制,各个环节主要以固定资产业务控制为重点。主要内容包括:实物资产配置与预算、采购与验收、使用与管理、维修与维护、资产清查、出租与出借以及资产处置业务控制。

各职能管理部门作为实物资产归口管理部门,按下列分工分别对学校实物资产实施专业化管理,具体如下:

1. 资产管理部门负责全校设备类、文物、陈列品、土地、房屋及建筑物、家具等实物资产的管理;

2. 财务管理部门负责流动实物资产管理;同时负责实物资产的价值核算与总分类账的登记;

3. 图书管理部门负责全校图书等各类文献信息资源的管理;

4. 基本建设管理部门负责全校在建工程的管理。

二、实物资产业务控制工作流程

(一)实物资产配置与预算业务工作流程

1. 实物资产使用部门提出配置申请,提交《实物资产购置清单》,购置清单上要详细填写拟购置实物资产的名称、规格、型号、性能、预算金额以及购置原因等相关内容,并在充分论证评审的基础上,将实物资产购置计划纳入年度预算,同步编制实物资产采购预算草案;

2. 购置清单经使用部门负责人和分管校领导签字确认后,提交资产管理

部门，资产管理部门依据购置清单对申请配置部门实物资产进行查核；

3. 经查核无法调配后，由资产管理部门组织学校相关部门进行可行性、必要性和技术经济性论证与评审，论证评审后，经资产管理部门负责人签字，上报学校分管校领导审批；

4. 经分管校领导审批通过后，由资产管理部门统一组织采购，一般实物资产采购，应由资产管理部门充分了解和掌握供应商情况，采取比质比价的办法确定供应商；对于重大的实物资产采购，应采取招标方式进行（纳入政府采购范围的，执行政府采购有关规定）。

实物资产配置与预算管理工作流程如图表8-6所示。

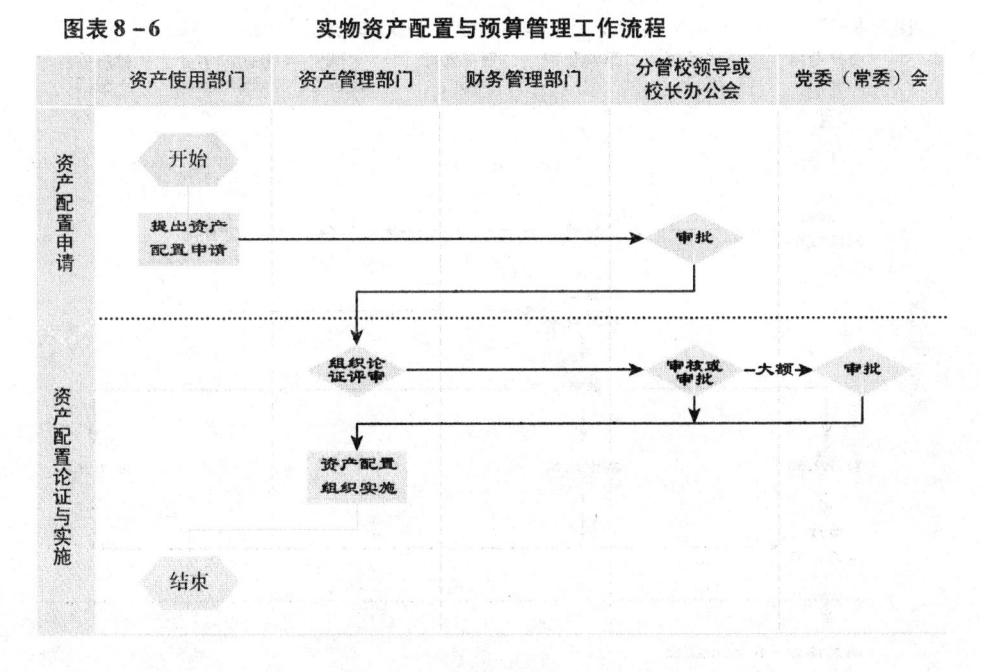

图表8-6　　　　实物资产配置与预算管理工作流程

	资产使用部门	资产管理部门	财务管理部门	分管校领导或校长办公会	党委（常委）会
资产配置申请	开始 → 提出资产配置申请			审批	
资产配置论证与实施	结束	组织论证评审 → 资产配置组织实施		审核或审批 —大额→	审批

（二）实物资产采购与验收业务工作流程

1. 资产使用部门根据批复的采购预算，填写《采购业务办理申请表》，经部门负责人和分管校领导签字后，加盖部门公章报送采购管理部门；

2. 采购管理部门按照国家、省、市和学校采购有关规定组织采购；

3. 采购结果公示期满无异议，资产使用部门按照《学校经济合同管理办法》规定程序与供应商签订经济合同，并按照合同规定的时间和内容等督促供应商如期供货；

4. 采购的物品到货后，经确认无质量问题，由使用部门向资产管理部门提出验收申请，并登记资产管理卡片；

5. 资产管理部门组织由资产使用部门、归口管理部门、采购管理部门和审计部门相关人员组成的验收小组，对合同中仪器设备的规格、型号、数量、价格、外观、质量等进行验收，填制资产验收报告，编制设备编号并入账；

6. 财务管理部门根据完整的资产采购和验收手续及相关的结算凭证，予以结算和入账。

实物资产采购与验收业务工作流程如图表8-7所示。

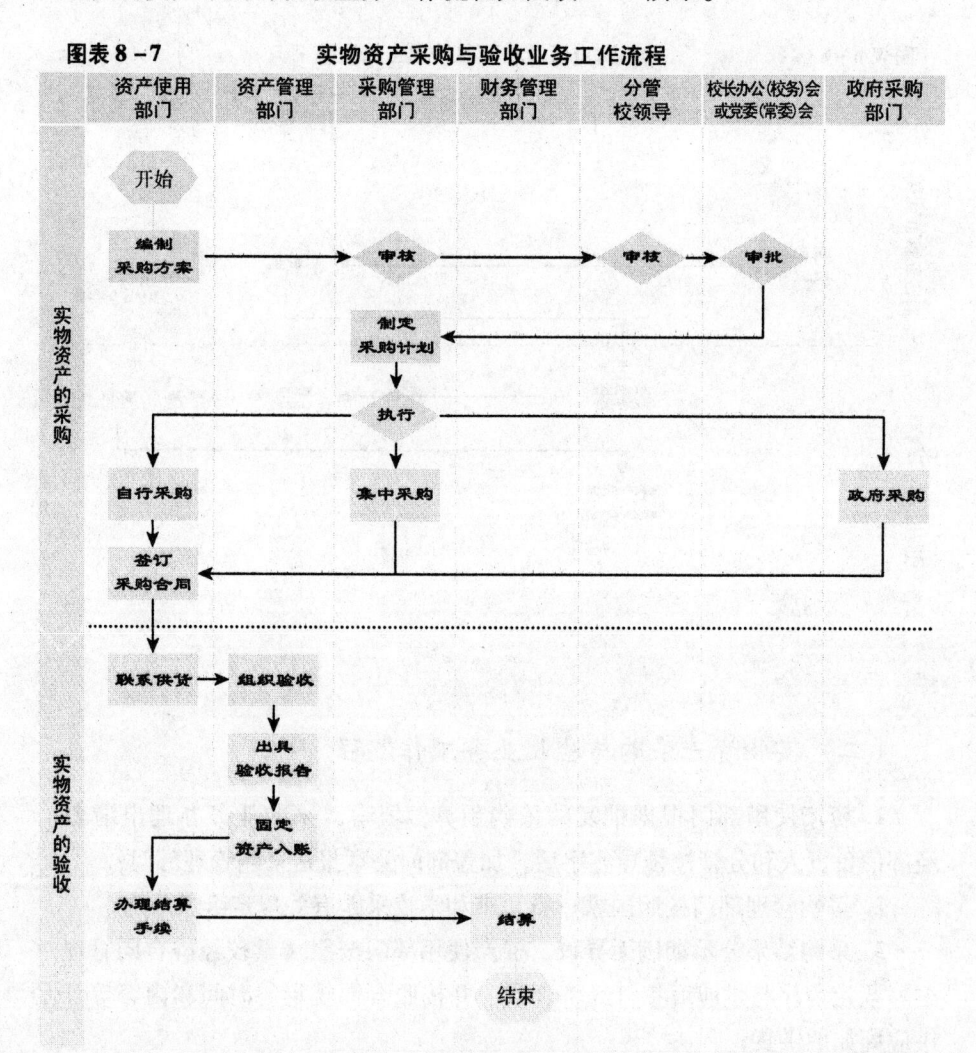

图表8-7　　　　　实物资产采购与验收业务工作流程

资产使用部门	资产管理部门	采购管理部门	财务管理部门	分管校领导	校长办公(校务)会或党委(常委)会	政府采购部门

实物资产的采购

开始 → 编制采购方案 → 审核 → 审核 → 审批 → 制定采购计划 → 执行 → 自行采购／集中采购／政府采购 → 签订采购合同

实物资产的验收

联系供货 → 组织验收 → 出具验收报告 → 固定资产入账 → 办理结算手续 → 结算

结束

(三) 实物资产的使用与管理工作流程

1. 资产使用部门发生资产增、减等变动事项时，要按规定及时办理入账或销账手续，要指定专人负责管理本部门实物资产，经常检查并保持在用资产的完好；

2. 资产管理部门要掌握学校各部门资产配置，对长期闲置、低效运转或者超标配置的资产，由资产管理部门进行校内调拨，并按规定办理调拨手续；

3. 部门负责人和部门资产保管人员发生岗位变动时，要及时办理资产交接或调拨手续。资产管理部门应组织和督促相关部门做好资产的盘存、交接或调拨等工作；

4. 各部门实物资产保管人员要维护实物资产的完好，发现实物资产丢失、报废、损毁、短缺或其他不能正常使用情况，应及时向资产管理部门汇报，资产管理部门接到报告后及时做出相应处理；

5. 资产管理部门、资产使用部门和财务管理部门要定期核对实物资产相关账簿、卡片、记录、文件和实物，做到账账、账卡、账实相符；

6. 未按规定使用、管理实物资产，造成重大损失的；隐瞒实物资产真实情况弄虚作假的；擅自处理实物资产，未办理合法手续的；以各种名目侵占学校实物资产或利用职权以权谋私的；学校有权责令改正，并追究相关部门领导和直接责任人员的责任。

实物资产的使用与管理业务工作流程如图表 8-8 所示。

(四) 实物资产维修与维护工作流程

1. 使用部门对需要维修的仪器设备提出维修计划，由实物资产保管人员填写《维修申请表》，经部门负责人签字，报资产管理部门；

2. 资产管理部门根据使用部门的报修计划，组织有关人员到现场进行核查，如认定属非正常损坏，要追查责任，根据《实物资产损坏、丢失赔偿管理办法》进行处理。经核实确属正常损坏，予以立项维修；

3. 资产管理部门对已立项维修项目进行分类，属于学校内部自行组织能够完成维修的，由相关部门完成维修任务。对学校内部不能维修的，聘请校外技术人员进行维修；

4. 实物资产大型修缮要由资产使用部门提出维修申请，由资产管理部门组织，有资产使用部门、财务管理部门参加的项目论证会，对维修项目进行论证和评审，提出维修方案，编制维修预算，经校长批准后予以实施；

图表8-8　　　　　实物资产使用与管理业务工作流程

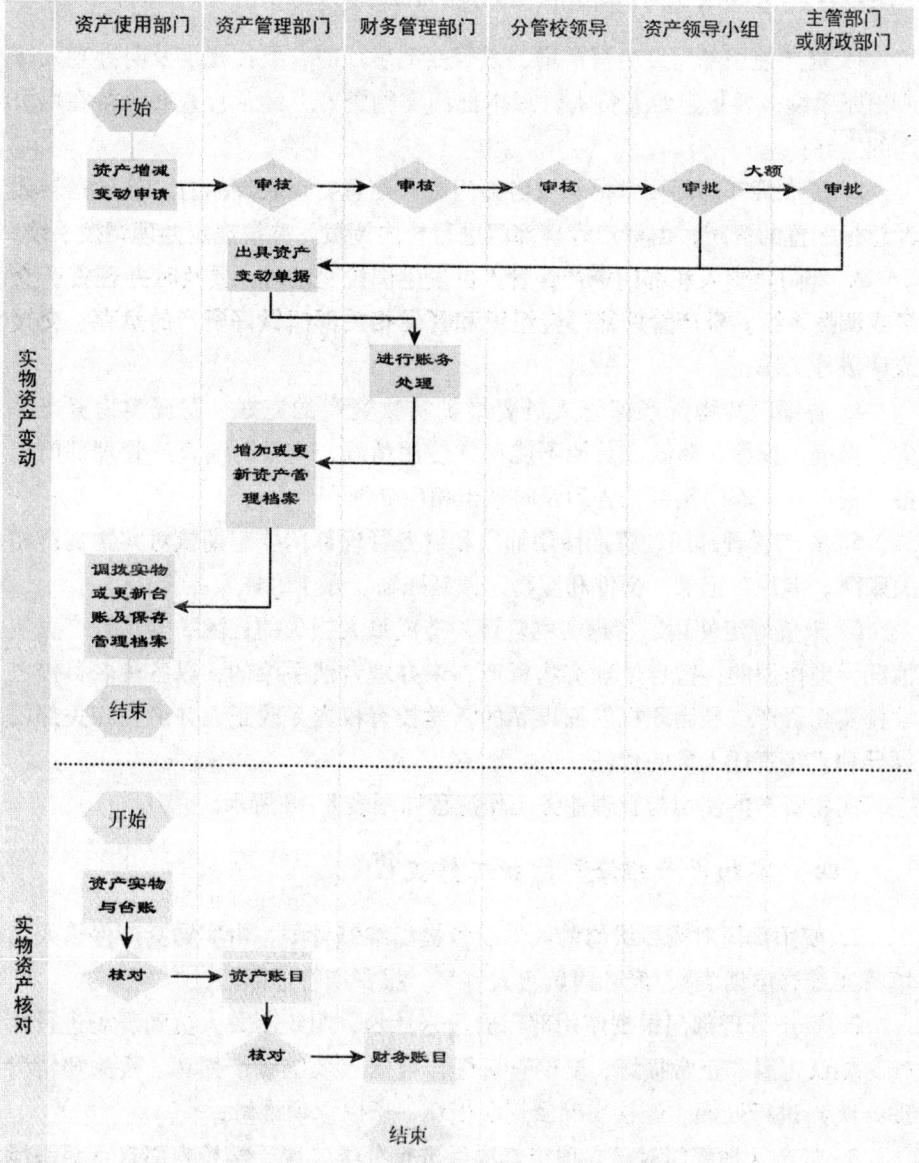

资产使用部门	资产管理部门	财务管理部门	分管校领导	资产领导小组	主管部门或财政部门

实物资产变动：开始 → 资产增减变动申请 → 审核 → 审核 → 审核 → 审批 →（大额）审批 → 出具资产变动单据 → 进行账务处理 → 增加或更新资产管理档案 → 调拨实物或更新台账及保存管理档案 → 结束

实物资产核对：开始 → 资产实物与台账 → 核对 → 资产账目 → 核对 → 财务账目 → 结束

5. 凡纳入政府采购范围的维修项目，根据政府采购办理程序，办理招标采购手续；未纳入政府采购范围的维修项目，按照学校有关规定执行；

6. 维修工作完成后，由资产管理部门牵头组织进行验收，并在《维修报告单》上签字，资产管理部门根据《维修报告单》确认《维修结算清单》；

7. 财务管理部门根据《维修结算清单》和相关报账手续办理款项结算业务。

实物资产维修与维护业务工作流程如图表8－9所示。

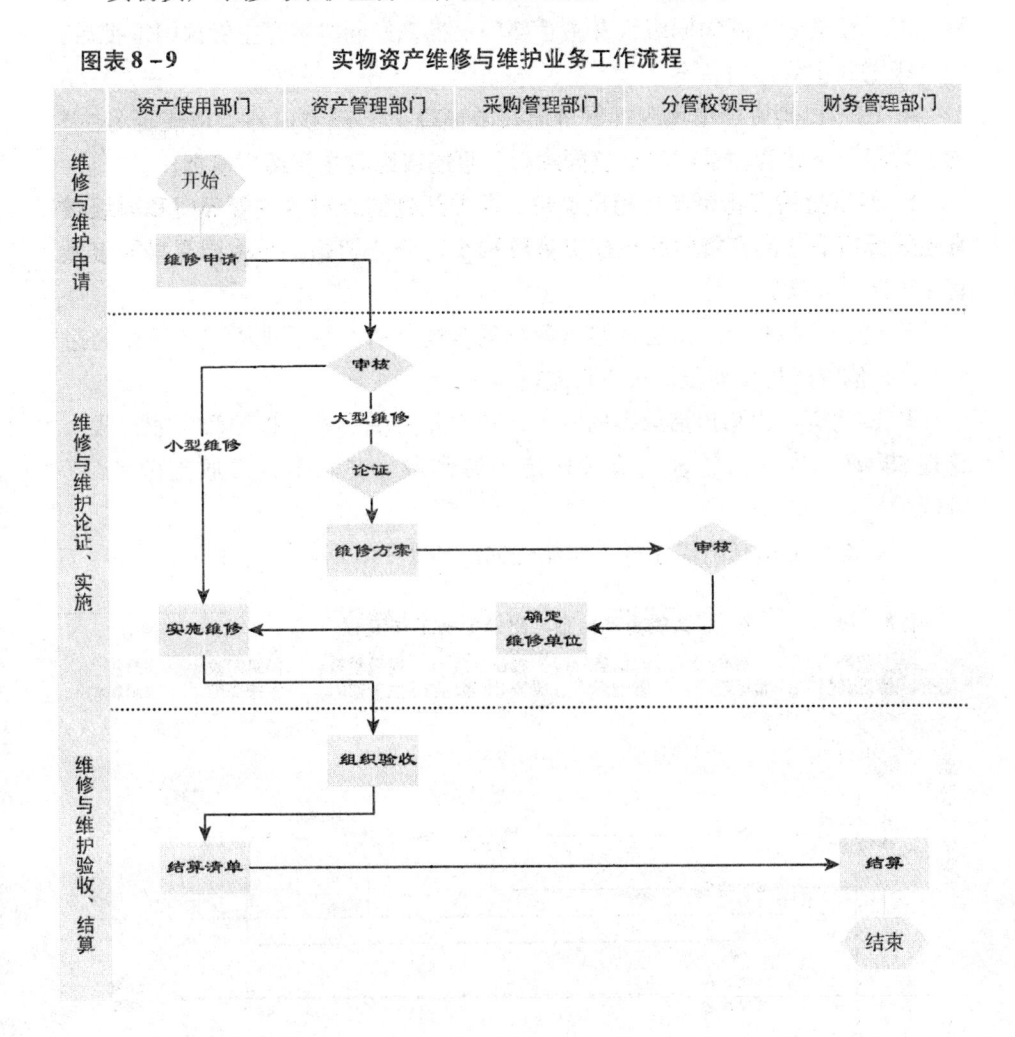

图表8－9　　　　　实物资产维修与维护业务工作流程

```
维修与维护申请 / 维修与维护论证、实施 / 维修与维护验收、结算

资产使用部门 | 资产管理部门 | 采购管理部门 | 分管校领导 | 财务管理部门

开始 → 维修申请 → 审核
  ├─ 小型维修 → 实施维修
  └─ 大型维修 → 论证 → 维修方案 → 审核 → 确定维修单位 → 实施维修
实施维修 → 组织验收 → 结算清单 → 结算 → 结束
```

（五）实物资产出租与出借业务工作流程

1. 改变资产原有使用功能的季节性、临时性出租出借（不超过三个月）行为，由资产使用部门填写《实物资产出租出借申请表》，并附相关说明材料报送资产管理部门；

2. 资产管理部门复核，经分管校领导和校长审批后，批复资产使用部门

195

办理相关手续；

3. 出租出借资产单项或批量价值在限额以下（限额以各省市规定为主）的，由资产管理部门提出申请，经分管校领导、校长或党委（常委）会审批后，以学校文件形式向同级教育主管部门报批，经同级教育主管部门审批后，向同级财政主管部门备案；

4. 出租出借资产单项或批量价值在限额以上（限额以各省市规定为主）的，须经同级教育主管部门审核同意后，报同级财政主管部门审批；

5. 经审批的实物资产出租出借时，要委托经同级财政主管部门和同级教育主管部门确认的有资质的产权交易机构实行公开招租，并将结果报同级教育主管部门备案；

6. 经公开招租后，双方签订出租出借合同，房产租赁期限最长不得超过5年，其他资产租赁期限最长不得超过3年；

7. 实物资产出租出借取得的收入，扣除相关税费后，按照政府非税收入管理和财政国库收缴管理的有关规定上缴财政专户，实行"收支两条线"管理。

实物资产出租与出借业务工作流程如图表8-10所示。

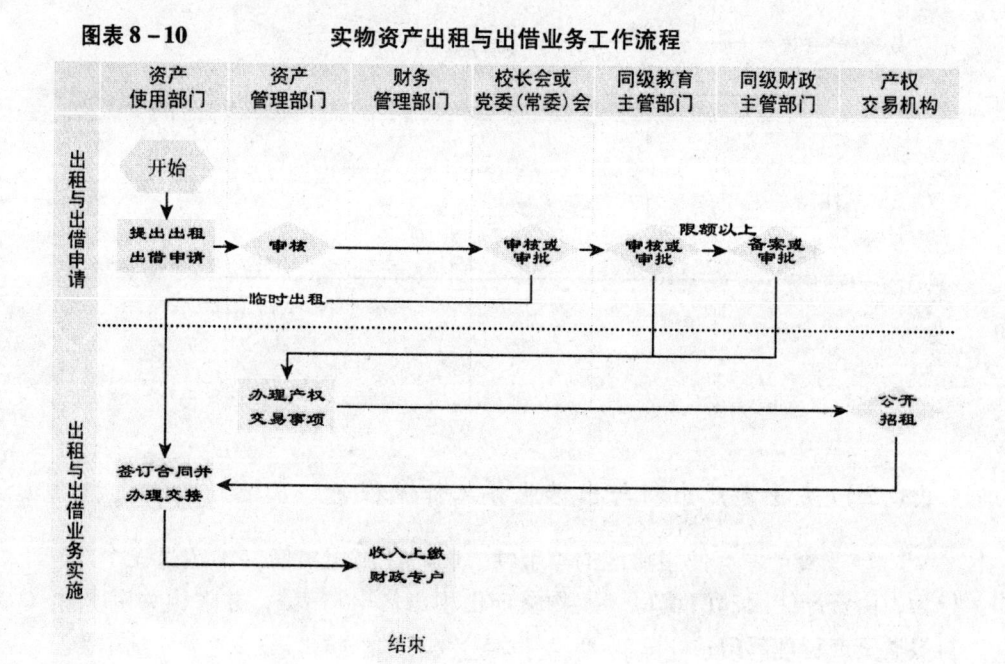

图表8-10　　　　实物资产出租与出借业务工作流程

（六）实物资产清查工作流程

1. 由学校负责人、总会计师、资产管理部门、财务管理部门和相关人员组成资产清查小组，具体负责清查工作；

2. 由资产使用部门对所占有和使用的实物资产进行自查，资产清查小组对学校实物资产进行全面清查，并填写《实物资产清查盘点表》。

3. 将盘点表项目内容与实物资产台账进行核对，填写《实物资产清查盘亏/盘盈明细表》，并在此基础上完成清查报告，报请清查小组负责人签字确认；

4. 对盘盈、盘亏、损毁和报废的实物资产，按照审批权限由学校资产管理部门及学校分管校领导进行审核，办理审批手续；

5. 经审批确认后，对盘盈的实物资产，资产使用部门要分别逐项说明产生的原因，并提供相应的佐证材料，资产管理部门和财务管理部门按照实物资产入账有关规定，登记资产台账并进行财务核算。

6. 对盘亏和损毁的实物资产，务必要查明原因，如认定属非正常丢失和损坏，要追究相关人员责任，按照《实物资产丢失、损坏赔偿管理办法》进行处理，属正常损耗，按照有关规定提出处理意见；对需要报废的实物资产，根据实物资产报废有关规定处置；

7. 实物资产清理结果上报同级财政主管部门。

实物资产清查工作流程如图表 8-11 所示。

（七）实物资产处置工作流程

在规定限额以上的实物资产处置按以下程序审批：

1. 由资产使用部门填写《实物资产处置申请表》，并附相关说明材料报送资产管理部门；

2. 资产管理部门组织论证、评估、技术鉴定、审核，经分管校领导和校长审批后，以正式文件向同级教育主管部门申报；

3. 同级教育主管部门对学校申报的处置材料，进行合规性、真实性等审核后，报同级财政主管部门审批；

4. 同级财政主管部门对同级教育主管部门报送的资产处置事项进行审核批复；

5. 学校根据同级财政主管部门的批复，委托具有资产评估资质的评估机构对资产进行评估，评估结果报同级财政主管部门和同级教育主管部门备案，评估结果按照国家有关规定须经核准的，报同级财政主管部门核准；

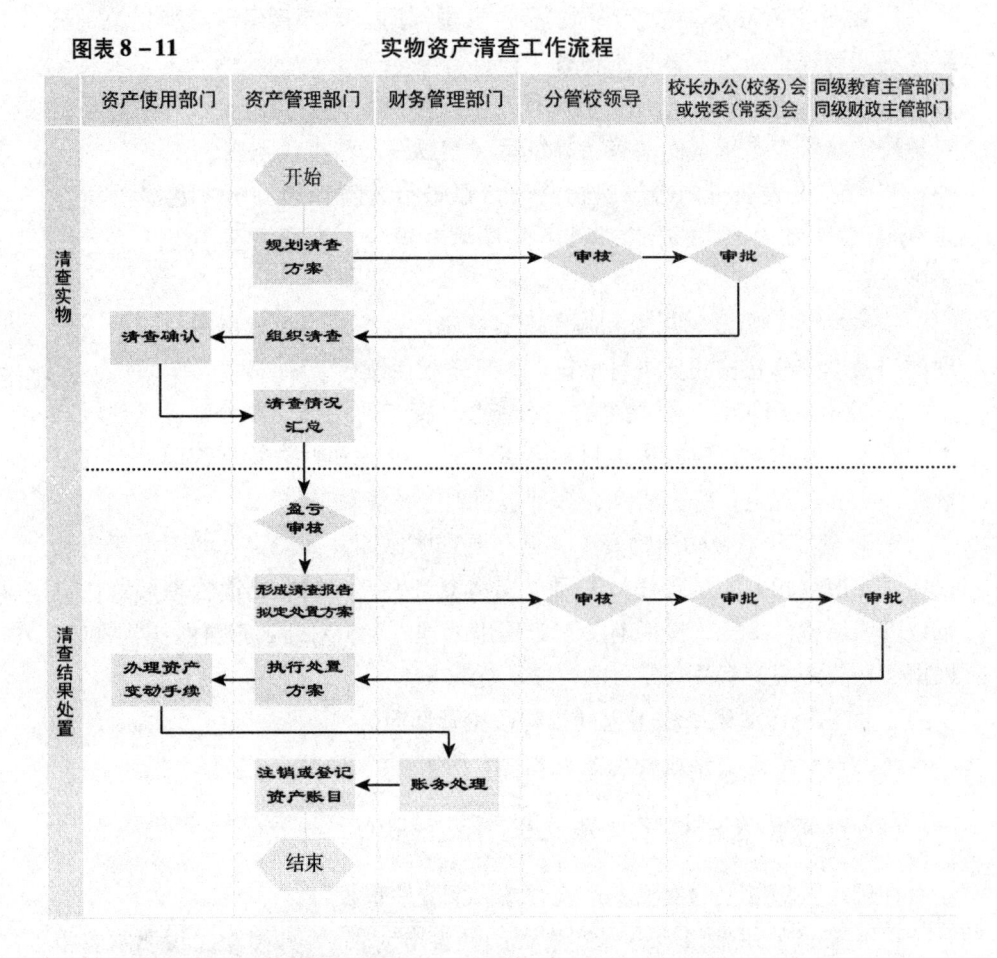

图表 8-11　　　　　　　实物资产清查工作流程

资产使用部门	资产管理部门	财务管理部门	分管校领导	校长办公(校务)会或党委(常委)会	同级教育主管部门同级财政主管部门

清查实物：开始→规划清查方案→审核→审批→组织清查→清查确认→清查情况汇总

清查结果处置：盈亏审核→形成清查报告拟定处置方案→审核→审批→审批→执行处置方案→办理资产变动手续→账务处理→注销或登记资产账目→结束

6. 学校对申报处置的资产进行公开处置。

在规定限额以下的资产处置，按照以下流程进行：资产使用部门申请——资产管理部门核查——分管校领导审核——校长审定——同级教育主管部门审批——评估备案与核准——公开处置程序，由同级教育主管部门审批后，报同级财政部备案。

实物资产处置工作流程如图表 8-12 所示。

图表 8-12　　　　　　　　实物资产处置工作流程

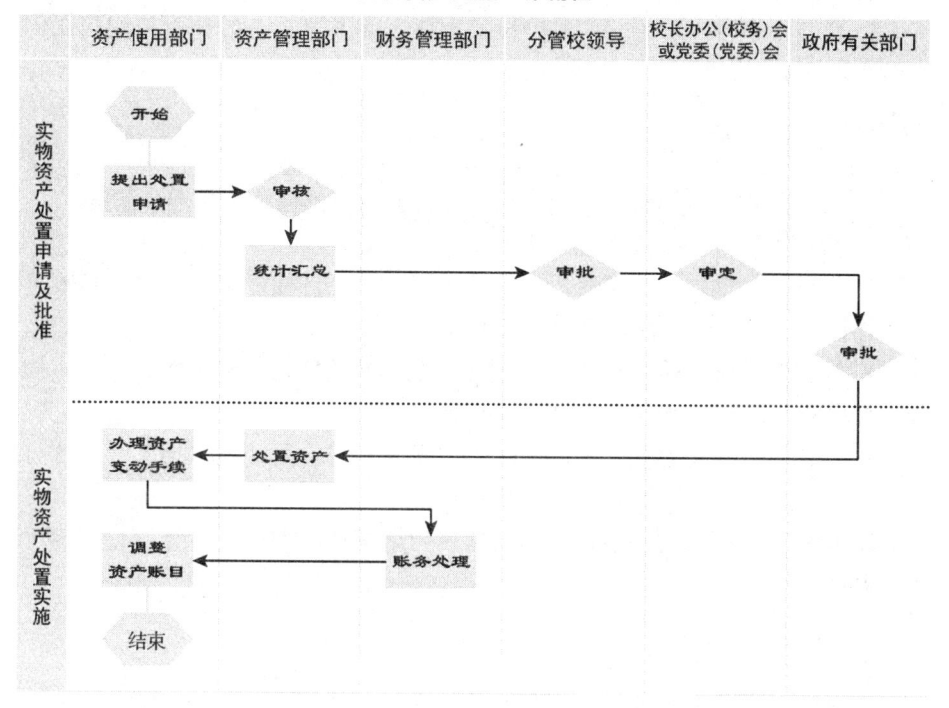

[流程图：实物资产处置申请及批准 / 实物资产处置实施
列：资产使用部门 | 资产管理部门 | 财务管理部门 | 分管校领导 | 校长办公(校务)会或党委(党委)会 | 政府有关部门
流程：开始 → 提出处置申请 → 审核 → 统计汇总 → 审批 → 审定 → 审批 → 处置资产 → 办理资产变动手续 → 账务处理 → 调整资产账目 → 结束]

第四节　对外投资业务控制

一、对外投资业务控制的职责与权限

(一) 党委 (常委) 会

1. 学校党委（常委）会是学校对外投资业务的决策机构，对资产管理领导小组提交的对外投资实施方案及方案变更，进行研究、审查和批准，形成集体决策并书面记录；

2. 授权资产管理领导小组（也称资产管理专业委员会）对投资方案组织实施。

(二) 资产管理领导小组

1. 贯彻执行国家有关对外投资的法律、法规和方针、政策；
2. 根据国家有关规定，组织相关部门制定学校对外投资管理办法；
3. 负责审核投资实施方案及方案的变更，并提出决策建议，提交学校党委（常委）会审查批准；

4. 负责组织资产管理部门编制投资报告，并上报同级教育主管部门和同级财政主管部门审批。

（三）资产管理部门

1. 组织落实上级国资文件和学校对外投资管理办法及相关规章制度；
2. 制定学校对外投资管理办法，并组织实施；
3. 组织相关部门和专家对投资项目进行充分论证和评审，形成项目投资可行性报告，报请资产管理领导小组审批；
4. 根据党委（常委）会的审批意见，起草投资项目实施方案，并上报同级教育主管部门和同级财政主管部门审批；
5. 经同级教育主管部门和同级财政主管部门审批后，组织相关人员签订合同，并根据合同有关规定办理相关手续；
6. 负责对投资项目的追踪管理及项目到期资产的回收、转让、核销等手续的办理工作。

（四）资产经营公司

1. 执行学校对外投资各项规章制度；
2. 对拟投资项目提出投资申请，按规定程序审核；
3. 负责对外投资资产的管理，并保证投资资产的安全和保值增值。

（五）财务管理部门

1. 贯彻执行国家有关对外投资的法律、法规和方针、政策；
2. 参与对外投资项目的可行性研究和评审；
3. 根据投资方案明确的出资时间、金额、出资方式及责任人等内容，进行账务处理；
4. 负责对外投资资金使用监管。

（六）学校行政监察部门和审计部门负责学校对外投资全过程监督与检查

二、对外投资业务工作流程

对外投资如果决策失误、经营不力，必将会对学校带来重大经济损失，因此，对外投资决策是关键，经营是核心，必须把好决策和经营关。具体流程如下：

1. 资产经营公司根据业务发展需要，提出投资申请，经分管校领导审批后，报送资产管理部门；

2. 资产管理部门牵头组织对投资申请进行分析、评估和研究，提出项目投资实施方案的初步意见或建议，报请（根据授权确定）资产管理领导小组审核；

3. 资产管理领导小组审核投资实施方案，并提出审核意见，提交校长办公（校务）会或党委（常委）会审定；

4. 资产管理部门根据相关文件规定和党委（常委）会审批意见，形成投资项目实施方案，上报同级教育主管部门和同级财政主管部门审批；

5. 同级教育主管部门和同级财政主管部门审批后，资产经营公司会同相关部门和人员与被投资方签订投资协议或合同；

6. 合同签订后，资产经营公司根据投资协议或合同等相关资料办理资产交接手续；财务管理部门进行账务处理；

7. 资产经营公司负责对外投资资产的管理，并保证投资资产的安全和保值增值。

对外投资业务工作流程如图表 8–13 所示。

图表 8–13　　　　　　　　对外投资业务工作流程

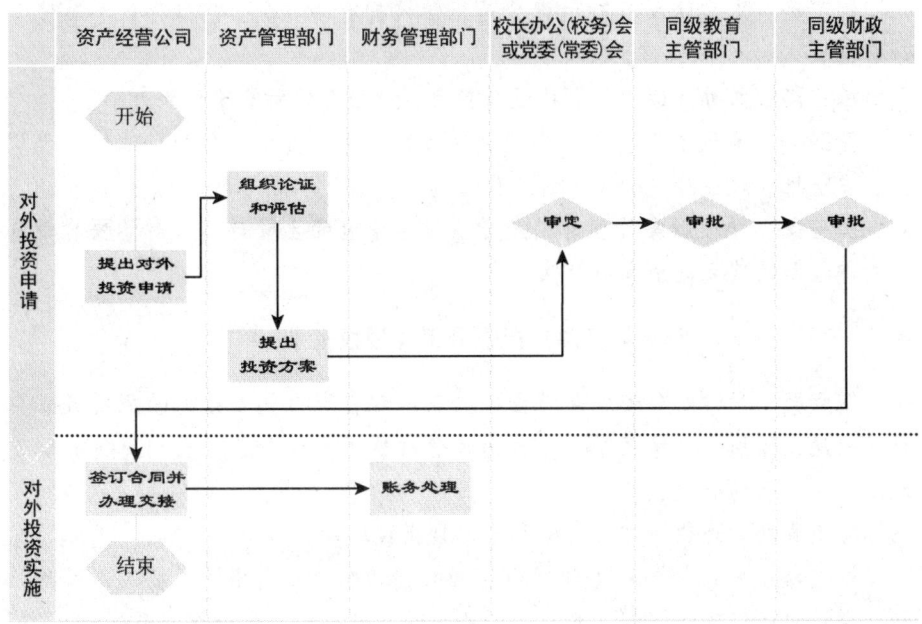

第五节 资产业务控制制度设计范例

鉴于资产业务内容较多，中央和地方都已经有了很成熟的制度，各高职高专院校也已经在长期实践中制定了符合学校实际的一系列规章制度。当前，需要我们根据单位内控规范有关要求，进一步完善相关规章制度，以实现制度控制。

一、货币资金管理办法

某高职高专院校货币资金管理办法

第一章 总 则

第一条 为了加强对学校货币资金的管理，确保货币资金的安全，根据《中华人民共和国会计法》和《行政事业单位内部控制规范（试行）》等法律法规，结合学校实际，特制定本办法。

第二条 本办法所称货币资金是指学校拥有的现金、银行存款和其他货币资金。

第三条 本办法适用于学校进行独立会计核算的所有单位和部门。

第四条 学校货币资金内部控制的目标是保证货币资金的合法性、合规性、安全性、效益性。

第五条 学校财务管理部门是学校货币资金的主管部门，对学校货币资金内部控制的建立健全和有效实施负责。

第二章 岗位分工及授权批准

第六条 学校财务管理部门应当按照不相容岗位相互分离的原则设立会计、出纳、稽核、档案保管等工作岗位管理货币资金业务，明确岗位的职责权限，相互制约和监督。

货币资金管理岗位应进行定期不定期岗位轮换。

第七条 不得由一人办理货币资金业务的全过程。出纳人员不得兼任稽核、会计档案保管和收入、支出、费用、债权债务账目的登记工作。

学校法人的直系亲属不得担任学校财务管理部门负责人，财务管理部门负责人的直系亲属不得担任学校出纳员。

第八条 货币资金业务实行授权批准制度。

办理提现业务金额在××元以上的大额款项必须由主管会计核算的科长、主管业务的财务负责人进行审批并登记。

除会计出纳处理日常会计事务之外，动用学校货币资金进行账户之间的资金调拨等必须经财务负责人审批同意。

第九条 学校业务部门办理货币资金的支付业务应当根据学校发布的《经费预算管理办法》的规定，在授权范围内进行审批，不得超越审批权限。

对于审批人超越授权范围审批的货币资金业务，经办人员有权拒绝办理，并及时向审批人的上级授权部门报告。

第十条 货币资金支付业务必须按照学校发布的《经费预算管理办法》规定的程序办理：

（一）支付申请。学校有关部门或个人用款时，应当提前向审批人提交货币资金支付申请，注明款项的用途、金额、预算、支付方式等内容，并附有效经济合同或相关证明。

（二）支付审批。审批人根据其职责、权限和相应程序对支付申请进行审批。对不符合规定的货币资金支付申请，审批人应当拒绝批准。

（三）支付复核。复核人（指会计）应当对批准后的货币资金支付申请进行复核，复核货币资金支付申请的批准范围、权限、程序是否正确，手续及相关单证是否齐备，金额计算是否准确，支付方式、支付单位是否妥当等。复核无误后，会计制单交稽核人员稽核签章，最后由出纳人员办理支付手续。

（四）业务稽核。对会计、出纳人员每日办理的货币资金业务必须由稽核人员即时进行核查，并签署稽核意见，对×××元以上的业务，实行重点稽核。

（五）办理支付。出纳人员应当根据稽核无误的记账凭证，按规定办理货币资金支付手续，及时登记现金和银行存款日记账。

（六）凭证归档。会计审核编制的记账凭证经由稽核人员、出纳员盖章后于当日交会计档案管理员整理归档保存。

第十一条 学校对于重要货币资金支付业务，实行集体决策和审批，如银行贷款业务等。同时，要建立责任追究制度，防范贪污、侵占、挪用货币资金等行为。

第十二条 财务负责人应当定期不定期地对办理货币资金的业务过程进

行检查，同时，将检查结果及时报主管领导处理。

第三章 现金和银行存款的管理

第十三条 出纳分管的现金库存限额为×××元，当日经办的货币资金业务必须做到日清月结，超过库存限额的现金必须及时存入银行。

第十四条 学校支付现金必须严格执行《现金管理暂行条例》的规定，按照规定的现金的开支范围支付现金。不属于现金开支范围内的业务应当通过银行办理转账结算。特殊情况需要支付现金的必须经主管业务的科长和财务管理部门负责人审批。

第十五条 学校取得货币资金收入必须出具有效会计票据，收取的现金必须于当日及时送存银行，不得用于直接支付学校自身的支出。

第十六条 学校取得的货币资金收入当日必须及时入账，严禁私设"小金库"，严禁账外设账，严禁收款不入账。

第十七条 学校应当严格按照国家《支付结算办法》等有关规定，加强银行账户的管理，严格按照规定开立账户，办理存款、取款和结算。

学校必须加强对银行结算凭证的填写、传递及保管等环节的管理与控制。各开户银行的结算凭证由会计主管（或主管科长）及保管员根据工作需要购买、分发和注销，各分管会计负责领用银行结算凭证的保管和填制，出纳负责对会计开出结算凭证的传递。

第十八条 学校应当严格遵守银行结算纪律，不准签发没有资金保证的票据或远期支票，套取银行信用；不准签发、取得和转让没有真实交易和债权债务的票据，套取银行和他人资金；不准违反规定开立和使用银行账户。

第十九条 学校银行账户月末余额实行双签负责制。学校各分管账户的会计应当定期核对银行账户，每月至少核对一次，月末编制银行存款余额调节表，如调节不符，应查明原因，及时处理。

第二十条 学校应当定期和不定期地进行现金盘点，确保现金账面余额与实际库存相符。发现不符，及时查明原因并做出处理。

第四章 票据及有关印章的管理

第二十一条 学校建立票据登记管理制度，专设登记簿进行记录，防止空白票据的遗失和被盗用。

第二十二条 设立票据登记簿用于记载银行结算凭证、行政事业性收费票据和学校制印的专用收款收据等的购买、保管、领用、注销等情况。

第二十三条 银行结算凭证由主管银行预留印鉴的科长或保管员会同出纳员一同前去银行购买；行政事业性收费票据（含电子票据）向财政部门申请购买；学校专用收款收据的印制必须提出申请，经主管领导批准后，由主管会计核算的科长和经办人一同前往印制厂印制。

第二十四条 自制或购回的所有票据登记后统一交由财务管理部门票据保管员妥善保管，保管过程中发生的问题由保管员负责。

第二十五条 财务管理部门会计领用票据时，由主管科长审批，保管员发放，但每次领用事业性电子收费票据原则上不得超过××份，领用学校专用收款收据原则上仅限一本。

外部职能部门代理财务管理部门收费需领用专用收款收据者须财务管理部门负责人审批并登记。

第二十六条 各业务经办人员负责领用票据的填制、保管和注销，票据使用时必须严格按财务制度规定填制，按票据编号顺序准确开列。

各经办人员对领用票据具有妥善保管的义务，若发生遗失必须及时报告。主管会计核算的科长必须对票据的使用情况进行不定期检查，发现问题应及时予以纠正。

第二十七条 业务经办人员领用的票据使用完毕之后，必须及时到财务管理部门保管员处办理注销手续，委托收款的办理交款手续，未注销或未办理交款手续的，不能再次领取票据。

代理财务管理部门收费的部门其持有的票据最长不能超过1个月，收取现金金额超过×××元者必须及时缴存财务管理部门，并办理相关手续。

第二十八条 学校各账户的银行预留印鉴实行分管制。银行预留印鉴一般由三枚印章组成，即学校财务专用章、财务负责人印章、出纳印章。财务专用章指定专人保管，个人名章必须由本人或其授权人员保管。严禁一人保管支付款项所需的全部印章。

第二十九条 实行电子支付时使用的银行网银盾和用于财务直接支付系统专用财务负责人和法人的密钥及密码，必须实行分离管理，并根据财务负责人和法人审签后的经济业务事项，指定两人分别操作使用。

第五章 监督检查

第三十条 学校成立由监察审计部门工作人员参与的监督检查小组，定期和不定期地对货币资金业务进行检查监督。

第三十一条 货币资金监督检查的内容主要包括：

（一）货币资金业务相关岗位及人员的设置情况。重点检查是否存在货币资金业务不相容职务混岗的现象。

（二）货币资金授权批准制度的执行情况。重点检查货币资金支出的授权批准手续是否健全，是否存在越权审批行为。

（三）支付款项印章的保管情况。重点检查是否存在办理付款业务所需的全部印章交由一人保管的现象。

（四）货币资金的安全情况。重点检查是否存在现金库存余额、银行存款余额、有价证券等账账、账实不相符的现象。

（五）票据的保管情况。重点检查票据的购买、领用、保管手续是否健全，票据保管是否存在漏洞。

第三十二条　对监督检查过程中发现的货币资金内部控制中的薄弱环节，应当及时采取措施，加以纠正和完善。

第六章　责任追究

第三十三条　对学校在货币资金收付业务过程中未严格执行规定而发生差错的，视当事人及相关人员情节情况给予处理，情节轻微的按照学校相关规定进行处理，并扣发1~4个月校内津贴。

第三十四条　对挪用公款者，不论金额大小，首先调离，再按规定处理；情节较严重未构成犯罪的依国务院颁布的《财政违法行为处罚处分条例》追究当事人及相关人员责任；情节严重构成刑事犯罪的移交司法机关处理。

第七章　附　　则

第三十五条　本办法由学校财务管理部门负责解释。

第三十六条　本办法自公布之日起执行。

二、银行账户管理办法

某高职高专院校银行账户管理办法

第一章　总　　则

第一条　为加强银行账户管理，集中学校财力，保证学校资金的安全和流动，根据中国人民银行总行《人民币银行结算账户管理办法》（中国人民银行令（2003）第5号）、《中央预算单位银行账户管理暂行办法》（财库〔2002〕48号）、《教育部直属高校和事业单位银行账户管理暂行办法》（教财〔2004〕19号）及国家有关法规，结合学校实际情况，特制定本办法。

第二条 学校所属全部银行账户实行统一管理，财务管理部门是学校进行银行账户管理的专门机构，配备专门人员，按照国家有关法律、法规和金融政策对银行账户进行管理。学校下属独立法人的二级单位（包括校办产业、资产经营公司等）必须遵守本办法的规定。

第三条 按照国家有关规定，学校银行账户分为基本存款账户、财政零余额账户、一般存款账户、临时存款账户、专用存款账户和外汇存款账户。

（一）基本存款账户是学校办理日常转账结算和现金收付的账户。学校根据有关规定只能在一家银行的一个营业机构开立一个基本存款账户，不得在多家银行机构开立多个基本存款账户，开户银行和基本存款账户一经确认，非特殊原因，不得随意更改。

（二）财政零余额账户是根据国库集中支付管理的要求，学校开设的专门用于办理财政性资金结算业务的银行账户。

（三）一般存款账户是学校因借款或其他结算需要，在基本存款账户开户银行以外的银行营业机构开立的银行结算账户。该账户可以办理转账结算和现金缴存，但不得办理现金支取。

（四）临时存款账户是学校因临时需要并在规定期限内使用而开立的银行结算账户。用于办理临时机构以及存款人临时经营活动发生的资金收付。临时存款账户支取现金，应按照国家现金管理的规定办理。

（五）专用存款账户是学校按照法律、行政法规和规章，对有特定用途资金进行专项管理和使用而开立的银行结算账户。专用存款账户用于办理各项专用资金的收付，允许支取现金的专用存款账户。

（六）外汇存款账户是学校根据国家外汇管理的有关规定，结合学校的实际需要，办理学校外汇现汇或者结售汇业务开立的银行账户。

第四条 财务管理部门根据学校实际需要，申请和开设银行账户，保证学校的资金的安全性、流动性和效益性，防范和规避金融风险。适当控制银行开设账户的数量，原则上不得多头开户。

第二章 开户与销户

第五条 学校开立基本存款账户应由财务管理部门根据就近、方便、快捷的原则选择合作银行，按照财政部门的要求，提出开户申请，经学校领导同意，报同级教育主管部门和同级财政部门审批。

第六条 学校下属独立法人的二级单位（包括校办产业、资产经营公司等），根据实际业务需要，可以申请在校外金融机构开设银行账户。报分管副校长或校长同意后按照银行开户要求，办理相关手续。并将账户信息报学校财务管理部门备案。

第七条 学校银行账户的名称、性质等发生变化，财务管理部门应按照国家规定撤销原账户，开立新账户。

第八条 学校因工作需要，须将银行账户撤销时，必须与开户银行核对账户余额，确认无误后，提交撤销银行账户申请，报经同级教育主管部门和财政部门审批，经开户银行审查同意后，办理撤销手续。并将销户证明资料报同级财政部门备案。

第三章 日常管理

第九条 加强银行账户的印鉴管理。银行账户的预留印鉴包括财务专用章和法人名章。依据内部控制管理的要求，印鉴的使用、保管应由两个以上专门人员分别管理。人员变动时，要及时变更。

第十条 加强对转账支票、现金支票、汇票等有价证券的管理。财务管理部门设置专职出纳员管理空白有价证券，对转账支票、现金支票等银行票据的购买、使用和核销要设置备查簿，逐笔登记。

第十一条 学校出纳人员必须根据审核无误的会计凭证正确填写支票，包括日期、金额、收款单位名称、用途等，不得开具空白支票。

第十二条 加强对银行存款账户资金的管理，财务管理部门应按照规定设置现金日记账和银行存款日记账，用于详细记录银行存款账户所有资金的收支情况。现金要做到日清月结，银行存款要及时与银行对账。年度终了时，账簿要作为会计档案妥善保管。

第十三条 按照银行结算办法的有关规定，学校须将收入的款项及时送存银行，不得坐收坐支。不得出租、出借和转让银行账户给校内外其他任何单位和个人使用；不得开具空头支票和远期支票；不得公款私存。

第十四条 学校银行账户发生重大变动或重要情况时（如银行账户被冻结或资金被划走），财务管理部门应及时上报学校领导，采取必要的防控措施，努力将学校的损失降低到最小的程度，并积极协调有关部门解决。

第四章 责　任

第十五条 由于印鉴管理不当导致学校利益受损的，要追究单位领导和直接负责人的责任。

第十六条 由于票据管理不当导致学校重大经济损失的（如丢失重要空白凭证、银行票据等），学校将按有关规定对其进行处罚，对情节严重构成犯罪的，移送司法机关处理。

第十七条 未经批准，私自开设银行账户的，要限期撤销，并根据其性质和情节按规定对直接责任人进行处罚。触犯法律的，移送司法机关依法追究刑事责任。

第十八条 违反银行账户管理办法，公款私存的，学校将没收全部款项，并按有关规定进行处罚；情节严重构成犯罪的，移送司法机关依法追究刑事责任。

第十九条 违反银行账户管理办法规定，出租、出借和转让银行账户的，学校除责令其纠正外，没收出租账户的非法所得，并按规定追究当事人的责任，情节严重者，移送司法机关依法追究刑事责任。

第五章 附 则

第二十条 本办法由学校财务管理部门负责解释。

第二十一条 本办法自公布之日起执行。

三、国有资产管理办法

某高职高专院校国有资产管理办法

第一章 总 则

第一条 为加强学校国有资产管理，维护资产安全和完整，合理配置和有效利用国有资产，保障和促进学校各项事业的发展，根据《事业单位国有资产管理暂行办法》《财政部关于进一步规范和加强行政事业单位国有资产管理的指导意见》等相关文件的规定，结合学校实际，制定本办法。

第二条 学校国有资产是指由学校占有、使用的，依法确认为国家所有、能以货币计量的各种经济资源的总和。

学校资产按经济性质分为非经营性资产和经营性资产；按表现形式分为流动资产、对外投资、固定资产、在建工程、无形资产和其他资产。

第三条 学校国有资产管理的内容包括：资产配置、资产使用、资产登记与产权纠纷处理、资产处置、资产收益、资产评估与清查、资产统计、监督管理与奖惩等。

第四条 学校国有资产管理工作坚持资产管理与预算管理相结合的原则；坚持所有权和使用权相分离的原则；坚持资产管理与财务管理、实物管理与价值管理相结合的原则。

第五条 学校国有资产管理按不同经济性质明确管理任务：

（一）非经营性资产管理的主要任务是：建立和健全各项规章制度并严格执行；推动资产的合理配置和节约、有效使用；保障国有资产的安全和完整。

（二）经营性资产管理的主要任务是：明晰产权关系，实施产权管理；实行有偿占用，建立业绩考核与奖惩制度，监督其实现保值增值。

第二章 体制、机构与职责

第六条 学校实行"统一领导、归口管理、分级负责、责任到人"的国有资产管理体制。国有资产管理领导小组统一领导和协调学校国有资产管理和监督工作；各归口管理部门按资产的不同形态和分类，对国有资产实施归口管理；各资产使用单位对本部门、本单位管理、使用的国有资产的安全性、完整性和效益性负责。

第七条 学校国有资产管理领导小组下设国有资产管理办公室，由资产管理部门行使国有资产管理办公室的职责：

（一）组织落实上级国资文件和学校国有资产管理办法及相关规章制度。

（二）建立健全国有资产管理网络，按国家和上级部门要求，组织并协调学校国有资产的资产清查、清查核资、产权界定、产权登记、资产评估等工作。

（三）参与新增重大资产的方案论证、验收等工作。

（四）加强对存量资产有效利用，促使资产合理流动，推动学校国有资产的优化配置，提高国有资产的使用效益。

（五）检查监督相关部门及时办理资产入账手续，按管理权限办理资产盈亏、毁损与报废等报批手续。

（六）定期或不定期组织资产清查工作，确保账实相符。

（七）建立健全学校国有资产的信息管理系统，及时做好国有资产的统计工作，编制国有资产统计报表。

（八）国有资产管理领导小组要求的其他工作。

第八条 学校国有资产实行分类归口管理，各职能管理部门分别按分工对国有资产实施管理。各资产归口管理部门的主要工作职责是：

（一）根据国家和学校有关国有资产管理的法律、法规和规章制度，负责制定归口资产管理的具体办法或细则，报学校审定后组织实施。

（二）负责归口管理资产建账（卡）、统计、清查、处置。

（三）负责定期分析归口管理资产的配置和使用情况，合理配置和管理相关资产，对归口管理资产的完好情况、使用效率与效益等进行检查与考核。

第九条 学校各资产使用部门，应明确分管领导，并指定专人（以下称之为资产管理员）具体负责所在单位的国有资产管理工作。主要职责是：

（一）执行学校国有资产管理的各项规章制度，确保所使用资产的安全与完整，努力提高资产的使用效益。

（二）对本单位使用资产的账、卡、物进行日常管理，负责本单位使用资产的日常清查，确保资产的账、卡、物相符。

（三）学校规定的其他国有资产管理工作。

第三章 资产配置

第十条 学校资产配置是指根据事业发展需要，按照有关规定标准和程序，通过购置、捐赠、调剂等方式或途径配备资产的行为。

第十一条 资产配置坚持"依法配置、保障需要、科学合理、优化结构、勤俭节约、从严控制"的原则。

第十二条 各部门购置固定资产，应在充分论证的基础上，将固定资产购置计划，纳入年度预算。十万元以上固定资产购置项目需进行可行性论证和项目评审。

第十三条 学校各部门按照资产归口管理要求，对新增资产配置及时进行验收、办理使用登记，录入资产管理信息系统，及时进行账务处理，保证账账、账实相符。

第十四条 学校各部门要优化资产配置，做到物尽其用，切实发挥资产的使用效益。对长期闲置、低效运转或者超标配置的资产，由资产管理部门进行校内调剂，并按规定办理转移手续。

第四章 资产使用

第十五条 学校国有资产的使用包括单位自用和对外投资、出租、出借等方式。

第十六条 资产使用单位要经常检查并保持在用资产的完好，并做到资产合理流动，资源共享。

发生资产增、减等变动事项时，要按规定及时办理入账或销账手续。

因机构调整，内部人员发生岗位变动时，要及时办理资产交接与调账手续。

第十七条 学校国有资产出租、出借及对外投资行为，必须按规定办理报批手续。

第十八条 学校资产出租必须签订合法的合同，房产租赁期限最长不得超过5年，其他资产租赁期限最长不得超过3年。

第十九条 学校对出租、出借及对外投资的资产进行专项管理和考核，并在学校财务报告中对该部分资产的数量、价值、回报等有关信息进行充分披露。

第二十条 学校任何部门和个人不得利用国有资产进行对外抵押、担保等。学校的土地使用权、事业拨款和维持事业正常运转、保证完成事业任务的房屋、设施、设备等各类资产不得用于对外投资，也不得出租、出借。

第二十一条 学校不得从事股票、期货、基金、企业债券等投资，买卖期货、股票（不含股权转让行为）；不得购买各种企业债券、各类投资基金和其他任何形式的金融衍生产品或进行任何形式的金融风险投资；在国外贷款债务没有清偿以前，不得利用该贷款形成的资产对外投资等。

第五章 产权登记与纠纷管理

第二十二条 学校应依法对拥有的资产确认产权归属关系，办理产权登记、变更、注销等手续，落实管理责任。

第二十三条 对于由于财产所有权及经营权、使用权等产权归属不清而发生的争议及纠纷，应采取切实可行的办法予以处理。

第六章 资产处置管理

第二十四条 国有资产处置，是指学校对其占有、使用的国有资产进行产权转让或者注销产权的行为。处置方式包括出售、出让、转让、对外捐赠、报废、报损以及货币性资产损失核销等。

第二十五条 学校资产处置，应经过论证、评估、技术鉴定，并履行审批手续。未经批准，任何单位和个人不得自行处置学校国有资产。

第二十六条 学校处置资产的程序：使用部门提出申请；资产管理部门

组织论证、评估、技术鉴定、审核并报学校批准后，报同级行政主管部门或财政主管部门审批。

第二十七条 对经批准处置的资产由归口管理部门集中、公开处置，规范操作。

第七章 资产收益管理

第二十八条 学校国有资产收益是指高校出租、出借、处置资产和资产对外投资等取得的收入扣除相关税金、评估费、拍卖佣金等费用后的部分。

第二十九条 学校国有资产收益应按照部门预算管理的有关要求和财务会计制度的有关规定，实行"收支两条线"管理，国有资产收益必须纳入部门预算，实行统一核算，统一管理，防止国有资产收益的流失。

第八章 资产评估与清查管理

第三十条 学校对符合下列规定的情形之一的，应当进行评估：

（一）整体或者部分改制为企业；

（二）以非货币性资产对外投资；

（三）合并、分立、清算；

（四）资产拍卖、转让、置换；

（五）整体或者部分资产租赁给非国有单位；

（六）涉及涉讼的资产。

第三十一条 学校资产清查是指根据财政部门、教育部门以及自身管理要求，按照法规、程序和方法，对本单位进行账务清理、财产清查，依法认定各项资产损溢，真实反映单位国有资产占用使用状况的工作。

第三十二条 应当进行资产清查情形：

（一）根据国家专项工作要求或者省教育厅实际工作需要，被纳入统一组织的资产清查范围的；

（二）进行重大改革或者整体、部分改制为企业的；

（三）遭受重大自然灾害等不可抗力造成资产严重损失的；

（四）会计信息严重失真或者国有资产出现重大流失的；

（五）会计政策发生重大更改，涉及资产核算方法发生重要变化的；

（六）内部机构发生重大调整或人员重大变动的。

第三十三条 资产管理部门要定期、不定期地组织资产使用单位进行资产清查盘点，年度终了前，应当进行全面清查盘点并形成书面记录，保证账、卡、物相符。对固定资产的盘盈、盘亏应当按照规定及时处理。

第九章　资产信息管理

第三十四条　资产信息管理是指利用计算机网络技术，通过资产管理信息系统对学校资产的现状以及配置、使用、处置等环节进行动态管理。

第三十五条　学校各部门配备的专兼职资产管理员应按照动态管理的要求，对本部门资产的现状以及配置、占用、使用、处置、收益进行动态专项管理，及时将变动信息统一录入"高校国有资产管理信息系统"。

第三十六条　学校应对其所占有使用的资产状况，按照上级主管部门要求定期报告。

第十章　资产绩效管理

第三十七条　学校国有资产绩效管理是利用财务、资产及教学等各种数据资料，采用多层次指标体系和采取多因素的方式方法，考核、评价本单位国有资产的配置、使用、处置等的绩效的行为。

第三十八条　学校应逐步建立和完善校内国有资产绩效考评体系，按照"经济性、效率性、有效性"的原则，根据高等教育的特点，通过科学合理、客观公正的方法、标准、指标和机制，真实地反映和解析单位总体和各部门、院系以及各类国有资产运营效果，提高资产运营效率和效益。

第十一章　奖　　惩

第三十九条　学校实行资产管理奖惩制度，对资产管理工作中成绩突出的单位和个人给予表彰；对工作失职，造成国有资产损失的，按规定予以处理。

第四十条　资产归口管理部门在资产管理中，有下列行为之一的，学校国有资产管理领导小组有权责令其改正，并建议学校实行责任追究：

（一）未按要求履行其职责，放松对资产的监督与管理，造成资产严重流失或损失浪费而不反映、不提出建议、不采取相应管理措施、造成严重后果的；

（二）不按规定程序与权限擅自批准资产管理事项的；

（三）对管理范围内长期闲置、超标准或低效运转的资产，不按规定进行调节的。

第四十一条　资产使用单位，有下列行为之一的，资产管理部门有权责令其改正，并建议学校实行责任追究：

（一）未按其职责要求，放松对资产的具体管理，造成资产流失的；

（二）不进行或不如实进行产权登记和填报资产报表、隐瞒真实情况的；

（三）未按规定程序报批，擅自转让、处置资产或将学校资产用于经营投资的；

（四）弄虚作假，以各种名目侵占资产和利用职权谋取私利的；

（五）对用于经营投资的资产，不认真进行监督管理，不履行投资者权益、收缴资产收益的；

（六）由于各种原因造成国有资产闲置、浪费的。

第四十二条 资产管理和使用单位由于主观原因造成学校资产损失的，有关责任人必须予以赔偿：

（一）直接造成资金损失的，按资金损失数额全额赔偿；

（二）造成各类材料、燃料、消耗物资、低值易耗品等资产损失的，按损失资产的变现净值予以赔偿；

（三）造成固定资产损失的，按固定资产账面折余价值予以赔偿；

（四）造成无形资产损失的，按无形资产摊余价值予以赔偿；

（五）造成对外投资损失的，按对外投资账面价值加上损失当期应得收益与其市场价值确定赔偿数额予以赔偿；

（六）造成其他资产损失的，参照有关计价标准予以赔偿。

第四十三条 学校各级资产管理部门和资产使用单位的工作人员，违反本规定，情节严重，造成资产大量流失，学校除责成责任人予以赔偿外，还要追究其单位主管领导和直接责任人的责任。构成犯罪的，移交司法机关处理。

第十二章　附　　则

第四十四条 本办法由资产管理部门负责解释。

第四十五条 本办法自公布之日起执行。

四、对外投资管理办法

某高职高专院校对外投资管理办法

第一章　总　　则

第一条 为加强学校对外投资管理，规范投资行为，规避投资风险，提高投资效益。根据《中华人民共和国会计法》、《中华人民共和国公司法》，参照《中央级事业单位国有资产管理暂行办法》《教育部直属高校、事业单位国有资产使用和处置行为管理授权审批暂行办法》等法律、法规，结合学校实际，特制定本办法。

第二条 本办法所指对外投资是指学校将各种形态的资产以入股的形式注入产权清晰的企业，以促进科技成果转化与产业化和发挥资产效益为目的的经济行为。

第三条 学校应当依法确立国有经营性资产的责任主体，按照国家有关规定，改革以事业单位法人身份直接办企业的体制；依法规范理顺学校与企业的财务、资产、管理和产权的关系，明确学校企业出资人代表，建立起科学、规范的学校产业管理体制，规避学校直接经营企业的经济和法律风险。

第四条 学校应当按照国家有关规定成立资产经营公司。学校以投入到资产经营公司的财产为限，承担有限责任。资产经营公司应当严格按照《中华人民共和国公司法》规定，规范运行，按照现代企业制度要求，建立规范的产权关系和法人治理结构。学校与学校资产经营公司应当实行人员、资产、财务分开，机构、业务独立，各自独立核算，独立承担责任和风险。

第二章 资金来源

第五条 对外投资的投资主体均为学校，资产的所有权属于学校所有，并授权资产经营有限公司代表学校对所投资产进行管理。

第六条 对外投资的资产包括货币、实物等有形资产和各种知识产权、非专有技术、校名和校誉等无形资产。学校严格控制以货币、实物等有形资产和校名、校誉作为无形资产的对外投资，支持和鼓励以知识产权、非专有技术等无形资产的对外投资。

第七条 学校对外投资（包括对校办产业投资）以及非经营性资产转为经营性资产的经济行为，必须经过严格、科学的可行性论证和专家评议，按程序集体讨论决策，并指定资产管理部门和资产经营公司及其负责人加强投资项目管理，从制度上确保学校资金的安全，确保对外投资的合法收益。学校应当严格执行国家有关规定，按程序报批非经营性资产转为经营性资产的行为；不得将国家财政拨款、上级补助收入和维持事业正常发展、保证事业任务的资产、科研代管费、基本建设费、专项拨款等转为经营性资产；不得以学校所拥有的建筑物、土地使用权，教学、科研设备等非经营性国有资产，承担资产经营公司的经营风险和经济担保等相关民事责任。严禁从事股票投资和其他风险性债券投资业务。

第三章　可行性研究与评估

第八条　对外投资必须进行可行性论证、评估与决策环节的控制，确保对外投资项目科学决策，维护学校的权益，规避投资风险。

第九条　资产经营公司负责编制对外投资申请报告或建议书，内容包括国家产业政策、市场、效益、技术与管理、法律及风险等方面情况的分析；并对被投资单位资信情况进行调查或实地考察；对外投资项目如有其他投资者的，对其他投资者的资信情况进行了解或调查。

第十条　资产管理部门负责组织、委托具有相应资质的专业机构对投资项目进行可行性论证和评估，对投资项目的目标、规模、投资方式、投资的风险与收益以及退出机制等做出评价，形成评估报告。评估报告应全面反映评估人员的意见，并由评估人员签章。

第四章　决策控制

第十一条　对外投资按照以下程序办理审批：

1. 资产经营公司根据业务发展需要，提出投资申请，经分管校领导审批后，报送资产管理部门；

2. 资产管理部门牵头组织对投资申请进行分析、评估和研究，提出项目投资实施方案的初步意见或建议，报请资产管理专业委员会审核；

3. 资产管理专业委员会审核投资实施方案，并提出审核意见，提交财经工作领导小组审议，校长办公（校务）会议审核，党委（常委）会审定；

4. 资产管理部门根据相关文件规定和党委（常委）会审定意见，形成投资项目实施方案，上报同级教育主管部门和财政主管部门审批；

5. 同级教育主管部门和财政主管部门审批后，资产经营公司会同相关部门和人员与被投资方签订投资协议或合同；

6. 合同签订后，资产经营公司根据投资协议或合同等相关资料办理资产交接手续；财务管理部门进行账务处理；

7. 资产经营公司负责对外投资资产的管理，并保证资产的安全和保值增值。

第十二条　对外投资申请需提交的材料包括：

（一）新增投资项目需提交的材料

1. 投资申请报告或建议书；

2. 投资单位对投资项目的决议；

3. 可行性研究、评估报告；

4. 拟投入资产的清单，资金来源及投资企业的资产负债情况；

5. 有关合作单位的资信情况；

6. 政府的有关许可文件；

7. 其他需提交的文件、证件及材料等。

（二）对已存在的被投资单位增加投资提交的材料

1. 被投资单位近三年财务报表；

2. 被投资单位营业执照复印件；

3. 被投资单位属国有企业的，提供产权登记证复印件。

第十三条 学校对外投资实行集体研究决策，决策过程要有完整的书面记录。严禁任何个人擅自决定对外投资或者改变集体决策意见。在对外投资中出现重大决策失误、不履行集体审批程序和不按规定秩序开展对外投资业务的部门和人员，学校追究相应的责任。

第五章 上报审批

第十四条 对外投资必须严格按照审批权限履行上报审批程序。

1. 利用固定资产或无形资产对外投资价值××万元（不含××万元）以下、货币资金××万元（不含××万元）以下的，学校批准后报同级教育主管部门备案。

2. 利用固定资产或无形资产对外投资价值××万元以上、××万元以下（不含××万元），货币资金××万元以上、××万元以下（不含××万元）的事项，在学校审核的基础上报经同级教育主管部门审批后报同级财政部门备案。

3. 利用货币资金、固定资产或无形资产对外投资价值××万元以上的事项，报经同级教育主管部门审核后报同级财政部门审批。

第十五条 对外投资的资产要符合国家相关规定。学校所有的财政性资金不得用于对外投资；以实物资产投资的，学校应按照国家关于资产评估的规定，聘请具有相应资质的中介机构，对拟投资资产进行资产评估。

第六章 执行控制

第十六条 资产管理部门负责制定对外投资项目实施方案，明确出资时间、金额、出资方式及责任人员等内容。报经学校资产管理专业委员会、校长办公

（校务）会、党委（常委）会审议批准后，由资产经营公司负责组织实施。

第十七条 资产经营公司应与被投资单位签订外投资业务合同，按照学校《合同管理办法》的规定，必须征询学校法律顾问或相关专家的意见，并经授权批准后签订。

第十八条 以委托投资方式进行的对外投资，须对受托单位的资信情况和履约能力进行调查，签订委托投资合同，明确双方的权力、义务和责任，并建立相应的风险防范措施。

第十九条 学校加强对资产投出环节的控制，办理资产投出应符合国家的相关法律法规和学校制度的规定。

第二十条 学校授权资产经营公司对投资项目进行跟踪管理，掌握被投资单位的财务状况和经营情况，保证资产的安全和保值增值。定期组织对外投资质量分析，发现异常情况，及时向学校报告，并采取相应措施。

第二十一条 学校应当及时清理各项对外投资，对手续不全的投资项目及时补齐相关手续；对经营不善、管理混乱、出现亏损的投资项目，须及时采取有效措施加以清算，避免国有资产流失；对曾经从事的股票及风险性债券投资业务，应当立即停止并妥善处理，防止投资风险转变为投资损失或继续扩大损失。

第二十二条 学校应当加强校办产业管理，及时对现有校办产业进行全面清理。对投资手续不全、学校与企业之间账务处理不一致的，应当尽快补办有关手续，做到学校对外投资与校办企业实收资本相一致；对校办企业中经营管理不善、存在较大风险或对学校的贡献度较低的，应当按照有关法定程序予以关闭，妥善处理有关债权债务，防止和避免为今后留下隐患。

第二十三条 学校应当严格遵守《中华人民共和国担保法》，不得为任何单位（含校办产业）或个人的经济活动提供担保。已经提供担保的，应认真进行清理，避免形成经济损失或风险。

第七章 责任及监督检查

第二十四条 学校建立对外投资控制的监督检查制度，学校资产管理部门、财务管理部门、审计部门、纪检监察部门等部门应加强对外投资工作监督、检查，及时掌握和分析被投资单位的经营、财务和风险状况，切实履行所有者职责，保障国有资产的安全完整，实现国有资产的保值增值。

第二十五条 资产经营公司负责督促被投资单位每年向学校报送财务报表，明确运营情况；并分析、说明投资收益和资产保值、增值情况，保证对外投资项目绩效目标的实现。对违反规定、渎职或以权谋私，造成国有资产流失的责任人，追究相关责任。

第二十六条 对监督检查过程中发现的对外投资业务内部控制中的薄弱环节，负责监督检查的部门要及时报告，查明原因，并责成相关部门采取措施加以纠正和完善。

第八章 对外投资的收益、收回及处置

第二十七条 学校加强投资收益的管理，对外投资获取的收益，均要纳入学校财务统一管理，严格执行"收支两条线"，严禁私设"小金库"、账外账。

第二十八条 对外投资的收回、转让与核销，实行集体决策，严格履行国有资产使用和处置行为管理授权审批的规定。对收回、转让、核销的资产价值确认，学校应聘请具有资质的专门机构进行评估、确认。

第二十九条 应收回的对外投资资产，资产经营公司应及时足额收回，并按照规定纳入财务统一管理。需转让的对外投资资产，资产经营公司应按照学校的审批权限规定，逐级进行报批。对应核销的对外投资，须明确核销原因，因合同履约完成，正常终止对外投资事项，核销的对外投资，资产经营有限公司应按照有关法律规定的程序办理核销手续；因被投资企业经营不善等非正常情况终止的对外投资事项，资产经营公司应对终止原因进行认真分析和调查，对因被投资单位破产等原因不能收回的投资，应由被投资单位提供相应的法律文书和证明文件，资产经营公司聘请专门机构进行审定，报经学校研究、同意后，上报同级教育主管和同级财政部门审批，并按照有关法律规定的程序办理核销手续，确保资产处置真实、合法。

第九章 附 则

第三十条 学校应当建立健全投资决策审批和责任追究制度，加强重大投资项目的监督管理，任何单位未经审批、擅自投资的，学校将追究该单位负责人及相关责任人的经济责任。给学校造成重大损失的，要依法追究其法律责任。

第三十一条 以学校名义进行的对外投资均适用本办法。

第三十二条 本办法由学校依法治校办公室解释。

第三十三条 本办法自公布之日起执行。

本章主要参考文献

[1] 财政部.教育部.《高等学校财务制度》(财教〔2012〕488号)
[2] 财政部.《行政事业单位内部控制规范(试行)》(财会〔2012〕21号)
[3] 财政部.《会计基础工作规范》(财会字〔1996〕19号)
[4] 财政部,国家档案局.《会计档案管理办法》(中华人民共和国财政部 国家档案局令第79号)
[5] 中国人民银行.《人民币银行结算账户管理办法》(中国人民银行令〔2003〕5号)
[6] 中国人民银行.《人民币银行结算账户管理办法实施细则》(银发〔2005〕16号)
[7] 现金管理暂行条例(中华人民共和国国务院令第12号)
[8] 中国人民银行.《现金管理暂行条例实施细则》

第九章

基本建设项目控制设计范例

第一节 基本建设项目控制及风险清单

一、基本建设项目控制范围

(一) 基本建设项目

基本建设项目是指高职高专院校为了事业发展的需要，筹集资金自行或者委托其他单位所进行的建造（包括新建、改建、扩建、修缮等）与安装活动，包括：建造房屋、基础设施建设和大型修缮等。

高职高专院校基本建设内部控制是指为确保工程建设活动中资产的安全性、完整性和有效性，保证财务及工程信息的真实性、正确性和合法性，在项目建设整个生命周期内采取的一系列具有控制作用的相互联系、相互制约、相互协调的方法、措施和程序的总称。

(二) 基本建设项目控制范围

高职高专院校关于基本建设项目控制范围包括：
1. 议事决策机制。
"三重一大"事项实行集体决策，决策通过会议的形式完成，决策过程应有完整、详细的记录并妥善归档保管。个人决策和没有经过集体认可而更改集体会议做出的决定都是不允许的。
2. 内控制度。
基本建设涉及众多内外部门、单位，并且业务复杂。在岗位设置上，各部门及其中岗位的权责应细化、明晰，整个项目流程中的不相容岗位要相互分离。

3. 审核机制。

单位相关人员或有资质的中介机构要对基本建设各阶段业务活动所涉及的相关文件进行审核，包括立项书、施工图、投标文件、施工合同、竣工报告等，根据实际情况给出评审意见。

4. 公开招标制度。

在基本建设项目限额以上的项目，单位应按规定进行公开招标，政府有关部门会对单位的基本建设项目招标工作进行监督。在招标过程中，要做好保密工作，编制标底、签保密协议、限制接触等方法进行严格保密。

5. 工程价款控制。

严格执行预算，项目使用资金保持专款专用，严禁超出审批范围使用、转移至其他非本项目使用，利用不正当理由留下项目资金。财务部门配合承建单位全过程跟踪核算，获取最新建设项目进展，按规定及时核算、支付项目价款。由国库集中支付的基本建设项目，则按财政国库管理制度支付项目资金。

6. 工程变更控制。

基本建设项目的变更审批，不仅要建立审批制度严格规范，还要利用这一制度对工程变更严格把关。基本建设项目的价款若超出预算，或项目设计变更等，应按规定上报审批，履行审批手续。

7. 竣工决算控制。

已完工的基本建设项目应及时完成竣工决算和审计，按规定建立基本建设项目档案、办理资产移交等。未及时办理竣工决算但已投入使用的基本建设项目，对其资产价值按投资额进行暂估入账。

8. 项目档案管理。

档案的收集、整理工作十分重要，特别是关键点的记录。利用文字的形式将基本建设项目完整流程记录归档，并妥善保管，便于日后查阅。

二、基本建设项目内部控制目标

基本建设项目内部控制目标就是通过对基本建设项目各个环节风险点的分析，采取一定的防控措施，加强基本建设管理，提高工程质量，保证项目进度，控制项目成本，防范商业贿赂等舞弊行为。具体目标如下：

（一）合法合规性目标

保证基本建设项目立项的合法性。高职高专院校的基本建设项目应当符合国家政策，符合有关法律法规的具体规定。保证基本建设项目的实施过程符合国家的各项规范。基本建设项目实施过程的咨询、评估、招标、评标、定标、签订合同、工程施工、工程监理等，都必须符合国家有关基本建设项目的规范性要求。

（二）效率和效益目标

保证基本建设项目的费用支出按概（预）算进行控制。正确、及时地进行基本建设项目成本核算，按工程预算控制建设项目的费用支出，努力控制支出，降低成本。通过内部控制保证基本建设项目能按时竣工、验收；交付使用后能够带来预期的经济效益和社会效益。建设过程进行质量控制，保证工程质量。

（三）财务报告的真实完整目标

保证基本建设项目业务记录的真实性和完整性。通过内部控制保证基本建设项目业务记录的真实性和完整性，会计资料能够真实、全面、准确地反映建设项目的情况。

三、基本建设项目不相容岗位

按照不相容岗位相分离原则，高职高专院校基本建设业务的不相容岗位主要有：

1. 项目建议、可行性研究与项目决策；
2. 概预算编制与审核；
3. 项目实施与价款支付；
4. 竣工决算与竣工审计。

四、基本建设项目风险清单

按照基本建设的表现形式分别描述基本建设项目风险控制点（如图表9-1所示）。

图表 9-1　　　　　　　　　基本建设项目控制风险清单

序号	关键环节	风险点	防控措施	责任主体
1	立项	1. 建议书的内容不完整、不合法合规，造价预估不合理，项目进度安排不协调等； 2. 可行性研究的缺失、形式大于内容、研究深度不足等，可能会导致决策偏差，影响基建项目的效率和效果； 3. 评审程序不规范或流于形式，使得决策出的项目不一定是最优项目，造成得不到最优效益； 4. 决策失误，导致权限配置的不合理，学校资源损失或浪费，产生重大差错或舞弊。	1. 建立管理决策环节的控制制度，对项目建议书和可行性研究报告的编制、项目决策程序等作出明确规定，确保项目决策的科学性和合理性； 2. 根据职责分工和审批权限对项目进行决策，决策过程有完整的书面记录。重大项目应当报经单位集体决策批准。建立项目管理决策及实施责任制度。在项目立项后、正式施工前，依法取得建设用地、城市规划、环境保护、安全、施工等方面许可。	发展规划部门 基建管理部门 党委（常委）会
2	设计与概预算	1. 初步设计阶段，设计单位的资质未达到要求；在设计方案的选择上，没有进行多方案的比较；设计方案不合理或出现较大疏漏；设计深度未能达到要求等； 2. 施工图设计阶段：概预算脱离实际、设计错误或存在缺陷、设计标准引用不当、设计变更频繁等。	1. 建立相应的设计单位选择程序和标准，严格审查设计单位证书的等级，择优选取并签订合同。重大项目采用招投标方式选取设计单位； 2. 加强对项目设计过程的控制，组织相关部门和人员对设计方案进行分阶段审核，监督设计工作； 3. 建立概预算环节的控制制度，组织工程、技术、财会等专业人士对编制的概预算进行审核。	基建管理部门 招标管理部门
3	招标	1. 招标的风险点：基建项目遭到肢解，从而避开公开招标；投标资格条件设定有指向性，导致投标资格不公平；出现泄漏标底的舞弊行为等； 2. 投标的风险点：出现串通投标的舞弊行为、投标人资质不达标等； 3. 开标风险点：开标不公平、评标流于形式、出现串通舞弊行为等。	1. 建立招投标管理办法，明确招标范围和要求，规范招标程序，不得人为拆分工程项目，规避招标。采用公开招标的方式择优选择设计和施工单位。根据项目特点决定是否编制标底。需要编制的，编制过程和标底应当严格保密； 2. 评标委员会应当客观、公正的履行职务，遵守职业道德，对所提出的评审意见承担责任。评标委员会应当按照招标文件确定的标准和方法，对投标文件进行评审和比较，择优选出中标候选人； 3. 按照规定的权限和程序从中标候选人中确定中标人，及时向中标人发出中标通知书，在规定的期限内与中标人订立书面合同，明确双方权利、义务和违约责任。	招标管理部门 基建管理部门 审计部门

225

续表

序号	关键环节	风险点	防控措施	责任主体
4	建设	1. 工程监理的风险点：监理流于形式、盲目加快完成项目进度等，导致基建项目质量存在隐患、安全得不到保障； 2. 工程物资采购的风险点：对采购的控制不到位，购买符合标准的物资，但支付了过高的价格；基建项目质量、进度受到监督不足的负面影响； 3. 工程价款结算的风险点：结算管理不严格，价款结算不及时，项目资金使用管理混乱等； 4. 工程变更的风险点：工程变更频繁、变更程序不规范、变更审批不规范等。	1. 实行严格的建设项目监理制度。监理人员应当具有相应的资质和良好的职业操守，客观公正地执行监理任务，及时发现和纠正建设过程中的问题。未经监理人员签字，工程物资不得在工程上使用或者安装，不得进入下一道工序施工，不得拨付工程款，不得进行竣工验收； 2. 建立对工程物资采购验收和付款等环节的控制程序；由承包单位采购工程物资的，单位应监督，确保工程物资符合设计标准和合同要求，严禁不合格工程物资进入工程项目建设； 3. 建立项目进度价款支付环节控制制度，对价款支付的条件、方式和会计核算程序作出明确的规定，准确掌握工程进度，根据合同约定，及时支付工程款； 4. 严格控制项目变更，对于必要的项目变更应经过相关部门或中介机构的审核。重大项目变更应比照项目决策和预算控制的有关程序严格控制。	基建管理部门 财务管理部门 审计部门 监理机构
5	竣工验收	工程验收的风险点：竣工验收不规范，质量检验不严格，虚报项目投资完成额、竣工验收不及时、验收资料不齐全等。	1. 建立竣工决算环节控制制度；依据国家法律、法规的规定及时组织审核竣工决算； 2. 建立竣工决算审计制度，及时组织竣工决算审计。及时组织设计、施工、监理对项目进行竣工验收，确保建设项目质量符合设计要求； 3. 加强会计核算控制和档案管理控制。	基建管理部门 财务管理部门 资产管理部门 审计部门 监理机构

第二节　基本建设项目立项业务控制

一、职责与权限

1. 学校发展规划部门：依据学校战略规划，负责提出学校的工程投资意向；编制项目建议书。

2. 基建管理部门：根据项目建议书，负责组织项目可行性研究，编制可行性报告；负责项目的立项报批工作。

3. 党委（常委）会：按照"三重一大"有关规定，负责对学校建设项目的项目建议书、可行性研究报告进行集体决策和审批，并建立责任追究制度。

二、工作流程

基本建设项目立项业务控制流程如图表9-2所示。

图表9-2　　　　　　基本建设项目立项业务控制流程

发展规划部门	基建管理部门	专业机构	校长办公（校务）会或党委（常委）会	政府部门

工程投资意向阶段：开始 → 工程投资意向 → 项目建议书 → 审批 → 审批

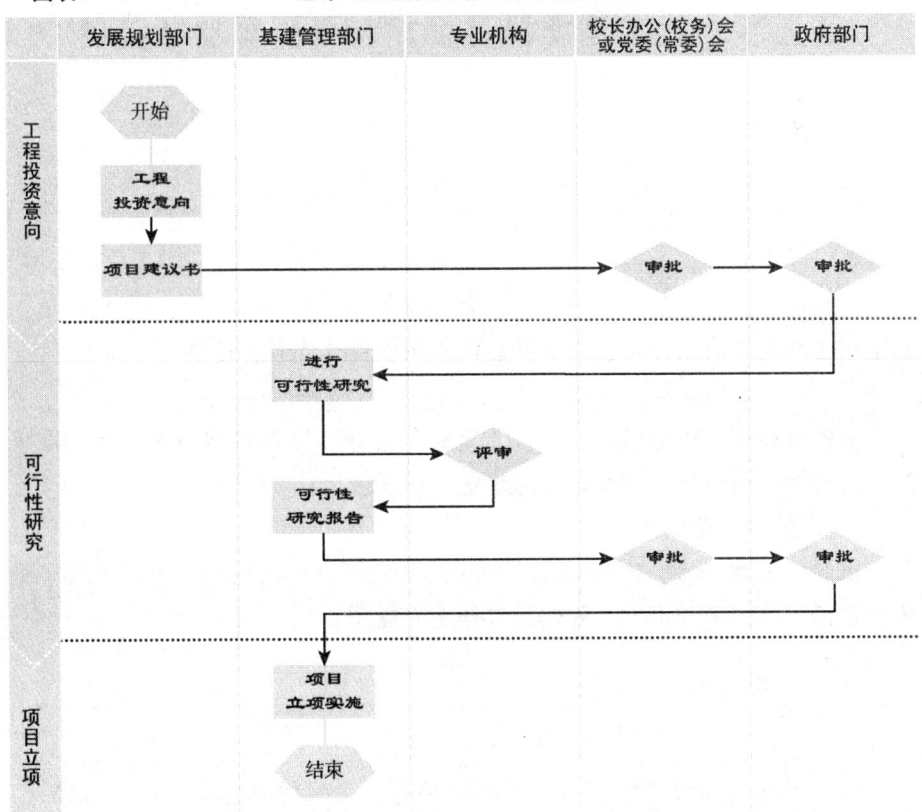

可行性研究阶段：进行可行性研究 → 评审 → 可行性研究报告 → 审批 → 审批

项目立项阶段：项目立项实施 → 结束

1. 学校发展规划部门综合考虑发展战略、校区规划、办学规模、年度投资计划等情况提出工程投资意向；

2. 学校发展规划部门根据工程投资意向，编制项目建议书；

3. 项目建议书编制完成后，应报学校党委（常委）会审批，并根据法规要求和具体情况报政府有关部门审批或备案；

4. 学校基建管理部门根据经批准的项目建议书开展可行性研究，编制可行性研究报告；

5. 学校基建管理部门自行组织或委托具有相应资质的专业机构，对可行性研究报告进行充分论证和评审，提出评审意见；

6. 可行性研究报告形成后，报学校党委（常委）会批准。必要时报政府部门审批；

7. 立项通过审批后，学校组织实施项目建设。

第三节 基本建设项目设计与概预算业务控制

一、职责与权限

1. 基建管理部门

负责和设计单位的沟通与联系，将项目建议书和可行性研究报告的思路、要点告知设计单位；负责对设计单位提出的初步设计方案报学校审批；负责召集施工图会审会议；负责收集和提供建设项目其他需要提供的资料等。

2. 审计部门

负责对设计单位提供初步设计方案进行评审，对项目概预算定额的准确性、合理性进行审核，对预计总造价进行审核。

3. 党委（常委）会

按照"三重一大"有关规定，负责对学校建设项目的初步设计方案、概算等进行集体决策和审批，并建立责任追究制度。

二、工作流程

1. 设计单位在设计前，做好了解各种有关项目的外部条件和客观情况，做好编制计划、配备人员等准备工作。

2. 设计单位进行初步设计，明确拟建工程在指定地点和规定期限内建设的技术可行性和经济合理性，确定主要技术方案、工程总造价和主要技术经济指标。

3. 设计单位将初步设计报学校进行审查和批准。

4. 设计单位根据概算指标、概算定额或综合指标预算定额、设备材料预算价格等资料，对经批准通过的初步设计进行修正，计算和形成预期造价。

5. 学校审计部门对初步设计方案进行总体评审。

6. 设计单位进行施工图设计，确定工程预算造价。

7. 学校审计部门对施工图设计和施工预算进行校对和审核。

8. 学校召开施工图会审会议，设计单位进行技术交底，介绍设计意图和技术要求，以便以后的施工配合。

建设项目设计与概预算业务控制流程如图表 9 – 3 所示。

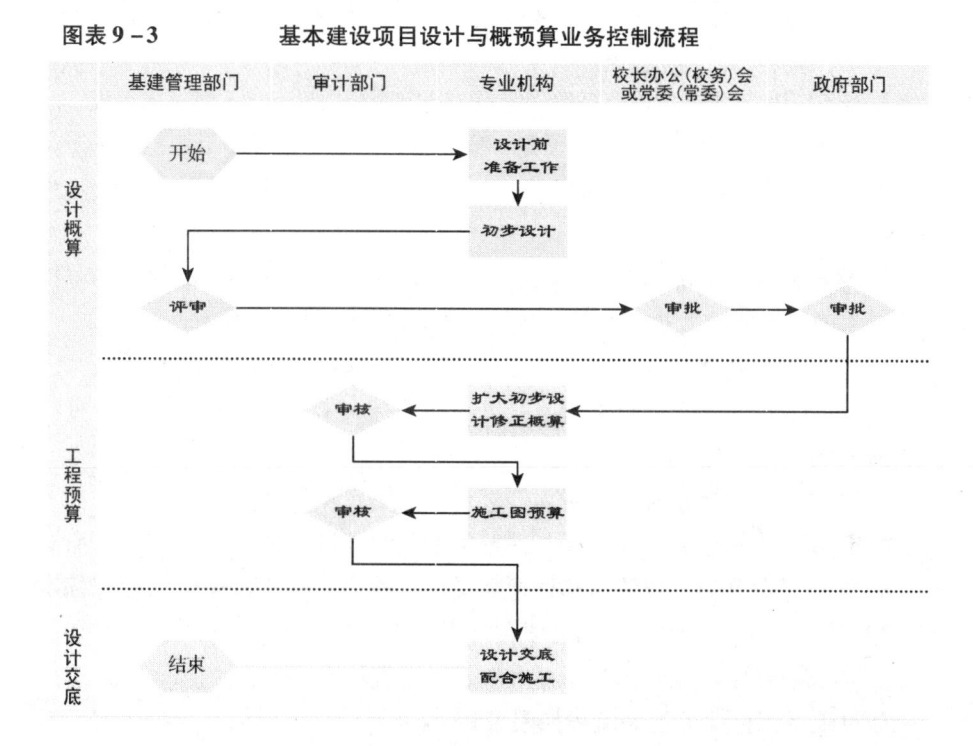

图表 9 – 3　　　　基本建设项目设计与概预算业务控制流程

第四节　基本建设项目招标业务控制

一、职责与权限

1. 招标管理部门：负责招标项目的报批；准备招标文件，制定招标标准；发布招标公告；对投标单位进行资格预审；组织投标人考察现场；召开投标预备会；接受投标和组织开标、评标；根据评标结果确定中标人。

2. 基建管理部门：为招标管理部门提供有关基本建设项目的经济和技术资料，负责工程量清单和招标控制价的编制，工程量清单审核；对协助招标管理部门做好投标单位的资格预审、考察现场等；负责根据招投标文件拟订建设项目合同，参与合同审签。

3. 校长办公（校务）会和党委（常委）会：按照"三重一大"的规定，对招标管理部门编制的建设项目的招标文件和招标标准进行集体决策和审批。

二、工作流程

1. 学校招标管理部门应当按照国家有关规定履行项目审批手续，取得批准。

2. 学校招标管理部门在招标前期，应准备好招标文件，包括招标标准。招标文件经审计部门审核后还需报经校长办公（校务）会和党委（常委）会批准后执行。

3. 学校招标管理部门发布招标公告或邀请函，公开透明、按项目特点确定投标人的资格要求。也可根据情况委托招标代理机构进行招标。

4. 学校招标管理部门会同基建管理部门对投标单位进行资格预审。

5. 学校招标管理部门根据情况，可组织投标人考察项目现场，以便投标人更深入地了解项目情况。

6. 学校召开投标预备会，对项目进行工程交底和答疑。

7. 学校接收投标人按照招标文件要求编制的投标文件。

8. 学校组织开标，依法组建评标委员会，按照招标文件确定的评标标准和方法，进行评审，推荐、确定中标人，向中标人发中标通知书。

9. 学校在规定的期限内与中标人签订书面合同。

建设项目招标业务控制流程如图表9-4所示。

第五节 基本建设项目建设业务控制

一、职责与权限

1. 基建管理部门：负责基本建设项目的施工组织、施工质量和施工安全管理。

2. 监理机构：按照监理合同，负责开工条件的审查；对工程的所有部位及其施工质量进行检查验收；对施工单位完成的全部或分项工程进行验收。

图表 9-4　　　　　　基本建设项目招标业务控制流程

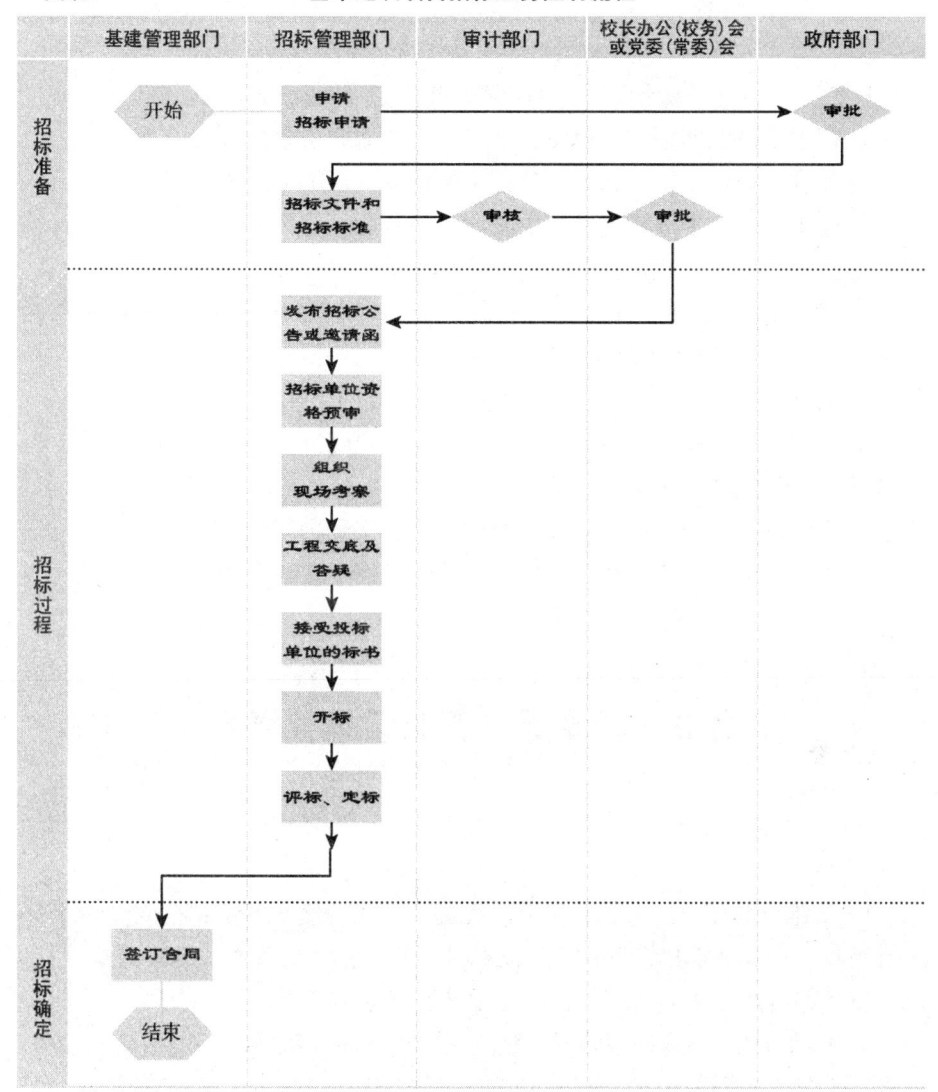

	基建管理部门	招标管理部门	审计部门	校长办公(校务)会或党委(常委)会	政府部门
招标准备	开始	申请招标申请			审批
		招标文件和招标标准	审核	审批	
招标过程		发布招标公告或邀请函			
		招标单位资格预审			
		组织现场考察			
		工程交底及答疑			
		接受投标单位的标书			
		开标			
		评标、定标			
招标确定	签订合同				
	结束				

3. 财务管理部门：负责基本建设项目资金的落实、预算编制、下达财务预算计划；配合基本建设项目实施过程中所需资金证明及文件的办理。

4. 审计部门：对于投资规模达到一定金额以上或学校认为需列为重点监督，且符合审计条件的基本建设工程项目，实施全阶段过程审计或重点阶段关键环节过程审计；对重点环节，提供相关审计咨询服务；对于与建设投资资金管控有关的特定事项，进行专项审计调查。

二、工作流程

1. 施工单位应当按照设计和合同确定的工期，编制进度计划，提交开工表。
2. 监理机构根据相关法律法规和监理合同对开工条件进行审查。
3. 监理机构审批后，施工单位按工程进度计划施工。
4. 施工中发生工程变更事项由施工单位提出，经基建管理部门、设计部门、监理部门审查后，由学校校领导或集体审定。
5. 施工单位按合同约定对材料、工程设备、工程所有部位及其施工质量等进行自检，报监理机构审查。
6. 监理机构对工程的所有部位及其施工质量进行检查验收。
7. 监理机构审验通过后，施工单位进行下道工序，完成全部或分项工程后，报送监理机构进行验收检查。
8. 监理机构对施工单位完成的全部或分项工程进行验收。
9. 监理机构验收通过后，由施工单位组织竣工验收自验。

建设项目建设业务控制流程如图表9-5所示。

第六节 基本建设项目验收业务控制

一、职责与权限

1. 基建管理部门：组织对单项工程进行验收，组织相关部门对全部工程进行验收；负责基本建设项目竣工验收和资料归档，办理相关基本建筑移交；配合审计部门及相关部门的工程结算审计及财务决算审计。
2. 监理机构：按照监理合同，负责对施工单位完成的工程进行全面检查，签署《工程竣工报验单》；与学校和施工单位共同签署《竣工验收鉴定书》。
3. 财务管理部门：负责建设工程财务竣工决算报告的编制。
4. 审计部门：负责建设工程项目竣工财务决算审计。
5. 资产管理部门：负责接收竣工的固定资产，办理资产的入库管理，交付使用单位使用。

图表 9-5　　　　　　　　　　工程建设

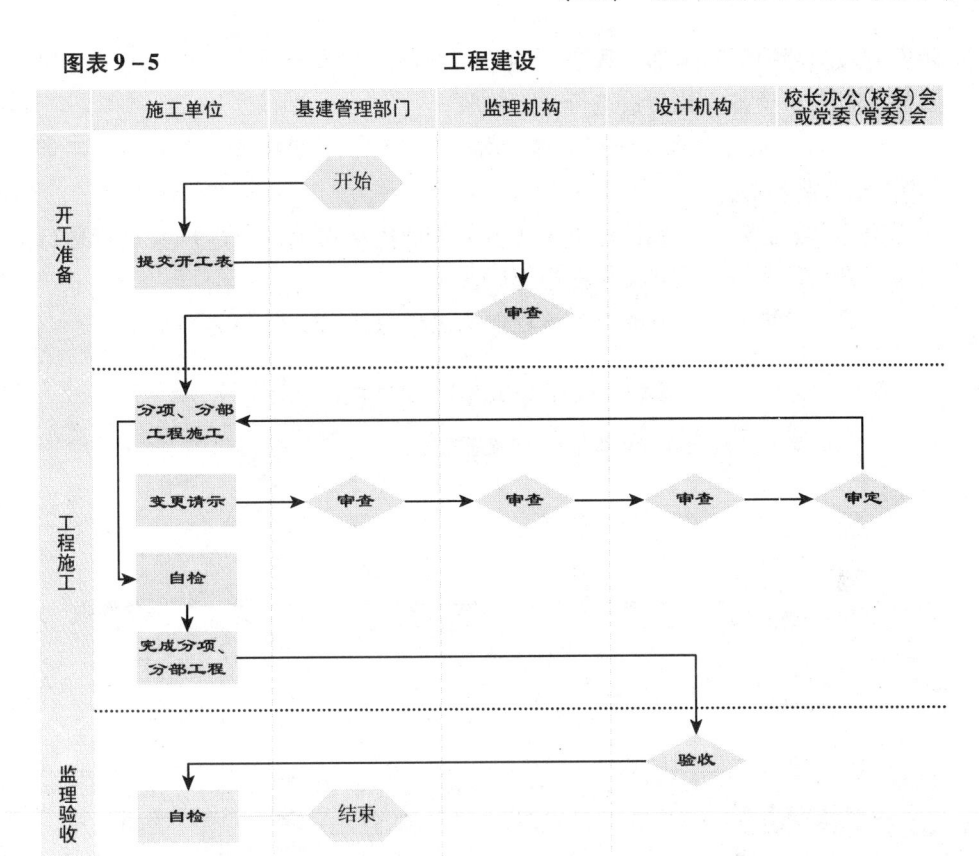

	施工单位	基建管理部门	监理机构	设计机构	校长办公(校务)会或党委(常委)会
开工准备	提交开工表	开始	审查		
工程施工	分项、分部工程施工 变更请示 自检 完成分项、分部工程	审查	审查	审查	审定
监理验收	自检	结束	验收		

二、工作流程

1. 施工单位单项工程施工完成，按照合同规定达到竣工验收条件。
2. 施工单位按照合同要求进行初步自验。
3. 自检合格后，施工单位向监理机构提交《工程竣工报验单》。
4. 监理机构对其完成工程进行全面检查。
5. 经监理机构审核通过的，监理机构签署《工程竣工报验单》，并上报学校进行验收。
6. 学校基建管理部门组织对单项工程进行验收。
7. 经学校验收合格的单项工程，由施工、监理和建设单位共同签署《交工验收书》。
8. 学校基建管理部门组织设计、施工、监理、工程质量监督部门以及消防安防检测部门等对全部工程进行验收,对该项目是否符合规划设计要求以及建筑施工和设备安装质量进行全面验收。

9. 经竣工验收合格的全部工程,由施工单位、监理机构、学校共同签署《竣工验收鉴定书》。

10. 经竣工验收,固定资产达到预定可使用状态后,由学校基建管理部门移交资产管理部门,并交付使用部门使用。

建设项目竣工验收业务控制流程如图表9-6所示。

图表9-6　　　　　基本建设项目竣工验收业务控制流程

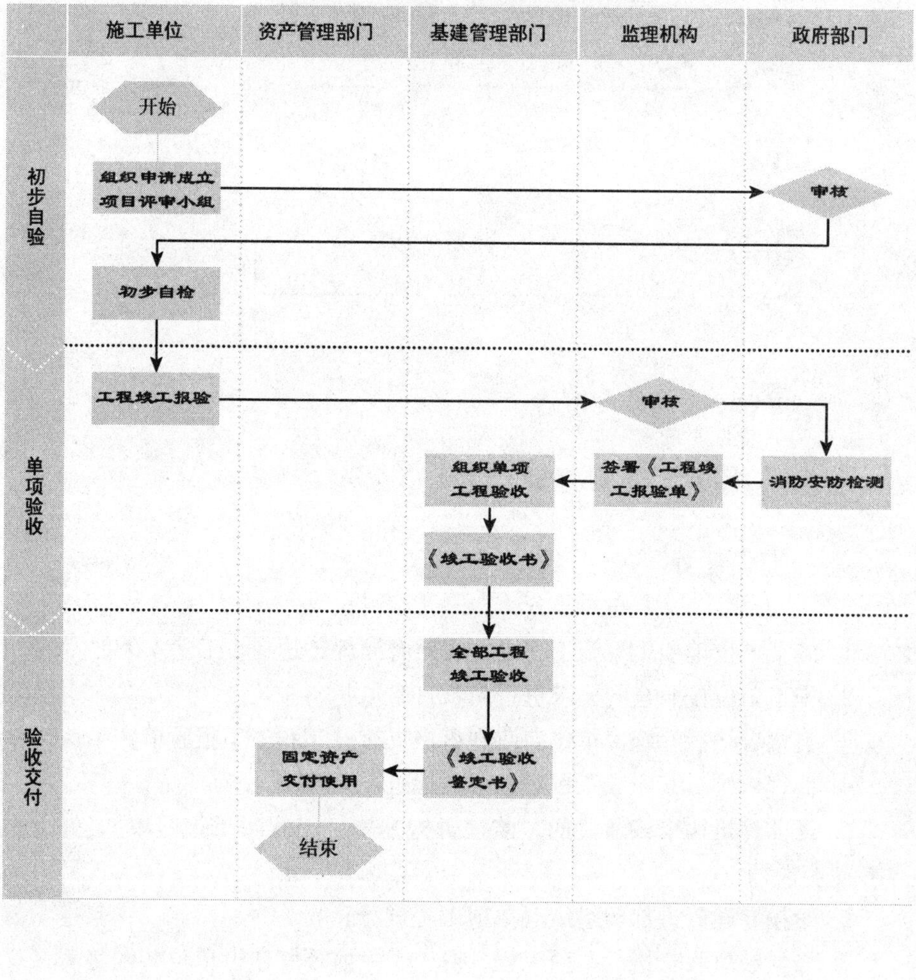

第七节 基本建设项目控制制度设计范例

建设项目投入资金量大、建设工期长、涉及环节多、各种利益关系错综复杂，管理难度较大。下面我们将《某高职高专院校工程建设管理办法》作为范例提供给读者，供在制度设计时参考与借鉴。

一、工程建设管理办法

某高职高专院校工程建设管理办法

第一章 总 则

第一条 为贯彻《中华人民共和国建筑法》、《中华人民共和国城市规划法》、《中华人民共和国招标投标法》等相关法律法规及制度规定，并结合我校实际情况，制定本办法。

第二条 为落实学校事业发展规划，规范校园基本建设工作，对校园工程建设实施管理。

第三条 本办法中所称工程建设，按建设的规模与资金性质划分为：按照学校规划经发改委立项批准并纳入政府固定资产投资的基本建设工程项目，简称为"基建工程"，所形成的项目称为基建工程项目；使用财政性资金（专项资金或基本经费资金）并纳入政府采购的装饰装修类项目，简称为"改造工程"，所形成的项目称为改造工程项目。

第四条 工程建设内容包括：房屋建筑（含临时建筑）、基础设施设备、园林景观、人防，以及其他构筑物的新建、改建、扩建、装饰装修以及拆除等内容。建筑包括办公室、教室、实验实训室、宿舍、食堂、浴室、仓库等，基础设施包括道路、园林景观（含建筑小品）、给水、排水、热力、燃气、电力等。

第五条 学校任何单位或个人在校园内进行各类工程建设，必须遵守国家、地方政府及行业管理机构的相关法律法规，必须遵守校园整体规划的基本要求，以及本管理办法。

第六条 基本建设管理部门是学校负责校园规划和工程建设日常管理工

作的职能部门。基本建设管理部门依国家及地方现行的基本建设程序，负责工程建设项目的组织实施。

第二章 工程建设项目的立项审批

第七条 工程建设项目具有投入资金大、对学校整体规划影响大等特点。项目立项在经过多部门协商论证的基础上必须履行"三重一大"的决策程序，报党委（常委）会审批。

第八条 对于新建的基建工程项目，在学校研究确定其规划后，由基本建设管理部门负责办理相关报批手续，并组织实施建设工作。项目所需的设计费、勘察费、监理费、咨询费等前期费用在基本建设概算中列支。

第九条 使用财政性资金（专项资金或基本经费资金）纳入政府采购的改造工程项目，各需求单位在每年规定时间按预算申报程序申报项目经费预算，由学校统一组织评审、排序后，纳入学校综合预算草案中，报党委（常委）会批准。批准下达执行的项目，进行第三方审计造价公司的评审，由基本建设管理部门组织有关部门提供评审材料。基本建设管理部门按照规定程序组织项目的实施或委托相关单位实施。项目所需的设计费、勘察费、评审费等前期费用学校应给予经费保障，监理费在工程费用中单独列支。

第十条 对于临时性急需进行的改造工程，需求单位均应事先征求学校相关部处的意见，同时落实项目资金来源，填写《某高职高专院校建设工程项目立项申请表》。由基本建设管理部门进行论证，并按照学校有关规定履行审批程序。视情况由基本建设管理部门组织实施或由相关单位组织实施，基本建设管理部门进行监管。

第十一条 为统一校园规划管理，防止私拆私改私建，校内各单位或个人对所使用房屋和构筑物进行工程建设必须履行申报审批程序。凡未经审批私自占用土地建设的均属于违规用地，未经审批所进行的建设工程均属于违规建设。

第十二条 基本建设管理部门、资产管理部门、后勤保障管理部门等部门定期巡查校园，发现不符合校园规划的违规用地、违规建设，应及时责令违规的单位（或个人）和施工单位立即停止施工，由基本建设管理部门会同相关部门处理。

第十三条 对违规单位的主管负责人、直接责任人或个人，根据情节的轻重和造成损失的大小，由学校相关部门进行问责。

第三章 工程建设项目的实施和过程管理

第十四条 所有立项的工程建设项目必须严格遵守国家的法律、法规、条例，严格履行政府采购招投标程序，严格履行工程建设审批申报程序。

第十五条 所有立项的工程建设项目由基本建设管理部门负责组织实施或协助组织实施，并统一安排监理单位对施工和验收环节进行全过程监管。工程保修期间由基本建设管理部门负责组织施工单位进行保修。

第十六条 凡在校园内实施的工程建设项目，必须明确工程项目管理单位和项目负责人。项目负责人应具备一定工程管理能力并认真负责。项目的管理要严格执行基本建设工程和定额改造等专项的相关制度、规定和程序。工程建设项目必须有施工图纸（基建工程项目和重大改造项目要求有设计单位或有设计资质的厂家提供）、工程预算及施工合同，具备上级要求的报批备案手续方可开工；工程实施过程中，应严格执行监理制度、审计制度、竣工验收制度、档案管理制度等。

第十七条 新建基本建设工程，基本建设管理部门组织申报竣工验收工作，合格后组织填写竣工验收报告，完成后续手续，按照学校审计、财务相关文件规定进行审计，办理结算、决算手续。

第十八条 新建工程项目竣工验收后，基本建设管理部门向学校资产管理部门、后勤保障部门等部门移交。按上级相关规定，以四方结算为依据，基本建设管理部门按暂估值向资产管理部门申报相关资产暂估入账手续，待决算后以决算为依据最终确认资产入账类别及价值。

第十九条 新建基本建设工程项目招投标管理工作，由基本建设管理部门依据《学院基本建设工程招标管理办法》组织执行。

第二十条 改造工程项目参加学校统一组织的项目评审，由学校资产管理部门统一组织学校政府采购、签订合同、支付管理、验收管理等程序，基本建设管理部门作为项目单位进行过程管理。保卫处实施项目有关备案管理并签订施工安全协议。后勤保障部门办理施工用水、用电的相关手续。

第二十一条 工程建设项目的实施应当坚持公开透明、依法办事、民主监督、注重实效的原则，使建设工程从立项到开工直至竣工验收、结算的全过程成为"阳光工程"。学校纪检办公室、审计处、财务管理部门、资产管理部门、后勤保障部门、教代会及党、政、群各部门要参与"阳光工程"的实施和监督管理。将学校工程建设工作列为学校政务公开的重要内容。

第四章 附　　则

第二十二条　本办法由基本建设管理部门负责解释。

第二十三条　本办法自公布之日起执行。

二、工程招标管理办法

某高职高专院校基本建设工程招标管理办法

第一章 总　　则

第一条　为加强和规范学校基本建设工程招投标管理，严格遵守国家的相关法律法规，提高教育投资效益，积极接受监督，使学校工程建设的招标工作走向制度化、规范化、科学化，防止违规、违纪、违法及腐败问题的发生，根据《中华人民共和国招标投标法》《中华人民共和国政府采购法》《中华人民共和国招标投标法实施条例》（国务院令613号）等有关法律法规及制度，结合学校工程建设实际情况，特制定本办法。

第二章　招标组织管理机构及其职能

第二条　学校成立基本建设工程项目招标领导小组，领导小组成员一般由采购管理部门、政府采购部门、资产管理部门、财务管理部门、后勤保障部门、审计处、纪检监察办公室相关人员成员。分管基建工作的校领导任组长。

第三条　学校基本建设工程项目招标领导小组负责组织管理学校基建工程项目的招投标工作；负责确定招标工作的原则和具体方式；商议招标文件的相关内容；处理招标工作中出现的重要问题。

第四条　基本建设管理部门负责落实基建工程的招投标工作，审计处负责相关环节的审计工作。政府采购部门负责组织工程项目政府采购工作。纪检监察办公室负责对工程全过程进行监督。

第三章　招标范围

第五条　严格执行地方政府工程建设项目招标范围和规模标准等文件规定。建设规模及施工合同估算价达到公开招标规定限额标准以上的工程建设项目、重要设备材料等，服务类勘察、设计、监理等合同估算价在规定限额标准以上的项目，按规定要在建筑市场进行招标。

第六条 基建工程建设规模及合同估算价在公开招标规定限额标准以下、政府采购规定限额标准以上且在建筑市场招标之外的项目，委托具有工程资质的采购代理机构进行政府采购，除选择公开招标、竞争性磋商政府采购方式外，根据项目情况和条件如选择邀请招标、竞争性谈判和单一来源等方式，须经过学校招标领导小组研究，并报校长办公（校务）会或党委（常委）会决定；基建工程项目在政府采购规定的限额标准以下且在建筑市场招标之外的，可委托具有工程资质的采购代理机构参照政府采购程序执行。

第七条 总承包范围内的暂估价形式的材料设备、专业工程的招标，由总承包单位按照法律规定组织招投标工作，基建处负责过程监督。

第八条 特殊项目招标方式。

（一）根据国务院和地方政府规定，以下情况可以不进行招标。项目发生时，经学校招标工作领导小组研究后，报校长办公（校务）会或党委（常委）会批准，通过谈判签订建设项目合同。

1. 需要采用不可替代的专利或者专有技术（国务院令613号）；

2. 采购人依法能够自行建设、生产或者提供（国务院令613号）；

3. 已通过招标方式选定的特许经营项目投资人依法能够自行建设、生产或者提供（国务院令613号）；

4. 需要向原中标人采购工程、货物或者服务，否则将影响施工或者功能配套要求（国务院令613号）；

5. 抢险救灾项目（地方政府人民政府89号令）；

6. 项目的勘测、设计采用行业主管指定的或者特定专业、专有技术的，或者其建筑艺术造型有特殊要求的（地方政府人民政府89号令）；

7. 承包商、供应商或者服务提供者少于3家，不能形成有效竞争的（地方政府人民政府89号令）；

8. 国内外民间组织或者个人全额捐赠的（地方政府人民政府89号令）；

9. 捐赠的实物工程；

10. 拟采购的有关设备或服务属专业性垄断经营的。

11. 国家规定的其他特殊情形。

（二）符合《政府采购法》第30条，属招标后无结果，技术复杂，供应商不足，紧急需要变更为竞争性谈判等其他采购方式，由学校工程项目招标领导小组研究后，报校长办公（校务）会或党委（常委）会批准。

第四章　招标和政府采购的管理

第九条　基本建设管理部门根据招标内容和需要，组织研究确认招标文件、图纸、资料，根据需要组织现场踏勘、招标答疑。招标过程中对投标单位进行广泛的调查与考察，必要时对设备和材料生产厂家、施工企业、服务单位进行走访，充分了解投标方的资质与信誉、业绩与能力、服务与承诺。材料、设备的招标须对其品牌、性能、指标、质量、价格及进口、合资、国产设备的差异进行全面了解。

第十条　招标文件、招标清单、招标控制价由基建处委托招标代理机构或造价咨询公司编制；审计处组织审查。

第十一条　一般工程建设项目的招标代理机构和造价咨询机构通过比选方式选择，每三年组织一次，各选择2－3家优质的招标代理公司和造价咨询公司提供此期间的招标代理和咨询服务，根据服务效果分配任务。

第十二条　依法必须进行政府采购招投标的基建工程项目，按国家和地方政府有关规定办理。施工项目在政府主管部门规定的场所公开开标、评标；评标委员会由代理机构从地方政府监管部门指定的评标专家库随机抽取的技术、经济专家组成，评标委员会成员为5－7人（特殊情况下还可增加专家人数）。学校可不派评标代表。评标委员会依据招标文件确定的评标办法进行评标，推荐招标文件规定数量的中标候选人并标明排名次序。学校招标领导小组依据《中华人民共和国招标投标法实施条例》（国务院令613号）第五十五条等规定确定中标单位，并报校长办公（校务）会或党委（常委）会批准。

第五章　招标工作纪律

第十三条　招标工作原则：公开、公正、公平、诚信、择优、科学、严谨、高效的原则，合法合规。

第十四条　任何单位和个人不得以任何方式规避招标，也不得将应招标的项目化整为散规避招标。

第十五条　招标活动过程必须接受学校纪检监察部门的过程监督。

第十六条　基本建设管理部门与中标单位进行合同谈判并组织签订合同，并会同纪检监察办公室与中标单位签订三方《工程建设廉政协议书》，进行廉政谈话。

第十七条　招标确定的中标价如遇变动，基建处必须以书面形式及时向项目招标领导小组汇报，并说明其原因。重大事项需向学校相关会议报告。

第十八条 学校工程项目招标领导小组成员及基建处工作人员，要认真遵守招标有关制度规定。严格遵守保密要求，不得以任何形式泄露标底，杜绝与投标方串通、围标现象的发生。不得接受投标方的任何礼品、礼金及参加有碍公务的任何形式的活动。

第六章 附 则

第十九条 本办法由基本建设管理部门负责解释。

第二十条 本办法自公布之日起执行。

三、工程合同管理办法

某高职高专院校基本建设工程合同管理办法

第一章 总 则

第一条 为加强对基本建设工程合同的规范管理，确保工程项目顺利施工，根据《中华人民共和国合同法》《中华人民共和国建筑法》《中华人民共和国招标投标法》等相关法律法规及《学校合同管理办法》的规定，结合基本建设工程的特点，特制定本办法。

第二章 合同签订原则和主要内容

第二条 合同的签订，应当遵守国家的法律、法规，遵循平等互利、协商一致、等价有偿的原则，由法定代表人或授权委托人签订。

第三条 合同是双方真实意愿的体现，一经签订必须严格执行。合同双方当事人权利、义务的规定必须明确、具体，文字表达要清楚、准确。

第四条 合同起草：基建管理部门通过招投标或其他法律法规允许的方式，选定合作对象，确定投标内容。合同应真实全面反映招标文件所确定内容。合同样本遵循建筑市场或政府采购规范样本，特殊情况可根据谈判情况起草合同。所有合同样本需经律师的审核。

第五条 合同中必须明确约定的主要条款：

（一）咨询服务类合同内容包括：工程概况；双方的权利、义务和一般责任；受委托人应完成的工作内容和完成时间；委托代理报酬金额和计算方法；违约责任、处理方法以及争议解决方式等。

（二）施工合同内容包括：工程概况；双方的权利、义务和一般责任；工程质量要求；工期要求；合同价款与支付方式；材料设备的供应与质量标准；竣工条件与结算方式；保修期限与责任；违约责任及处理方法以及争议解决方式等。

（三）采购合同内容包括：产品名称（应具体写明品牌、商标、生产厂家、型号、规格、等级、花色、是否成套产品等）；技术质量要求；数量（要明确计量单位、计量方法、正负尾差、合理误差及自然损耗率等）；运输方式及运费明确承担责任主体；交（提）货期限、地点及验收方法；价款必须执行现行的国家定价或国家指导价、市场调节价；违约责任及处理方法以及争议解决方式等。

第三章 合同审批程序

第六条 合同审核流转：由基建管理部门负责合同管理的工作人员填写《合同流转单》，基建管理部门相关负责人（项目负责人、技术人员、预算人员）按职责审核签字，基建管理部门副处长、处长分别审核签字。按学校合同签订相关管理制度规定履行审批签字程序。

第七条 合同审批及签订权限：修改完成后的合同，按规定管理权限由基建管理部门处长、主管校领导、总会计师签批，重要合同报校长办公（校务）会或党委（常委）会审批后由校长或校长授权专人签署。

第四章 合同管理与实施

第八条 合同管理：在合同执行过程中，按照学校合同分类归口管理的方式，由基建管理部门负责管理。工程项目施工完成、交付使用并纳入学校固定资产管理后，基建管理部门应将管理的该项目的所有合同、图纸及其他档案资料按照规定移交给学校档案室或上级有关档案管理部门。

第九条 合同管理中基建管理部门职责：

（一）基建管理部门负责各类合同文件的日常存档、借阅。

（二）合同文件按统一编号归档，编号为 JJC – 年度 – 顺序号。

（三）建立合同文件管理台账，内容包括：合同名称、签订单位、承包方式、合同金额、签订日期、执行时间、备注等。

（四）合同文件分别发送审计处、财务处。

（五）工程项目完成后，基建管理部门负责将该项目档案整理、移交。

第十条 合同在履约过程中，基建管理部门组织监理单位、相关部门严格按照合同约定的工期、质量、安全、造价等进行管理，配合质检监督等部门执法检查。合同执行完毕后尽快完成结算、资料归档工作。

第十一条 合同履行过程中发生争议、纠纷，双方应努力保持施工连续，不使工程质量受到损害的情况下，按合同约定的解决方法和程序进行调解，申请仲裁或向法院起诉。

第十二条 变更或解除合同应签订书面文件。

第十三条 为保护学校和合同当事人的合法权益，严禁泄露合同机密，由于泄密而造成损失的，应追究有关人员相应法律责任。

第五章 附　则

第十四条 本办法由基建管理部门负责解释。

第十五条 本办法自公布之日起执行。

四、工程变更管理办法

某高职高专院校基本建设项目工程变更管理办法

第一章 总　则

第一条 为确保学校工程建设项目廉洁、严谨，确保工程造价受控，依据《中华人民共和国合同法》《工程量清单计价规范》《工程管理规程》等有关法律、法规和规定，结合学校实际，特制定本办法。

第二章 适用范围

第二条 工程变更分为设计变更及工程洽商两类。

（一）设计变更是指设计单位对原施工图纸和设计文件中所表达内容的改变和修改。设计变更一般由设计单位提出，当设计出现不符合各种工程规范、行业管理标准以及按照原方案实施会带来严重问题时，也可由甲方或发现问题的施工及监理单位报请甲方同意后，要求设计单位进行设计变更。

（二）工程洽商是指施工企业就施工图纸、设计变更所确定的工程内容以外，提出的工程实施所必要的技术性文件。工程洽商一般由施工单位提出并编制。

第三章 工程变更洽商审批授权

第三条 工程变更洽商审批授权权限

（一）改造工程项目应按合同规定内容执行，一般不可进行变更洽商。特殊情况并在财政规定的范围内，变更洽商不影响其改造性质和金额时，由基建管理部门审核，分管基建的校领导审批。

（二）基本建设工程项目

1. 变更估价在×万元（不含）以下的，由基建管理部门负责人审核，报分管基建校领导审批；

2. 变更估价在×－××万元（不含）之间的，由基建管理部门负责人组织洽商，审计处负责人、财务处负责人审核，分管基建校领导、分管财务校领导会签，报校长审批；

3. 变更估价在××－××万元（不含）之间的，由基建管理部门负责人组织洽商，审计处负责人、财务处负责人审核，报校长办公（校务）会审批；

4. 变更估价在××万元及以上的，由基建管理部门负责人组织洽商，审计处负责人、财务处负责人审核，报学校校长办公（校务）会或党委（常委）会审批。

第四章 工程变更执行程序

第四条 学校、设计单位、施工单位、监理单位均可以提出工程变更的要求，学校对工程变更具有最终决定权。

第五条 在工程变更洽商审批流程中，基建管理部门作为监理单位的唯一接口，监理单位作为对施工单位的唯一接口。

第六条 施工单位提出的洽商要求时，由施工单位提交工程变更记录单，经监理单位审核后报学校基建管理部门，基建管理部门做好审批流转工作。

第七条 设计单位提出的设计变更必须事先征得学校基建管理部门的同意，按照基建管理部门提出工程变更处理流程执行。审批同意的设计变更文件需要学校最终签字确认。

第八条 变更的执行程序及职责：

（一）学校提出工程变更，应填写《工程变更内部核准单》，经项目监理单位初步审查后由现场相关专业工程师审核，再由造价工程师审核，最后由学校校长办公（校务）会或党委（常委）会审批。重大变更还需上报上级发展规划部门审批。审批通过后，由监理单位发出会签的《工程变更通知单》，交由承包单位实施。

（二）设计单位提出设计变更，应事先征得甲方同意。填写《工程变更内部核准单》，监理单位进行初步审查，现场相关专业工程师、造价工程师审核，最后报学校审批。学校履行相关审批程序批准后，由监理单位发出会签的《工程变更单》，交由承包单位直接实施。《设计变更通知单》应内容翔实，必要时应附图，并逐条注明应修改图纸的图号。

（三）承包单位提出的工程变更，承包单位应填写《工程变更内部核准单》，监理单位初步审查，现场专业工程师、造价工程师审核，最后报学校审批。学校履行相关审批程序批准后，由监理单位发出会签的《工程变更通知单》，交由承包单位直接实施。

第九条　承包单位在接到监理单位发出的会签的《工程变更通知单》后，需向监理单位提出《工程变更费用报审表》，由监理单位初审、造价工程师预审、校审计部门终审后，由学校基建管理部门、审计部门、承包单位、监理单位四方确认后，方可作为结算依据。

第十条　加强工程变更资料管理。所有工程变更签署内容须真实、明确，描述清晰，图纸上不能明确确定位置的，需附图说明。洽商需按专业分类编号，且编码齐全，不能出现重号、跳号等现象。工程变更管理人员需要编制完整的《变更管理登记表》，确保工程变更资料完整、查询方便。所有变更洽商单应一式四份，甲方、监理、施工方及设计方各留一份，编写单位应先行签字。所有变更资料须交档案员备案。

第十一条　工程变更洽商应事前进行，不允许事后追补。

第五章　附　　则

第十二条　本办法由基建管理部门负责解释。

第十三条　本办法自公布之日起执行。

五、工程建设质量管理办法

某高职高专院校工程建设质量管理办法

第一章　总　　则

第一条　根据《中华人民共和国建筑法》《中华人民共和国建设工程质

量管理条例》等有关法律、行政法规，结合学校的实际情况，特制定本办法。

第二条 学校作为建设单位依据法律、法规、条例对工程建设实施质量管理。基建管理部门代表学校履行建设前期、建设实施阶段、竣工验收阶段和保修阶段的质量管理工作，督促有关单位落实质量责任，并对由其违法违规或不当行为造成的工程质量事故或者质量问题承担管理职责，处理建设过程和保修阶段建设工程质量缺陷和事故。

第三条 勘察、设计单位对因勘察、设计导致的工程质量事故或者质量问题承担责任。施工单位对因施工导致的工程质量事故或者质量问题承担责任。监理单位对施工质量承担监理责任。

第二章 建设前期质量管理

第四条 基建管理部门组织并督查勘察单位按照法律法规和工程建设强制性标准开展勘察工作，勘探、测试、测量和试验原始记录应当真实、准确、完整，签署齐全。

第五条 基建管理部门组织并督查设计单位对工程建设项目按照法律法规和强制性标准开展设计工作，保证设计质量和设计深度。

第六条 基建管理部门组织工程发包，不得将一个单位工程发包给两个以上的施工单位，不得对预拌混凝土直接发包。严禁施工单位允许其他单位或者个人通过挂靠方式、以本单位的名义承揽工程；严禁施工单位通过挂靠方式，以其他施工单位的名义承揽工程；严禁施工单位转包或者违法分包工程。

第七条 基建管理部门按规定会同施工单位将工程建设合同、勘察合同、设计合同、监理合同、施工分包合同、重要材料设备采购合同，按照规定报有关行政主管部门备案；建设工程规模标准、结构形式、使用功能等发生重大变更，依法应当由有关行政主管部门批准的，应将相关合同重新报备。

第八条 对依法履行招标等程序的勘察、设计、施工、监理等单位，基建管理部门负责落实法定代表人签署授权委托书事宜，明确各自建设工程项目负责人、供应涉及建筑主体和承重结构材料的单位的法定代表人，其签署的工程质量终身责任承诺书作为工程建设各阶段相关合同的附件，在办理施工图设计文件审查、消防审查和工程质量监督注册手续时向有关监督管理部门提交。工程质量终身责任承诺书应当存入建设工程档案，工程竣工验收合格后移交城市建设档案管理部门。

第九条 基建管理部门负责组织核查承担深基坑、地基处理等岩土工程的设计单位资质，岩土工程设计单位对设计质量负责。其设计文件应当按规定经审查合格后方可使用。

第十条 对进行改建、扩建的工程，基建管理部门须委托原设计单位或者具有相同或者以上资质等级的设计单位设计。因改建、扩建工程造成工程质量问题的，改建、扩建工程的设计单位应当承担设计质量责任。

第十一条 按照国家规定将施工图设计文件报规划行政主管部门审查。按照相关规定应当重新提交审查的，将修改后的施工图设计文件重新提交审查。经审查合格的施工图设计文件是建设工程施工、监理、验收及质量监督管理的依据。

第三章 建设实施阶段的质量管理

第十二条 依法应当申请建设工程施工许可的，基建管理部门应当在开工前申请领取施工许可证。领取施工许可证后，施工单位方可进行施工。建设单位或者施工单位变更的，应当重新申请领取施工许可证；其他施工许可条件发生变更的，基建管理部门应当依法办理变更手续。

第十三条 基建管理部门负责督查监理单位对施工现场项目监理机构，明确总监理工程师，按照国家和本市规定配备与工程项目规模、特点和技术难度相适应的专业监理工程师、监理员，采取巡视、平行检验、对关键部位和关键工序旁站等方式实施监理。

第十四条 基建管理部门负责督查施工单位工程质量管理体系，督查项目管理机构明确项目负责人，配备与工程项目规模和技术难度相适应的施工现场管理人员和专业技术人员，落实质量责任。

第十五条 基建管理部门负责督查落实建筑材料、建筑构配件和设备进场时，供应单位按照规定提供真实、有效的质量证明文件。结构性材料、重要功能性材料和设备进场检验合格后，供应单位应当按照规定报送供应单位名称、材料技术指标、采购单位和采购数量等信息。督查供应涉及建筑主体和承重结构材料的单位，其法定代表人签署工程质量终身责任承诺书。

第十六条 基建管理部门负责督查预拌混凝土生产单位相应资质。预拌混凝土生产单位应当对原材料质量进行检验，对配合比进行设计，按照配合比通知单生产，按照法律法规和标准对生产质量进行验收。

第十七条 工程建设项目需严格按照合同内容、工作量清单、施工图纸、投标文件等执行。设计变更或者工程洽商必须遵照《学校工程建设项目工程变更管理办法》进行。变更和洽商均须有签字备案的书面文件。改变的内容作为施工图设计文件的组成部分。没有签字确认的变更与洽商文件不得执行，或执行后不予认证。

第十八条 基建管理部门负责协调勘察、设计单位提供现场技术服务，及时解决施工中出现的勘察、设计问题。现场服务的范围、标准及费用应在勘察、设计合同中约定。

第十九条 基建管理部门负责督查施工单位按照规定对建筑材料、建筑构配件和设备、预拌混凝土、混凝土预制构件及有关专业工程材料进行进场检验，施工单位进行取样、封样、送样，监理单位进行见证，报监理单位审查；未经审查或者经审查不合格的，不得使用。监理单位应当监督施工单位将进场检验不合格的建筑材料、建筑构配件和设备、预拌混凝土、混凝土预制构件或者有关专业工程材料退出施工现场，并进行见证和记录。

第二十条 基建管理部门和监理单位需按照规定审查施工单位现场质量保证制度，并监督执行。发现施工单位项目管理机构及其岗位人员不符合配备标准、施工单位项目负责人未在施工现场履行职责或者分包单位不具备相应资质的，监理单位应当要求施工单位改正；拒不改正的，可以要求暂停施工。发现涉及结构安全的重大质量问题的，监理单位应当要求施工单位立即停工整改，学校、施工单位、监理单位应当自发现之日起3日内报告住房城乡建设或者其他专业工程行政主管部门。

第二十一条 施工单位应当按照规定对隐蔽工程、分项和分部工程进行自检，自检合格后报监理单位进行验收。经验收不合格的，监理单位应当要求施工单位整改并重新报验；未经监理单位验收或者经验收不合格，施工单位将隐蔽部位隐蔽的，监理单位应当要求施工单位停工整改。

第二十二条 监理单位要求施工单位停工整改的，应当同时报告学校基建管理部门；施工单位拒不停工整改的，监理单位应当报告住房城乡建设或者其他专业工程行政主管部门。监理单位在施工单位停工整改完成前不予签认工程款支付申请，基建管理部门没有得到监理单位的签字确认，不得支付工程款项。

第四章 竣工验收阶段的质量管理

第二十三条 工程建设项目完工后，施工总承包单位应当按照规定进行质量自检；自检合格的，监理单位应当组织单位工程质量竣工预验收。预验收合格的，并具备法律、法规规定的其他条件后，学校基建管理部门组织勘察、设计、施工、监理等单位进行工程质量竣工验收。验收合格形成单位工程质量竣工验收记录,作为工程竣工验收合格的证明文件。工程竣工验收记录中各方意见签署齐备的日期为工程竣工时间。

第二十四条 工程竣工验收合格,基建管理部门组织相关单位按照规定程序进行相关的消防、人民防空、环境卫生设施、防雷装置、规划、节能、绿化园林、市政道路、质检等验收。验收合格后,建设工程方可交付使用。

第二十五条 工程竣工验收合格后6个月内,基建管理部门应将工程竣工验收报告、工程档案预验收文件及法律法规规定的其他文件报住房城乡建设档案管理部门或者其他专业工程行政主管部门备案。交通、消防、环保、人民防空、通信等工程的竣工验收备案,应当按照相关法律、法规和规章的规定执行。

第二十六条 重大工程建设项目竣工验收前,应当设置永久性标识,载明工程名称和建设、勘察、设计、施工、监理等单位名称以及项目负责人姓名等内容。

第五章 保修阶段的质量管理

第二十七条 基建管理部门代表学校履行工程保修的各项管理工作。建立保修工作责任机制,建立项目保修档案,及时落实保修工作的实施,依法保证学校的权利和义务。

第二十八条 工程建设项目交付使用前,基建管理部门负责,施工总承包单位、监理单位分别以书面方式指定具体负责人成立工程保修小组。保修小组相关负责人或联系方式更换应以书面形式通知相关单位。

第二十九条 保修工作分为四个阶段。一般性质量问题,基建管理部门通过施工单位及时维修,解决存在的问题;多次维修无效或出现较大质量技术问题,基建管理部门立即组织设计、监理、施工单位等进行会议分析研究,确定重大维修方案,解决存在的质量缺陷问题;多次维修无效,并出现推诿扯皮等现象,无法通过正常会议协商解决问题,基建管理部门向学校校长办公(校务)会或党委(常委)会报告,经同意后正式发函给施工单位、设计单位和监理单位,协调解决质量问题;正式发函无效或仍然不能解决问题,基建管理部门向学校校长办公(校务)会或党委(常委)会报告,经批准通过法律程序解决。维修的全过程做好档案资料记录。

第三十条 保修期内并属于工程建设质量问题的,需通过保修机制解决问题。通过保修无法解决问题并严重影响使用的,如通过改造专项或日常维修解决此问题,基建管理部门需报学校相关会议批准,并按会议决定做好善后工作。

第三十一条 施工单位应当在建设工程质量保修范围和保修期限内对所有权人履行质量保修责任和义务。施工单位对工程质量保修期限自交付之日起计算。在建设工程保修期限内，经维修的部位保修期限自学校和相关单位验收合格之日起重新计算。

第三十二条 施工总承包单位在房屋建筑工程交付使用时，应当提供房屋建筑质量保证书和使用说明书。使用说明书应当载明房屋建筑的基本情况、设计使用寿命、性能指标、承重结构位置、管线布置、附属设备、配套设施及使用维护保养要求、禁止事项等。

第三十三条 保修期（含维修期间经验收重新计算的保修期）结束前，保修小组提供全套保修资料、保修记录。保修小组与基建管理部门、后勤处和使用单位书面办理移交手续，正式进入工程建设运营管理阶段。

第六章 附 则

第三十四条 本办法适用于基建工程项目。改造工程项目可参照此办法相关内容执行。

第三十五条 本办法由基建管理部门负责解释。

第三十六条 本办法自公布之日起执行。

六、基建类档案制度

某高职高专院校基建类档案管理制度

第一章 总 则

第一条 为规范学校基建类档案管理工作，充分发挥其在规划、勘测、设计、施工、管理、抗灾、改扩建、维修和保修等工作中的作用，根据《高等学校档案工作规范》及学校档案管理相关规定，特制定本制度。

第二条 基建类档案主要包括基建工程档案和改造工程档案。基建工程档案作为基建类档案的重要内容，按照相关规定进行建设前期、勘察设计阶段、施工阶段、竣工阶段和保修阶段全过程的所有相关资料的档案留存；改造工程档案以项目为主组卷，在资产管理部门存档的基础上，除招标投标文件、合同、验收报告等资料外，重点留存项目执行过程的管理记录，变更洽商记录，形成的图纸资料，保修资料等。

第三条 学校基本建设管理部门是基建类档案管理的主责部门。

第二章 组卷及存档管理

第四条 凡在基本建设项目实施过程中直接形成的，有保存价值的文字、图表及声像载体材料等均属档案管理范围。

第五条 基建类档案由学校基本建设管理部门整理、组卷、建档。按学校规定，在项目实施期间，由学校基本建设管理部门进行保管。建设项目完成后，所有档案全部移交学校综合档案室集中统一管理，确保档案材料的完整、准确、系统、安全和有效利用。

第六条 学校基本建设管理部门主要领导负责基建档案工作，并配备一名专职档案员负责档案文件的收集、整理、立卷、归档工作。

第七条 基建类档案工作要做到与建设同步进行，竣工材料的积累、整理、编制、审定工作与工程的进展同步进行，确保收集资料的及时性、全面性和准确性，按规定向相关管理部门移交存档。

第三章 立项存档原则及要求

第八条 组卷原则。竣工档案要遵循工程竣工文件的自然形成规律，并保持基建文件、施工文件、竣工文件及竣工图之间的有机联系，符合专业特点和要求，便于保管和利用。一般建设项目应按照单项工程组卷，单项工程按先文字、后图纸组卷，文字材料和图纸按专业分类的原则进行组卷。

第九条 质量要求。

1. 文件材料和图纸等须收集齐全、完整，做到不丢不漏；文字材料字迹工整、清楚、牢固，印章清晰；图纸图面整洁、线条字迹清楚，修改符合技术要求，竣工图加盖竣工图章。

2. 卷内文件材料按封面、目录、文件材料、备考表、封底的顺序排列有序。

3. 图纸折叠整齐，标题栏、竣工图章露在外面。

4. 以件为单位编写页码。有书写内容的页面均需编写页号。页号编写在文字材料的右上角（或左上角），图纸折叠后编写在右上角。

第十条 基建档案材料的借阅利用及鉴定销毁按学校相关规定执行。

第四章 附 则

第十一条 本办法由学校基本建设管理部门负责解释。

第十二条 本办法自公布之日起执行。

本章主要参考文献

[1] 财政部.《行政事业单位内部控制规范（试行)》（财会〔2012〕21号）
[2] 财政部、证监会、审计署、银监会、保监会.《企业内部控制评价指引》（财会〔2010〕11号）
[3] 乔春华.《高校内部控制研究》[M].苏州：苏州大学出版社，2014
[4] 刘永泽.《行政事业单位内部控制制度设计操作指南》[M].大连：东北财经大学出版社，2013
[5] 莫冬青.公办高校基本建设项目内部控制问题探讨——以NH大学为例[D].江西财经大学，2013

第十章

合同业务控制设计范例

第一节 合同业务控制及风险清单

高职高专院校在开展教育教学、科研事业活动的过程中，与校外的单位发生经济往来是必然的，这些经济活动的往来主要是通过合同形式进行的。合同业务控制是高职高专院校经济活动控制的主要组成部分，它是指学校对以自身为当事人的合同依法进行订立、履行、变更、解除、转让、终止以及审查和监督等一系列行为的总称。其中订立、履行、变更、解除、转让、终止是合同控制的内容；审查、监督是合同控制的手段。合同控制必须是全过程的、系统性的、动态性的。系统性就是凡涉及合同条款内容的各部门都要一起来管理；动态性就是注重履约全过程的情况变化，特别要掌握对自己不利的变化，及时对合同进行修改、变更、补充或中止和终止。

一、合同业务控制范围

高职高专院校与自然人、法人或其他组织之间设立、变更、终止经济权利义务关系的事项，除即时结清方式或按规定可不签订合同外，均应当订立书面合同。这些合同包括但不限于学校基建、维修、勘察设计、监理、审计、物业管理、物资设备采购、招商引资、对外投资、资产租赁、准入经营、土地使用权转让、合作办学、无形资产的有偿使用等涉及学校与法人、其他组织或自然人之间设立、变更、终止权利义务关系的经济事项。高职高专院校因经济活动发生而订立的合同，都是合同控制的业务范围。

高职高专院校与职工签订的劳动合同，不包含在合同控制的业务范围内，应当由学校人事管理部门按国家相关政策统一管理。

按照不相容岗位分离原则，合同业务控制涉及的不相容职务主要包括：
1. 供应商的调查与批准；
2. 合同的谈判与审批；
3. 合同的签订与执行；
4. 合同的签订与收付款审批；
5. 合同的签订与印章保管；
6. 合同执行与收付款。

二、合同业务控制目标

合同业务控制的目标就是明确合同拟定、审批、执行、归档等环节的程序和要求，定期检查和评价合同管理中的薄弱环节，采取相应的控制措施，防止诉讼、违约、变更等各类风险发生，促进合同有效履行，切实维护学校的合法权益，避免法律风险、为其他经济活动提供支持，从而提高管理效率。

三、合同业务控制风险清单

合同业务控制由合同订立、合同履行和合同登记与归档三个环节构成，不同环节其控制的关键环节、风险点及主要防控措施各有侧重，分环节描述（如图表10-1-1、10-1-2、10-1-3所示）。

图表10-1-1　　　　合同订立业务风险清单

序号	关键环节	风险点	主要防控措施	责任主体
1	合同调查	合同对方未调查或未履行恰当的调查程序，致使合同履行存在风险，学校利益受损	1. 建立合同调查报告制度。合同签订前，必须履行调查工作程序，出具调查报告； 2. 建立牵制和复核机制，慎重选择调查成员。	合同调查组织部门
2	合同谈判	与合同对方合谋在重大问题做出不当让步或泄露本单位合同谋略导致学校利益受损	1. 实行合同谈判联席制度，法律、技术、财务人员联合进行谈判； 2. 重大经济合同应聘请外部专家参与合同谈判； 3. 建立责任追究制度，谈判的重要事项和各方意见，应当进行记录并妥善保存，作为追究责任的重要凭据。	合同谈判负责部门

续表

序号	关键环节	风险点	主要防控措施	责任主体
3	合同文本拟定	合同内容和条款不合法、不合规；在合同拟定中故意隐藏重大疏漏和欺骗，导致学校利益受损	1. 采用标准合同文本，订立书面合同； 2. 重大经济合同应聘请法律顾问和第三方技术专家审查合同条款。	合同文本拟定负责部门（合同申请部门）
4	合同评价与审核	对合同条款、格式审核不严格，可能使学校面临诉讼的风险或造成经济利益损失	1. 建立会审制度，合同管理部门、招标管理部门、业务部门、财务管理部门联合审查； 2. 审查人员对做出的审查结果负责，合同管理部门对合同审查结果负全面责任； 3. 审查合同商务条款、技术条款与招标文件要求的一致性。	财务管理部门、业务部门、合同管理部门
5	合同签订	授意或合谋串通签订虚假合同，谋取私利或套取、转移资金	1. 严格各类合同的签署权限； 2. 严格合同专用章保管制度； 3. 采取恰当措施，防止已签署的合同被篡改。	合同签订经办部门（申请部门）

图表 10-1-2　　合同履行业务风险清单

序号	关键环节	风险点	主要防控措施	责任主体
1	合同履行情况监控	合同执行主体未严格恰当地履行合同约定的义务；发现合同履行中的风险不采取措施，合同纠纷处理不当致使学校利益受损	1. 明确相关责任人在合同履行过程中的责任； 2. 建立合同履行定期调查制度，检查分析合同履行情况及效果，敦促对方积极履行合同； 3. 制定应急预案，对无法继续履行的合同，及时采取措施，降低损失。	合同业务采购管理部门，合同管理部门
2	合同履行监督审查	不按照规定的程序办理合同的变更、解除等程序，使学校利益受损	建立合同履行监督审查制度： 1. 合同补充、变更及解除需按规定进行报告和审查； 2. 以书面形式变更和解除合同； 3. 对造成的损失，及时提出索赔。	合同业务采购管理部门，合同管理部门

续表

序号	关键环节	风险点	主要防控措施	责任主体
3	合同价款支付	未按照合同规定的期限、金额和方式付款，可能导致学校经济利益遭受损失或面临诉讼的风险	1. 建立合同管理信息系统，跟踪合同履行情况，在临近结算期限的合理时间提示财务管理部门进行资金结算提示； 2. 合同承办人员及时收集凭证资料，经审批后在规定时间内提交财务管理部门办理结算； 3. 财务管理部门对合同条款和经审批的结算申请资料进行审核； 4. 未按合同条款履约或应签订书面合同而未签订的，财务管理部门在付款之前向单位负责人报告； 5. 财务管理部门应当定期与合同业务主管部门核对，根据合同履行情况办理价款结算和进行账务处理，确保按合同约定及时结算相关价款。	合同管理部门，财务管理部门
4	合同纠纷处理	在合同订立、履行过程中，出现合同纠纷问题，如果处理不当，可能损害学校利益、信誉和形象	1. 明确合同纠纷的处理办法和处理责任，纠纷处理过程中，未经授权批准，相关经办人员不得向对方做出实质性答复或承诺； 2. 在履行合同过程中发生纠纷的，学校应当在规定时效内与对方协商谈判； 3. 合同纠纷协商一致的，双方应当签订书面协议确认； 4. 合同纠纷经协商无法解决的，经办人员应向学校有关负责人报告，并根据合同约定选择仲裁或诉讼方式解决。	单位负责人，合同申请或经办部门，合同管理部门

图表10-1-3　　　　合同登记归档业务风险清单

序号	关键环节	风险点	主要防控措施	责任主体
1	合同登记	合同及相关资料的登记、流转和保管不善，导致合同及相关资料丢失，影响到合同的正常履行和纠纷的有效处理	1. 合同归口管理部门定期对合同进行统计、分类，登记合同的订立、履行、结算、补充或变更、解除等情况； 2. 建立合同文本统一分类和连续编号制度； 3. 合同终结应及时办理销号和归档手续； 4. 明确合同流转、借阅及归还的职责权限和审批程序等有关要求；	合同管理部门

续表

序号	关键环节	风险点	主要防控措施	责任主体
2	合同归档	未建立合同信息安全保密机制，致使合同订立与履行过程中涉及的国家秘密、工作秘密或商业秘密泄露，导致学校或国家利益遭受损失	签订合同保密承诺，未经批准，不得以任何形式泄露合同订立与履行过程中涉及的国家秘密、工作秘密或商业秘密。	合同管理部门

四、合同业务流程

(一) 合同业务流程描述

1. 根据工作需要发起申请，组织相关职能部门人员进行合同调查与谈判。
2. 根据合同谈判的结果，起草合同文本，经审核和审定后签署合同。
3. 履行合同并进行纠纷处理。
4. 组织合同验收，办理财务结算。
5. 合同归档保存。

(二) 合同业务流程图

合同是学校对以自身为当事人依法与自然人、法人、其他组织之间设立、变更、终止民事权利义务关系的协议。它是维护当事人合法权益，维护社会经济秩序，促进学校健康发展的法律保证。合同业务是指从合同调查、谈判开始到合同签订，从履行到验收，从验收到结算、归档的一系列经济活动。它涉及经济活动的方方面面，业务环环相扣，必须依次推进，不得逾越，否则，就会产生或可能发生风险，给学校造成不应有的经济损失，强化合同业务的管理尤其重要。其业务流程如图表10-2所示。

(三) 合同业务控制的工作步骤

合同业务控制的与其他业务层面控制的工作步骤相近，只是对象不同。其具体步骤为：了解合同管理业务结构及合同控制业务环节，全面梳理合同业务流程，分析风险隐患，完善风险评估机制，查找关键风险点，制定风险应对策略；有效运用不相容岗位相互分离、内部授权审批控制、归口管理等

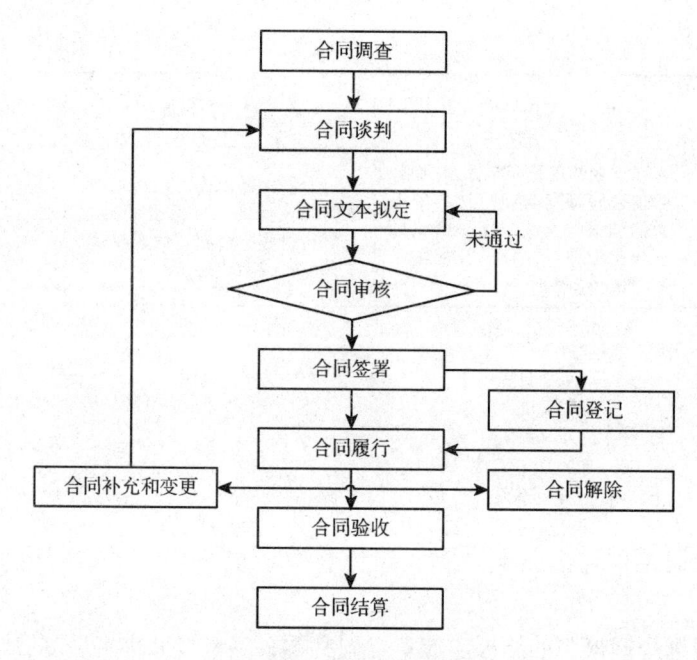

图表 10-2 合同业务流程

内部控制基本方法，建立健全管理制度，实现内部控制体系全面、有效实施。其工作步骤如图表 10-3 所示。

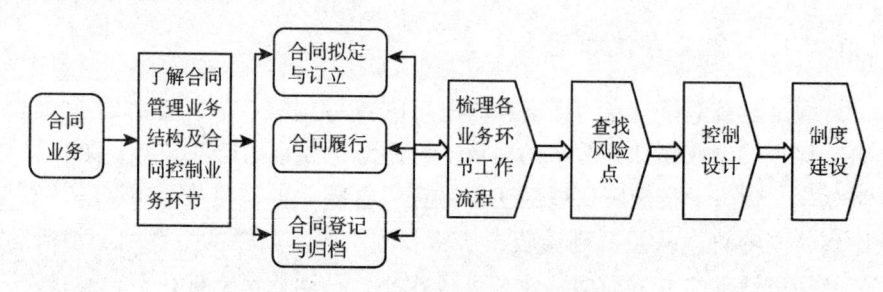

图表 10-3 合同业务控制工作流程

五、合同业务控制中的关键控制文档

合同业务是通过相应的控制文档来实现的，文档的设计是否完善体现了一个单位对经济业务项进行控制的管理水平。一般而言，高职高专院校的合同控制主要涉及如下关键控制文档如图表 10-4 所示。

图表 10-4　　　　　　　合同业务关键控制文档

序号	文档名	编制者	留存人
1	供应商调查表	合同经办人	合同经办人
2	合同审查意见书	合同经办人	合同管理部门
3	合同用印审批表	合同经办人	合同管理员
4	合同原件	合同经办人	合同申请部门、采购管理部门、法律顾问、财务管理部门、合同管理部门
5	合同台账	合同管理员	合同管理员
6	合同借阅台账	合同管理员	合同管理员
7	合同变更补充协议	合同经办人	合同申请部门、采购管理部门、法律顾问、财务管理部门、合同管理部门

第二节　合同订立业务控制

合同控制就是对合同管理的全过程实施有效的监督与管理。由洽谈、草拟、签订、生效合同开始，直至合同失效为止。不仅要重视签订前的控制，更要重视签订后的控制。合同订立是开始。

一、合同订立业务控制的职责与权限

（一）合同申请（经办）部门的职责

合同申请（经办）部门是合同签订的责任主体，其职责如下。
1. 岗位：合同经办人。
（1）负责根据经济业务的情况及学校的制度要求，发起合同业务；
（2）负责合同对方的联系、信息收集以及初步审核，跟踪合同对方评价活动直到流程结束；
（3）负责组织合同调查与谈判并记录谈判结果；
（4）负责起草合同文本，并将之送审直至合同审批完成；
（5）负责合同履行过程的纠纷处理、变更和解除合同等日常管理工作；
（6）负责向合同采购管理部门、法律顾问等部门提供所需信息。
2. 岗位：部门负责人。
（1）负责合同对方的资格审核；

(2) 负责重要的合同调查与谈判；
(3) 负责合同文本及技术性条款的审核；
(4) 负责合同相关资料的审核。

(二) 合同管理部门的职责

合同管理部门是学校合同管理的归口部门，统一管理学校的合同工作。其主要职责如下。

1. 部门职责：
(1) 负责拟定、修订合同管理制度，并组织实施；
(2) 组织宣传贯彻《合同法》及相关法律法规，组织对各业务部门合同经办人的培训；
(3) 参与学校对外订立重大合同的谈判；
(4) 参与标书评审和合同评审；
(5) 对合同订立、变更及解除进行审查把关；
(6) 负责学校本部及所属各单位的各类合同执行情况的监督检查；
(7) 负责学校合同专用章的管理；
(8) 负责学校合同台账、合同档案的建立和管理；
(9) 协调学校内部和外部合同关系，对合同纠纷依法申请仲裁或诉讼；
(10) 合同管理中需要解决的其他问题。

2. 岗位职责：
(1) 合同管理岗：负责学校所有合同的归口管理；负责建立合同台账，对合同进行统一编号、存档；管理合同专用章，按照规定程序用印。
(2) 合同管理部门负责人：负责审核合同的商务条款；参与重大合同、重要合同的谈判。

(三) 配合部门的主要职责

1. 招标管理部门：负责合同与招标文件中商务、技术条款一致性审核。
2. 合同采购管理部门：负责审核项目的可行性，审核合同的相应条款。
3. 法律顾问：负责各类合同的法律审核。
4. 审计部门：负责各类合同的合规性和程序性审核。
5. 财务管理部门：负责合同收付款条件的审核，负责办理合同收付款；负责从财务角度审查和监督合同的订立和履行情况，注重在价格、结算方式、票据等方面进行审查把关。

(四)合同订立业务控制的审批权限

1. 授权控制。

学校对外订立合同按一事一委托的原则进行授权管理,由法定代表人即校长书面授权委托,各授权委托人在被授权的范围、期限内,代表学校对外订立合同,不得将代理事项自行转交委托他人代理。未经授权的人员一律无权对外订立合同。

所有合同正式签订前,必须按审批程序上报学校领导或有关会议审查批准后,方能办理正式签订手续。

审批合同项目时可视合同涉及标的金额大小分为一般合同、重要合同和重大合同进行授权控制。

一般而言,标的金额大小可根据高职高专院校自身的管理层次和管理幅度来确定。如按××万来确定,一般合同为××万元以下,重要合同为××~×××万元,重大合同为×××万元以上,则各主管部门及领导的审批权限如下:

(1)标的额在××万元以下的合同项目(一般合同)由分管业务的校领导审批;

(2)标的额超过××~×××万元的合同项目(重要合同)由校长或其授权人审批;

(3)合同标的额度超过×××万元的(重大合同)和学校所有对外投资、联营、合资、合作、融资、借款、担保、涉外合同由校长办公(校务)会或党委(常委)会集体审查批准。

2. 合同订立业务的审批权限。

凡是有经济活动的地方,都存在合同订立业务。合同的订立涉及部门较多,按照内部控制制衡机制的要求,应当授予职能部门应有的审批权限。学校在订立合同过程中各相关部门的审批权限如图表10-5所示。

图表10-5　　　　合同订立业务的审批权限

权限 事项	审批人 申请部门负责人	采购或招标管理部门负责人	法律顾问	合同管理部门	财务部门	审计部门	采购管理部门分管校级领导	分管财务校级领导	校长	校长办公(校务)会或党委会
合同调查	一般合同	审核	审核	—	—	—	—	—	—	—	—
	重要合同	审核	审核	—	—	—	—	—	—	—	—
	重大合同	审核	审核	—	—	—	—	审批	审批	—	—

续表

权限 \ 事项 \ 审批人	申请部门负责人	采购或招标管理部门负责人	法律顾问	合同管理部门	财务部门	审计部门	采购管理部门分管校领导	分管财务校级领导	校长	校长办公（校务）会或党委会
合同谈判 一般合同	参与	参与	—	—	—	—	—	—	—	—
合同谈判 重要合同	参与	参与	—	—	—	—	参与	参与	—	—
合同谈判 重大合同	参与	参与	参与	参与	参与	参与	参与	参与	参与	决定
合同签署 一般合同	拟定	审核	审核	审核	审核	审核	授权内签署	—	—	—
合同签署 重要合同	拟定	审核	审核	审核	审核	审核	审核	授权内签署	—	—
合同签署 重大合同	拟定	审核	审核	审核	审核	审核	审核	审核	签署或授权	—

二、合同订立业务管理

（一）合同调查与谈判

1. 合同调查。

合同申请或经办部门的经办人负责与合同对方当事人联络，要求对方提供相应资格材料，填报供应商调查表，并形成初步检查材料上交部门负责人审核，对于重大合同要上报相关分管业务校领导审核。

对于经过政府招标采购程序的合同，不按照本节程序进行合同调查，按照学校合同审签流程签订合同。

2. 合同谈判。

一般合同由合同经办人、申请或经办部门、招标管理部门和采购管理部门负责人参与谈判。

重要合同由经办人、申请或经办部门负责人、招标管理部门、采购管理部门、审计部门、分管业务的校领导参与谈判。

重大合同应当组成谈判工作组，谈判工作组应由合同经办人、申请部门、采购管理部门、合同管理部门、法律顾问、财务管理部门、审计部门、相关技术领域专家、分管业务的校领导等人员组成。重大合同的谈判结果须报学校党委会通过后确定。

参与一般合同、重要合同谈判的人员在谈判开始前，应当收集合同相关的市场信息，了解交易条件、竞争状况、交易价格、售后保障等，并就谈判的基本策略向分管校级领导汇报，取得谈判的授权。谈判过程中，参与谈判的人员必须在授权的范围内做出承诺，不得超越授权对合同的重要条款做出让步。

（二）合同文本的拟定与审查

1. 合同文本拟定。

合同申请或经办部门经办人根据合同谈判的结果，负责起草合同文本，由本部门负责人审核。重大合同或法律关系复杂的特殊合同应当由学校法律部门参与起草，并实行会审制度。

国家或行业有合同标准文本的，应当优先采用。但对涉及权利义务关系的条款应当进行认真审查，并根据实际情况进行适当修改。

学校可根据管理需要确定制式合同的范围、内容等，经学校法律部门审核后使用，如无需修改，可不再重复审核。

2. 合同文本的内容一般包括以下条款：

（1）当事人名称（或姓名）、住所、法人代表人姓名及职务、开户银行及账号；

（2）标的或标的物（指货物、劳务、工程项目等）名称、型号、规格等；

（3）数量和质量，包括适用规范、质量标准和检测方式等；

（4）价款或酬金；

（5）履行的期限、地点和方式。对数量、质量、履行期限和方式等有特殊要求的，应当在合同中予以特别明确；

（6）违约责任；

（7）合同争议的解决方法；

（8）合同订立的时间、地点；

（9）根据法律规定或合同性质应当具备的其他条款。

3. 合同内容应符合下列要求：

（1）主体合格、标的明确、手续完备；

（2）条款齐全、意思表达真实；

（3）文字清晰、语言规范；

（4）无矛盾条款、无空白条款。

订立合同，如涉及内部其他单位的，应事先在内部进行协商，统一意见，然后签约。一般情况下，合同的申请部门即是经办部门；对于涉及多个部门或难以确定由哪个部门作为合同经办部门的，由与该项业务最相关的部门或该项业务最相关的上级主管领导，确定哪个部门作为合同的经办部门。

在订立合同过程中，可以充分利用电子信息技术。数据电子合同信息可以调取以备日后查用，有可靠的方法保证信息自首次以最终形式生成并保持完整性，同时可以将信息展示。

4. 合同的审查。

合同订立前，合同申请（经办）部门应当审查对方的资信状况、履约能力和合同的技术条款。内容包括：

（1）社会信誉（近三年是否有重大违约，是否涉及重大经济纠纷或经济犯罪案件等）和履约能力（如生产能力、支付能力、运输能力等）；

（2）审查营业执照是否真实、有效；

（3）核实对方的资产（资金）证明；

（4）审查合同对方的资质等级证书；

（5）审查法人证书及法人委托证书；

（6）审核部门专业范围内合同的技术条款；

（7）根据合同性质需要审查的其他内容。

同时，申请或经办部门还要组织相关部门对合同进行业务性审查，审查的内容为：

（1）对方当事人是否具有签约主体资格；

（2）是否是各方谈判、协商的一致意见，是否符合决策部门的决策意见；

（3）是否违反学校的规章制度；

（4）是否超越业务权限；

（5）语言是否准确、通顺。

合同对方当事人的资信、履约能力有瑕疵或其委托代理人无有效授权的，不得与其签订合同。

合同管理部门对合同的合法性和严密性进行审查，主要内容包括：

（1）合同签订主体是否符合法律规定；

（2）条款是否违反法律、法规和司法解释的规定；

（3）条款是否有冲突；

（4）条款是否有歧义；

（5）条款是否有效的维护学校合法权益；

(6) 条款是否完备。

审计部门对合同的合规性进行监督审查。提交审计部门审查的合同应符合下列要求：

(1) 经办部门已经对合同进行了业务性审查，法律顾问已经对合同进行了合法性审定，涉及财务事项的商务条款及付款结算等相关条款已经过财务管理部门审查；

(2) 合同当事人均未在合同上签字盖章；

(3) 合同约定的内容尚未实际履行；

(4) 需要同时附送的材料完备。

法律顾问负责审核合同的法律风险及合同相关的内容，包括不限于：变更、解除、违约、索赔、不可抗力、诉讼等条款。

5. 合同审查意见的使用。

合同经相关职能部门审查后，由合同管理部门出具书面审查意见书，对存在的问题进行分析，对风险做出判断，并视情况提出防范或降低风险的对策。该意见不是最终的决策意见，而是业务部门做出决策的重要参考。

合同报送法人代表或授权代表批准时，必须将审查意见书作为附件一并报送，根据批准人的要求对采纳部分和不采纳部分进行说明，申请或经办部门合同存档时也应将法律意见书一并存档。

同一内容合同一般审查一次，由申请或经办部门对采纳部分进行修改，特殊情况需要再次报送审查的，最多进行两次，审查人对合同文本和审查意见一并保存。

审查人对合同审查中涉及到的商业秘密负有保密义务。

(三) 合同签署

合同经相关职能部门审查同意后，原则上应由合同对方先行签署，对方签字盖章后，合同经办人持"合同专用章用印审批单"，经相关部门审核，校领导签字后，送至合同管理部门进行备案并加盖合同专用章，合同订立完成。

学校对外签订所有的合同原则上按照审批权限进行签订。申请或经办部门业务分管校领导负责审签其权限范围以内的合同，负责审核其权限以上的合同。其权限以上的合同由法定代表人（或其委托授权人）进行审签。

委托授权人签署订立合同必须由法定代表人出具书面授权书，被授权人在授权范围内签署合同，严禁越权。

(四) 合同印章的使用与管理

1. 合同印章的使用。

合同专用章由合同管理部门报经学校批准后统一印制,并指定专人保管。

学校因业务发展需要对外签订合同时由法定代表人或委托授权人签章,同时加盖合同专用章。合同专用章仅限于有关合同、协议的签订,未经学校主管部门核准,不得在其他文件上使用。业务经办人代表学校与合同、协议对方签订合同的,需填写"合同专用章用印审批单",经合同、协议授权签字人审查同意后方可用印。

合同专用章的使用应建立台账登记制度。印章管理人员对用印范围和用印手续应严格审查,并对用印情况进行登记。不得为未经编号的、缺少审核及报签文件的、属于代签但缺少授权委托书的合同、协议的签订提供合同专用章。

2. 合同专用章的保管。

合同用印后,印章管理人员应及时收回合同专用章。未经领导批准,不得将合同专用章交给他人保管。印章管理人员因故临时请假,应经部门负责人和校长批准后指定临时保管人员并做好交接记录。

原则上,合同专用章不得携带外出使用。确因工作需要,必须带合同专用章到异地使用的,应经法定代表人批准,并到印章管理员处办理借用手续。合同专用章存放在配锁的办公抽屉里,节假日放在安全处,并贴封条,重新使用时应先验锁和封条。

合同专用章内容需要变更时,应停止使用并交学校校长办公室予以封存或销毁。合同专用章遗失、损毁、被盗时,印章管理人员应及时报告领导予以处理,同时登报挂失作废。

(五) 合同订立控制目标与要点

控制目标:合同具有一定的法律效力,在订立过程中应当进行充分论证和研究分析,确保合同的完整性、严密性、合理性和合法性。

控制要点:

1. 客户资料调查是否充分,基础性工作是否扎实;

2. 重大合同谈判应当组成工作组,是否存在超越授权对合同的重要条款作出让步;

3. 合同条款是否齐备,是否前后矛盾,内容及技术参数是否规范;

4. 合同条款是否违反法律、法规和司法解释的规定;

5. 合同条款是否经相关职能部门审查；
6. 合同签署人是否经过法定程序授权；
7. 合同印章的使用与保管是否建立了相应的管理制度，且执行良好。

三、合同订立业务工作流程

（一）不同要约下的合同订立程序由于约束条件不同，程序有所不同

1. 顾客提出要约邀请的合同订立程序
资信审查→接受要约邀请→合同填写→审查→批准→签章。
2. 我方提出要约邀请的合同订立程序
对方资信情况审核→要约邀请→要约信息反馈→合同填写→审查→批准→签章。
3. 通过招标订立合同的程序
市场调查→标书制作、发放→接收投标→评审→定标→订立合同→审查→批准→签章。
4. 设备、材料、物资买卖合同的订立程序
计划准备→考察小组对标的咨询（质量、价格、售后服务等）→资信审查→技术或商务谈判→草拟合同文本→审查→批准→签章。

（二）合同签署与用印控制工作流程

1. 流程描述：
（1）合同申请或经办部门组织相关职能部门进行合同调查与谈判。
（2）合同申请或经办部门根据商谈结果拟定合同文本。
（3）合同申请或经办部门负责人审核合同初稿，发起用印申请。
（4）由招标管理部门、采购管理部门、法律顾问、合同管理部门、财务管理部门、审计部门等业务部门对合同按职责要求进行审查。
（5）按照合同审批权限，分管业务校领导或校长（或其授权人）审定合同文本，并签字，合同签署完成。
（6）合同签字完毕后，由申请（经办）部门经办人将合同交至合同管理部门，经审核无误后，在合同内加盖印章。
（7）合同管理员办理备案登记手续并归档保存。

(8) 合同备案登记后，合同申请（经办）部门领取盖章合同，合同签订完成。

2. 合同签署与用印业务控制工作流程图

合同订立是合同双方动态行为和静态协议的统一，它既包括签约各方在达成协议之前接触和洽谈的整个动态的过程，也包括双方达成合意、确定合同的主要条款或者合同的条款之后所形成的协议。合同订立，指的是两方以上当事人通过协商而于互相之间建立合同关系的行为。这种关系是一种法律约定，所以合同的签署是一种非常严肃的经济事件，必须加强控制。合同签署与用印业务控制工作流程如图表10-6所示。

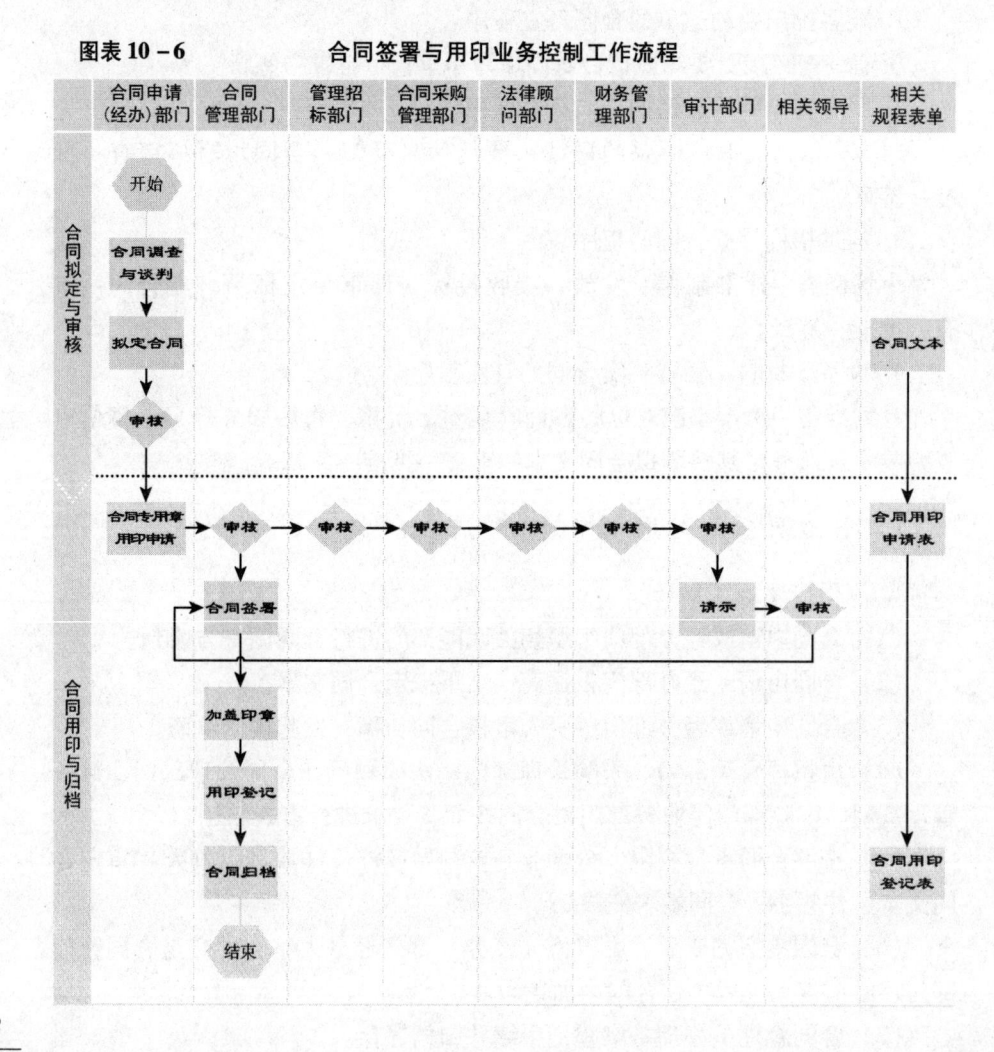

图表10-6　　　　合同签署与用印业务控制工作流程

第三节　合同履行业务控制

合同履行是合同控制过程的中间阶段，也是最关键的控制环节，合同执行是否能达到预期的采购目标，主要看合同是否按合同约定落实到位。

一、合同履行业务控制的职责与权限

（一）责任部门：合同采购管理部门

1. 部门职责：
（1）建立采购与付款的内部管理制度；
（2）合理经济地执行合同，发现问题及时汇报并提出解决方案；
（3）及时、足额采购合同标的并交付使用单位；
（4）参与合同执行结果的验收；
（5）参与合同变更、解除及纠纷的处理。

2. 岗位职责：
（1）经办人：按合同条款执行合同；协同使用部门进行合同验收，发现问题及时上报。
（2）部门负责人：负责审核采购计划的执行情况；监督合同执行过程中采购物资及劳务服务的安全与完整；审核各种采购业务，按合同规定及时发出支付指令。

（二）归口管理部门：合同管理部门

1. 部门职责：
（1）对合同订立、变更及解除进行审查把关；
（2）负责学校本部及所属各单位的各类合同执行情况的监督检查；
（3）协调学校内部和外部合同关系，对合同纠纷依法申请仲裁或诉讼；
（4）合同管理中需要解决的其他问题。

2. 岗位职责：
（1）合同管理岗：负责合同履行过程的日常管理工作；负责向合同采购管理部门、法律顾问等部门提供所需信息。

（2）合同管理部门负责人：负责合同结算资料的审核；监督合同条款的执行情况；参与合同变更、补充的谈判；参与合同纠纷的处理工作。

（三）配合部门的主要职责

1. 合同申请（经办）部门：配合采购管理部门履行合同，负责合同纠纷处理、合同变更和解除。
2. 法律顾问：负责各类合同变更、补充的法律审核。
3. 审计部门：负责各类合同执行情况的审核与审计。
4. 财务管理部门：负责发票的审查、签收、签发及账务处理。核对发票金额和合同金额、发票内容与合同内容是否一致；合同发票的审批程序是否符合规定，程序不完备的，拒绝付款；负责按合同结算条款收、付款。
5. 资产管理部门：负责合同执行结果的验收及资产登记。

二、合同履行业务管理

合同履行业务主要包括合同的执行与监督、合同的变更与解除、合同违约与纠纷处理三个环节。

（一）合同执行与监督业务

合同依法成立，即具有法律约束力。一切与合同有关的部门、人员都必须本着"守合同、重信用"的原则，严格执行所规定的权利义务，确保合同实际、全面地履行。

高职高专院校合同实行合同履约责任制，部门及学校的法定代表人是合同履约的第一责任人，第一责任人对合同的全面、正确履行负责。

高职高专院校应当建立合同履行监督审查制度，对合同履行实施有效监控，敦促对方积极执行合同，确保合同全面有效履行。各签约单位、签约人、经办人应随时了解、掌握合同的履行情况，发现问题及时处理或汇报。发生违约可能或违约行为时，要采取有效措施将不利影响降到最低。应当积极妥善地行使抗辩权、代位权、撤销权、留置权，否则致使合同不能履行或不能完全履行，给学校造成损失的，要追究有关人员的相应责任。

合同执行完成后，资产管理部门应按照合同约定标的物的数量、质量等组织相关职能部门进行验收，对不符合合同约定的，应在法定或约定的期限内向对方当事人提出书面异议，并督促合同对方继续履行。

学校财务管理部门办理结算业务并进行账务处理时应审核合同有关条款。对于学校为付款方的合同，支付合同价款时，须经学校领导审批签字。未经合同管理部门及学校领导签字审批的，财务管理部门应不予付款。支付最后一笔合同款项时，合同采购管理部门应填写合同履行终结报告，送合同管理部门终止合同。

（二）合同变更与解除

在合同履行过程中遇到困难，各单位应尽一切努力克服，尽力保障合同的履行。如实际履行或适当履行确有不可克服的困难而需要变更、解除合同时，应在法律规定或合理期限内与对方当事人进行协商。对方当事人提出变更、解除合同，应从维护本单位合法权益出发，从严控制。

合同需要变更、解除，合同申请或经办部门应向合同管理部门提交经本部门负责人审签的书面报告或解决方案，经合同管理部门审查出具意见后，报法人代表或授权代表签字同意后方可变更、解除。申请或经办部门应及时采取补救措施，尽量减少由此造成的损失。需要签订补充协议的，按照合同拟定与签署的流程执行补充协议的签署工作。

合同变更、解除必须采取书面形式。合同申请或经办部门应将变更、解除合同的各种文件、纪要、信函等原件报送合同管理部门。

（三）合同违约与纠纷处理

合同签订后进入履行阶段，业务经办人员应随时跟踪合同的履行情况，若发现合同对方可能发生违约、不能履约或延迟履约等行为，或自身可能无法履行或延迟履行合同，应及时上报领导处理。

针对合同对方违约的情形，可采取以下措施处理：

1. 要求对方继续履行合同。

继续履行合同是违约对方必须承担的法律义务，也是校方享有的法定权利。不论违约对方是否情愿，只要存在继续履行的可能性，校方就有权要求违约对方继续履行原合同约定的义务。

2. 要求对方支付违约金。

合同对方违约时，校方可按照合同约定要求对方支付违约金。

3. 要求定金担保。

合同对方违约时，校方可按照合同约定及《中华人民共和国担保法》向对方收取定金作为债权的担保。违约对方履行债务后，可将定金抵作价款或者收回，若违约对方不履行约定债务，则无权要求返还定金。

4. 要求赔偿损失。

合同对方因不履行合同义务或者履行合同义务不符合约定，而给学校造成损失的，校方有权提出索赔，具体赔偿金额可由业务经办部门会同法律顾问与合同对方协商确定。

在合同履行过程中发生合同纠纷时，合同采购管理部门与经办部门应在24小时内向合同管理部门提交书面报告，并根据实际情况，提出相应的解决以及应对办法。合同纠纷原则上由签约部门负责处理，签约人对纠纷的处理必须具体负责到底。涉及学校内多个部门的，或签约部门处理不了的，报主管校领导协调处理。

对经协商仍无法解决的合同纠纷，经学校法定代表人同意，可提交上级主管机关、仲裁部门或人民法院依法处理。法律顾问会同相关部门研究仲裁或诉讼方案，报法定代表人批准后实施。纠纷处理过程中，任何部门或个人未经授权，不得向合同、协议对方作出实质性的答复或承诺。

合同纠纷的提出，及与对方当事人协商处理纠纷的时间，应注意不超过法律规定的时效，并考虑有仲裁或起诉的足够时间。

合同管理部门处理经济纠纷前，签约部门必须提供下列证据材料（原件或复印件）：

1. 合同的文本（包括变更、解除合同的协议）以及与合同有关的附件、文书、电报、图表等；
2. 送货、提货、托运、验收、发票等有关凭证；
3. 产品质量标准、样品或鉴定报告；
4. 货款的承付、托收凭证，有关财务账目；
5. 有关违约的证据材料；
6. 其他与处理纠纷有关的材料。

合同纠纷经双方协商达成一致意见的，应订立书面协议，由双方代表签字并加盖合同专用章。合同纠纷处理或执行完毕的，应及时通知有关部门，并将有关资料汇总，统一交合同管理部门归档，以备查考。

（四）合同履行控制目标与要点

控制目标：合同的履行是一个持续性的过程，高职高专院校必须对合同的履行情况进行监控，及时发现合同履行过程中所发生的问题，对合同进行补充、修改或解除，在维护学校合法权益的基础上，不侵犯对方的合法权益，确保合同的有效性、完整性、合法性。

控制要点：

1. 合同标的执行主体是否按期恰当地完成；

2. 合同标的执行是否完全符合合同约定的一切条款；

3. 合同标的执行过程中各相关职能部门是否密切配合，且认真履行了自己的职责；

4. 合同在执行过程中发生变更、纠纷是否严格执行了审批程序；

5. 合同执行的验收环节是否规范、严密。

三、合同履行业务控制工作流程

（一）合同履行业务控制工作流程描述

1. 由采购管理部门根据订立的合同组织合同采购；

2. 采购履行过程中发生合同纠纷，由申请或经办部门牵头，组织合同管理部门、法律顾问及相关职能部门与对方进行协商谈判，经分管业务校领导按权限审批，进行纠纷处理：

（1）签订补充合同，进行合同变更；

（2）协商未果，进行仲裁或诉讼解决，或解除合同；

3. 采购完成后，由资产管理部门组织合同管理部门、财务管理部门、采购管理部门、审计部门、使用部门等进行验收，填写验收单；

4. 验收合格后，由资产管理部门进行资产登记，并交付使用单位；

5. 取得发票，由采购管理部门填写支出审批单，经相关部门及校领导审批后，交由财务管理部门按合同约定的结算方式进行合同结算；

6. 合同履行结束由采购管理部门商有关部门整理相关资料，填写执行报告交档案管理部门归档。

（二）合同履行业务控制工作流程图

履行合同，就其本质而言，是指合同的全部履行。只有当事人双方按照合同的约定或者法律的规定，全面、正确地完成各自承担的义务，才能使合同债权得以实现，也才使合同法律关系归于消灭。因而，当事人全面、正确地完成合同义务，是对当事人履约行为的基本要求。只完成合同规定的部分义务，就是没有完全履行；任何一方或双方均未履行合同规定的义务，则属于完全没有履行。无论是完全没有履行，或是没有完全履行，均与合同履行的要求相悖，当事人均应承担相应的责任。由些可见，合同履行业务控制是合同控制中的核心。其控制工作流程如图表10-7所示。

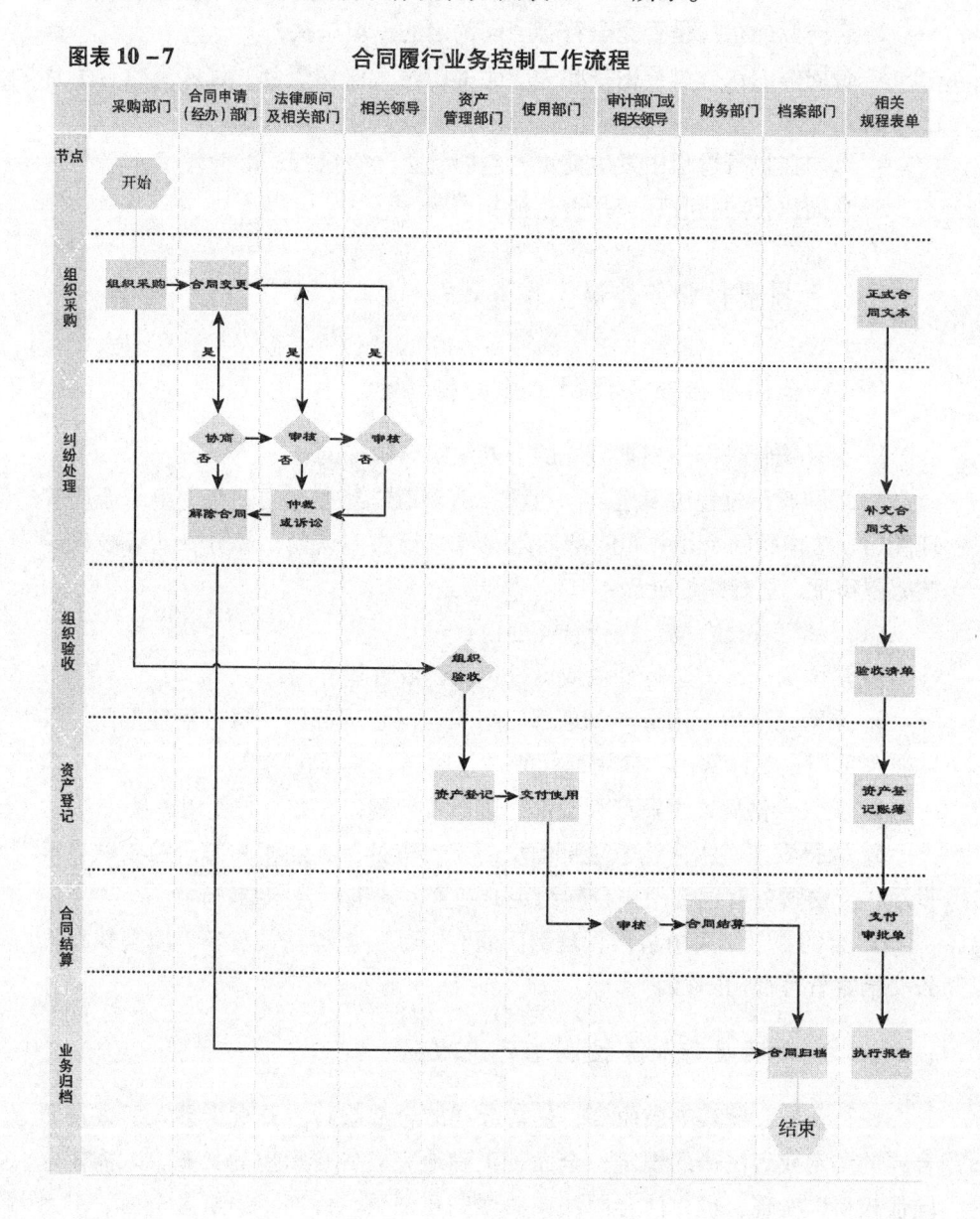

图表10-7　　　　　　　合同履行业务控制工作流程

第四节　合同归档业务控制

合同归档是合同业务管理的基础，是合同控制业务的最后一个阶段，是合同控制的终结，也是合同履行结果的总结。

一、合同归档业务控制的职责与权限

（一）责任部门：合同管理部门

1. 岗位：合同管理岗
（1）负责合同资料的定期装订和归档管理工作；
（2）负责档案的查阅和登记，负责向合同采购管理部门、法律顾问等部门提供所需信息；
（3）负责合同档案的保管工作，移交档案管理部门时需编制移交清册；
（4）负责合同安全防范工作；
（5）负责合同印鉴管理。
2. 岗位：合同管理部门负责人。
（1）负责合同归档资料的审核；
（2）负责合同查询和借阅资料的审批；
（3）参与合同纠纷工作的处理。

（二）配合部门

1. 合同申请（经办）部门：负责提交合同从订立、变更、补充等资料的移交工作。
2. 采购管理部门：负责提交各类合同执行情况的终结报告。
3. 法律顾问：负责各类合同变更、补充的法律审核资料的归档工作。
4. 财务管理部门：负责收、付款结算会计档案的归档工作。
5. 审计部门：负责大额采购业务的审计报告的归档工作。

二、合同归档管理

(一) 合同归档业务管理

合同管理实行合同登记备查制度。合同签署完成后由申请或经办部门将相关资料提交合同管理部门进行备案，再根据所附资料完成合同登记，并签字领取一份合同。合同原件份数原则上要求校方最少持有3份。合同履行结束后由采购管理部门牵头组织向合同管理部门移交合同执行报告及相关资料。

合同管理部门作为合同归口管理人，负责以学校名义签订的一切合同的登记、备案、日常存档工作。学校的采购合同、销售合同、租赁合同、保险合同、工程承包合同及其招投标文件的正本由合同管理部门保管，其副本由财务管理部门及相关部门保管。

合同管理员每年定期要将以前年度的合同原件整理移送学校档案管理部门存档。各部门如需查阅已存档的合同，按照学校档案管理部门的查阅规定进行查询。

合同管理各环节工作人员，要严格遵守学校的保密规定，在工作中保持谨慎，不得泄露机密信息。

(二) 合同归档控制的目标与要点

控制目标：确定相应的归口管理部门，对合同进行统一管理，以确保合同的归档的完整，并且对于涉密的合同采取保密措施，确保合同的完整性和保密性。

控制要点：

1. 合同归档是否建立了合同登记备查制度，执行是否到位；
2. 合同签署完成后归档是否及时，资料是否完整；
3. 归档的合同在查阅时是否严格执行审批制度；
4. 合同档案的保管是否规范。

三、合同归档业务控制流程

(一) 合同归档业务控制流程描述

1. 相关职能部门及合同管理人员定期将合同资料等分类整理移交合同管理部门档案管理员。
2. 合同管理部门档案管理员对收集的合同资料进行立卷整理，按档案管理要求分类编目。

3. 合同管理部门档案管理员对分类整理的档案进行装盒、填写脊背，上架保存。

4. 对合同管理部门保管2年以上合同档案定期送交学校档案管理部门保存。

5. 借阅者提出借阅需求及提供有关证明，经合同管理部门负责人审批后查阅合同，进行借阅登记备案，要求借阅者按期归档。

（二）合同归档业务控制工作流程图

合同档案是记载合同履行全部情况的文字资料，合同档案管理制度是合同管理制度的组成部分，也是单位为维护自身的合法权益而采取的必要手段。通过对合同的档案管理，可以完整保存与合同相关的证据材料，如果有纠纷一旦发生，可以及时运用档案记载的内容，依法维护单位的权益。合同归档控制主要内容包括：档案的期限、档案归口管理、合同档案的归档与借阅、档案利用、档案管理责任等。其控制工作流程如图表10-8所示。

图表10-8　　　　合同登记归档业务控制工作流程

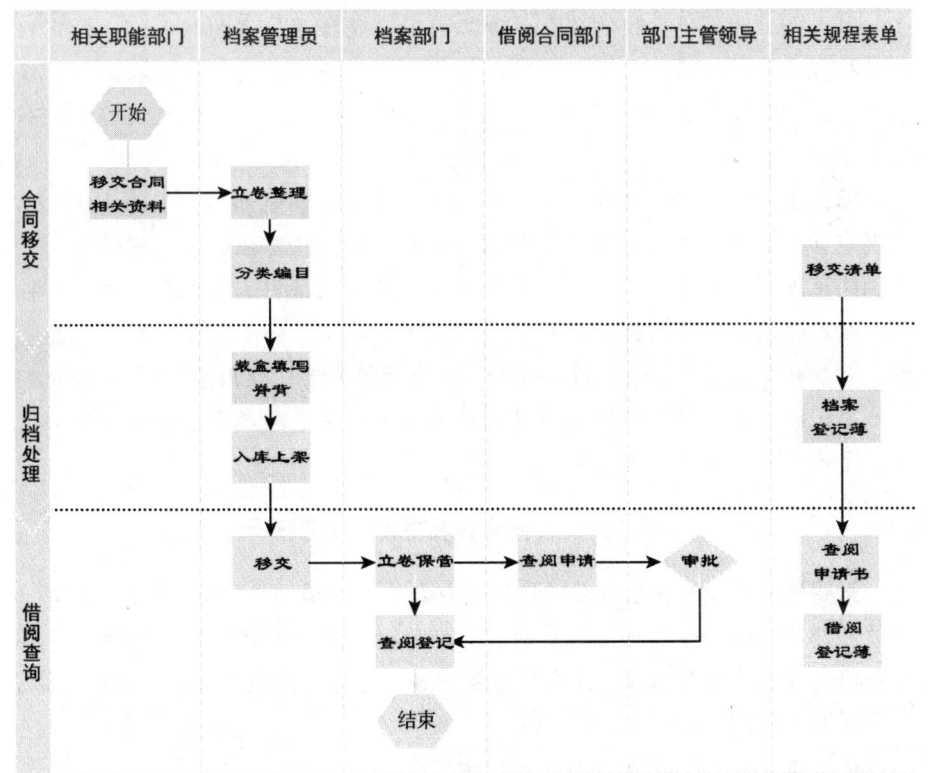

	相关职能部门	档案管理员	档案部门	借阅合同部门	部门主管领导	相关规程表单
合同移交	开始 → 移交合同相关资料	立卷整理 → 分类编目				移交清单
归档处理		装盒填写脊背 → 入库上架				档案登记簿
借阅查询		移交	立卷保管 → 查阅登记 → 结束	查阅申请	审批	查阅申请书 / 借阅登记簿

第五节　合同业务控制制度设计范例

学校的合同控制是内部控制的重要组成部分，它涉及到学校经济活动的方方面面，由此可见，设计一套科学、合理、适用的合同管理制度尤为重要。本节列示了《某高职高专院校经济合同管理办法》设计范例，分总则、合同管理相关部门的职责、合同的订立、合同印章的管理、合同的履行与监督、合同的变更终止与纠纷处理、合同登记与归档管理、责任追究和附则共九个章节的内容对合同的管理进行了详实的规定，可供同类院校在制度设计时参考和研究。

某高职高专院校经济合同管理办法

第一章　总　则

第一条　为规范学校的合同管理工作，实现合同管理的制度化，切实维护学校合法权益，预防和减少合同纠纷的发生，确保学校财产及利益不受侵犯，根据《中华人民共和国合同法》及有关法律规定，结合学校实际，特制定本办法。

第二条　本办法所称合同是指学校是指学校各职能部门、下属非法人单位（以学校名义）与其他平等主体的自然人、法人、其他组织之间设立、变更、终止民事权利义务关系的合同和协议。具体包括但不限于合作办学、科研、基本建设、维修改造、勘察设计、监理、审计、物业管理、物资设备采购、对外投资、资产租赁、准入经营、无形资产的有偿使用等。

第三条　订立经济合同必须遵守国家法律、法规和规章，遵循诚实、信用、平等互利、协商一致的原则。

第二章　合同管理相关部门的职责

第四条　学校合同管理涉及的部门包括合同申请（经办）部门、合同归口管理部门、招标管理部门、采购管理部门、财务管理部门、法律顾问、审计部门和资产管理部门等。在合同管理中各业务部门应各尽其职，各尽其责，相互制衡，密切联系。

第五条　合同申请（经办）部门的职责

合同申请（经办）部门负责本部门合同的订立和管理工作，实行"谁订立，谁负责"和"谁主管，谁负责"。主要职责为：

（一）负责根据经济业务的情况及学校的制度要求，发起合同业务；组织本部门职责分工范围内的合同谈判，拟定合同条款；

（二）全面准确地填写合同条款，必要时组织进行合同评审。办理合同送审、报批、盖章及送交存档手续；

（三）负责合同履行跟踪，追踪合同标的内外质量，收集使用单位意见；

（四）负责合同变更、解除及纠纷的处理；

（五）及时向合同管理部门报送合同正本、招投标文件以及合同有关的各种纪要、变更等资料，及时反映合同履行中出现的法律问题；

（六）安排专人负责合同管理工作，及时做好本部门合同副本及有关文件的归档工作，建立本部门合同台账。

（七）负责向合同归口管理部门、法律顾问等部门提供所需信息。

第六条 合同归口管理部门（合同管理部门）的职责

合同管理部门是学校合同管理的归口部门，统一管理学校的合同工作。其主要职责是：

（一）负责拟定、修订合同管理制度，并组织实施；

（二）组织宣传贯彻《合同法》及相关法律法规，组织对各业务部门合同经办人的培训；

（三）参与学校对外订立重大合同的谈判；

（四）参与标书评审和合同评审；

（五）对合同订立、变更及解除进行审查把关；

（六）负责学校本部及所属各单位的各类合同执行情况的监督检查；

（七）负责学校合同专用章的管理；

（八）负责学校合同台账、合同档案的建立和管理；

（九）协调学校内部和外部合同关系，对合同纠纷依法申请仲裁或诉讼；

（十）合同管理中需要解决的其他问题。

第七条 采购合同管理部门的职责

合同采购管理部门是合同的具体执行部门，其主要职责是：

（一）负责审核合同项目的可行性，审核合同的相应条款；

（二）负责建立采购与付款的内部管理制度；审核各种采购业务，按合同规定及时发出支付指令。

（三）合理组织执行合同，发现问题及时汇报并提出解决方案；

（四）及时组织协调合同执行结果的验收，并交付使用单位；

（五）协助妥善办理合同的变更或解除事宜，并报合同管理部门和有关领导审查、批准；

（六）参与合同纠纷的调解、仲裁或诉讼，负责提供有关的一切资料；

（七）协助合同管理中需要解决的其他问题。

第八条 财务管理部门是合同管理监督部门，主要职责是：

（一）负责合同收付款条件的审核，负责依据合同办理收付款；

（二）负责审查和监督合同的订立和履行情况，注重在价格、结算方式、票据等方面进行审查把关；

（三）负责发票的审查、签收、签发及账务处理。

（四）核对发票金额和合同金额、发票内容与合同内容是否一致；合同发票的审批程序是否符合规定，程序不完备的，拒绝付款。

第九条 其他相关职能部门职责

（一）法律顾问：负责各类合同的法律审核，协调处理合同纠纷。

（二）审计部门：负责各类合同的合规性和合法性的审核；负责合同执行过程的监督；参与重要和重大合同的谈判；配合合同管理部门进行重大合同审查或评审，并签署审查或评审意见；负责重要和重大合同的审计工作。

（三）资产管理部门：负责合同执行结果的验收及资产登记；负责对购进仪器设备、材料物资等进行验收，并出具验收报告；对验收合格的仪器设备、材料物资等办理入库手续。

第三章 合同的订立

第十条 学校对外发生经济业务行为，除即时结清方式或按规定可不签订合同外，标的金额在××万元以上的经济活动，都应当订立书面合同，明确双方权利和义务。

第十一条 学校任何单位及部门一律不准用学校资产对外提供经济合同担保，未经上级部门批准不得签订投资合同和借贷合同。涉及学校土地及资产出租、出租等事宜的经济合同必须经学校校务会或党委会议审议通过，并根据规定，上报同级主管财政部门审批。

第十二条 订立经济合同实行联席会审制度，相关部门应当严格履行规定的程序和职责。

第十三条 订立合同时，条款应当齐备，内容应当明确、完整；形式符合法律、法规要求。国家或行业有明确规定的文本范式的，应当采用标准格式起草合同文本。

第十四条 合同订立实行授权负责制，谁签订谁负责。合同在签订前，各部门必须做好调查研究和充分论证，合同签订要按照上级和学校的有关规定，详细列明合同条款，明确合同双方的权利、义务及违约责任，依法维护学校的名誉和经济利益。

第十五条 合同订立前，合同申请（经办）部门应当组织对合同进行业务性审查，对对方的资信状况和履约能力进行审查；合同管理部门应当组织对合同的合规性和严密性进行审查；法律顾问对合同文本的严谨性、合法性进行审核。

第十六条 合同管理部门审查后，出具书面审查意见书，对存在的问题进行分析，对风险做出判断，并视情况提出防范或降低风险的对策，作为业务部门做出决策的重要参考。

第十七条 合同报送法定代表人或授权代表批准时，必须将审查意见书作为附件一并报送，根据批准人的要求对采纳部分和不采纳部分进行说明，申请（经办）部门合同存档时也应将法律意见书一并存档。

第十八条 凡以学校名义与外单位订立的经济合同，必须经学校法定代表人亲自签署或明确权限委托签订。未经学校法定代表人明确委托而以学校名义签订合同的，视为侵权行为，学校将追究其侵权行为的法律责任，由此造成经济损失和其他后果，由签订人自负。

第十九条 经济合同签署的权限

经济合同所涉及的事项属于年初部门预算之内的，合同标的金额在×万～××万元（具体金额可根据学校管理实际情况确定）由学校法定代表人委托部门负责人签订，××万～××万元之间的，由学校法定代表人委托分管业务的校领导签订；超过××万元的，由法定代表人亲笔签订或委托分管业务的校领导签订。经济合同所涉及的事项属于年初部门预算之外的，要从严控制，并由法定代表人亲笔签订。

严禁将同一经济业务的合同"化整为零"，规避采购程序，越权签订合同。

第二十条 学校各教学单位、各部门未经学校法定代表人委托授权，不得以本部门的名义对外订立任何经济合同。否则，学校追究其侵权责任，由此造成经济损失和其他后果，由签订人自负。

第四章　合同印章的管理

第二十一条 学校刻制"×××合同专用章"，由学校合同管理部门指定专人负责保管，严格按规定使用印章，并建立用印登记备查制度。

第二十二条 凡学校对外签订的经济合同必须加盖"×××合同专用章"。主要包括但不限于：委托设计合同、建筑安装合同、修缮合同、设备采购合同、物资及材料采购合同、技术成果转让合同、贷款合同、承包及租赁合同、各种服务协议书等。

未按本办法规定加盖"×××合同专用章"的对外经济合同均为无效合同。

第二十三条 合同专用章印章使用的审批

（一）由订立经济合同的申请或经办部门按要求填写学校统一印制的"合同用印审批单"；

（二）用印审批单由签订经济合同的申请人和经办部门负责人签字，经合同管理部门、法律顾问、审计部门等相关职能部门负责人审核后报分管业务的校领导或校长审批。

第二十四条 发生特殊情况，须外带合同专用章的，须经法定代表人批准，并按规定办理登记手续。合同专用章如遗失或被盗，除应立即通知有关部门外，应登报挂失。

第五章 合同的履行与监督

第二十五条 合同依法签订后，即具有法律约束力。一切与合同有关的部门、人员都必须本着"守合同、重信用"的原则，严格执行所规定的权利义务，确保合同实际、全面地履行。

第二十六条 合同实行合同履约责任制，部门及学校的法定代表人是合同履约的第一责任人，第一责任人对合同的全面、正确履行负责。如出现不能履行或不能完全履行时，应采取紧急措施减少损失。

第二十七条 合同订立后，应当建立合同履行监督审查制度。各签约单位、签约人、经办人应适时了解、掌握合同的履行情况，发现问题及时处理或汇报。可能发生的违约风险或违约行为，要采取有效措施将不利影响降到最低。与执行合同相关的职能部门有责任对合同的履行情况进行跟踪监督，并向分管业务的校领导报告。

第二十八条 资产管理部门应按照合同约定对标的物的数量、质量等进行验收，对不符合合同约定的，应在法定或约定的期限内向对方当事人提出书面异议，并督促合同对方继续履行。

第二十九条 对于学校为付款方的合同，支付合同价款时，须经学校领导审批签字。未经合同管理部门及学校领导签字审批的，财务管理部门应不予付款。支付最后一笔合同款项时，采购管理部门应填写合同履行终结报告，送合同管理部门终止合同。

第六章 合同的变更、终止与纠纷处理

第三十条 合同申请（经办）部门提出变更、终止或解除合同的，应送分管业务校领导和法定代表人审批后，按法律规定的程序办理；对方提出变更、终止或解除合同建议的，学校应在接到对方书面通知后，及时汇报并听取分管业务校领导和法定代表人的意见，并按法律规定或约定的期限予以明确答复。

第三十一条 变更、解除经济合同以及对质量、数量等提出异议的，必须采用书面形式。

第三十二条 经济合同履行中如发现对方违约，合同申请或经办部门应会同采购管理部门、合同管理部门等按法律规定及时交涉处理，追究对方违约责任。

第三十三条 经济合同发生纠纷时，合同申请或经办部门应会同采购管理部门、合同管理部门等及时主动向学校报告，及时与对方协商解决，避免给学校利益造成损失。

第三十四条 对经协商仍无法解决的合同纠纷，经法定代表人同意，可提交上级主管机关、仲裁部门或人民法院依法处理。

第三十五条 合同纠纷的提出，应及时与对方当事人协商处理纠纷的时间，注意不超过法律规定的时效，并考虑有仲裁或起诉的足够时间。

第三十六条 合同纠纷经双方协商达成一致意见的，应订立书面协议，由双方代表签字并加盖合同专用章。

第三十七条 合同纠纷处理或执行完毕的，应及时通知有关单位，并将有关资料汇总，统一交合同管理部门归档，以备查考。

第七章 合同登记与归档管理

第三十八条 学校合同管理部门要加强合同登记管理，充分利用信息化手段，建立合同文本统一分类和连续编号制度，定期对合同进行统计、分类和归档，合同终结及时办理销号和归档手续。认真做好经济合同管理和基础工作，具体如下：

（一）建立合同档案。每一份合同都必须有一个编号，不得重复或遗漏。每一份合同包括合同正本、副本及附件，合同文本的签收记录，合同分批履行的情况记录，变更、解除合同的协议（包括文书、电传等），均应妥善保管。

（二）建立合同管理台账。合同管理部门应根据合同的不同种类，建立经济合同的分类台账和总台账。每个部门必须设一个总台账。其主要内容包括：序号、合同号、经手人、签约日期、合同标的、价金、对方单位、履行情况及备注等。台账应逐日填写，做到准确、及时、完整。

（三）填写"经济合同情况月报表"，及时报送总会计师或校长，同时抄报财务管理部门和法律顾问。

第三十九条 经济合同订立后，应尽快完善合同登记手续。学校各职能部门订立的合同，正本由合同管理部门保管，其副本由各职能部门保管。

第四十条 建立合同查阅管理制度。合同归档后，职能部门查询和借阅时必须履行审批登记手续，借阅合同要及时返还。

第四十一条 学校签订的合同涉及商业机密的，要严格管理，防止泄密。

第四十二条 合同管理部门对学校所属各部门的合同管理情况进行定期和不定期的检查，对合同履行情况进行监督和分析评估。

第八章　责任追究

第四十三条 对违反国家法律法规及本办法规定，在签订、履行经济合同中失职、渎职或以权谋私，损害国家和学校利益的，将视其情节，追究责任人的行政和经济责任，构成犯罪的，移交司法机关处理。

第九章　附　　则

第四十四条 本办法由学校合同管理部门负责解释。

第四十五条 本办法自公布之日起执行。

本章主要参考文献

[1]《中华人民共和国合同法》

[2]《行政事业单位内部控制规范（试行）》（财政部　财会〔2012〕21号）

[3]《关于全面推进行政事业单位内部控制建设的指导意见》（财政部　财会〔2015〕24号）

[4] 教育部办公厅关于印发《教育部直属高校经济活动内部控制指南（试行）》的通知（教财厅〔2016〕2号）

第三部分

第十一章

校企合作业务控制设计范例

校企合作是职业教育的内在要求,是一个校企双方围绕高素质技能型人才而开展资源共用、共享、共管、共建,最后实现共赢的过程。高职高专院校构建校企合作是当前乃至今后一段时期的重点工作和任务。

第一节 校企合作控制范围及风险清单

一、校企合作控制范围

(一) 校企合作业务

本书所称的校企合作,是指学校与社会上相关企业、事业单位及其他各种工作部门之间的合作关系,包括所有形式和类型的合作。对于高职高专院校来说,校企合作是根据学校建设需要,整合企业、行业可利用的优质资源,与企业展开多层次、全方位的合作,使专业建设、课程设置、教学内容、人才培养等方面更适合企业、行业需求,依托企业、行业优势,培养学生的职业能力,提高人才培养质量。

本书所称的校企合作内部控制,是指高职高专院校通过构建形成跨层级、跨部门协同的校企合作流程规范、操作标准以及权责体系,对校企合作关系的构建、生成、维持与终止的全过程进行操作、控制与管理。在时间上包含对校企合作全过程的控制,在空间上包含高职高专院校所有层面、对象、内容和形式的校企合作。

（二）校企合作实践的复杂多样性

我国目前尚未形成与德国、英国、澳大利亚等西方国家类似的国家层面规范统一的校企合作形式，实践中的校企合作大多为高职高专院校以自身与地方经济实际情况为依据进行的自主探索，不断地实践创新造就了高职高专院校校企合作的丰富多样。

1. 合作层面。

从合作层面看有学校层面的合作、教学单位层面的合作、专业层面的合作和教师（个人/团体）层面的合作。学校层面的合作是学校管理部门与行业企业的合作，例如校级公共实训基地的合作、校级技术研发中心的合作、非综合性专门型高职高专院校与行业企业的人才培养的合作。教学单位层面的合作是高职高专院校的教学单位所有直接管理部分与行业企业建立的合作，例如实训基地的合作、技术研发中心的合作、教学单位与行业企业的人才培养的合作。在人才培养的合作中，行业企业的主要职业岗位需能对接教学单位的专业群。专业层面的合作是专业所有直接管理部分与行业企业的合作，主要是专业建设人才培养的合作，适于专业化特征明显的专业，专业仅能对接某个或某类企业主要职业岗位。教师层面的合作是教师与行业企业建立的合作，主要依托教师工作室承接合作项目。

2. 合作对象。

从合作对象看主要有两个层级。一是学校层级；二是教学单位层级。即学校及教学单位与政府、社会组织、行业、企业的合作。除此之外，还会出现专业或专业教学团队、教师等方面的合作。

3. 合作内容。

从合作内容看有设备资金捐赠、公共实训基地、技术研发中心、学生实习、教师实践、专业建设、人才培养等单项内容的合作，还包括涵盖多项内容合作。

4. 合作形式。

从合作形式看有非直接参与式合作和直接参与式合作。非直接参与式合作是行业企业通过资源捐赠、技术支持等方式参与学校人才培养，是相对短期的、浅层的合作。直接参与式合作是学校与企业建立的相对长期的、深层的人才培养的合作，通常涉及资金、设备、专业建设、师资建设、人才培养方案制定等方方面面。

合作层面、对象、内容与形式的不同选择与组合可组成多种不同形式的校企合作（如图表 11-1 所示），在合作形式的选择上，应根据学校实际情况进行评估与选择。多种形式的校企合作在高职高专院校内的开展使得校企合作多样而复杂，因此必须建立高职高专院校校企合作的内部控制体系，为校企合作的开展提供可依据的章法，为校企合作合理合规、有序高效地进行提供保障。

合作层面		合作对象		合作内容		合作方式		
·学校 ·教学单位 ·专业 ·教师（个人/团队）	+	·政府 ·企业 ·行业 ·社会组织	+	·资金设备 ·实训基地 ·研发中心 ·人才培养 ·……	+	·非直接参与 ·直接参与	=	校企合作形式

图表 11-1　不同形式的校企合作组成

二、校企合作控制目标

校企合作控制目标是通过理顺高职高专院校校企合作规章与流程，分析各个环节的风险点，采取一定的防控措施，以确保校企合作的合法合规、资源安全有效、合作目标达成，有效防范舞弊和预防腐败。具体目标如下：

1. 校企合作立项申报科学合理。

有目的、有计划、有步骤地选择相关企事业单位开展校企合作，项目立项经过严格周密论证，符合国家法律、法规，维护单位的合法权益，能够满足专业建设、课程建设、师资队伍建设和学生培养的需要。

2. 校企合作决策过程周详严密。

建立一套周详严密的校企合作决策流程，形成各相关部门分工明确的管理体制，根据校企合作项目的内容，明确各部门管理范围、职责与权限。

3. 校企合作履约过程控制有效。

高职高专院校应当加强对校企合作项目履约过程的监控，校企合作管理的职能部门应落实责任，积极跟踪和推进项目实施进度，定期对合作项目进行质量评价，确保项目实现预定建设目标。

4. 提供校企合作咨询指导服务。

给予合作项目建设性指导意见，跟踪指导合作签约、履约、终止全过程，保证合作项目质量。

三、校企合作风险清单

校企合作的制度环境和政策环境还远远落后于实践的需求，基本上处于学校自发摸索阶段，与学校其他经济业务相比，更容易出现不规范的现象。只有梳理识别清楚每一个阶段关键环节的风险点，才能实施有效控制（如图表 11-2 所示）。

图表 11-2　　　　　　　　校企合作业务风险清单

流程	关键环节	风险点	主要防控措施	责任主体
立项	1. 合作对象的选择 2. 合作内容的确立 3. 合作形式的确定	1. 合作对象非优选择； 2. 合作内容不符合职业教育规律，不符合发展需求； 3. 合作事项未进行前置审批或与相关法律法规冲突。	1. 尽量选择区域主导产业的主流企业作为优先合作对象； 2. 校企合作职能部门对合作内容进行审议； 3. 提升合作项目负责人政策水平与法律意识。	校企合作职能部门、项目负责部门
决策	1. 决策流程	决策流程完整性缺失	校企合作职能部门审核后，送至各相关部门按流程一一审核，最后递交校长办公（校务）会和党委（常委）会审批	校企合作职能部门、法律顾问、相关职能部门、教学单位领导、校长办公（校务）会、党委（常委）会
	2. 合同文稿	合同不符合规范	聘请法律顾问参与合同起草	校企合作职能部门、法律顾问
签约	签约	合同文本有效性缺失	审查双方签约主体法人资格或授权手续	校企合作职能部门
履约	履约	1. 投入不足额、不及时、不到位； 2. 超约定使用学校资源（包括无形资产、公共服务等）； 3. 由于合作对象引起的意外安全事故； 4. 合作产生资产权属不明确； 5. 未实现合同预期绩效。	1. 对双方投入按约定时间进行验收； 2. 出台校企合作资源使用管理办法，重点关注超约定使用资源、无形资产、公共服务和合作产生的资产归属； 3. 出台校企合作绩效评价管理办法。	校企合作职能部门、资产管理部门、安全保卫管理部门
终止	续约	未重新按照校企双方实际发展情况增改合同	对前期合作进行清算，并依据实际情况重新拟定合同	校企合作职能部门、相关职能部门、校长办公（校务）会、党委（常委）会
	1. 期满终止 2. 意外终止	未严格按照合同进行清算	成立清算小组	校企合作职能部门、资产管理部门

四、校企合作流程

校企合作流程主要包括立项、决策、签约、履约和终止五个阶段，内部控制主要围绕五个阶段展开（如图表 11-3 所示）。

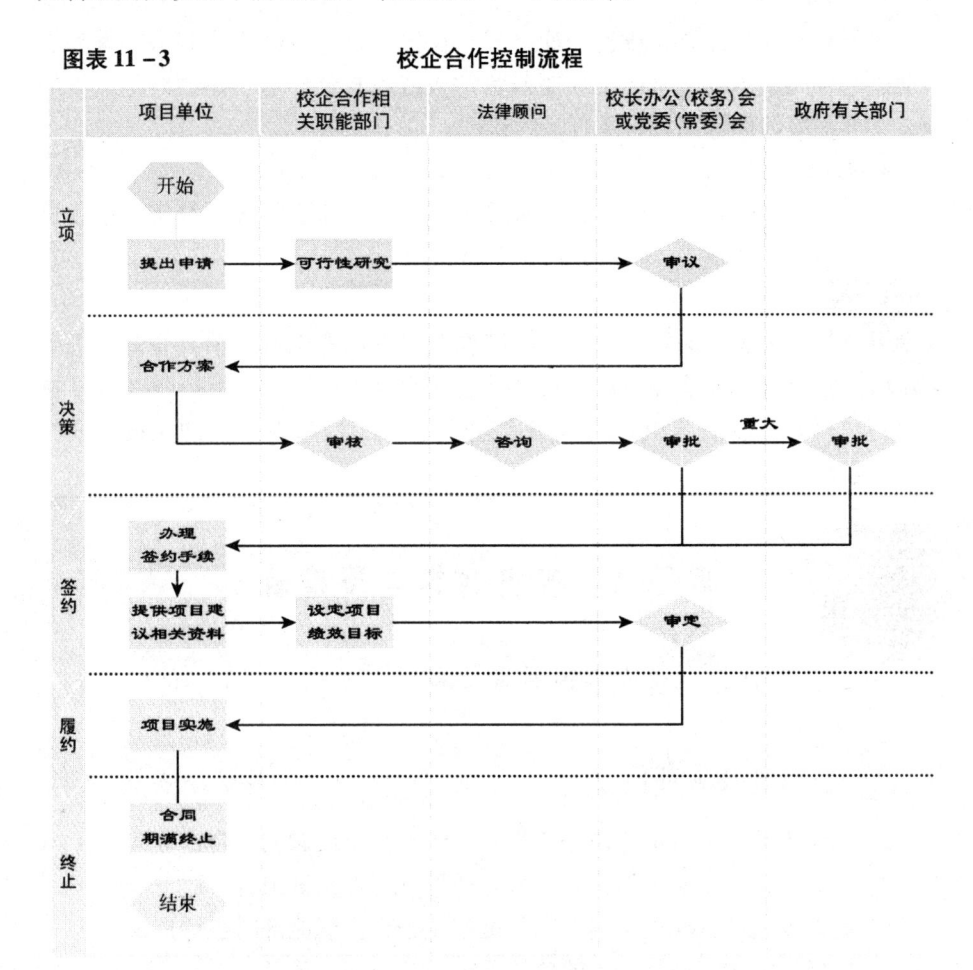

图表 11-3　　　　　　　　　校企合作控制流程

阶段	项目单位	校企合作相关职能部门	法律顾问	校长办公(校务)会或党委(常委)会	政府有关部门
立项	开始 → 提出申请	可行性研究		审议	
决策	合作方案	审核	咨询	审批 →（重大）	审批
签约	办理签约手续 ← ；提供项目建议相关资料	设定项目绩效目标		审定	
履约	项目实施				
终止	合同期满终止 → 结束				

1. 立项阶段。

主要是指项目负责部门与合作方进行洽谈，向学校提出校企合作项目的申请阶段，项目负责部门需提供校企合作项目方案与可行性分析报告，并提交学校校企合作职能部门以及相关职能部门审议，其他相关职能部门根据合作方案涉及的内容而定，一般应包括财务、资产和后勤保障部门，审议通过

291

则立项成功;

2. 决策阶段。

主要是指对经过学校校企合作职能部门以及其他相关职能部门审议后的方案,提交校长办公(校务)会或党委(常委)会审批的集体决策阶段,该阶段必要时需政府相关职能部门审批,完成后进入签约环节;

3. 签约阶段。

主要是指各合作方完成签约的过程,在根据合作方案内容和法务顾问审核通过的合同文本确定基础上,明确签约人或授权签约人、签约时间、签约地点、参加签约的部门后,举行签约仪式;

4. 履约阶段。

主要是指为项目实施阶段,此阶段中,校企合作职能部门对实施项目进行阶段性周期性考核与评价,并给予项目指导;

5. 终止阶段。

主要是指根据合同约定,合作期满或经双方同意未满提前终止的相关处理阶段,校企合作职能部门对期满情况进行验收工作,并对下一步工作(续约/终止)做出处理,对非自然期满终止的情况,应按照合同约定进行违约赔偿或索赔。

第二节 校企合作立项控制

一、校企合作立项控制的职责与权限

(一)项目负责部门

1. 组织相关人员与拟合作企业洽谈合作方案,编制初步合作方案;
2. 负责对合作企业实施调研,编写项目可行性论证报告;
3. 负责编制项目立项申请书,并提交校企合作职能部门进行审议;
4. 根据项目评审小组出具的项目评审结论,完成项目立项;
5. 负责归档保存项目申报与立项的相关文件资料、会议记录等。

(二)校企合作职能部门

1. 负责对项目负责部门编制的项目实施方案与可行性报告进行初审,否决或通过项目申报初审;

2. 负责组织相关各部门人员与分管校领导组成项目评审小组；

3. 负责组织项目评审小组展开复审工作。

（三）项目评审小组

负责对项目负责部门提报的项目实施方案、项目可行性分析报告进行审议，针对方案提出相关修改建议。

（四）分管校领导

1. 负责对项目负责部门提报的项目实施方案、可行性报告进行审议，针对方案提出相关修改建议；

2. 负责对项目负责部门提报的项目实施方案、可行性报告进行审核，否决或通过项目申报。

二、校企合作立项控制工作流程

1. 洽谈合作方案。

项目负责部门负责依据本单位实际情况，规划校企合作项目，选择合作企业，与拟合作企业洽谈合作方案。

2. 撰写项目可行性分析报告。

项目负责部门对拟合作企业进行深入调研，依据调研结果编写项目可行性分析报告。

3. 编制项目立项申请书。

项目负责部门按校企合作申请立项制度，依据前期洽谈与调研情况，编制项目立项申请书，并上报校企合作职能部门审核。

4. 项目初审。

校企合作职能部门对拟合作企业展开调研，对项目负责部门提交的申请书与可行性分析报告进行初审。

5. 项目复审。

校企合作职能部门组织成立项目评审小组，根据项目的评审结果出具项目评审结论，并上报分管校领导审批后同意单位内部立项。

校企合作立项控制流程如图表 11-4 所示。

图表 11-4　　　　　　　　校企合作立项控制流程

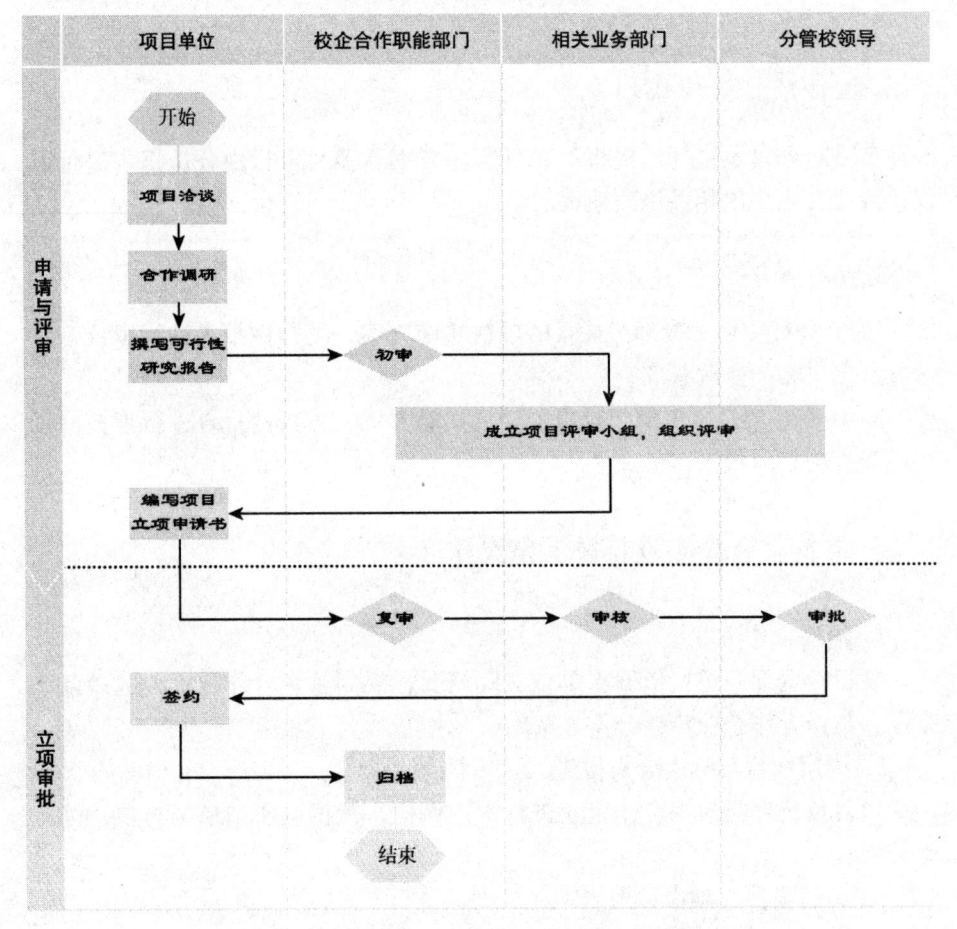

项目单位	校企合作职能部门	相关业务部门	分管校领导

申请与评审：开始 → 项目洽谈 → 合作调研 → 撰写可行性研究报告 → 初审 → 成立项目评审小组，组织评审 → 编写项目立项申请书

立项审批：复审 → 审核 → 审批 → 签约 → 归档 → 结束

第三节　校企合作决策控制

一、校企合作决策控制的职责与权限

（一）项目负责部门

1. 根据立项环节项目评审结论，修订初步合作方案，形成合作方案以及合同草案；

2. 按规定期限提交合作方案、合同草案及相关附件至校企合作职能部门审核；

3. 负责归档保存相关文件资料。

(二) 校企合作职能部门

1. 负责对项目负责部门提交的合作方案、合同草案及相关附件进行审核；
2. 出具审核结论，交回项目负责部门修订；
3. 监督项目负责部门按秩序完成审核审批流程及期间的项目修正。

(三) 法律顾问

1. 负责对合同草案进行审核；
2. 出具审核结论，交回项目负责部门修订。

(四) 财务管理部门

1. 负责对合作方案涉及财务部分进行审核；
2. 出具审核结论，交回项目负责部门修订。

(五) 教学管理部门

1. 负责对合作方案涉及教学部分进行审核；
2. 出具审核结论，交回项目负责部门修订。

(六) 人事管理部门

1. 负责对合作方案涉及人事部分进行审核；
2. 出具审核结论，交回项目负责部门修订。

(七) 后勤保障部门

1. 负责对合作方案涉及后勤保障部分进行审核；
2. 出具审核结论，交回项目负责部门修订。

(八) 分管校领导

负责对合作项目进行审批。

(九) 校长办公（校务）会

负责对合作项目进行审批。

（十）党委（常委）会

负责对合作项目进行审批。

（十一）政府有关部门

负责对合作项目进行审批。

二、校企合作决策控制工作流程

（一）提交合作方案。项目负责单位根据立项环节项目评审结论，修订初步合作方案，形成合作方案以及合同草案，按规定期限提交合作方案、合同草案及相关附件至校企合作职能部门审核；

（二）项目审核。项目负责部门按规定流程向各相关部门提交相关材料进行审核；

（三）审核监督。校企合作职能部门监督项目负责部门完成各部分审核以及项目修正；

（四）项目审批。分管校领导、校长办公（校务）会、党委（常委）会以及相关政府部门对合作项目进行审批。

第四节　校企合作签约控制

一、校企合作签约控制的职责与权限

（一）项目负责部门

1. 根据各部门审核结论，修正合同草案；
2. 与企业共同修订合同草案，必要时咨询法律顾问，最终形成合同；
3. 协助组织签约仪式。

（二）校企合作职能部门

1. 负责监督合同草案修订过程，必要时咨询法律顾问；
2. 负责组织签约仪式；
3. 负责签约双方法人资格或授权书审查。

（三）校长或被授权人

负责签约。

二、校企合作签约工作流程

（一）形成正式合同。项目负责部门负责合同草案的修订，最终形成正式合同。

（二）签约。项目负责部门和校企合作职能部门组织签约仪式，签订正式合同。

第五节 校企合作履约控制

一、校企合作履约控制的职责与权限

（一）项目负责部门

1. 根据合作方案、合同，制定项目目标，编制项目进度计划；
2. 依照目标，按计划实施合作项目；
3. 配合相关部门进行质量评价与监管工作；
4. 根据评价与检查意见，组织执行；
5. 负责归档保存相关文件资料、会议记录等。

（二）校企合作职能部门

1. 负责根据合作项目内容编写项目绩效评价指标；
2. 负责组织与实施阶段性项目质量评价与监管工作；
3. 负责出具评价与监管反馈；
4. 负责监督项目负责部门执行反馈意见；
5. 负责归档、评价与考核。

（三）相关职能部门

协助校企合作职能部门完成质量评价与监管工作。

二、校企合作履约控制工作流程

（一）编制项目执行计划。项目负责部门负责依据合作合同制定项目目标与进度计划。

（二）项目执行。项目负责部门按计划执行实施合作项目。

（三）编写项目绩效评价指标。校企合作职能部门根据项目目标与进度计划编写项目绩效评价指标体系，设计考核办法。

（四）项目评价与监管。校企合作职能部门牵头，定期组织相关职能部门依据项目绩效目标与合同约定对项目实施情况进行评价与监管，并将意见反馈至项目负责部门。

（五）项目整改。项目负责部门依据评价与监管反馈意见，组织整改相关活动。

校企合作履约控制流程如图表11-5所示。

第六节　校企合作终止控制

一、校企合作终止控制的职责与权限

（一）项目负责部门

1. 合同终止，若为期满终止，撰写项目总结报告，提交至校企合作职能部门；

2. 合同终止，若为意外终止，撰写合同终止情况说明与违约赔偿报告交至相关职能部门审核，最后由校长办公（校务）会与党委（常委）会审批通过，执行赔偿；

3. 合同终止，若有意向续约，撰写项目总结报告，提交至校企合作职能部门，待相关部门对第一阶段的合作清算完成后，与企业视情况重新拟定合作合同；

4. 协助校企合作职能部门完成清算工作。

（二）校企合作职能部门

1. 负责对合作项目进行清算；

图表 11-5　　　　　　　校企合作履约控制流程

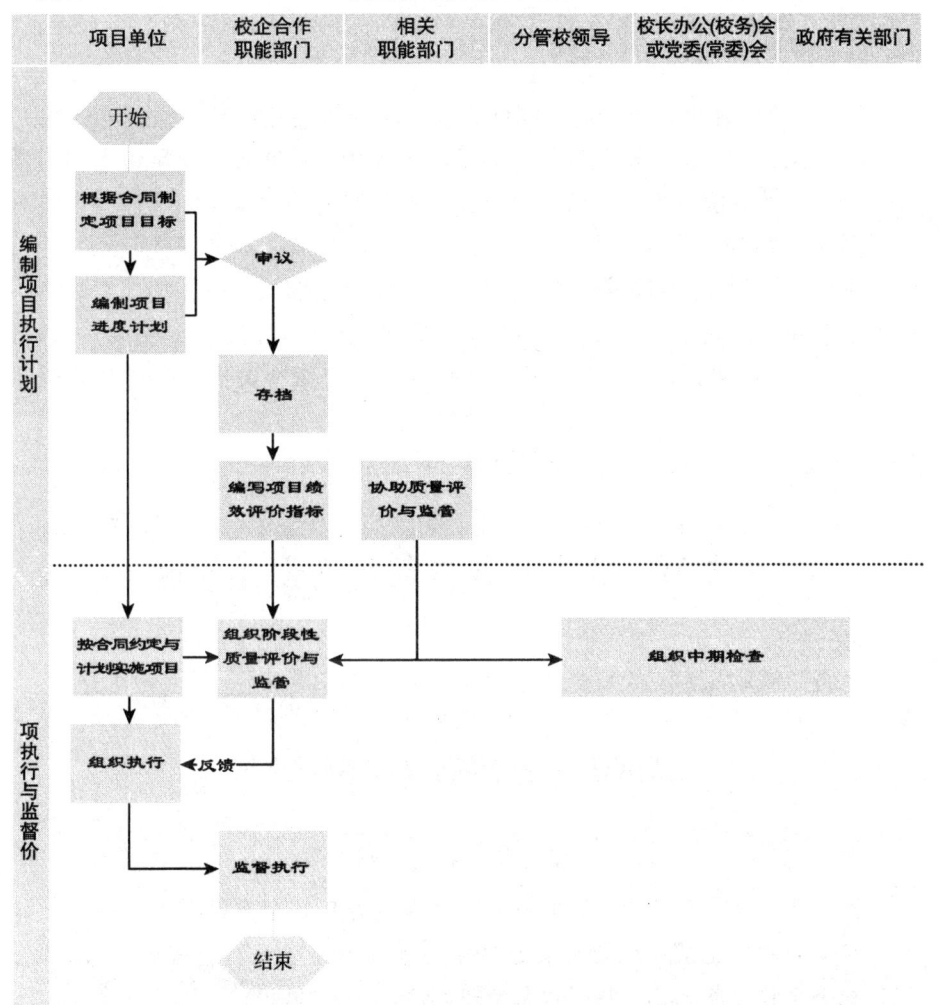

2. 负责意外终止赔偿内容的审核，并监督赔偿执行；
3. 负责保存归档相关文件。

（三）相关职能部门

协助做好合作项目结算工作。

二、终止业务工作流程

（一）合作终止。与企业合同终止，若为期满终止，项目负责部门撰写项目总结报告，提交至校企合作职能部门；若为意外终止，项目负责部门撰写合同终止情况说明与违约赔偿报告交至相关职能部门审核，最后由校长办公（校务）会与党委（常委）会审批通过，执行赔偿；若有意向续约，项目负责部门撰写项目总结报告，提交至校企合作终止部门，待相关部门对第一阶段的合作清算完成后，与企业视情况重新拟定合作合同；

（二）项目清算。校企合作职能部门牵头，组织相关部门完成项目清算工作；

（三）项目存档。校企合作职能部门对终止项目相关文件进行归档保存。

第七节　校企合作控制制度设计范例

现将某高职高专院校校企合作管理办法范例提供如下，供参考研究。

某高职高专院校校企合作管理办法

第一章　总　　则

第一条　校企合作是高等职业教育培养适应区域经济社会发展和产业转型升级需要的技能型人才的重要途径。为建立健全学校校企合作工作机制，规范校企合作业务流程，特制订本管理办法。

第二条　学校坚持以培养高素质技能技术人才，加快现代化专业建设和课程体系改革，创新人才培养形式，促进教学科研水平，提升师资队伍素质，全面提高人才培养质量为目标，积极展开校企合作业务。

第三条　本管理办法适用于学校、各教学单位、各专业与教师个人与企业在招生就业、专业建设、人才培养、队伍建设、实践教学、技术研发、社会服务、社会培训等环节或领域开展的合作。

第二章　组织机构

第四条　党委（常委）会、校长办公（校务）会为校企合作最高决策层，对校企合作项目进行最终的决策与审批。

第五条 学校的校企合作职能部门负责校企合作日常工作，归口管理。其主要职责是：

（一）全面负责学校校企合作工作，制订校企合作政策措施，并组织实施；

（二）负责校企合作项目申请审议，不通过予以否决，通过审议并给出指导意见；

（三）负责校企合作项目合同草稿初步审核，不通过予以否决，通过审核则组织法务顾问、资产管理处、财务处、人事处、教务处等相关部门对合同草稿进行审核，审核通过递交校长办公（校务）会、党委（常委）会做最后决策；

（四）负责组织校企合作项目签约仪式；

（五）负责编写校企合作评价指标体系，并阶段性地对项目实施情况进行质量考核与评价。组织考评小组对项目进展情况进行考核，按优秀、良好、合格、不合格等四个等级确定考评结果，不合格项目限期整改，优秀项目酌情奖励；

（六）负责合作终止后的项目验收，得出验收报告，存档；

（七）负责与企业和行业的联系交流工作，建立定期、有效的联络机制，开展校企间的广泛交流和社会服务的组织与指导。

第六条 各教学单位成立校企合作工作领导小组，具体负责本单位校企合作项目开拓、实施和总结，主要职责是：

（一）根据教学单位特点，制定切实可行的校企合作年度计划和方案，并组织实施；

（二）开展校企合作项目调研与合作项目洽谈，起草和修改合作项目方案，参与起草相关合作协议，与企业签订相关合作协议；

（三）负责校企合作过程的具体组织和管理工作；

（四）做好本教学单位校企合作工作成果的统计、总结和推广工作。

（五）配合校企合作职能部门做好校企合作日常工作，接受考核与评价，做好相关整改工作。

第三章 校企合作的实施

第七条 校企双方应坚持"优势互补、资源共享、互惠共赢、共同发展"的原则开展合作。

学校对校企合作实行统一领导、统一管理、统一规划、统一实施、统一考评。

第八条 合作条件：

（一）合作企业基本条件

校企合作的企业必须是正式法人单位或职能齐全的二级单位，组织机构健全、设备先进、生产工艺领先、管理规范；与学校人才培养和专业建设有较高关联度；具有较好的业绩和可持续发展能力；具有较高的合作诚信度。

（二）合作项目基本条件

合作项目应符合学校的办学定位和人才培养需求，能促进学校人才培养、教学、师资素质、科研水平、社会服务能力提升，能提高人才培养质量，能共建产学结合的平台。

（三）不宜引进的校企合作项目

1. 含有国家或行业协会明令禁止的设备、材料、工艺、技术；

2. 单纯进行商业性生产经营；

3. 有关法律法规禁止的其他情况。

第九条 校企合作的目的在于通过合作实现资源共享、优势互补、共同发展，合作形式可以依据实际情况灵活多样。主要有：

（一）校企联合培养。根据社会人才需求和学校专业建设的需要，校企双方共同研讨专业建设和教学改革，共同制定人才培养方案，共同参与学生的教学管理，协作完成人才培养方案的实施，学生在校期间可到企业参观实习，毕业考核合格后，校企合作双方共同推荐就业。

（二）共建实训基地。学校根据专业设置和实习教学要求与企业共建实训基地。校企双方在以企业生产活动和岗位职业能力为基础，构建以工作过程为导向的课程体系，并积极与企业合作开发与生产实际紧密结合的核心课程和实训教材，引入企业文化和规范，打造学做一体的实训基地。

（三）工学交替。根据学院专业建设和人才培养需要，结合企业用工需求和生产操作岗位技术要求，在顶岗实习阶段之前，组织学生到企业生产服务一线参加实践教学活动。校企共同管理学生，校企共同组织实施实践教学活动。加深学生对专业的认识，提高学生学习兴趣，增强学生学习能力。

（四）参观实习。根据学生专业学习需要，安排学生到合作单位对企业的产品、生产工艺、操作流程、管理制度和企业文化等进行现场的观摩与学习，使学生初步了解企业的组织机构设置、工作岗位要求和实际工作场景，增强学生对职业和工作的直观认识。

（五）订单式培养。根据合作企业需求在学生中选拔并组建定向培养冠名班，结合企业人才需求规格、岗位技能标准、企业文化要求，校企双方共同协商制定培养计划，签订培养协议，进行相关课程置换和人才培养方案的调整。学生毕业考核合格后全部进入合作企业对口岗位就业。

（六）顶岗实习。根据专业特点和用人单位的岗位需求，在学生完成校内教学任务后，采用学院推荐和学生自荐的方式，安排三年级学生参加半年及以上的顶岗实习，实习结束后合作企业择优录取、学生双向选择。

（七）科研合作。学校利用师资力量和专业技术优势为合作企业提供技术服务与支持。加强校企合作科研开发，包括新工艺、新材料、新技术、新方法以及新产品的研发，帮助企业解决相关科研难题。

（八）合作建立职工培训基地。根据各企业发展需要及企业职工特点，与相关企业合作建立各种形式的职工培训基地。

（九）教师实训。根据双师型专业教师队伍建设需求，与相关企业合作，为专业教师提供实训项目。通过实训项目，加深教师对职业岗位的认识，增强教师专业技术能力，提升教学水平。

第四章　校企合作的管理

第十条　日常管理

校企合作业务由校企合作职能部门统筹协调，实施归口管理。各系院每学期上交校企合作工作计划与总结。校企合作中签订的合同应及时上交登记备案。校企合作职能部门不定期对各校企合作项目履行合同情况进行检查。

第十一条　项目管理

（一）立项。拟开展校企合作项目的项目负责部门需填写校企合作项目申请，并提交可行性分析报告，报校企合作职能部门办理申请立项手续。

（二）审议。由校企合作职能部门对校企合作项目进行初步审议，主要审查校企合作项目总体情况，包括合作企业资质、合作形式、合作项目可行性和合作期限等内容。

（三）批准。审议通过后，由校企合作职能部门代表学院签署后批准立项。

第十二条　合同管理

凡批准立项的校企合作项目，由校内合作部门与合作企业充分协商，在学校统一制定的校企合作协议文本框架的基础上，补充并完善具体条款，形成校企合作协议，经校企合作职能部门以及相关部门审核并报校长办公（校务）会与党委会审批后签署。

第十三条 资产管理

校企合作项目实施期间，校内合作单位应明确合作所涉及的固定资产的权属，并名列仪器设备清单。属合作企业承诺或书面赠予约定学校的仪器设备，应办理入账手续。

第十四条 质量考核和评价

（一）校企合作负责部门应对合作项目的资源使用、人才培养、科研成果、师资培养、服务收入等情况进行年度效益自评，并按照合同规定检查履行情况，并上报校企合作职能部门。

（二）校企合作职能部门对合作期限为2年及以上的校企合作项目，展开有计划有目的的阶段性考察评估工作，跟踪审查合同履行情况。

第十五条 奖励与追责

（一）奖励。学校每年召开校企合作业务总结会，对当年的工作进行总结汇报，对做出突出成绩的部门和个人进行表彰，并与年终目标考核、个人职称评定及评优挂钩。

（二）追责。对擅自以学校或教学单位名义私下与企业进行合作的个人追究责任；对不按章办事，工作推诿的教学单位或个人追究责任；对因工作不负责任、以权谋私、给学校造成损失的教学单位或个人追究责任。

第五章 附 则

第十六条 本办法由校企合作职能部门负责解释。

第十七条 本办法自公布之日起执行。

本章主要参考文献

[1] 教育部．《教育部直属高校经济活动内部控制指南》

[2] 财政部．《行政事业单位内部控制规范（试行）》

[3] Brochure of World Association for Cooperative Education. 转自：陈解放．合作教育的理论及其在中国的实践．华东师范大学，2002

[4] 刘永泽主编．行政事业单位内部控制制度设计操作指南[M]．大连：东北财经大学出版社，2013.4

[5] 王德敏．行政事业单位内部控制精细化管理全案[M]．北京：中国劳动社会保障出版社，2010.8

第十二章

校办产业业务控制设计范例

校办产业是高职高专院校科技成果的转化基地，是开展理实一体化教学的重要基地，是学校创新创业人才的培育基地，是践行国家"大众创新、万众创业"的重要载体，是实现产学研融合的有效途径。校办产业业务控制的好坏，不仅影响校办产业的发展，而且会直接影响学校正常的教育教学秩序。为此，学校应当增强校办产业风险意识，重视校办产业风险防范。

第一节 校办产业的归口管理

高职高专院校应当构建既符合国家规定，又贴合学校实际的校办产业管理体制，建立健全校办产业管理制度，设立专门的校办产业归口管理部门，代表学校对校办企业（公司）进行归口管理，明确职责和权限，确保不相容岗位的相互分离和相互制约。教育部《关于积极发展，规范管理高校科技产业的指导意见》（教技发〔2005〕2号）明确规定，高校要组建资产经营有限公司，把学校的所有经营性资产划转到资产经营有限公司，由资产经营有限公司代表学校进行统一经营管理，承担相应的保值增值责任，学校以投入到资产公司的财产承担有限责任。

一、校办产业归口部门的职责与权限

1. 代表学校履行出资人权力，享有资产收益、参与重大决策和选择管理者等权利。
2. 选取产生资产经营有限公司董事，非经营性资产转经营性资产、产权

登记、产权转让和设立审批。

3. 确保投入资产经营有限公司（简称资产公司）独立完整，产权清晰，产权清晰，权责分明，独立核算，自主经营。

4. 依法参与建立资产公司治理架构，确定公司章程的主要条款。

5. 健全预算管理制度，健全投资决策审批和责任追究制度，对重大投资项目要加强监督管理。

6. 对资产公司建立业绩考核制度及奖惩办法，加强对资产经营有限公司的经营活动进行监督、考核管理。

7. 协调资产公司风险管理和内部控制策略，督促其建立健全自身的内部控制制度。

二、资产经营有限公司的主要职责

资产经营有限公司作为学校和校办产业之间的"媒介"，一方面，可以有效避免学校直接参与市场的经营风险；另一方面，资产经营有限公司拥有从学校剥离出的经营性资产的占有权、经营权和处置权，承担保值增值的责任。其主要职责为：

1. 代表学校享有资产收益、参与重大决策和选择下属企业管理者等权利。

2. 代表学校统一持有、管理、监督、经营校办企业及学校对外投资的股权，并承担国有资产保值增值的责任。

3. 通过向控股、参股企业进行股权投资，向企业派出股东代表、董事和监事，参与这些企业的管理，并对控股、参股企业高层管理人员实施监督。

4. 通过资本经营，以股权的股息、红利以及其他利润分配方式获取国有资产经营收益。

5. 建立健全对所管企业业绩考核和奖惩办法；决定对企业的投资额度，以实现资产的增值。

6. 向学校上缴利用投资收益、股权分红、股息等创造的部分利润。

7. 组织实施科技成果的产业化，孵化高科技企业，将科技成果作为新的运作资本向市场转移。

8. 贯彻执行学校的决议；建立健全自身和所管企业内控制度。

三、校办企业设立工作流程

通常校办企业流程为：
1. 资产公司向学校归口管理部门提出申请；
2. 归口管理部门组织评估和可行性论证，报学校审批；
3. 归口管理部门根据学校审批意见报上级部门审批；
4. 资产公司办理登记等；
5. 资产公司对企业进行考核评价，归口管理部门进行监督。

具体流程如图表 12-1 所示。

图表 12-1　　　　　　　校办企业设立工作流程

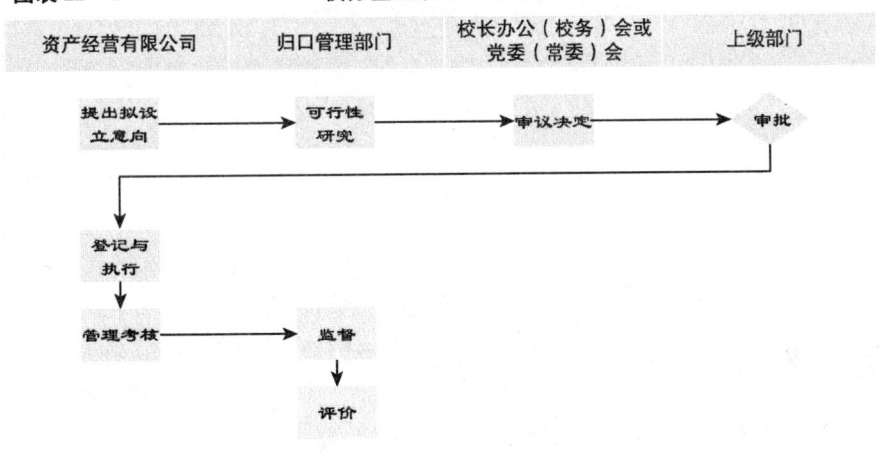

资产经营有限公司	归口管理部门	校长办公（校务）会或党委（常委）会	上级部门
提出拟设立意向 →	可行性研究 →	审议决定 →	审批
↓			
登记与执行			
↓			
管理考核 →	监督		
	↓		
	评价		

第二节　校办产业业务控制及风险清单

一、校办产业业务控制目标

校办产业业务控制目标分为两个层面，一是学校和资产公司层面；二是资产公司本身及其下属企业层面。

对校办产业业务进行控制，就是高职高专院校为实现自己的目标，以信息沟通为基础，选取适当管理体制与控制模式，采取适宜的控制手段，通过实施业绩考核等激励约束机制来实现学校的整体目标。高职高专院校与校办产业控制逻辑关系（如图表 12-2 所示）。

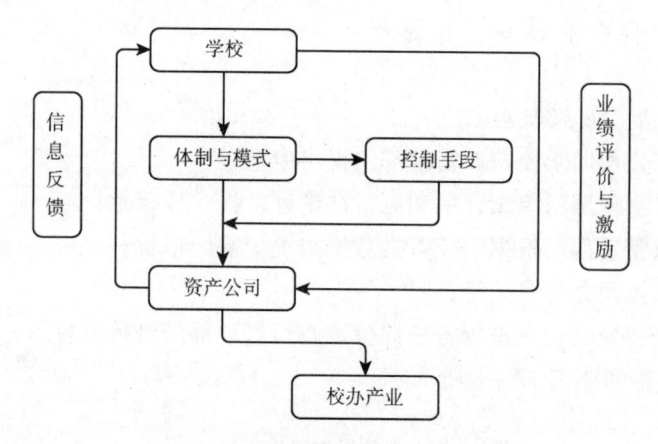

图表 12-2　学校与校办产业控制逻辑

1. 学校对资产公司层面控制目标。

高职高专院校加强对校办产业的业务控制，是规范校办产业治理结构，防范校办产业经营风险的重要举措；是实现学校整体利益最大化和提高办学质量的重要保障。其目标如下：

（1）保障经济活动合法合规，实现学校、校办产业共赢的发展战略；

（2）确保学校对校办产业投资的安全、完整及有效使用，实现学校投入的经营性资产的保值、增值，维护好国有资本权益，取得经济效益、社会效益的最大化；

（3）理顺校办产业管理体制，设立防火墙，防范校办产业可能出现的风险对学校正常教育教学及科研工作的影响；

（4）建立产学研和理实一体化教学基地；实现科技成果产业化；

（5）保证校办产业财务信息真实、完整，防范错误和舞弊发生。

2. 资产公司自身及其对下属企业的控制目标。

（1）为学校防范风险，真正起到"防火墙"功能，规避学校作为校办企业唯一股东承担连带责任的法律风险，确保学校和自身战略目标的实现；

（2）依法依规管理所属企业，确保资产安全和有效使用，实现国有资产安全、完整和保值增值；

（3）合理保障自身和所管企业经济活动的合法合规；

（4）统筹管理、整合资源，推进学校科技产业化工作；

(5) 保证校办产业财务信息真实、完整,防范错误和舞弊、腐败发生。

二、校办产业业务控制风险点

校办产业业务控制风险点主要包括两个层面。一是学校层面;二是资产经营有限公司及所属企业层面。

(一) 学校层面风险点

校办产业业务控制风险包括决策、治理、运营、组织架构、人力资源、制度体系等环节,各环节关键风险主要通过战略控制、文化控制、财务控制、人力资源控制、绩效控制等防范。主要风险点如下:

1. 产权不清、权责不明、校企不分、导致管理混乱,学校承担连带责任风险;
2. 以学校名义对外投资,因经营不善造成经营风险、法律风险、财务风险等。
3. 校领导直接担任校办产业法人、在校办产业领取报酬,或利用校办产业进行寻租而产生的廉政风险;
4. 学校缺乏对校办产业绩效奖惩及监督机制,出现国有资产流失的风险;
5. 违规违法改制或改制不彻底而使学校承担连带责任风险;
6. 高级管理人员选任不当的用人失察风险;
7. 与校办产业发生重大关联交易、资金拆借、互相担保的风险;
8. 校办产业发生重大安全、廉政等问题。

学校层面风险清单如图表12-3所示。

图表12-3   学校层面风险清单

关键环节	风险点	主要防控措施	责任主体
决策	1. 未按国家规定设立校办产业; 2. 未对设立校办企业进行可行性研究; 3. 未按规定程序进行决策审批。	1. 设立校办产业要进行可行性研究后,经学校领导集体审议后报上级审批。 2. 除了资产公司、基金会、校友会、科园公司外,学校不得以事业单位法人的身份对外进行投资和经营。	校办产业归口管理部门、资产公司

续表

关键环节	风险点	主要防控措施	责任主体
治理	1. 办产业产权界定不清，权责不明； 2. 学校以事业法人直接对外投资、经营。	成立资产公司，对所属企业或者对外投资股权，负责经营、监督管理和承担相应的法人责任。	归口管理部门
运行	1. 腐败、违规等的廉政风险； 2. 校办企业缺乏监管，国有资产流失； 3. 违反违规改制； 4. 与校办产业间互相拆解、担保。	1. 校领导不得在校办企业兼职，不得领取报酬； 2. 成立专门机构对校办企业进行归口管理，归口部门要履行监管责任； 3. 严格按照国家有关规定改制； 4. 学校与校办产业不得相互拆解、担保。	组织部门 归口管理部门 资产公司

（二）资产经营有限公司及下属企业层面关键风险点

1. 组织架构设置不当风险。

企业治理结构不完善、组织架构不健全，对下属企业高层管理人员选任不恰当，可导致决策失误、舞弊、效率低下以及经营失败。

2. 制度体系建设不健全风险。

校办产业的内部控制体系不健全或者存在重大缺陷，可能导致企业内部管理混乱，无法实现国有资产的保值。

3. 经营决策不当的风险。

校办产业超越业务范围或审批权限从事相关交易或事项，可能造成投资失败、法律诉讼和资产损失。

4. 经营行为违规风险。

校办产业在资产、工程、合同、采购等方面的内控体系不健全或存在重大缺陷，可能发生腐败和舞弊问题的风险。

5. 财务信息失真的风险。

财务信息失真，可能导致企业自身及学校决策失误或面临法律诉讼的风险。

资产经营有限公司及所属企业风险清单如图表12-4所示。

图表12-4　　资产公司及所属企业风险清单

关键环节	风险点	主要防范措施	责任主体
组织架构	1. 组织架构不健全，高层管理人员选任不恰当； 2. 未能明确经营班子职责，可能导致工作扯皮、效率低下。	1. 建立对校办企业的董事、监事、总经理、财务负责人等人员的委派制度； 2. 建立内部控制制度体系，明确经营班子各项权责和各项业务事项的审批流程。	校办产业归口管理部门

续表

关键环节	风险点	主要防范措施	责任主体
人力资源	1. 缺乏人力资源规划，轻视管理人员的专业胜任能力； 2. 缺乏奖惩激励约束机制； 3. 未签订用工合同，存在劳动纠纷。	1. 避免将那些没有企业管理经验出任企业高层领导。制定履职待遇等奖惩办法； 2. 制定有利于企业可持续发展的人力资源政策，依法与员工签订劳动。	产业归口管理部门、资产公司
制度体系建设	内控制体系不健全，导致企业管理混乱，可能承担监管或连带责任。	按照《内部控制基本规范》及其指引的要求和章程的规定建立健全校办产业内部控制制度体系。	产业归口管理部门、资产公司
业务层面	1. 超越业务范围或审批权限从事相关交易或事项； 2. 在资产、资金、工程、合同管理、采购等的内控体系不健全； 3. 财务报表信息失真； 4. 不相容职务未分离。	1. 对校办产业业务运行进行合理授权，重大业务应当经严格审批； 2. 建立预算、重大投资、筹资、对外担保、对外捐赠、关联交易等控制制度； 3. 制定校办产业财务管理办法； 4. 确保制衡理念贯穿企业重要过程。	校办企业归口管理部门

第三节 校办产业业务控制制度设计范例

高职高专院校对校办产业管控缺乏科学控制体系，这与学校缺乏对重大决策和执行程序的有效监督与控制密切相关。作为学校领导层要高度重视对校办企业的管控，建立健全以股东会、董事会、监事会"三会"为代表的法人治理结构，使校办产业成为真正意义上的市场主体；按照"统一领导、归口管理、分级负责、责任到人"的工作要求，进一步完善经营性资产管理体制和运行机制，将风险防控的内容导入校办产业"干事创业"为核心理念的企业文化体系中去，制定贯穿于校办企业决策、执行、监督全过程，覆盖所有风险点，科学有效的风险防控长效机制的校办产业管理制度，要将校办产业建成产学研基地、创新创业基地，实现高职高专院校和校办产业协同发展。

下面，我们将某高职高专院校制订的校办产业管理办法范例如下，供各学校参考与研究。

某高职高专院校校办产业管理办法

第一章 总 则

第一条 为增强学校校办产业参与市场竞争的经营活力，提升校办产业的经济效益和社会效益，规范校办产业行为、提高管理水平，促进校办产业又好又快发展，结合学校实际情况，特制定本办法。

第二条 校办产业旨在充分发挥学校在科技、人才和资源优势，促进科学技术转化为企业生产力；为学校搭建科研教学实践平台，满足学生理实一体化教学要求，为学校赢得良好的社会声誉同时，增加学校收入。

第三条 各校办企业应按照市场经济的要求，建立健全规范化的现代企业制度，认真贯彻执行国家有关政策和法规，遵守学校各项规章制度。

第二章 校办产业的范围

第四条 校办产业是指利用学校有形和无形资产以及其他学校资源成立，由学校创办或控股成立的具有独立法人资格、营业执照、自主经营、单独核算的各类企业。

第五条 以学校名义创办或入股组建的以及虽不具有独立法人资格，但实行专账独立核算的经济实体，也列入校办产业的管理范围，依照有关法规和规定进行管理。

第三章 管理机构

第六条 为了加强对校办产业的管理，学校成立资产经营有限公司对校办产业进行归口管理。其主要职能：

（一）代表学校管理校内各类校办产业。

（二）组织公开招聘、推荐、考察、考核校办产业负责人，向学校推荐拟任校办产业董事会、监事会成员以及其他高级管理人选，由学校审议决定；参与校办产业其他高级管理人员聘用和管理工作。

（三）依法参与建立校办产业治理架构，确定企业章程的主要条款，制定校办产业发展的有关政策、发展规划。

（四）制定校办产业负责人业绩考核管理办法和薪酬管理制度；核准校办产业高级管理人员薪酬和职务待遇方案；向校办产业下达国有资产保值增值等绩效考核指标。

（五）审核校办产业重大投资、资产重大变动和利润分配方案。

（六）健全预算管理制度，加强学校监管，对校办产业的经营活动进行监督管理。

（七）参与制定校办产业资产置换和重组等资本运作方案；制定校办产业的改制方案并参与实施等。

（八）协调校办产业风险管理和内部控制策略，督促校办产业建立健全自身的内部控制制度。

（九）有效控制信息传递，提高经营管理效率。

第四章 校办产业的组织及人事管理

第七条 学校按有关规定，向各校办产业派遣董事、监事等高级管理人员。外派人员应认真贯彻落实学校的管理思想、方针和政策，并按企业《章程》和其他制度规范，行使权利、承担责任，保证企业依法经营，规范运作，确保校办产业以财务控制制度为核心包括其他重大事项报告、审批制度构成的内控规章制度的贯彻执行。

董事、监事等高级管理人员由资产经营有限公司负责推荐，企业财务负责人由学校财务部门推荐，报学校批准后聘用。

第八条 校办企业的人事工作由学校人事部门负责指导和监督。校办企业根据工作需要，应当制定和实施有利于企业可持续发展的人力资源政策。包括员工的聘用、培训、辞退与辞职；员工的薪酬、考核、晋升与奖惩制度。

第九条 校办企业的用工人数应与本企业的生产规模和经济效益相适应。企业可以根据生产经营情况自主确定人员编制，并报学校人事部门备案。

第十条 校办企业根据工作需要招聘各类人员时，按照"先校内、后校外"的原则，优先在校内择优聘用。事业编制人员在校办企业工作期间，学校可保留其事业编制身份；若原为劳动合同制职工，则参照劳动合同制工人调动的有关规定，由校办企业与其签订劳动合同。校办企业聘用的非事业编制人员，其人事关系可委托人才市场代理。

第十一条 校办企业聘用人员一律实行合同制，由校办企业与聘用人员签订聘用劳动合同。聘用劳动合同的签订、续定、终止等按劳动法及有关规定执行。

第十二条 校办企业与事业编制人员解除或终止合同时，应按有关规定支付的生活费或赔偿金如数划转学校。与校办企业解除或终止合同的事业编制人员，其人事关系原则上可转至学校人才交流机构，由学校人才交流服务机构负责管理。因本人表现不好被校办企业辞退、除名、开除或被劳动教养、判刑的，按国家和省有关规定处理，其关系不再转入学校。

第十三条 校办企业聘用人员统一实行绩效工资（岗位技能工资）和技术等级工资，企业负责人的工资由董事会根据企业效益及其工作表现确定，并报学校批准后执行。事业编制人员在校办企业工作期间，可按有关规定调整其档案工资。

第十四条 校办企业应为聘用人员办理医疗保险及社会保险。

第十五条 学校后勤总公司、基金会等经营性单位的人员管理，可参照本办法执行。

第五章 校办产业的运行管理

第十六条 学校对校办产业实行全面预算管理，以确保校办产业经营目标和战略目标的实现，对校办企业财务负责人实行委派制。

（一）校办产业应当根据《企业会计准则》、《企业会计制度》及学校相关规定，制定企业财务管理办法并报学校财务部门备案执行。

（二）校办产业财务负责人应定期向董事、监事以及归口管理部门、审计部门、财务部门报送财务报表。对于大额资金变动或出现其他异常经营行为的，应及时向董事、监事会及学校财务部门报告。

（三）学校对校办产业业务实行授权审批制度，企业不得从事业务范围或审批权限之外的交易或事项，对于超越业务范围或审批权限的交易或事项，应当提交学校审议后方可实施。

（三）对于重大的业务和事项，在形成决议前报学校批准后执行。

（四）重大投资项目要进行可行性研究，在形成决议前，应先报学校审议后再提交企业董事会审批。

（五）凡是引起注册资本变动的筹资活动以及发生重大事项如改制、上市、股权转让、并购重组等资本经营事项，以及重大投融资、经营范围和经营方式作重大调整时，校办产业应当先提出方案，报学校审议后经董事会批准后方可实施。

（六）未经学校批准，校办产业不得对外提供担保或互保。经批准的担保事项，校办产业应当建立备查账簿，逐笔登记贷款企业、贷款银行、担保金额、时间、经办人、批准人等信息。

（七）校办产业对外捐赠资金或资产，在形成决议前应当报经学校批准。

第十七条 凡界定为校办产业的单位，要积极主动接受上级有关单位和学校审计部门的财务审计。

第六章 奖惩办法

第十八条 奖励。校办企业完成或超额完成上缴指标者，应给予相应的奖励。

（一）奖励绩效的计算公式为：上缴指标*3% + 超额上缴指标*5% + 年末现金净流量增加值*2% + 新增固定资产*1% + 净资产增加值*5%，其中：

（二）评选出的先进企业享受校级先进单位的同等荣誉，企业负责人享受校级先进个人的同等荣誉。

第十九条 校办产业产生的债权、债务及合同的签订要与具体责任人挂钩，人员职务晋升、薪酬兑现要与债权、债务清偿相挂钩。

第二十条 处罚。对于效益低下、管理松懈、经济纠纷不断、或发生严重违法乱纪的企业，追究法人代表或经理（厂长）的责任，并根据情节轻重分别给予处罚。

第二十一条 企业负责人经营业绩考核结果、廉政情况作为其岗位调整、职务任免、薪酬待遇奖惩的重要依据。

第二十二条 企业产权代表未能履行其职责并对企业利益造成重大损失的，应按照规定追究其责任。

第七章 附 则

第二十三条 本办法由资产经营有限公司负责解释。

第二十四条 本办法自公布之日起执行。

本章主要参考文献

[1] 财政部、证监会、审计署、银监会、保监会. 企业内部控制规范应用指引（财会〔2010〕11号）
[2] 企业内部控制规范具体规范第12号—对子公司的控制
[3] 田建平. 高校企业母公司对子公司内部控制建设探讨[J]. 福建工程学院学报, 2012（4）
[4] 陈悦海. 刍议上市公司对子公司的管理和控制[J]. 财经界, 2014（9）
[5] 刘林场, 黄峥. 把好关口, 严格内控构建高校校办企业风险防控长效机制[J]. 管理世界, 2014（29）

[6] 丁胄. 高校校办企业内部控制薄弱环节分析及应对措施 [J]. 2016 (18)
[7] 教育部办公厅关于印发《教育部直属高校经济活动内部控制指南（试行）》的通知（教财厅〔2016〕2号）. 第13号—所属企业管理
[8] 教育教育部关于进一步规范和加强直属高等学校所属企业国有资产管理的若干意见（教财〔2015〕6号）
[9] 教育部关于积极发展、规范管理高校科技产业的指导意见（教技发〔2005〕2号）
[10] 教育部关于高校产业规范化建设中组建高校资产经营有限公司的若干意见（教技发〔2006〕1号）

第十三章

学生资助业务控制设计范例

第一节 学生资助业务控制及风险清单

一、学生资助形式及其资金来源

通常学校为解决经济困难家庭学生"上学难"问题，根据国家相关政策，统筹不同资金来源、采取多种形式，逐步形成了较为完善的学生资助体系，以此体现党和国家对学生的关爱。为此，在领会执行学生资助政策过程中应慎重，来不得半点含糊。

学生资助形式主要有：奖、助学金（国家奖学金、国家励志奖学金、国家助学金及学校奖、助学金、困难补助）、助学贷款、勤工助学及学费减免等。

学校资助资金主要来源于中央及地方财政专项资金、学校按事业收入一定比例计提的奖助基金及各种企事业单位、社会组织、个人资助的资金等。其中：中央及地方政府出资的财政专项资金主要用于奖助学金中国家奖学金、国家励志奖学金、国家助学金；学校按事业收入一定比例计提的奖助基金主要用于学校的奖助学金、困难补助、勤工助学及学费减免等；各种企事业单位、社会组织及个人资助资金主要用于助学贷款、困难补助、勤工助学等方面。

二、学生资助业务控制目标

学生资助体系坚持"加大财政投入、经费合理分担、政策导向明确、多元混合资助、各方责任清晰"的基本原则，做到"能助则助"。通过把握学生资助对象评定、结果公示、资助金发放等关键环节，使需要接受资助的学生都能得到资助，从而维护教育公平，促进教育持续健康发展。主要控制目标有：

1. 资助覆盖面全，能助则助；
2. 资助程序规范，资助政策、过程、结果公开，资助资金使用与管理规范有序；
3. 资助时效性强，学生资助及时足额，既要雪中送炭，又要锦上添花；
4. 资助效果明显，学生资助能够实现既定的绩效目标。

三、学生资助业务风险清单

学生资助业务包括受资助对象的评定、公示及资助金额的发放等各环节控制，各环节主要风险点如图表13-1所示。

图表13-1　　　　　　　　学生资助业务风险清单

序号	关键环节	风险点	防控措施	责任主体
1	受资助对象的评定	受助资格审核不严格、标准不一	依据各项接受资助的条件和要求评定受资助对象	学生管理部门、教学单位学生工作领导小组
2	受资助对象的公示	公示信息不完备，公示范围、时间不够	通过网站、校务公开等方式公示相关信息，加大公示力度或范围	学生管理部门、教学单位学生工作领导小组
3	资助金额的发放	资助金额未直接、未足额发放至受助对象	依据公示审批确认名单，直接足额发放至每位受助对象账户	学生管理部门、财务管理部门
4	学校事业收入一定比例提取奖助金用于学生资助	奖助金未足额提取或已提取但用于学生资助金额未达到标准	每年末按相关文件提取学生奖助基金，并足额用于学生资助	财务管理部门、学生管理部门

四、学生资助业务流程

1. 学生资助体系的各项资助方式均需由申请人提出申请，并提供相关证明文件及复印件；
2. 学生辅导员组织相关人员对申请资助学生依据申请条件及相关标准进行核实及测评，将符合资助条件学生上报教学单位学生工作领导小组；

3. 教学单位学生工作领导小组对上报学生名单进行初审，初审后将获得资助的学生在一定范围进行公示，公示无异议后，报送学校学生管理部门；

4. 学校学生管理部门对教学单位学生工作领导小组报送的学生进行复核，并在一定范围进行公示，经公示无异议后，报学校审批；

5. 学校审批通过后，财务管理部门及时将资助金直接足额发放至每位受资助学生账户。

学生资助业务流程如图表 13－2 所示。

图表 13－2　　　　　　　　学生资助业务控制流程

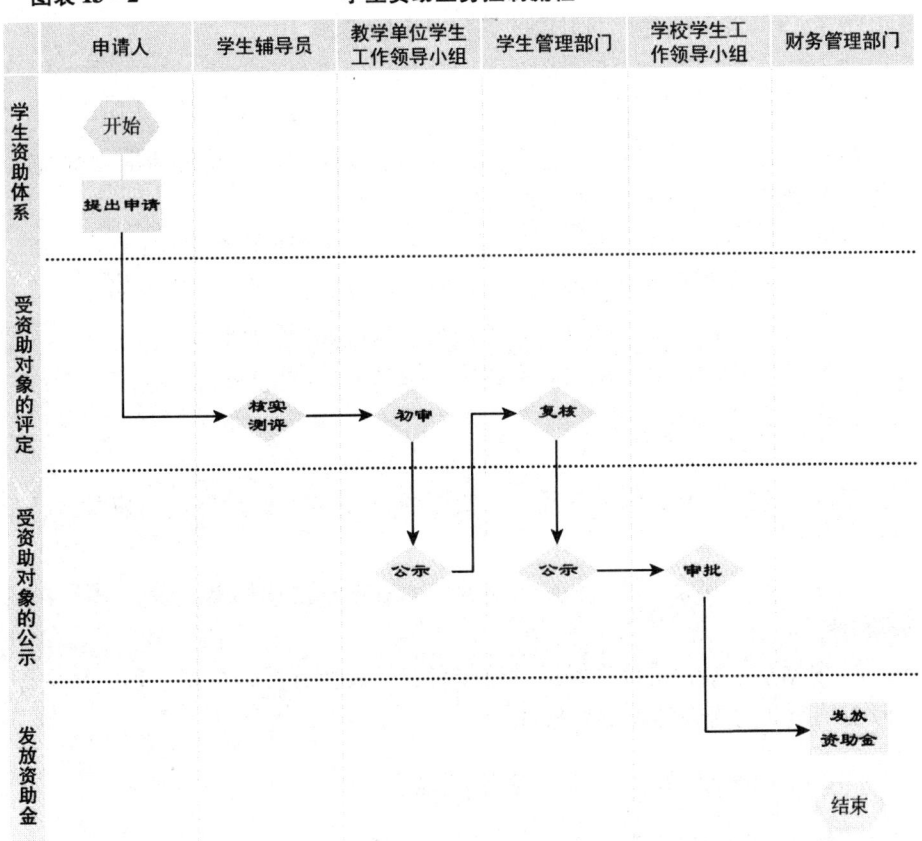

学生资助体系	申请人	学生辅导员	教学单位学生工作领导小组	学生管理部门	学校学生工作领导小组	财务管理部门
受资助对象的评定	开始 → 提出申请	核实测评	初审		复核	
受资助对象的公示			公示		公示	审批
发放资助金						发放资助金 → 结束

第二节 学生资助实施控制

一、学生资助业务的职责和权限

（一）学校学生工作领导小组

学校学生工作领导小组全面负责学生资助业务。主要工作职责：
1. 负责协调全校相关职能部门开展学生资助工作；
2. 全面负责各类受资助对象的认定及审批工作。

（二）学生管理部门

学生管理部门具体负责奖学金、助学金、助学贷款、勤工助学、学费减免等有关资助贫困家庭学生的资助工作。主要工作职责：
1. 根据相关规定及标准，制定适合本校的各类资助管理办法；
2. 根据学生参与各类资助业务的情况，建立受资助学生工作档案；
3. 根据学生勤工助学的特点，选择设定校内、校外岗位；
4. 具体负责组织和管理全校学生资助资格的认定工作。

（三）财务管理部门

财务管理部门主要负责学校助学金的提取及各类资助资金的发放工作。主要工作职责：
1. 根据相关规定，每年从学校事业收入提取一定比例助学金，用于学校的学生资助工作；
2. 根据学校审批的接受资助学生的名单及发放标准，按相关程序将资助金额发放至每位受资助学生的账户。

（四）教学单位学生工作领导小组

教学单位学生工作领导小组负责本单位学生资助的申请、审核、评议、上报等工作。主要工作职责：
1. 根据学校安排，组织本单位学生申报各类资助业务；
2. 根据学校出台的各类资助办法，对学生资助条件进行审核及评定；
3. 对本单位学生接受资助情况定期跟踪核查，建立本单位学生接受资助工作档案。

二、学生资助业务的工作流程

（一）奖学金管理工作流程

学生奖学金是为了激励高职院校学生勤奋学习、努力进取，在德、智、体、美等方面全面发展，由国家、各级教育主管部门、学校及社会组织等出资设立的奖励特别优秀学生的奖学金。

1. 符合各级奖学金申报条件的学生本人填写《奖学金申报表》进行申报，并提交相关证书或文件原件及复印件；

2. 学生辅导员组织班级评议小组对学生奖学金申报人员进行评议、验证，将学生奖学金候选人名单提交教学单位学生工作领导小组；

3. 教学单位学生工作领导小组对上报学生名单进行初审，初审后将奖学金候选人在一定范围进行公示，公示无异议后，报送学校学生管理部门；

4. 学校学生管理部门对教学单位学生工作领导小组报送的奖学金候选人进行复核，并在一定范围进行公示，经公示无异议后，报学校学生工作领导小组审批；

5. 学校学生工作领导小组审批通过后，财务管理部门依据相关程序将奖学金直接足额发放至每位获奖学生账户。

学生奖助学金管理工作流程如图表13-3所示。

（二）助学金管理工作流程

学生助学金是为了体现党和政府对高职院校家庭经济困难学生的关怀，由国家、各级教育主管部门、学校及社会组织等出资设立，用于资助家庭经济困难的高职院校在校学生的资金。

1. 符合各级助学金申请条件的学生本人填写《助学金申请表》进行申请，并提交相关文件原件及复印件；

2. 学生辅导员组织申请人所在宿舍、班级成员结合申请人日常消费行为，以及影响其家庭经济状况的有关情况进行测评，并将测评结果上交教学单位学生工作领导小组；

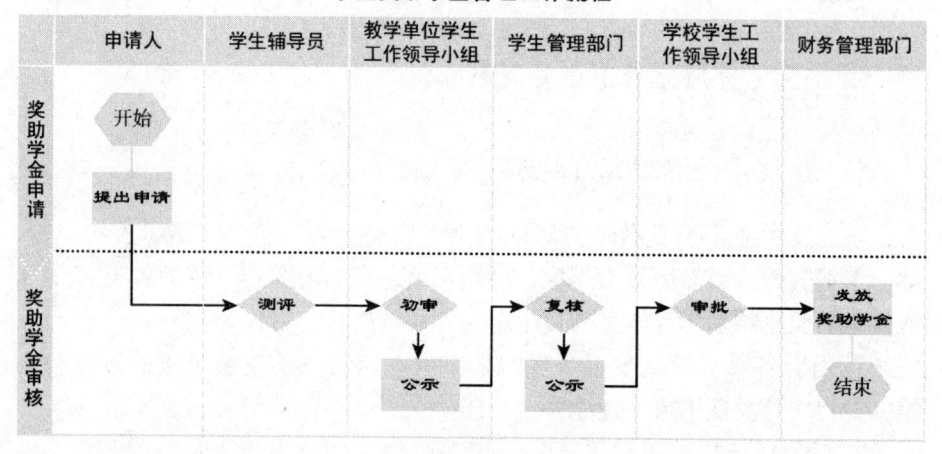

图表 13-3　　　　　　　学生奖助学金管理工作流程

	申请人	学生辅导员	教学单位学生工作领导小组	学生管理部门	学校学生工作领导小组	财务管理部门
奖助学金申请	开始→提出申请					
奖助学金审核		测评	初审→公示	复核→公示	审批	发放奖助学金→结束

　　3. 教学单位学生工作领导小组对本单位申请对象按比例和标准进行初审，初审后在一定范围进行公示，公示无异议后，向学生管理部门上报推荐名单，并做好建档工作；

　　4. 学生管理部门对教学单位学生工作领导小组推荐名单进行复核，并在一定范围进行公示，经公示无异议后，报学校学生工作领导小组审批；

　　5. 学校学生工作领导小组审批通过后，财务管理部门依据相关程序将助学金直接足额发放至每位受资助学生账户。

　　学生奖助学金管理工作流程如图表 13-3 所示。

　　（三）勤工助学管理工作流程

　　勤工助学是学生在学校的组织下利用课余时间，通过劳动和社会服务取得一定报酬的资助方式。

　　1. 学生本人填写《勤工助学申请表》进行申请；

　　2. 学生管理部门依据学生勤工助学的特点选择设定校内、校外岗位；

　　3. 教学单位学生工作领导小组对学生家庭经济状况及学习等方面进行综合评议并上报学生管理部门；

　　4. 学生管理部门根据各用人单位提供的项目及要求情况，公开招聘或推荐学生，由用人单位择优录用；

　　5. 学生参加劳动或社会服务接受用人单位及学生管理部门双重考核；

　　6. 学生的劳动报酬，校内岗位由学校财务管理部门依据相关程序直接支付至每位学生账户，校外岗位根据与用人单位协议支付劳动报酬。

勤工助学管理工作流程如图表 13-4 所示。

图表 13-4　　　　　勤工助学管理工作流程

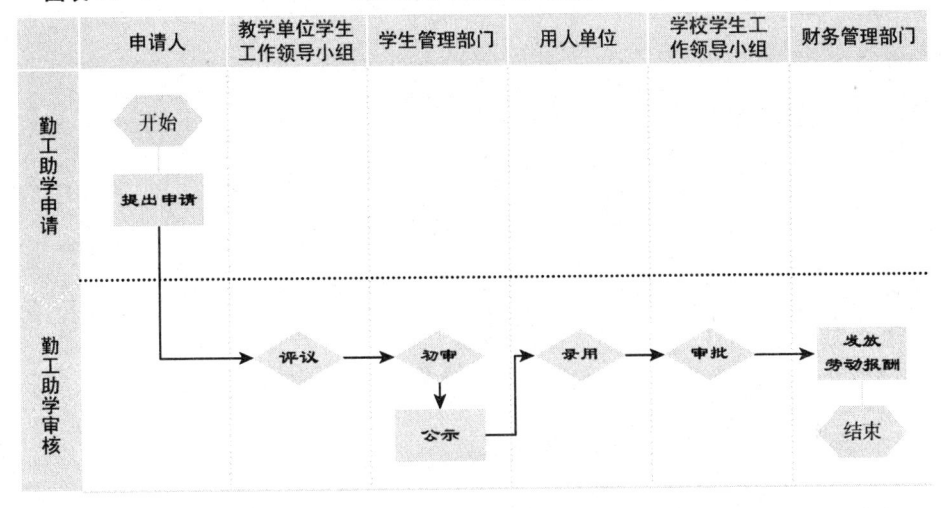

	申请人	教学单位学生工作领导小组	学生管理部门	用人单位	学校学生工作领导小组	财务管理部门
勤工助学申请	开始→提出申请					
勤工助学审核		评议	初审→公示	录用	审批	发放劳动报酬→结束

（四）国家助学贷款管理工作流程

国家助学贷款是以帮助学校中经济确实困难的学生支付在校期间的学费和住宿费为目的、运用金融手段支持教育，资助部分经济困难的学生完成学业的重要形式。高职院校学生助学贷款以生源地贷款为主。

1. 学生到其户籍所在地教育主管部门填写《生源地助学贷款申请表》并提供相关材料；
2. 学生户籍所在地教育主管部门对学生提供资料进行审核；
3. 学生及其法定监护人为共同借款人与银行签订《生源地信用助学贷款借款合同》；
4. 学生将《生源地信用助学贷款借款合同》交学校学生管理部门备案；
5. 根据合同约定，银行将学生助学贷款资金直接转入学校指定账户；
6. 学生与学校财务管理部门核实贷款数额，用于缴交本人的学费及住宿费。

国家助学贷款工作流程如图表 13-5 所示。

图表13-5　　　　　　　国家助学贷款工作流程

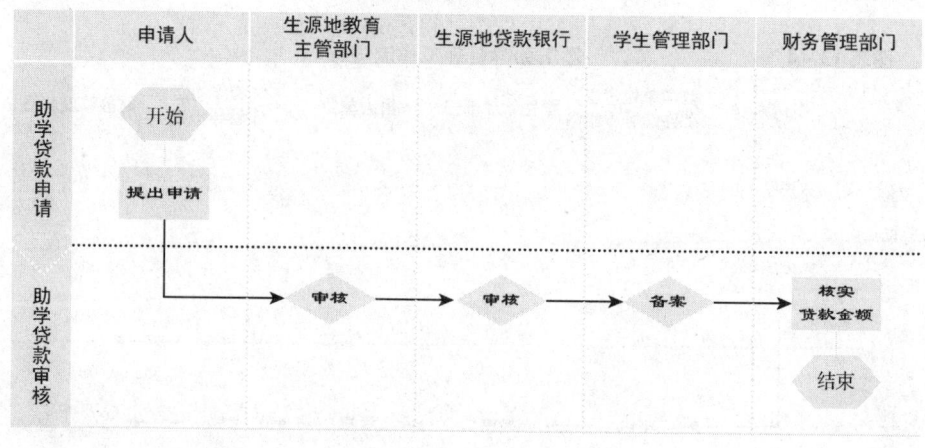

	申请人	生源地教育主管部门	生源地贷款银行	学生管理部门	财务管理部门
助学贷款申请	开始→提出申请				
助学贷款审核		审核	审核	备案	核实贷款金额→结束

（五）学费减免管理工作流程

学费减免是对高职院校中家庭经济特别困难，无法缴纳学费的学生，及符合其他学费减免政策（如应征入伍退役复学、烈士子女、孤儿等）的学生，实行减免学费的资助方式。

1. 学生本人填写《学生学费减免申请表》提出申请，并提交相关文件原件及复印件；

2. 学生辅导员组织申请人所在宿舍、班级成员结合申请人日常消费行为，以及影响其家庭经济状况的有关情况进行测评，并将测评结果上交教学单位学生工作领导小组；

3. 教学单位学生工作领导小组对本单位申请对象按规定进行初审，初审后在一定范围进行公示，公示无异议后，向学生管理部门上报名单，并做好建档工作；

4. 学校学生管理部门对教学单位学生工作领导小组上报名单进行复核，并在一定范围进行公示，经公示无异议后，报学校学生工作领导小组审批；

5. 学校学生工作领导小组审批通过后，财务管理部门依据相关程序办理学费减免手续。

学费减免管理工作流程如图表13-6所示。

图表 13-6　　　　　　　　　学费减免管理工作流程

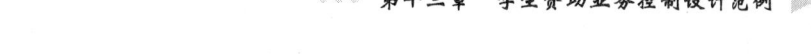

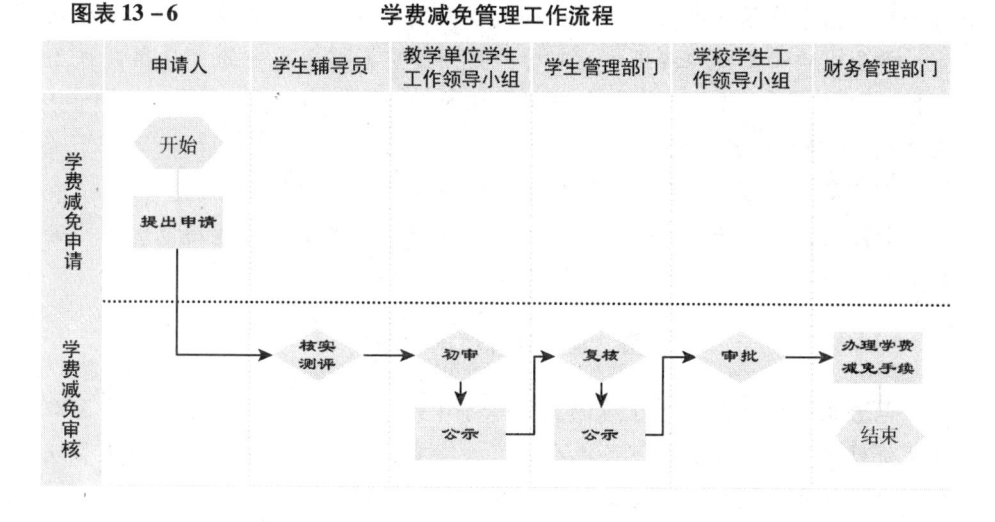

	申请人	学生辅导员	教学单位学生工作领导小组	学生管理部门	学校学生工作领导小组	财务管理部门
学费减免申请	开始 → 提出申请					
学费减免审核			核实测评 → 初审 → 公示	复核 → 公示	审批	办理学费减免手续 → 结束

第三节　学生资助业务控制制度设计范例

学生资助管理制度控制设计一般应围绕受资助对象的评定、公示及资助金的发放等关键环节，通过对受资助对象按规定标准和程序评定、公示力度或范围加大、直接足额发放资助金等措施的实施，旨在践行精准扶贫的基本政策，体现社会公平，确保各项资助政策能够落到实处，使真正需要得到资助的学生能够得到资助，感受到党和国家的温暖。下面我们将《某高职高专院校学生资助管理办法》《某高职高专院校家庭经济困难学生认定工作制度》作为范例提供给读者，供在制度设计时参考与借鉴。

某高职高专院校学生资助管理办法

第一章　总　　则

第一条　教育公平是社会公平的重要基础，是国家基本的教育政策。家庭经济困难学生的资助工作是促进教育公平的重要内容，事关广大学生的切身利益。为确保各项资助政策能够落到实处，根据我院实际，制定本办法。

第二条　家庭经济困难学生是指本人及其家庭所能筹集到的资金，难以支付其在校学习期间学习和生活基本费用的学生。学生需向学校申报家庭经济困难，由学校根据有关部门设置的标准和规定的程序、以民主评议方式认定。学生在申请家庭经济困难认定时，必须提交家庭所在地的乡（镇）或街道民政部门加盖公章予以确认的《学院家庭经济困难学生认定申请表》（见附表），证明自己的家庭经济状况。

第三条 本办法实施范围适用于我院全日制在校学生。

第四条 学生资助工作必须严格工作制度，按照工作程序规范管理，做到公开、公平、公正，坚持资助与育人相结合。

第二章 管理机构与职责

第五条 学校成立学生资助工作领导小组，统一领导学校家庭经济困难学生资助工作，领导小组下设办公室，办公室设在学生管理部门。学生管理部门具体负责全校学生资助工作的实施。

第六条 各教学单位成立学生资助工作组，由分管学生工作的领导担任组长，辅导员、班主任等为成员，负责本单位学生资助的申请、审核、评议、上报等工作。

第七条 各班级成立学生资助评议小组，由班主任担任组长，主要学生干部、学生代表为成员，负责本班级学生资助的评议工作。评议小组成员中，学生代表人数一般不少于班级总人数的10%，并具有广泛代表性。评议小组在每学年开学时成立，其成员名单应在班级范围内公示。

第三章 学生资助的种类、内容及资金来源

第八条 按照国家规定，学校建立包括国家奖学金、国家励志奖学金、国家助学金、国家助学贷款（包括校园地国家助学贷款和生源地信用助学贷款）、师范生免费教育、退役士兵教育资助、基层就业学费补偿助学贷款代偿、服义务兵役国家资助、直招士官国家资助、新生入学资助项目、勤工助学、学费减免等多种形式有机结合的高校家庭经济困难学生资助政策体系，即"奖、贷、助、勤、补"的多元学生资助体系。

第九条 学生资助资金来源包括，财政专项资金、学校计提的学生资助专项基金、银行贷款、社会捐赠等。

学生资助资金专款专用，不得截留、挪用、挤占，应接受有关部门的检查监督。

第十条 国家奖助学金：为激励学生勤奋学习、努力进取，在德、智、体、美等方面全面发展，中央和地方财政出资设立了国家奖学金、国家励志

奖学金和国家助学金。

（一）国家奖学金：国家奖学金由中央政府出资设立，奖励对象为学习成绩优异，社会实践、创新能力、综合素质等方面特别突出的品学兼优的在校二年级以上（含二年级）全日制学生。国家奖学金资助面为高职在校生的0.3%，奖励标准为每人每年8000元。

（二）国家励志奖学金：国家励志奖学金由中央政府和地方政府共同出资设立，资助对象为家庭经济困难、品学兼优的在校二年级以上（含二年级）全日制学生。国家励志奖学金资助面为高职在校生的3%，奖励标准为每人每年5000元。

（三）国家助学金：国家助学金由中央政府和地方政府共同出资设立，主要资助家庭经济困难在校全日制学生的生活费用开支。国家助学金资助面为高职在校生的20%，平均资助标准为每生每年3000元。

第十一条 国家助学贷款：国家助学贷款是由政府主导，金融机构向高校家庭经济困难学生提供的信用助学贷款，帮助解决在校期间的学费和住宿费。借款学生在校期间的国家助学贷款利息全部由财政支付，毕业后的利息由借款人全额支付。

按照学生申办地点及工作流程不同，国家助学贷款分为校园地国家助学贷款与生源地信用助学贷款两种模式。我院以生源地信用助学贷款为主，学生可自行向生源地国家开发银行申请生源地助学贷款。每人每学年的贷款额度规定为8000元，主要用于缴纳学费和住宿费。

第十二条 家庭经济困难新生入学资助项目：中央财政利用中央专项彩票公益金，设立的普通高校家庭经济困难学生入学资助项目，用于一次性补助高校家庭经济困难新生入校报到的交通费及入学后短期生活费。

第十三条 学生应征入伍服义务兵役国家资助：对应征入伍服义务兵役的学生，在入伍时对其在校期间缴纳的学费实行一次性补偿或获得的国家助学贷款实行代偿；应征入伍服义务兵役前正在学校就读的学生（含按国家招生规定录取的高等学校新生），服役期间按国家有关规定保留学籍或入学资格，退役后自愿复学或入学的，国家实行学费减免。学费补偿、国家助学贷款代偿及学费减免的标准为每人每年最高不超过8000元。

第十四条 学生直招士官国家资助：从2015年起，国家对直接招收为士官的高等学校学生施行国家资助，入伍时对其在校期间缴纳的学费实行一次性补偿或获得的国家助学贷款实行代偿。学费补偿或国家助学贷款代偿的标准为每人每年最高不超过8000元。

第十五条 学院奖学金：为激励学生在校期间勤奋学习、奋发进取，在德、智、体、美等方面全面发展，学校设立学院奖学金，每学年评定一次，金额500~10000元不等。

第十六条 勤工助学：勤工助学是指学生在学校的组织下利用课余时间，通过自己的劳动取得合法报酬，用于改善学习和生活条件的社会实践活动。勤工助学是学校学生资助工作的重要组成部分，是提高学生综合素质和资助家庭经济困难学生的有效途径。

第十七条 困难补助：学校在特殊时期对家庭经济困难学生开展慰问活动，通过"爱心红包"、"爱心车票"、"爱心寒衣"等多种形式发放的实物补助或生活补助。对学生遭遇突发疾病或家庭成员发生意外等情况，临时资助的助学金或慰问金。

第十八条 校企助学基金：学校与企业共同设立的校企助学基金，由全校师生、校友和企事业单位等爱心人士捐赠。可以为家庭经济困难学生提供学费、生活费、小额创业经费等资助。

第十九条 社会捐助：各级慈善机构、企事业单位通过奖学金、助学金等方式为家庭经济困难学生提供各类资助。

第二十条 绿色通道：学校对家庭经济特别困难的新生实行入学"绿色通道"制度，通过"绿色通道"审批后的新生，先办理入学手续，再根据不同情况采取相应措施进行资助。

第四章 学生申请资助的程序

第二十一条 符合资助条件的学生在每学年开学初，首先通过家庭经济困难学生认定程序（家庭经济困难学生的资格认定办法详见《学院家庭经济困难学生认定办法》），取得受资助资格。

第二十二条 通过认定程序取得受资助资格后，学生本人按照学生管理部门下发的学生资助文件要求，视不同的资助项目向所在教学单位提出申请。

第二十三条 学生所在班级评议小组应按照相关要求对资助申请进行评议，并将评议结果报送本教学单位学生资助工作组。

第二十四条 教学单位学生资助工作组对班级提交的评议结果进行审核，并将拟推荐的受资助学生名单报送学生管理部门。

第二十五条 学生管理部门将各教学单位推荐的名单提交学生资助工作领导小组进行审批后，进行公示。

第二十六条 财务管理部门依据学生管理部门提供的最终资助名单、资助金额，按有关程序发放资助金。

第五章　监督与管理

第二十七条　各教学单位每学年对已认定的家庭经济困难学生进行一次资格复查，对受资助学生的学习生活情况进行跟踪和监督，如发现存在弄虚作假情况，一经核实，即取消其受资助资格，收回资助金。情况严重的，依据有关规定进行严肃处理，并在其档案中记载不诚信记录。

第二十八条　受资助学生如有下列情形之一的，取消其受资助资格：

（一）在家庭经济困难学生认定工作中，不如实反映家庭经济状况和个人生活状况；

（二）弄虚作假，或通过不正当手段获得资助；

（三）因各种原因休学、退学、保留学籍等存在学籍异动情况；

（四）学习不努力，在学年内有2门（含）以上课程不及格；

（五）违法或违反校规校纪，受到法律制裁或学校纪律处分；

（六）有吸烟、酗酒、赌博、过高消费行为；

（七）经举报并由学生工作部门核实的其他不贫困或不诚信等原因应当取消受资助资格。

第二十九条　各教学单位应对经认定为家庭经济困难学生的生活及学习状况进行实时关注，采取相应资助措施进行扶助，以改善其基本的学习和生活状况，帮助其顺利完成学业。

第三十条　各教学单位应加强家庭经济困难学生的思想政治教育工作，加强对受资助学生的诚信教育、感恩教育和社会责任感教育，鼓励学生积极参加公益活动、义务劳动和社会实践活动，引导学生诚实守信、自强自立，实现"资助"与"育人"相结合。

第三十一条　学校鼓励获得资助的学生当家庭经济状况出现好转并超出学校经济困难学生认定标准时，主动向学校提出停止资助。

第三十二条　学校应加强对学生资助资金落实情况的核查，纪检审计部门对学生资助金的评定、发放等情况进行监督检查。学生管理部门应建立学生资助工作年度报告制度，向学校专题汇报资助工作情况。

第六章　附　　则

第三十三条　本办法由学生管理部门负责解释。

第三十四条　学校应结合实际，重点对家庭经济困难学生及各类奖助方式制定具体的实施细则。

第三十五条 本办法自公布之日起执行。

某高职高专院校家庭经济困难学生认定工作制度

第一章 总 则

第一条 为认真做好我院家庭经济困难学生认定工作，公平、公正、合理地分配国家的资助资源，切实保证国家制定的各项资助政策和措施能真正落实到家庭经济困难学生身上，根据国务院《关于建立健全普通本科高校、高等职业学院和中等职业学校家庭经济困难学生资助政策体系的意见》（国发〔2007〕第13号）、教育部、财政部《关于认真做好高等学校家庭经济困难学生认定工作的指导意见》（教财〔2007〕第8号）并结合学院实际，特制定本制度。

第二条 本制度适用于我院全日制普通高职在校生。

第三条 本制度中家庭经济困难学生，是指学生本人及其家庭所能筹集到的资金难以支付其在校学习期间的学习和生活基本费用。

第二章 组织与管理

第四条 家庭经济困难学生认定工作，坚持实事求是、确定合理标准、学生本人提出申请、民主评议和学校评定相结合的原则。

第五条 家庭经济困难学生认定工作必须严格工作制度，规范工作程序，做到公开、公平、公正。

第六条 学校成立学生资助工作领导小组，全面领导本校家庭经济困难学生认定工作。学校学生管理部门具体负责认定工作的组织和管理。

第七条 各教学部门成立以分管学生工作领导任组长、学生辅导员（班主任）、学团干事为成员的家庭经济困难学生资助认定工作小组，负责认定工作的具体组织和审核。

第八条 以班级为单位，成立以学生辅导员任组长、班长、生活委员、学生代表为成员的认定评议小组，负责认定民主评议工作。班级学生代表不得少于班级总人数的10%。认定评议小组成立后，其成员名单应在本班级范围内公示。

第三章 认定依据

第九条 参照民政部门提供的城市居民最低生活保障标准和确定的农村、牧区最低生活保障标准，结合《高等学校学生及家庭情况调查表》及本人在校期间生活消费情况进行认定。认定标准分为两级，一级为特别困难学生，二级为一般困难学生。

第十条 符合下列条件之一的，可认定为特别困难：

（一）无经济来源的孤儿，且其亲属无资助能力的；

（二）家庭成员常年患重大疾病，需长期治疗，家庭无经济收入或收入微薄；

（三）家庭所在地区属于贫困山区或来自于国家确定的老、少、边、穷地区，本人家庭无收入或收入微薄；

（四）家庭享受民政局等相关部门认定的最低生活保障者；

（五）其他无经济来源支持正常学习的。

第十一条 符合下列条件之一的，可认定为一般困难：

（一）家庭成员无固定收入或缺少经济来源的；

（二）家庭成员患病，需长期治疗造成家庭经济困难；

（三）家庭供养人口较多且经济来源不稳定的；

（四）家庭遭受较严重自然灾害等发生临时经济困难，仅靠自身或家庭能力难于克服的；

（五）其他异常变故或不可抗力致使家庭经济困难的。

第十二条 学生有吸烟、酗酒、赌博行为，超过其他普通同学的过高消费行为，或学习态度不端正、学习不努力、学习成绩排名居后，或有违纪违规现象等不能认定为家庭经济困难。

第四章 认定程序

第十三条 学校在每年10月1日前完成家庭经济困难学生全部认定工作，具体按以下程序办理：

（一）学生本人提出认定申请，并提供《高等学校学生及家庭情况调查表》，以及相关部门的证明材料。

（二）班级认定评议小组，以学生家庭人均年收入对照认定标准，并结合学生日常消费行为及影响其家庭经济状况的有关情况进行认定，认定结果报所在教学单位的认定工作小组。

（三）教学单位的认定工作小组进行严格审核把关，在上报学校学生资助工作领导小组之前，应在本教学单位公示五天。

（四）学校学生资助工作领导小组根据各教学部门上报情况进行综合审核，将最终认定结果计入学生信息档案。

第十四条　每学年新生入学后，学校学生资助工作领导小组部署启动家庭经济困难学生认定工作。在向新生寄送录取通知书时，应同时寄送《高等学校学生及家庭情况调查表》（简称调查表，下同）。需要申请认定家庭经济困难的学生要如实填写《调查表》，并持该表到家庭所在地乡、镇或街道民政部门加盖公章，以证明其家庭经济状况。

第十五条　在校已被学校认定为家庭经济困难的学生如有特殊情况需要再次申请认定时，需重新提交《高等学校家庭经济困难学生认定申请表》（简称申请表，下同），由各教学单位学生资助工作领导小组负责收集《申请表》和相关证明材料。

第十六条　学校、教学单位及班级的学生家庭经济困难认定评议小组要按照各自的工作职责和认定程序，严格标准，确保客观公平地将认定工作落到实处。在评议认定时，应着重考虑孤残学生、烈士子女，以及家庭成员长期患重病、家庭遭遇自然灾害或突发事件等特殊情况的学生。学院认定领导小组和教学单位认定工作小组，在公示期间接到异议材料，在3个工作日内应予以答复，如情况属实，应做出相应调整。

第五章　认定后管理

第十七条　学生管理部门要建立家庭经济困难学生信息档案，实行动态管理。同时每年要把家庭经济困难学生信息及时上报上级学生资助管理部门，以建立、健全我校家庭经济困难学生信息库。

第十八条　学校和各教学单位应定期对家庭经济困难学生，通过信件、电话、实地走访等方式进行核实。如发现弄虚作假现象，一经核实，取消资助资格，收回资助资金。情节严重的，学院应依据有关规定进行严肃处理。

第十九条　学校应加强学生的诚信教育，教育学生如实提供家庭情况，及时告知家庭经济状况显著变化情况。如学生家庭经济状况发生显著变化，学院及所在教学单位应及时做出调整。

第六章　附　　则

第二十条　本制度由学生管理部门负责解释。

第二十一条　本制度自公布之日起执行。

本章主要参考文献

[1]《国家中长期教育改革和发展规划纲要（2010–2020年）》

[2]《关于建立健全普通本科高校、高等职业学校和中等职业学校家庭经济困难学生资助政策体系的意见》（国发〔2007〕13号）

[3] 财政部.《普通本科高校、高等职业学校国家奖学金管理暂行办法》（财教〔2007〕90号）

[4] 财政部.《普通本科高校、高等职业学校国家励志奖学金管理暂行办法》（财教〔2007〕91号）

[5] 财政部.《普通本科高校、高等职业学校国家助学金管理暂行办法》（财教〔2007〕92号）

[6] 财政部.《财政部、教育部、银监会关于大力开展生源地信用助学贷款的通知》（财教〔2008〕196号）

[7] 财政部.《应征入伍服义务兵役高等学校毕业生学费补偿和国家助学贷款代偿暂行办法》（财教〔2009〕35号）

[8] 财政部.《应征入伍服义务兵役高等学校在校生学费补偿国家助学贷款代偿及退役复学后学费资助暂行办法》（财教〔2011〕510号）

[9] 财政部.《关于调整完善国家助学贷款相关政策措施的通知》（财教〔2014〕180号）

[10] 教育部.《高等学校学生勤工助学管理办法》（教财〔2007〕7号）

[11] 教育部.《教育部、财政部关于认真做好高等学校家庭经济困难学生认定工作的指导意见》（教财〔2007〕8号）

[12] 教育部.《教育部　财政部　中国人民银行　银监会关于完善国家助学贷款政策的若干意见》（教财〔2015〕7号）

第十四章

财政专项项目控制设计范例

第一节 财政专项项目控制及风险清单

一、财政专项项目控制范围

(一) 财政专项项目

本书所称的财政专项项目,是指高职高专院校用财政专项资金开展的各类业务,如改善基本办学条件、教育教学改革专项、基本科研业务费、专业建设专项和特色发展引导专项等,不含高职高专院校承担的、纳入财政专项的其他科学研究项目及工程建设项目。

高职高专院校已经完成或目前涉及的中央财政专项项目主要包括:规模最大的200所"示范校"建设项目、提升专业服务产业发展能力项目、实施职业教育实训基地建设项目、高职高专院校领导海外培训项目、高职国家精品开放课程建设项目、职业教育专业教学资源库建设项目、建立职业院校教学工作诊断与改进制度、优质院校建设项目、实施职业教育产教融合工程规划项目等。

(二) 财政专项项目的特点

财政专项项目有以下5个特点:
1. 来源多元性。
项目资金来源既可能有中央财政专项,也可能还会有地方财政专项,还可能有行业企业支持资金以及学校自筹资金。
2. 用途单一性。
财政专项资金具有专门用途,财政专项资金收支的一个显著特征就是专款专用，无论投向哪个财政专项项目，或者个人补助等都有明确的用途和确定的受益对象。

3. 政策性强。

财政专项项目建设资金要求专账管理，不同专项资金有不同的明确项目和资金管理规定或办法。

4. 业务覆盖广泛性。

财政专项项目覆盖面广，各级财政都设有财政专项项目，而且每年都有新的资金项目出台，有的专项项目是为特定目的而设立的，注重绩效目标设定的科学性。

5. 资金使用时效性。

财政专项资金必须按照规定时限、核定的标准、足额到位，确保资金使用进度与项目建设进度匹配，充分发挥专项资金的使用效率。

（三）财政专项项目控制的主要内容

财政专项项目控制是指对项目规划、制度建设、项目申报立项、项目实施、绩效评价与验收各环节存在的风险点进行控制（如图表 14 – 1 所示）。

图表 14 – 1　　　　财政专项项目内部控制的内容

序号	关键环节	控制内容
1	项目规划控制	对财政专项项目的整体规划、项目机构设置、权限分配、人员配备及项目目标、范围等进行有效控制
2	制度建设控制	对制度建设内容、可操作性、制度落实情况进行监督与控制
3	项目申报立项控制	对财政专项项目立项过程中可行性论证、预算编制、绩效目标的设定等进行有效控制
4	项目实施业务控制	对财政专项资金的到位、预算执行进度、资产管理、项目调整、支出的规范性等进行有效控制
5	绩效评价与验收控制	对项目绩效评价指标的设置、评价结果的运用、验收过程等进行有效控制

（四）财政专项项目归口管理

高职高专院校财政专项项目到底由谁来组织管理、谁来组织实施、谁来承担责任、承担什么责任？这一问题，是财政专项项目管理最重要的问题。

在高职高专院校内部，财政专项项目归口管理通常是指根据本单位实际情况，按照权责对等的原则，采取成立工作小组并确定牵头部门或牵头人员等方式，对财政专项项目实行统一管理。归口管理该管的要管好，不能缺位；不该管的不插手，不能错位；超出职责权限范围不能审批的，不得越位。

高职高专院校财政专项项目归口管理部门的确定通常来说有两种方式。一种方式是按照不同类项目的特点与建设要求，将财政专项项目管理的所有环节放在一个专门机构中归口管理，如高职高专院校的发展规划部门、教学管理部门或某教学单位等归口管理部门；一种方式是依据财政专项项目的实施过程及其项目需求，通过抽调现有的机构人员构建项目团队，如抽调单位规划部门、教学管理部门、财务管理部门、资产管理部门、审计部门、质量控制部门、相关教学单位等人员组成项目团队。

财政专项项目管理应厘清职责，理清关系。学校法人代表是项目预算编制、绩效目标设定以及财政专项资金使用与管理的第一责任人。分管业务校领导应当对项目预算目标的相关性、绩效目标设定的科学性以及财政专项资金使用的真实性、合理性负审核和监督责任；项目负责人应当对财政专项资金使用的真实性、合理性负责。总会计师应当对项目预算编制的政策相符性、经济合理性以及财政专项资金使用的合法性、合规性负审核和监督责任；项目负责人应当对项目预算目标的相关性、绩效目标设定的科学性以及财政专项资金的使用负全部责任；财务管理部门应当对项目预算编制的政策相符性、经济合理性以及财政专项资金使用的合法性、合规性负责。由此可见，财政专项资金使用的审核采取平行审核方式。也就是说，项目负责人、分管业务的校领导与财务管理部门、总会计师之间的关系是平行审核的关系。

（五）财政专项项目不相容岗位

按照不相容岗位分离原则，高职高专院校财政专项项目管理的不相容岗位主要包括：

1. 项目规划与审批；
2. 项目申报与决策；
3. 预算编制与审核；
4. 项目招标与采购；
5. 项目实施与价款支付；
6. 项目验收与评价。

二、财政专项项目控制目标

财政专项项目管理的目标就是利用财政专项实施项目建设所要达到的期

望结果。项目目标是项目成功与否的判断标准,合理确定项目目标是成功项目管理的开始。财政专项项目控制目标就是通过对财政专项项目各个环节风险点的分析,采取一定的防控措施,合理保证财政专项项目经济活动的合法合规、资产安全使用有效、财务信息真实完整,有效防范舞弊和预防腐败。具体目标如下:

1. 财政专项项目立项申报科学合理。

项目立项经过严格周密论证,符合国家法律、法规,维护单位的合法权益,能够产生预期经济或社会效益。

2. 财政专项项目决策、执行与监督过程合法合规。

单位应当建立健全财政专项业务决策、执行与监督相互分工、相互制约的管理体制,按照不同类项目的特点与建设要求,明确各类项目的归口管理部门及其管理范围和职责。

3. 财政专项项目实施过程控制有效。

高职高专院校应当加强对项目实施过程的监控,各归口管理部门应加强人员配备,保障资金,落实责任,积极跟踪和推进项目实施进度,确保项目按时实现预定建设目标。

4. 财政专项资金管理规范,真实准确反映财务报告及相关信息。

对专项资金的管理能够做到专款专用、专账管理,防止并及时发现、纠正错误及舞弊,预防腐败行为。

三、财政专项项目风险清单

高职高专院校财政专项项目控制主要包括项目规划、制度建设、项目申报立项、项目实施、绩效评价与验收各环节控制,各环节主要风险点如图表14-2所示。

图表14-2　　　　　　　　财政专项项目各环节风险清单

序号	关键环节	风险点	防控措施	责任主体
1	项目规划	单位缺乏总体规划和统筹协调	制定学校整体战略规划和长期发展目标,部门发展规划应与学校整体规划一致。在项目申报评审时要进行统一的宏观规划和统筹协调,目标一致,步调一致。	发展规划部门
		机构设置不合理、人员不到位、职责不明晰	根据财政专项项目建设环节的工作要求建立健全完整的项目管理组织体系。	人事管理部门

续表

序号	关键环节	风险点	防控措施	责任主体
2	制度建设	对制度建设的重要性认识不到位	强化制度建设,通过建立规范的管理制度,明确各级经济责任,增强各部门的经济责任意识,保障项目建设的安全性和有效性。	归口管理部门
		制度内容不全面	根据建设项目的范围和目标,结合相关部门的职责权限,对项目建设过程中每一个关键环节、关键事项进行约定。	归口管理部门
		制度设计不具有指导性和操作性,重点不突出	根据建设项目的特点及要求,在制度设计时要突出学校的议事规则和办事程序,符合学校内部管理的规则。	归口管理部门
		制度落实不到位	强化过程控制,制定相应的绩效评价措施,对项目建设过程中各职能部门如何履行制度进行监管。	归口管理部门
3	项目申报立项	专项项目种类繁多,建设内容多有重复	根据学校的整体发展规划,合理确定年度内的建设项目。	发展规划部门
		可行性论证不充分,重立项而轻论证	严格要求项目申报部门根据本部门实际需要,结合学校的发展规划确定项目的工作任务和工作目标,对项目进行可行性研究论证后,向学校发展规划部门提报申报材料。	归口管理部门
		预算编制不科学、不合理	预算编制人员既要懂项目要求又要掌握一定的相关财务知识,对项目的需求和规划要和财务预算的编制要求结合起来科学编制;学校财务管理部门应统一项目申报格式、预算编制表格和编制程序,确定各类项目的申请条件,规范项目申报流程。	归口管理部门
		项目绩效目标的设定不明确、不完整、不到位、不实际	绩效目标的设定要能清晰反映预算资金的预期产出和效果,并以相应的指标予以细化、量化描述,符合"指向明确、细化量化、合理可行、相应匹配"的要求。按照"谁申请资金,谁拟定目标"的工作原则设定。	归口管理部门
4	项目实施	擅自变更项目内容	严格控制项目变更,对于必要的项目变更应经过相关部门或中介机构的审核。重大项目变更应比照项目决策和预算控制的有关程序严格控制。项目变更应当提供完整的书面文件和其他相关资料,学校财务管理部门应当对项目变更所涉及的资金进行严格审核。	归口管理部门

续表

序号	关键环节	风险点	防控措施	责任主体
4	项目实施	专项资金批复滞后	加强和财政等相关部门的沟通，严格在规定的时间内批复预算，确保当年预算资金用款计划在规定的时间内按要求实施和使用。	财务管理部门
		项目资金挪用	确保专项资金专款专用，专账管理，明确各类项目之间的界限，不能将此专项资金用于弥补其他专项资金的不足，强化项目支出审批程序。	财务管理部门
		项目执行进度缓慢	强化建设项目执行进度的管理，责任与绩效评价挂钩，明确任务，责任到人。	归口管理部门
		日常支出"不真实"	完善项目审核审批流程，即专项资金的使用实行项目负责制，项目负责人要保证项目支出内容的真实性、合理性，财务管理部门对各种财务票据的合理合法性进行监控。	归口管理部门
		资产购置效益低下	强化项目购置申请的科学论证和规划，避免重复购置、各自占用等现象。资产管理部门要根据相关配备要求对购置的固定资产进行合理的配置与资源共享。	资产管理部门
5	绩效评价与验收	绩效评价指标过于简单，执行缺乏力度	绩效评价指标的制定要与任务绩效目标挂钩，可操作性要强。指标的标准、可量化程度等方面要与项目建设方案一致。	质量控制部门
		忽视绩效评价的结果和运用	在绩效评价初期，要制定绩效评价的定性、定量结果与财政专项项目相关联的管理模式，制定与之相关的奖惩制度，使绩效评价工作能够促进项目建设的成效。	质量控制部门
		单位内部项目验收走形式	项目终结，学校应及时组织验收，重点审查验收范围、验收依据、验收程序等是否符合国家有关规定，项目是否完成既定目标，专项资金及资产管理是否规范等，可聘请专业人士或中介机构进行专项验收。	项目验收小组

四、财政专项项目流程

（一）项目规划业务

高职高专院校财政专项项目应纳入学校整体事业规划中，启动财政专项项目建设必须先进行项目建设规划，明确"为什么做"、"要做什么"、"怎么做"，即"先谋事，后谋钱"。通常包括：项目建设范围及建设目标的确定、归口管理部门或项目团队的构建、宣传和培训等。

（二）项目申报立项业务

高职高专院校应根据学校事业发展规划，结合各类项财政专项资金投入方向，科学规范项目设置，加强项目的可行性论证，以免重复立项与重复建设。完善制度建设，明确项目建设内容、建设重点。科学设定绩效目标，明确项目申请、评审、立项和审批程序。此部分控制重点是通过制度控制，以预算控制为主线，以绩效目标控制为关键，确保财政专项项目立项申报科学合理。

（三）项目实施业务

项目实施业务的控制是财政专项项目内部控制的重点，主要包括项目实施过程中项目执行进度、预算收支进度、项目调整、资产管理以及支出的规范性等方面的跟踪控制。

（四）绩效评价与验收

项目终了，学校内部质量控制部门要逐一核定绩效目标的完成情况并出具项目绩效评价报告。同时根据相关要求，省级教育行政主管部门应当聘请第三方事务所对项目进行验收并出具《审计报告》。

财政专项项目流程如图表14-3所示。

第二节 财政专项项目规划控制

一、财政专项项目规划业务控制的职责与权限

（一）发展规划部门

1. 负责组织申请成立项目评审小组，并向分管校领导提交项目评审小组的候选名单，报分管校领导审核；

2. 负责全方位搜集项目需求及建议，以保证项目建设的基本需求，为项目的可行性论证做好准备，确定项目候选名单报分管校领导审核；

3. 根据项目评审小组的评审结果确定项目库并申请立项；

图表 14-3 财政专项项目流程

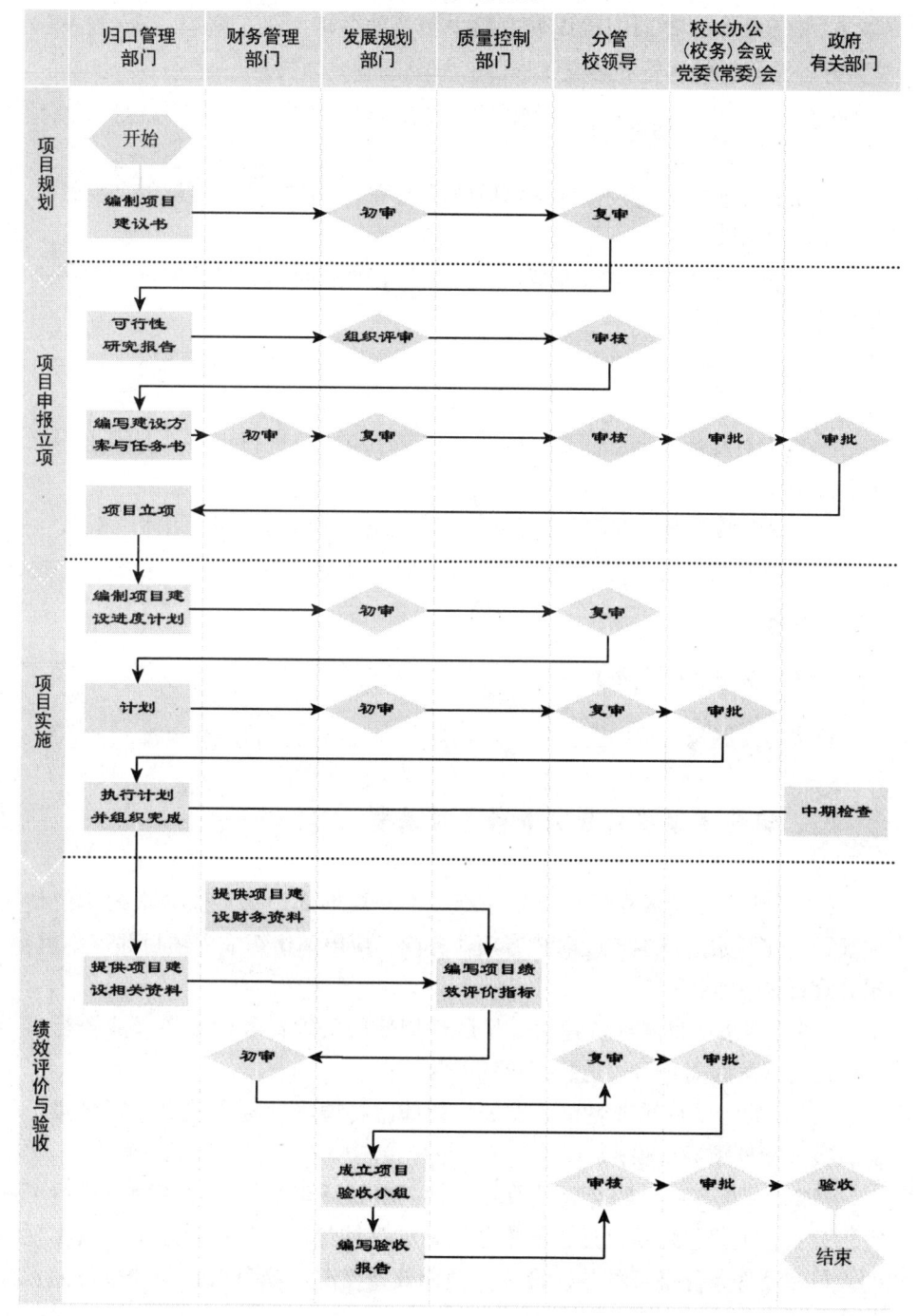

	归口管理部门	财务管理部门	发展规划部门	质量控制部门	分管校领导	校长办公(校务)会或党委(常委)会	政府有关部门
项目规划	开始 → 编制项目建议书		初审		复审		
项目申报立项	可行性研究报告 编写建设方案与任务书 项目立项		组织评审 初审 → 复审		审核 审核	审批	审批
项目实施	编制项目建设进度计划 计划 执行计划并组织完成		初审 初审		复审 复审	审批	中期检查
绩效评价与验收	提供项目建设相关资料	提供项目建设财务资料	编写项目绩效评价指标 初审 成立项目验收小组 编写验收报告		复审 审核	审批 审批	验收 结束

341

4. 根据立项项目的类别及性质确定成立归口管理部门或项目建设团队；

5. 负责收集、整理项目规划过程中相关的各项文件、资料、会议记录，并做好各类资料的保管和移交工作。

（二）项目评审小组

1. 负责分析经分管校领导审核后的候选项目名单中项目实施的必要性和可行性及优先级；

2. 组织对候选项目进行评审筛选，对评审通过的项目交发展规划部门进行立项。

（三）分管校领导

1. 负责对发展规划部门提交的项目评审小组成员进行审核，并提出相关建议；

2. 负责对发展规划部门提交的项目候选名单进行审核，并提出相关建议；

3. 负责对发展规划部门提交的"项目库"及立项的项目进行审核，并提出相关建议。

（四）党委（常委）会

负责对发展规划部门提交的"项目库"及立项的项目进行审批。

二、财政专项项目规划业务工作流程

（一）组织申请成立项目评审小组。发展规划部门每年度应根据单位整体规划，在开始选择本年度财政专项业务前，应申请组织成立项目评审小组，报分管校领导审核；

（二）搜集项目需求及建议。发展规划部门负责对各财政专项业务需求情况进行搜集并对项目的选择提出相关建议；

（三）确定项目候选名单。发展规划部门将搜集的各类项目进行分类汇总，报分管校领导审核；

（四）分析各项目的必要性及可行性。项目评审小组应对各项目进行可行性分析，主要包括项目是否与单位当前的整体建设规划相吻合、项目实现的人员和硬件条件是否具备、投入及预期效益情况、项目对社会和单位的贡献等；

（五）评定各项目的优先级。项目评审小组通过对各项目可行性的分析，对候选项目排定优先等级；

（六）项目评审筛选。项目评审小组在综合各项目被评价的优先级、单位现有建设资源、项目风险评估等因素后，确定单位"项目库"或立项的项目名单；

（七）确定"项目库"并申请立项。发展规划部门根据项目评审小组评审筛选的结果准备编制项目申请等相关事宜，经分管校领导审核后报党委（常委）会审批；

（八）项目确定后，由发展规划部门根据建设项目的性质，提议成立项目归口管理部门或项目建设团队；

（九）发展规划部门负责立项项目资料的归档及保存。

财政专项项目规划工作流程如图表14-4所示。

第三节　财政专项项目申报与立项控制

一、财政专项项目申报与立项控制的职责与权限

（一）归口管理部门

1. 负责对项目实施调研，编制项目实施方案；
2. 组织相关人员对项目实施方案进行可行性论证；
3. 编写项目可行性论证报告；
4. 负责编制项目立项申请书，并提交项目评审小组进行审核；
5. 负责提出预算编制申请，并根据项目建设目标提出项目建议数；项目建议数审核通过后编制项目立项申请书并确定预算；
6. 根据项目评审小组出具的项目评审结论，完成项目立项；
7. 负责归档保存项目申报与立项的相关文件资料、会计记录等。

（二）项目评审小组

1. 负责对归口管理部门提报的项目实施方案、项目可行性分析报告进行审核；
2. 负责对归口管理部门提报的项目立项申请书及项目预算建议数进行审核，并出具项目评审结论。

图表14-4　　　　　　　　财政专项项目规划工作流程

[流程图：财政专项项目规划工作流程]

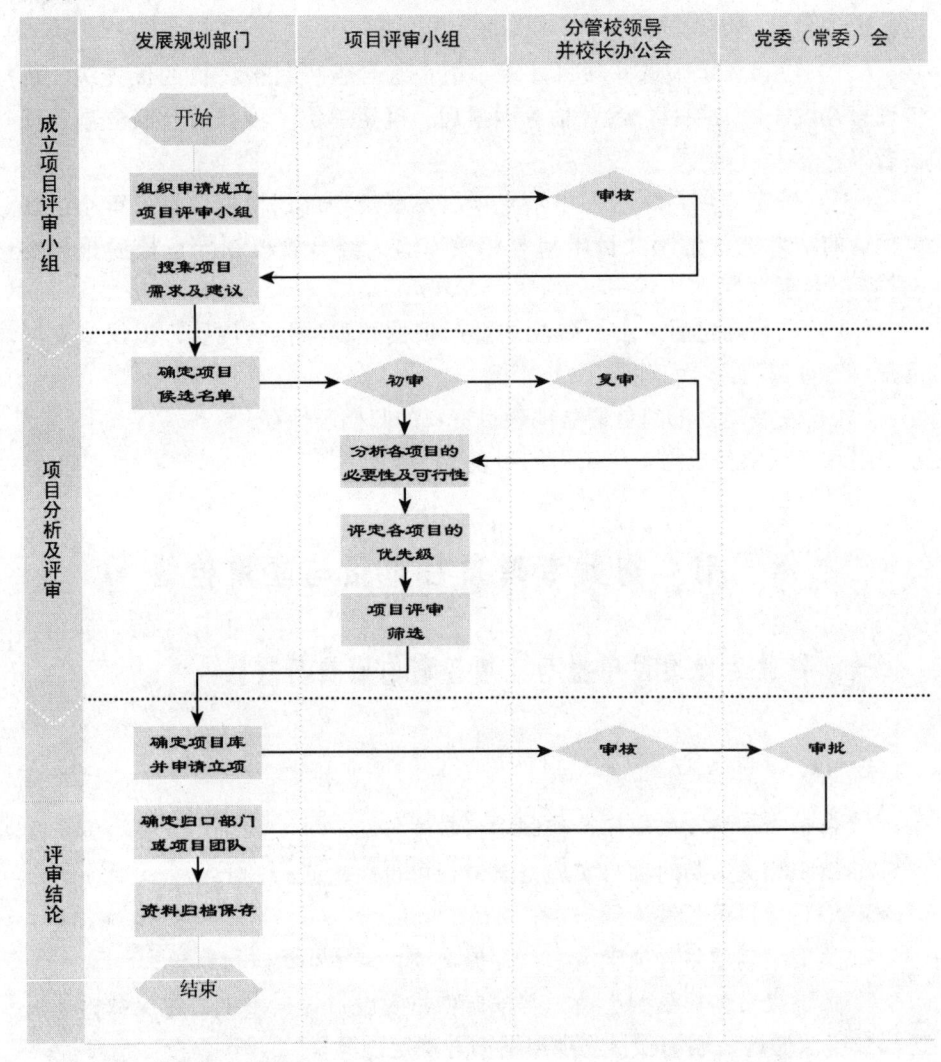

列：发展规划部门 | 项目评审小组 | 分管校领导并校长办公会 | 党委（常委）会

阶段一　成立项目评审小组：
开始 → 组织申请成立项目评审小组 → 审核（分管校领导并校长办公会）→ 搜集项目需求及建议

阶段二　项目分析及评审：
确定项目候选名单 → 初审 → 复审（分管校领导并校长办公会）→ 分析各项目的必要性及可行性 → 评定各项目的优先级 → 项目评审筛选

阶段三　评审结论：
确定项目库并申请立项 → 审核（分管校领导并校长办公会）→ 审批（党委（常委）会）→ 确定归口部门或项目团队 → 资料归档保存 → 结束

（三）财务管理部门

1. 负责对归口管理部门编制的项目实施方案进行初审；
2. 负责对归口管理部门提报的项目预算建议数进行审核；
3. 负责对归口管理部门提报的项目申报书中的预算进行审核。

（四）分管校领导

1. 负责对归口管理部门提报的项目实施方案进行审核；
2. 负责对项目评审小组提交的项目可行性报告、项目预算的编制要求及项目申报书中的预算进行审核。

（五）校长办公（校务）会

负责对项目评审小组出具的项目评审结论及项目申报书进行审批。

（六）政府有关部门

1. 负责对项目建设单位提报的项目申请书及相关佐证资料进行评审，符合条件的可批准立项；
2. 根据批复的项目预算拨付预算资金。

二、财政专项项目申报与立项工作流程

1. 编制项目实施方案。归口管理部门负责对项目前期的调研工作，并对调研资料进行分析和比较，编制项目实施方案，经财务管理部门、项目评审小组初审及复审后，报分管校领导审核。
2. 项目实施方案论证。归口管理部门对备选的项目实施方案组织论证，选择出较完善可行的项目实施方案后出具项目可行性分析报告。
3. 项目可行性分析报告。项目评审小组对项目可行性分析报告进行审核，若通过则报分管校领导进行审核；若项目可行性分析报告未审核通过，则退还归口管理部门重新进行项目方案论证，并重新提交。
4. 编制项目立项申请书。归口管理部门根据项目可行性分析报告的结果，编制项目立项申请书，并上报项目评审小组审核；项目评审小组组织项目评审工作，确定项目是否符合立项条件。
5. 出具项目评审结论。项目评审小组根据项目的评审结果出具项目评审结论，并上报校长办公（校务）会审批同意后单位内部立项。
6. 报政府有关部门审批。政府有关部门根据单位提供的项目申请书及相关资料组织评审。
7. 项目评审通过后完成立项，归口管理部门负责项目立项资料的归档及保存。

财政专项项目申报与立项工作流程如图表 14 – 5 所示。

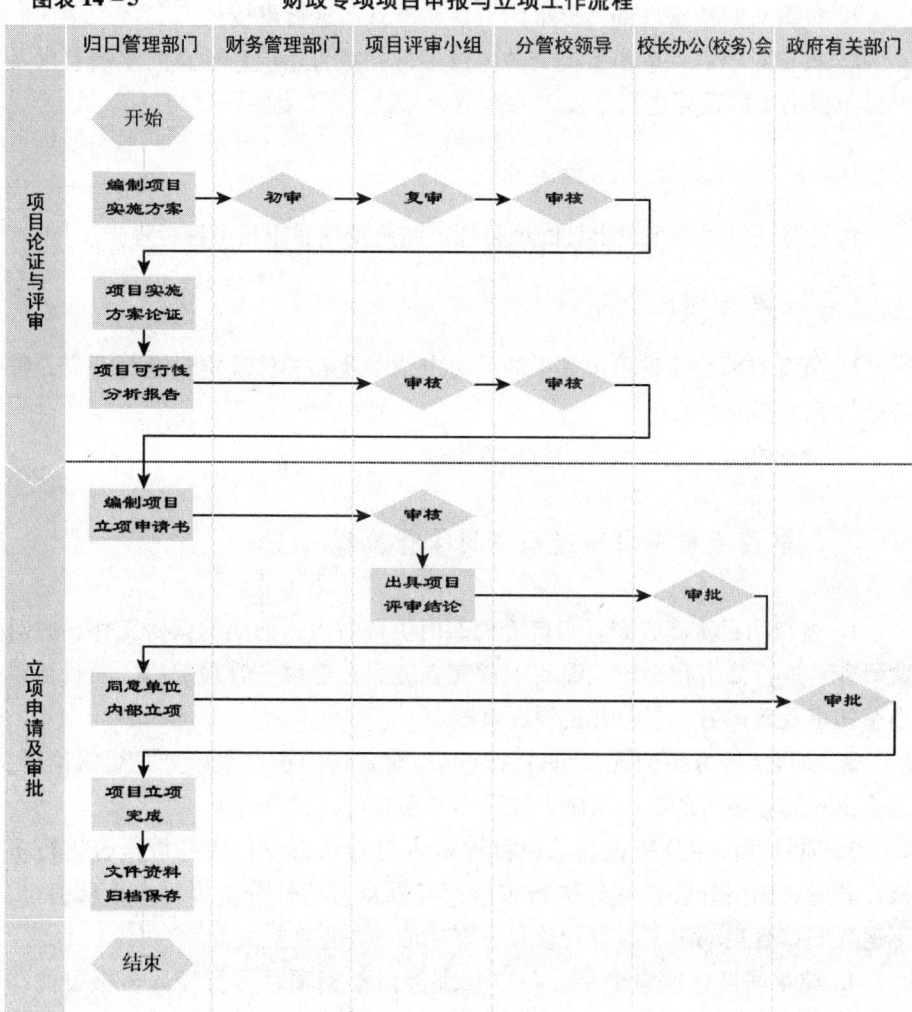

图表 14 – 5　　　　　财政专项项目申报与立项工作流程

项目论证与评审	归口管理部门	财务管理部门	项目评审小组	分管校领导	校长办公(校务)会	政府有关部门
	开始 → 编制项目实施方案 → 初审 → 复审 → 审核					
	项目实施方案论证					
	项目可行性分析报告 → 审核 → 审核					
立项申请及审批	编制项目立项申请书 → 审核 → 出具项目评审结论 → 审批					
	同意单位内部立项 → 审批					
	项目立项完成					
	文件资料归档保存					
	结束					

三、财政专项项目预算编制工作流程

1. 提出预算编制申请。归口管理部门根据项目建设目标，提出项目预算编制申请，报财务管理部门审核。

2. 提出预算建议数。归口管理部门根据项目建设目标提出预算建议数，并提交申报基础数据等材料，报送财务管理部门、项目评审小组审核。

3. 编制预算。归口管理部门根据通过的预算建议数，在项目申报书中编制预算，确保无误后报财务管理部门再次审核，经财务管理部门审核通过后报分管校领导审核。

4. 预算批复。校长办公（校务）会对项目申报书中的所有内容审批，审批通过后，准备立项的所有佐证材料提交政府有关部门进行评审，立项批复后按规定的时间拨付预算。

财政专项目预算编制工作流程如图表 14－6 所示。

图表 14－6　　　　财政专项项目预算编制工作流程

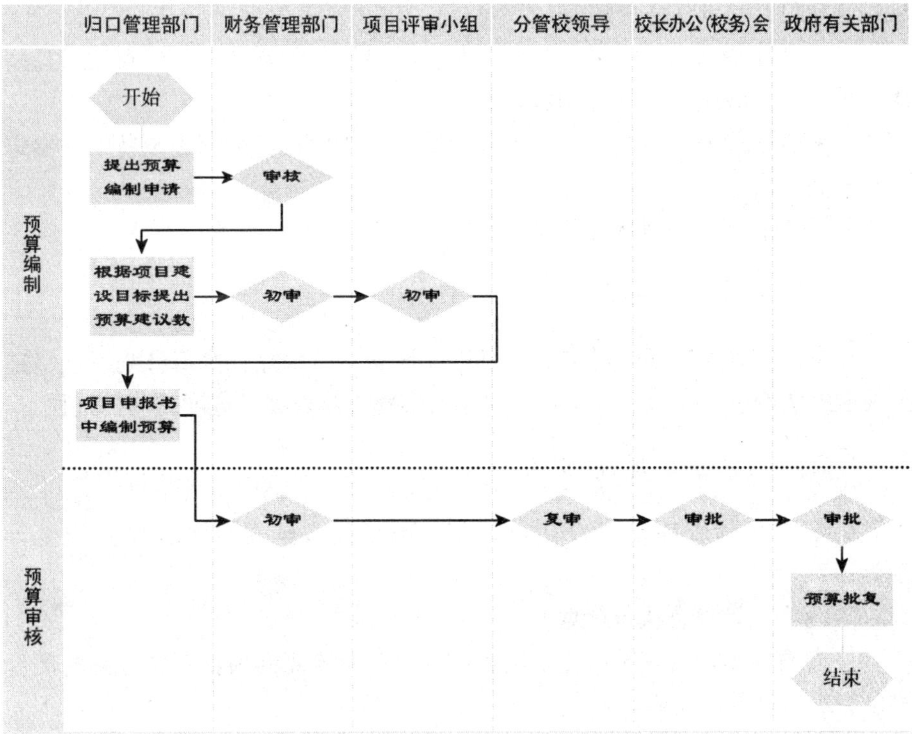

第四节 财政专项项目实施控制

一、财政专项项目实施的职责与权限

（一）归口管理部门

1. 根据单位发展规划，确定项目目标及项目建设范围；
2. 编制项目进度计划，提交发展规划部门、分管校领导审核，审核通过后编制项目时间及任务分解表；
3. 负责汇总各子项目建设执行计划、项目设备购置计划、项目质量计划等各项计划，形成综合项目计划；
4. 根据项目管理计划的执行反馈情况，分析项目进度管理现状，并制定项目控制方法；
5. 组织相关人员具体实施项目。

（二）发展规划部门

负责对归口管理部门提交的项目进度计划、项目综合执行计划、项目进度控制办法等进行审核，并负责监督项目实施方执行项目进度控制的过程。

（三）相关项目建设部门

1. 负责编制子项目建设执行计划、项目设备购置计划、项目质量计划等；
2. 落实项目综合执行计划；
3. 负责向归口管理部门提供项目进度管理所需要的项目资料，并对项目进度管理信息进行反馈。

（四）分管校领导

负责对项目进度计划、项目设备购置计划、项目质量计划、项目综合执行计划及项目进度控制方法的审核。

（五）校长办公（校务）会

负责对项目综合执行计划进行审批。

二、财政专项项目实施业务工作流程

1. 根据任务书确定项目目标及范围。归口管理部门根据单位发展规划对项目整体环境进行分析，并确定项目目标和范围。

2. 编制项目进度计划。归口管理部门根据项目内容及建设期限，编制项目进度计划，并提交发展规划部门初审后，报分管校领导审核。

3. 编制项目时间及任务分解表。归口管理部门根据任务内容分解各子项目建设任务，并规定各子项目任务的完成时间。

4. 编制子项目建设执行计划。相关项目建设部门根据任务分解表编制子项目建设执行计划。

5. 编制项目设备购置计划。相关项目建设部门编制完成各项任务所需的设备名称、规格、型号、数量等，提交分管校领导审核。

6. 编制项目质量计划。相关项目建设部门根据项目目标制订项目质量计划，明确项目质量目标、质量标准，提交分管校领导审核。

7. 编制项目综合执行计划。归口管理部门汇总各项计划，形成综合项目计划，经发展规划部门、分管校领导审核后，报校长办公（校务）会审批。

8. 执行计划并反馈项目进度信息。相关项目建设部门根据项目进度管理计划的要求，实施项目进度，并对项目进度计划过程中存在的问题进行记录，反馈给归口管理部门。

9. 分析项目进度管理现状。归口管理部门根据项目进度过程中存在的问题分析项目进度管理现状，并据此制定项目进度控制方法，经发展规划部门初审后，报分管校领导审核。

10. 归口管理部门组织执行项目进度控制，发展规划部门负责监督执行。

财政专项项目实施业务工作流程如图表 14-7 所示。

三、财政专项项目专项资金管控工作流程

1. 项目立项申报。归口管理部门提供项目立项相关资料，编制项目资金预算表，开展项目立项申报工作。

2. 项目资金申请。归口管理部门根据项目资金预算表，结合项目立项工作的需要，向财务管理部门提出项目资金申请，经财务管理部门初审后，报分管校领导审核。

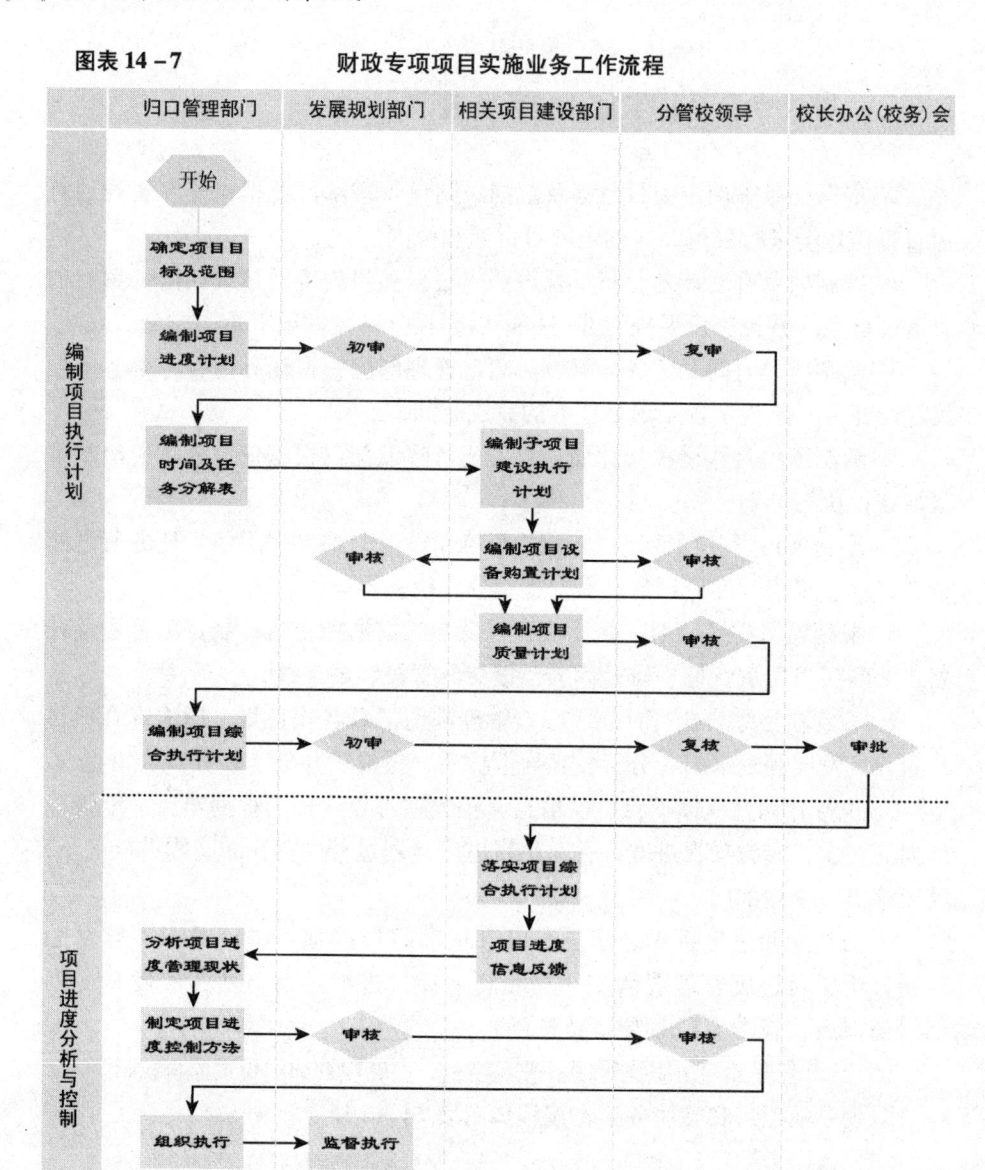

图表14-7　　　　　财政专项项目实施业务工作流程

3. 项目资金的分配、使用与管控。项目资金申请通过后,由财务管理部门分配项目资金,并严格管控项目资金的使用过程。

4. 编制项目资金管控实施方案。分析项目资金使用过程中存在的问题,制定有效的应对策略,编制项目资金管控方案,报分管校领导审核。

第十四章　财政专项项目控制设计范例

5. 执行项目资金管控方案。归口管理部门严格执行资金管控方案，制定项目资金使用计划，保证项目资金管控措施的有效落实。

6. 编制项目资金预算执行报表。及时对项目资金的使用情况与管控效果进行分析和总结，编制项目资金预算执行报表，经分管校领导审核后，报校长办公（校务）会审批，通过后报政府有关部门审批。

财政专项项目资金管控工作流程如图表14-8所示。

图表14-8　　　财政专项项目专项资金管控工作流程

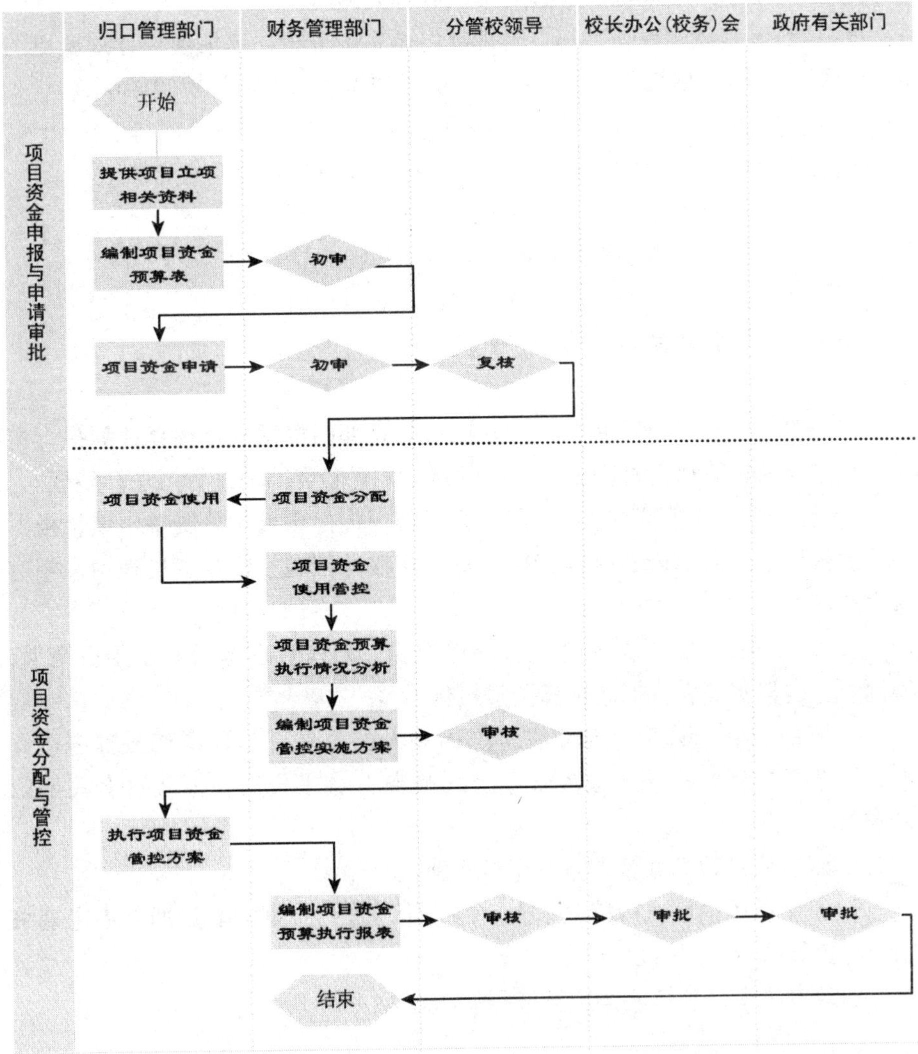

	归口管理部门	财务管理部门	分管校领导	校长办公(校务)会	政府有关部门

项目资金申报与申请审批：
开始 → 提供项目立项相关资料 → 编制项目资金预算表 → 初审 → 项目资金申请 → 初审 → 复核

项目资金分配与管控：
项目资金使用 ← 项目资金分配 → 项目资金使用管控 → 项目资金预算执行情况分析 → 编制项目资金管控实施方案 → 审核 → 执行项目资金管控方案 → 编制项目资金预算执行报表 → 审核 → 审批 → 审批 → 结束

四、财政专项项目调整工作流程

1. 组织实施项目计划。归口管理部门将各项计划任务进行分配,组织项目计划各相关部门严格执行。
2. 提出项目实施调整申请。对项目计划实施过程中存在的问题进行分析,确定存在问题原因,提出项目实施调整申请,经分管校领导审核后,报校长办公(校务)会审批,通过后报政府有关部门审批。
3. 项目调整风险评估。归口管理部门要系统分析、评估项目计划变更的风险,编制风险评估报告,经发展规划部门初审后,报分管校领导审核。
4. 制订调整项目实施计划。归口管理部门负责制订调整项目实施计划,经发展规划部门、分管校领导审核后,报校长办公(校务)会审批。
5. 调整项目组织实施。项目实施计划审批通过后组织实施。

财政专项项目调整工作流程如图表14-9所示。

五、财政专项项目预算调整工作流程

1. 分析项目预算执行中的问题。归口管理部门根据项目预算计划执行情况,总结项目预算执行过程中存在的问题,并对各类问题进行汇总和整理。
2. 提出项目预算调整申请。归口管理部门提出项目预算调整申请,报财务管理部门审核。申请书内容包括预算中存在的问题、预算变更理由、相应解决措施等。
3. 编制项目预算调整明细表及调整报告。归口管理部门根据分析结果,编制预算调整明细表,拟定预算调整报告。
4. 组织评审。财务管理部门组织相关人员对项目预算调整报告进行评审,经分管校领导审核,报校长办公(校务)会审批后,报政府有关部门审批。
5. 编制项目预算调整方案并组织实施。
6. 编制项目预算执行情况报表。财务管理部门根据需要定期或不定期编制项目预算执行情况报表。

财政专项项目预算调整工作流程如图表14-10所示。

图表 14-9　　　　　财政专项项目调整工作流程

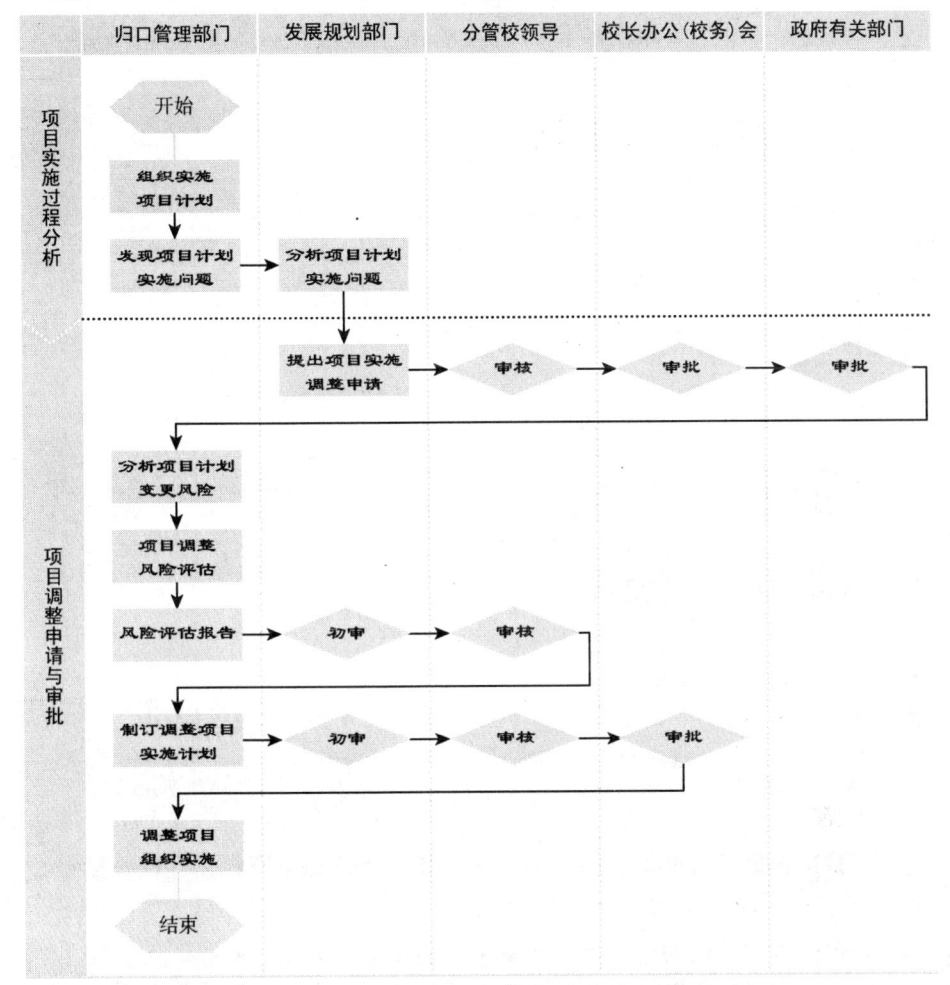

第五节　财政专项项目绩效评价与验收控制

一、财政专项项目绩效评价与验收的职责与权限

（一）归口管理部门

1. 根据项目的立项情况，收集、分析项目资料；

图表 14-10　　　　　财政专项项目预算调整工作流程

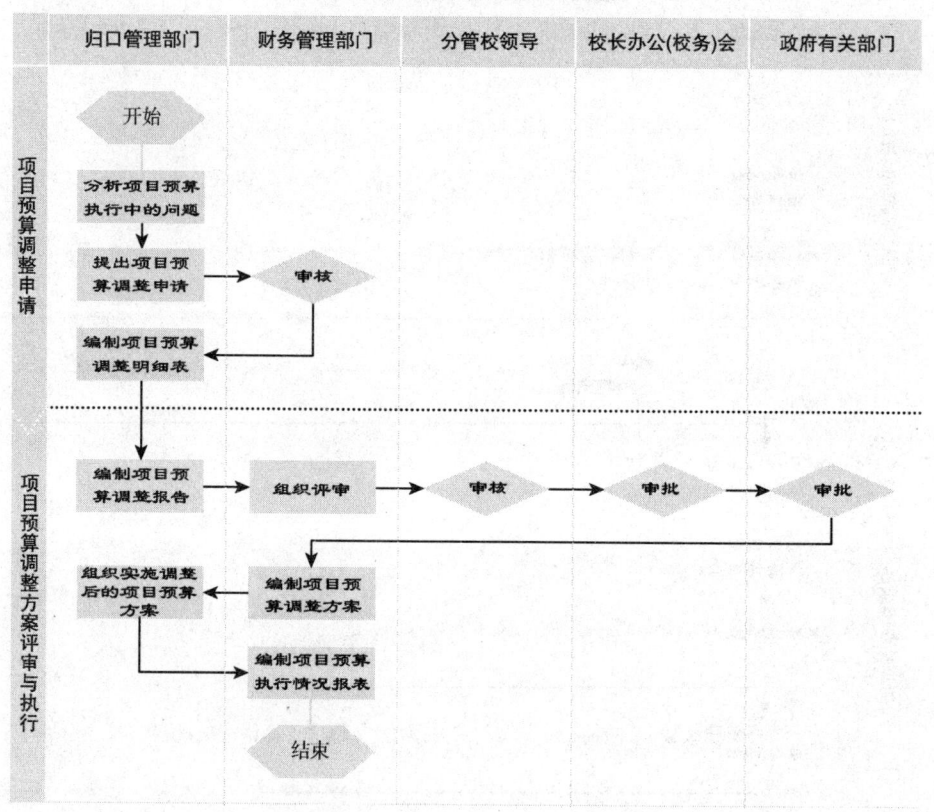

2. 根据项目绩效评价实施方案，提供绩效评价相关资料，并配合质量控制部门完成项目绩效评价工作；

3. 根据审批通过的项目整改方案组织落实项目整改措施；

4. 准备项目验收需求资料，并配合项目验收审计工作。

（二）质量控制部门

1. 根据立项项目建设绩效目标确定项目绩效评价目标，并制定项目绩效评价指标条目及细目，提交分管校领导审核；

2. 制定项目绩效评价实施方案，提交分管校领导审核后，报校长办公（校务）会审批；

3. 分析项目绩效评价过程中项目建设存在的问题，制定项目整改方案；

4. 编制项目绩效评价报告。

（三）财务管理部门

准备项目验收需求资料，并配合项目验收审计工作。

（四）发展规划部门

成立项目验收小组，对项目验收实施方案及验收工作报告进行审核。

（五）项目验收小组

1. 制定项目验收标准及项目验收实施方案；
2. 组织单位验收工作的实施；
3. 聘请第三方对项目进行审计，并出具项目验收工作报告。

（六）分管校领导

负责对质量控制部门制定的项目绩效评价指标条目细目、项目绩效评价实施方案、项目整改方案、项目绩效评价报告进行审核。

（七）校长办公（校务）会

负责对质量控制部门制定的项目绩效评价实施方案、项目整改方案、项目绩效评价报告、项目验收实施方案、项目验收工作报告进行审批。

（八）政府有关部门

对单位提报的绩效评价报告及项目验收工作报告进行审批。

二、财政专项项目绩效评价工作流程

1. 收集、分析项目资料。归口管理部门负责收集项目资料并进行分析。
2. 明确项目绩效评价目标。质量控制部门根据项目资料分析结果明确项目绩效评价目标，为制定项目绩效评价指标做好准备。
3. 制定项目绩效评价指标。质量控制部门根据绩效评价目标及对收集项目资料的分析，制定项目绩效评价指标条目和细目，报分管校领导审核。
4. 制订项目绩效评价实施方案。质量控制部门根据审批通过的项目绩效评价指标，制订项目绩效评价实施方案，经分管校领导审核后，报校长办公（校务）会审批。
5. 实施项目绩效评价工作。归口管理部门提供相关资料配合质量控制部门实施项目绩效评价工作的开展。
6. 制定项目整改方案。认真查找项目绩效评价过程中存在的问题，分析问题存在的根源，制定项目整改方案，经分管校领导审核后，报校长办公（校务）会审批。

7. 落实项目整改措施。归口管理部门根据审批通过的项目整改方案组织项目整改工作的实施，确保项目整改到位。

8. 编制项目绩效评价报告。质量控制部门根据项目绩效评价结果编制绩效评价报告，经分管校领导审核后，报校长办公（校务）会审批，审批通过后报政府有关部门，进行验收。

财政专项项目绩效评价工作流程如图表14－11所示。

图表14－11　　　　　　财政专项项目绩效评价工作流程

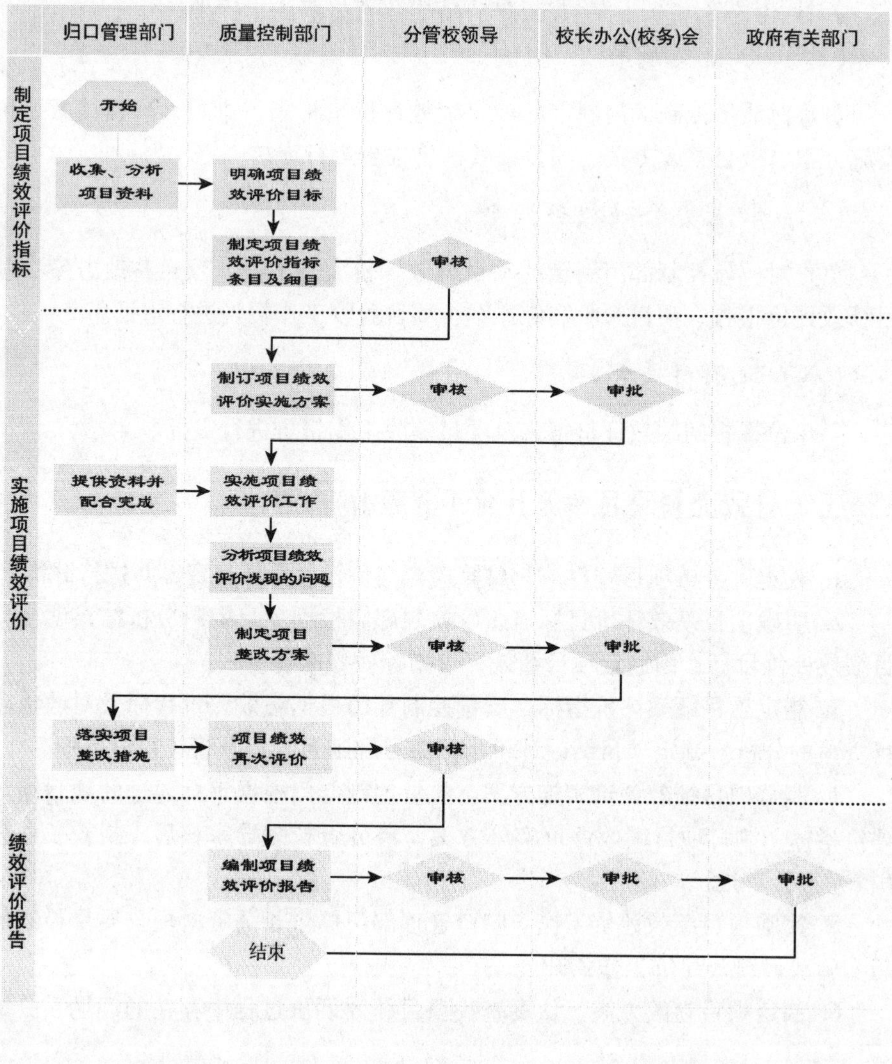

三、财政专项项目验收工作流程

1. 项目完工申请验收。

归口管理部门在规定的时间内完成项目建设任务，提交项目完工验收申请。

2. 成立项目验收工作小组。

发展规划部门组织成立项目验收工作小组。

3. 材料初审。

项目验收小组对归口管理部门及财务管理部门提供的项目验收资料进行初审，并确定项目验收范围及目标。

4. 制定项目验收标准。

项目完工验收范围及目标确定后，项目验收小组根据项目完工验收材料及验收范围确定项目完工验收标准。

5. 制定项目验收实施方案。

项目验收小组根据相关资料制定项目验收实施方案，经发展规划部门审核后，报校长办公（校务）会审批。

6. 单位验收工作实施。

归口管理部门及财务管理部门提供相关验收资料并配合项目验收小组进行项目验收。

7. 第三方审计并出具《审计报告》。

单位验收合格后聘请第三方事务所进行项目全面审计并出具《审计报告》，归口管理部门及财务管理部门配合验收审计工作。

8. 项目验收工作报告。

项目验收小组编制项目验收工作报告，经发展规划部门审核后，报校长办公（校务）会审批，审批通过后报政府有关部门实施项目验收。

9. 验收合格后，项目验收小组整理验收资料并归档保存。

财政专项项目验收工作流程如图表 14 - 12 所示。

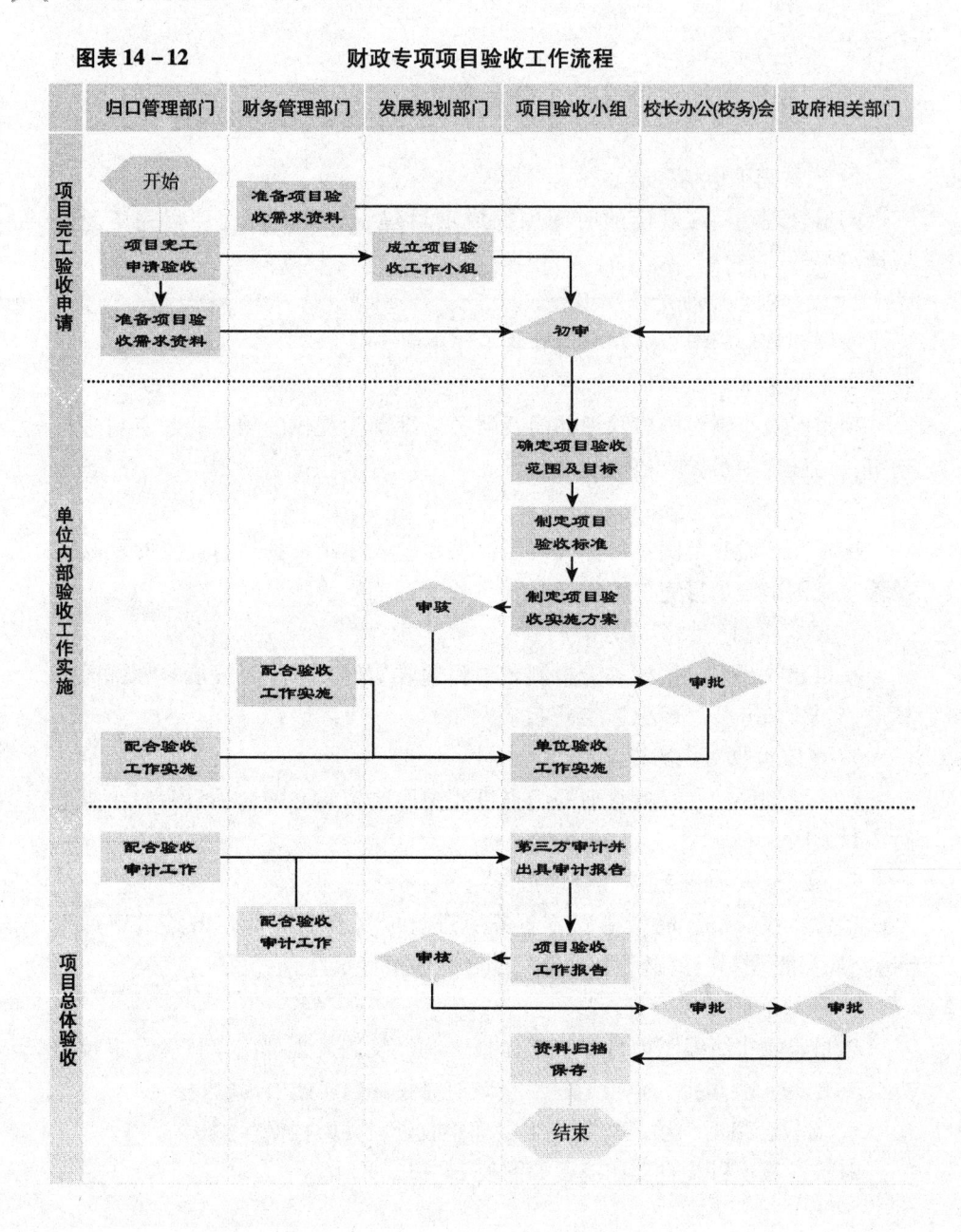

图表 14-12　　　　　　　　财政专项项目验收工作流程

归口管理部门	财务管理部门	发展规划部门	项目验收小组	校长办公(校务)会	政府相关部门

项目完工验收申请

- 开始
- 项目完工申请验收
- 准备项目验收需求资料
- 准备项目验收需求资料
- 成立项目验收工作小组
- 初审

单位内部验收工作实施

- 确定项目验收范围及目标
- 制定项目验收标准
- 制定项目验收实施方案
- 审驳
- 配合验收工作实施
- 配合验收工作实施
- 单位验收工作实施
- 审批

项目总体验收

- 配合验收审计工作
- 配合验收审计工作
- 第三方审计并出具审计报告
- 项目验收工作报告
- 审核
- 审批
- 审批
- 资料归档保存
- 结束

第六节 财政专项项目控制制度设计范例

一、制度控制

"坚持用制度管权管事管人",制度控制是财政专项项目内部控制的一项重要内容,通过制度的制定对财政专项项目建设过程中每一个关键环节、关键事项进行约定,"把权力关进制度的笼子里",制度制定的过程就是扎笼子的过程,权力控制好与坏,制度制定起到一个关键作用。

(一)财政专项项目控制制度

全国各地财政专项项目的覆盖面比较大,各院校覆盖全国各领域、各地域,由于各领域、各地域管理情况、经济发展情况、财力支持情况以及财务管理模式不尽相同,在有些要求上还存在很大的差异,财政专项项目控制应包含的制度种类繁多,可以是按制度的分类详细制定,也可以是一些制度的有机合并,至少应包含以下制度的内容:

1. 项目管理制度;
2. 专项资金管理实施细则;
3. 项目关键岗位管理制度;
4. 项目立项管理制度;
5. 项目评审制度;
6. 项目库管理制度;
7. 项目绩效评价实施办法;
8. 项目绩效评价结果的信息公开制度;
9. 项目监督检查和验收制度;
10. 项目档案管理制度。

(二)如何制定

在此,我们以职业教育专业教学资源库建设项目为例,对财政专项项目控制制度设计做一介绍。2016年9月,教育部印发了《职业教育专业教学资源库建设资金管理办法》,该办法围绕"明确职责、强化预算、凸显绩效、升级监管、规范管理"的现代财政制度设计思想,坚持"统一规划、分级管理、专款专用、专账核算、注重绩效、问效问责"的原则，突出预算与绩效并行，实现"事权"、"财权"、"绩效"与"责任"有机结合。要求各院校根据国家级资源库管理办法的要求，结合学校的实际，制定学校层面专业教学资源库建设资金使用与管理实施细则。

制定专业教学资源库建设资金使用与管理实施细则应关注以下方面：

一是内容要全面。包括但不限于内部控制管理、预算管理、绩效管理、专账管理、资产管理、政府采购管理、参建单位管理和合同管理等方面。根据实际情况可以往外扩展，主要对资源库建设过程中资金管理的关键环节和关键事项进行制度约定。

二是明确禁止性的规定。如专项资金不得用于学校的贷款、不得进行捐赠、不得将项目资金与其他经费混用、不得提取工作经费等等，这些禁止性的条款在国家层面制度里面有明确的规定。其他限制性的条款如对有控制比例要求的支出也要明确支出比例。

三是重点要突出。一是要突出约定学校的议事规则和办事程序，符合单位内部管理的规则；二是要突出对参建单位财务管理的行为。

四是制度要落地。结合学校的实际，制定的实施细则对学校在资源库建设过程中的各项工作要具有指导性和可操作性，这样制度的制定才是有意义的。

下面，我们将某高职高专院校制定的某专业职业教育专业教学资源库建设资金使用与管理实施细则范例如下，供参考与研究。

职业教育某专业教学资源库建设资金使用与管理实施细则

第一章 总 则

第一条 为进一步加强职业教育某专业资源库建设资金（以下简称"建设资金"）的管理，提高资金使用效益，确保建设项目顺利实施。根据教育部《职业教育专业教学资源库建设资金管理办法》《行政事业单位内部控制规范（试行）》《高等学校财务制度》《高等学校会计制度》等相关制度规定，结合《职业教育专业教学资源库建设工作指南》和本项目实际，制定本实施细则。

第二条 建设资金按来源分为"部本专项"和"项目筹措资金"两部分组成，其中"部本专项"是由教育部职业教育专业能力建设专项安排，用于支持优质教育资源开发应用，建设国家级专业教学资源库的资金；"项目筹措资金"由地方财政投入资金、行业企业支持资金以及相关学校自筹资金组成。

第三条 建设资金纳入学校预算管理，遵循"专款专用、专账核算、注重绩效、问效问责"的原则。

第四条 资源库建设实行项目第一主持单位负责制。联合主持单位和参与建设单位接受第一主持单位的指导和监督。

第二章 建设资金管理机构及职责

第五条 学校成立由校领导任组长，发展规划部门、财务管理部门、教学管理部门、参与建设的教学单位、信息中心等主要负责人为成员的资源库建设项目工作领导小组。领导小组主要职责为：

（一）负责设定建设资金总体建设目标。设定的目标要能清晰反映预算资金的预期产出和效果，并以相应的指标予以细化、量化描述，符合"指向明确、细化量化、合理可行、相应匹配"的要求。

（二）审查资源库建设内容、目标是否符合相关规定，并报上级主管部门批准。在主管部门批复的预算范围内，审批年度内资源库建设预算。

（三）负责协调与处理资源库建设中资金筹措、项目建设中出现的问题。

（四）负责审批资源库建设资金预算结构调整方案并报主管部门审批或备案。

（五）负责审批建设资金决算。

（六）检查与督促项目组与合作建设单位完成建设任务，规范建设资金使用，确保建设资金的使用绩效。

第六条 学校对资源库建设项目实行资金管理项目负责制。各项目单位是专项资金的直接使用部门，项目负责人负责建设项目资金的预算编制、使用和管理。各项目单位应认真组织好建设项目的论证，加强对申报立项、可行性论证、项目实施、项目中期检查、期末验收、财务报告、成果评估、效益分析等的全过程管理，并对专项资金的使用、审核、管理、考评等全过程负责。

第七条 学校财务管理部门负责建设资金的管理，并履行以下职责：

（一）预算管理。参与建设资金预算草案的编制、汇总，提请学校资源库建设项目工作领导小组审定后，上报教育部审批。严格按照教育部批复下达的建设资金预算进行总体和项目控制。

（二）专账核算。负责按来源渠道、项目单位等分配经批准的部本专项到各子项目，并单独设立项目账进行会计核算，对建设资金采取专账管理，保证建设资金会计资料真实、准确、完整。

（三）专款专用。严格按照项目管理，强化会计事前、事中、事后监督，确保专项资金专款专用、年度使用计划按期完成。

（四）规范使用。严格按照国家有关财经法规、学校相关制度和本实施细则，审核建设资金开支的合规性、合法性，提高建设资金的使用效益。

（五）财务监督。定期跟踪监督各参与建设单位和子项目预算资金使用情况及执行进度情况，保证建设资金使用与项目建设进度、预期目标相一致，向资源库建设领导小组提供报告。

（六）信息报告。定期编制每季度进度报表、财务报告和年终决算，并上报上级主管部门。

第三章 建设资金预算管理

第八条 建设资金预算是学校综合预算的组成部分，需全额纳入学校总体预算，采取支出预算与收入预算同时编制的方法。

第九条 在编制项目预算时，不考虑不可预计因素。

第十条 凡申请使用资源库建设资金的项目都必须根据教育部批复的《高等职业教育专业资源库项目建设方案》和《任务书》，细化、量化工作任务，签订《职业教育制造与自动化专业资源库建设目标责任书》。

第十一条 资源库建设项目工作领导小组审批的年度项目建设计划和任务书，由学校财务管理部门按子项目下达预算控制数。

第十二条 资源库项目资金预算由项目所在部门根据资源库建设工作领导小组批准的项目建设计划编制，经财务管理部门审核汇入项目综合财务预算后上报相关主管部门。

第十三条 各参与建设单位应在核定的预算控制数内，按规定的时间、格式和内容向学校财务管理部门报送项目建设资金预算，并附规定的预算文字说明。预算文字说明内容主要包括：项目名称、建设目标、具体实施计划、招投标情况、资金使用安排、预计使用效益等内容。

第十四条 各子项目参与建设单位要根据批准的建设内容及当年实施的分项预算额度，区分轻重缓急，提出年度建设资金预算使用申请。

第十五条 子项目参与建设单位限期启动项目建设、限期按规定使用资金、限期办理结算手续。

对于已批准而没有启动或由于客观原因无法启动的，应及时向资源库建设项目工作领导小组报告，由资源库建设项目工作领导小组研究并调整项目建设计划。

项目单位对没有启动或无法启动的建设计划不及时报告而造成损失的，追究负责院校和负责人员的责任。

第十六条 资源库项目参建单位和分项目负责人必须严格按照批准的项目建设内容和预算控制数执行，一律不得超预算控制数使用资金。

第十七条 经批准确定的项目建设计划及资金预算一般不得调整。如因客观原因造成建设内容变动确需调整的，应在分项目的相关子项目之间调整，并向资源库建设工作领导小组提出申请，按规定程序审核签署意见并报批后，方可执行。

所有经费调整都必须符合资源库建设资金开支范围和相关财务法规制度的规定。

第四章 建设资金支出管理

第十八条 建设资金严格按照教育部批复下达的专项资金预算进行开支，做到专款专用。

第十九条 资源库建设资金主要用于素材制作、企业案例收集制作、课程开发、特殊工具软件制作、应用推广、调研论证等方面的支出，按照经济性质分类，相应在咨询费、印刷费、差旅费、会议费、培训费、专用材料费、委托业务费、其他商品和服务支出、专用设备购置费、信息网络及软件购置更新等会计科目中归集与核算。

用于专家咨询、调研论证的费用严格控制在项目预算总额的10%以内；上述所列六方面支出以外的其他支出原则上不得超出8%。

第二十条 加强建设资金支出管理的内部控制，保证专项资金使用的安全性和合理性。

（一）资源库建设资金审批权限的规定：

学校建立由校长授权的项目支出审批制，凡是涉及建设资金的使用均要通过子项目负责人、项目主管部门负责人、分管校领导、资源库建设工作领导小组负责人逐级审批，其中审批额度按学校财务报销规定执行。

项目支出审批流程：经费使用人（经办人）→证明人→子项目负责人→项目主管部门负责人→分管校领导→资源库建设工作领导小组负责人

（二）资源库建设资金支出报销审批程序

凡是涉及资源库建设项目的支出必须填写报销单，报销单上必须注明专项经费名称及相关卡号，具体内容要如实填写完整，子项目负责人、证明人、经办人要签字，由财务管理部门稽核人员负责对报销单上的具体内容进行审核。

经办人持签字审批后的报销单及签字后的原始单据（购买仪器设备的必须附有一式几联的资产入库单、供货合同、验收单等，购买零星物品的必须附有明细清单，外出培训报销差旅费的必须附有培训通知单等）到财务管理部门办理报销手续。

（三）各参与建设单位要建立完善的建设资金使用内部控制程序，明确审批程序和报销流程，并报学校资源库建设工作领导小组备案。

第二十一条　凡应纳入政府采购的支出项目，应严格按照政府采购有关规定执行。凡使用建设资金取得的资产，均为国有资产，应当按照国有资产管理有关规定统一管理。

第二十二条　在项目建设计划期间内的年末部本专项资金预算额度结余原则上控制在当年预算额度的5%以内，结余部分可结转下年按建设计划和规定继续使用，不得挪作他用。

第二十三条　资源库建设专项资金不得用于发放工资性的津贴补贴，不得用于支付罚款、偿还贷款、支付利息、捐赠赞助、对外投资以及与申报项目无关的支出。不得从建设资金中提取工作经费或管理经费，不得将建设资金与其他经费混用，不得用于违反财经纪律的支出。

第五章　参建单位资金管理

第二十四条　资源库建设资金参建单位资金实行合同（协议）管理，合同（协议）应明确参建单位资源库建设任务、具体的建设内容、绩效指标和验收标准。

第二十五条　参建单位应按照承诺的筹措资金额度，积极组织安排各项资金足额及时到位，按照预算进度安排支出。专款专用、专账管理，纳入参建单位预决算管理。并按照规定定期填报项目相关报表报送学校资源库建设工作领导小组。

第二十六条　强化建设资金的事前、事中与事后监督管理。在项目开始建设前，明确项目合作方建设内容与时间节点、资金预算、应提交报表等管理要求。事中，按照相关管理办法与合同规定，加强检查监督，落实项目建设责任，及时进行总结。事后要求提供规范的核算报表，必要的资金使用说明。

第六章　决算管理

第二十七条　资源库建设资金决算报表由财务管理部门编制，教务处等相关部门配合，经审核后汇入年度财务决算后上报上级主管部门审批。

第二十八条　各子项目负责人应按照规定的时间、格式和内容向学校财务管理部门报送项目建设资金使用情况文字说明，文字说明内容主要包括：预算执行情况、资金使用效益情况、资金管理情况、存在问题和建议等。

第二十九条　各子项目负责人应确保项目预算的执行进度，对预算执行进度缓慢的项目，将缓拨、少拨或停拨下一年度经费，由此产生的经费缺口由相关单位自己筹措补齐。

第七章　监督检查和绩效评价

第三十条　项目建设单位要增加绩效管理意识，实现对建设资金使用全过程的绩效管理，并且对建设资金运行情况和绩效目标的实现开展绩效评价和监控。

第三十一条　学校财务管理部门每季度向领导小组、项目建设一级负责人、监察审计等部门报送项目建设资金使用报表，包括：建设资金到账情况、建设资金预算执行情况分析、各重点建设项目建设资金预算执行进度、建设资金管理情况、建设资金使用中存在的问题和建议等。

第三十二条　学校监察审计部门对建设资金使用的合理性、签字审批程序的完整性、建设资金专账管理的规范性、招标采购程序的合理性、合法性等进行全程监控。

第三十三条　项目负责人应自觉遵守国家财经纪律，接受中央财政、教育部、省财政厅、省教育厅对专项资金的检查和审计，积极配合学校相关部门的监督检查工作。

第三十四条　项目终了，参建单位须向项目主持单位提供单位法人代表签字、单位盖章的子项目全部专项资金决算报告（须附明细账及承诺资金的到账证明）、管理与绩效情况的详细说明。

第三十五条　项目验收，学校要接受省级教育行政管理部门委托的具有资质的第三方审计机构对项目进行全面审计，出具项目《审计报告》。第三方审计机构须对参与建设单位提供的相关资料进行职业判断，并对重大事项支出和认为有必要延伸审计的进行延伸审计。

第三十六条 对审计报告提出的问题，项目负责人负责落实整改。

第三十七条 参建单位项目资金决算报告、管理与绩效情况和项目主持院校单位负责人签字的整改结果作为审计报告附件应一并上报。

第八章 附 则

第三十八条 本办法如与国家其他财经法规不一致的，以国家规定为准。

第三十九条 本办法由资源库建设工作领导小组负责解释。

第四十条 本办法自公布之日起执行。

本章主要参考文献

[1] 教育部.《关于做好职业教育专业教学资源库2016年度相关工作的通知》(教职成司函〔2016〕61号)

[2] 教育部.中国教育会计学会高等职业院校分会.《职业教育专业教学资源库建设专项资金管理研究报告》,2016.9

[3] 教育部办公厅关于印发《教育部直属高校经济活动内部控制指南(试行)》的通知(教财厅〔2016〕2号)

[4] 刘永泽.行政事业单位内部控制制度设计操作指南[M].大连：东北财经大学出版社,2013.4

[5] 王德敏.行政事业单位内部控制精细化管理全案[M].北京：中国劳动社会保障出版社,2010.8

[6] 王明发.写给大家看的项目管理书[M].北京：人民邮电出版社,2015.9

[7] 王淑燕.项目管理[M].北京：人民邮电出版社,2013.11

[8] 方周文、张庆龙、聂兴凯.行政事业单位内部控制规范实施指南[M].北京：立信会计出版社,2013.4

[9] 平云旺.项目管理[M].北京：中国法制出版社,2013.3

[10] 李杰.高等学校专项经费管理研究[D].天津：天津大学,2012.5

[11] 孙杰.高校专项经费绩效管理的研究[D].南京：江苏科技大学,2014.6

第四部分

附录

典型控制文档摘录

一、单位层面内部控制文档

1. 议题决策记录表

某高职高专院校党委会□　校长办公（校务）会□
议题决策记录表

议题提出单位	
议题内容	议题名称： 议题主要内容： 议题提出单位：（盖章） 负责人： 　　　　　　　　　　　　　　年　月　日
会签部门意见	部门负责人： 　　　　　　　　　　　　　　年　月　日
分管领导意见	分管领导： 　　　　　　　　　　　　　　年　月　日
送审意见	党政办公室主任： 分管党政办公室校领导： 　　　　　　　　　　　　　　年　月　日
校长审定（校长办公会纪要）意见	校　长： 　　　　　　　　　　　　　　年　月　日
党委书记审定意见	党委书记： 　　　　　　　　　　　　　　年　月　日
备　注	

注：1. 本表填报时应明确具体会议的级别，是党委会还是校长办公（校务）会，在表格题目中勾选。
　　2. 校长办公（校务）会，相关记录只填写到"校长审定意见"即可；党委会相关记录要将表中内容要填写全。

2. "三重一大"事项决策审批会签表

某高职高专院校"三重一大"事项决策审批会签表

提出单位			会议研究时间	
"三重一大"事项类别	重大问题决策□ 重要项目安排□		重要人事任免□ 大额资金使用□	
事项内容	事项名称： 事项要点： 提出单位：（盖章）			负责人： 年 月 日
决策审批意见	签字人＼意见	同 意	弃 权	不同意
	副校级领导			
校长审定意见	校长：			年 月 日
党委书记审定意见	书记：			年 月 日
备 注				

二、预算业务控制文档

1. 项目资金预算申报、审核表

某高职高专院校 20　年项目资金预算申报、审核表

申报部门：　　　　　　　　　　　　　　　　　　　　　　　　　　年　　月　　日

项目名称			项目负责人	
项目联系人			联系电话	
项目归属大类	教育教学类□　　设备购置（含教学、办公设备）类□　　维修改造类□ 科　研　类□　　师资队伍建设类□　　信息化建设类□　　其　　他□			
项目建设周期	三年滚动规划项目，执行年限　　□　　　　　一次性项目　□			

项目申报基本情况	建设内容	
	必要性	
	可行性	
	其他需说明的情况	

预期绩效目标	产出（工作量）指标	
	效益指标	

项目预算	年度＼科目	合计	办公费	差旅费	印刷费	租赁费	劳务费	材料费	设备购置	维修费	因公出国(境)费	会议费	咨询费	邮电费	培训费	委托业务费	…
	总预算																
	第一年																
	第二年																
	第三年																

续表

部门自评意见	负责人签字：　　　　　　　　　　　　　　　盖章 　　　　　　　　　　　　　　　　　　　年　　月　　日
归口管理部门 论证审核意见	负责人签字： 　　　　　　　　　　　　　　　　　　　年　　月　　日
分管校领导 审核意见	分管校领导签字： 　　　　　　　　　　　　　　　　　　　年　　月　　日
总会计师 审核意见	总会计师签字： 　　　　　　　　　　　　　　　　　　　年　　月　　日
预算管理委员会 审核意见	预算管理委员会负责人签字： 　　　　　　　　　　　　　　　　　　　年　　月　　日
校长办公（校务） 会审核（审定意见）	校　　长： 　　　　　　　　　　　　　　　　　　　年　　月　　日
党委（常委） 会审定意见	党委书记： 　　　　　　　　　　　　　　　　　　　年　　月　　日

注：1. 本表格填写时，填写内容较多时可附附件。
2. 预算总额在 50 万元以上的项目必须附项目立项报告及项目评审意见表。
3. 项目内容必须包含：（1）具体的项目内容；（2）项目完成的工作量；（3）项目建设的具体时间安排。
4. 项目建设绩效目标包含总目标和年度目标。
5. 分管校领导负责对申报项目的可行性、必要性审核，总会计师负责对申报项目的政策相符性、经济合理性审核。
6. 达到大额资金标准的项目申报需要经过党委（常委）会审定。

2. 预算调整审批表

某高职高专院校预算调整审批表

预算调整申报部门：　　　　　　　　　　　　　　　　　　　　　　　年　　月　　日

预算项目名称		项目编码	
经办人（项目负责人）		部门负责人	
预算项目类别	部门预算☐　项目预算☐　科研课题预算☐　其他经费预算☐			
调整方式	申请追加☐ 申请核减☐ 部门内部预算调整☐ 项目内部预算调整☐ 其他☐			
申请调整事项	原预算额度 （小写）	调增或调减额度 （小写）	调整后可用额度 （小写）
	¥	¥	¥
	¥	¥	¥
申请调整原因：			
分管校领导 审核意见	分管校领导签字：　　　　　　　　　　　　　　年　　月　　日		
总会计师 审核意见	总会计师签字：　　　　　　　　　　　　　　　年　　月　　日		
预算管理委员会 审核意见	预算管理委员会负责人签字：　　　　　　　　　年　　月　　日		
校长办公（校务） 会审核（审定意见）	校　　　长：　　　　　　　　　　　　　　　　年　　月　　日		
党委（常委） 会审定意见	党委书记：　　　　　　　　　　　　　　　　　年　　月　　日		

注：1. 项目经费预算批复后原则上不允许进行调整，确有特殊原因需要进行调整的，需校内履行相关审定程序后报教育主管部门和财政部门审批。
2. 分管校领导负责对调整事项的可行性、必要性审核，总会计师负责对调整事项的政策相符性、经济合理性审核。
3. 调增或调减金额栏，正数为调增，负数为调减。
4. 根据某高职高专院校"三重一大"管理的有关规定，总会计师、校长办公（校务）会、党委（常委）会按照某高职高专院校议事规则权限审批。

三、收支业务控制文档

1. 经费到账确认单

某高职高专院校经费到账确认单

部门：　　　　　　　　　　　　　　　　　　　　　　　　　　年　月　日

资金用途		资金性质	科研经费□　培训经费□ 其他经费□
付款单位		付款方式	现金□　支票□ 银行汇款□
项目（科研） 名称		项目（科研） 编码	
金额（大写）		金额（小写）	¥
经费开支事项：			
开具发票种类：			
发票开票项目名称：			
开具发票须提供对方信息： （1）户名： （2）纳税人识别号： （3）地址、电话： （4）开户银行及账号：			
经办人姓名：　　　　　　　　　　联系电话（手机）：			
部门负责人：			

会计：　　　　　　　　　　　　　　　　　　　　　　　　　　　　出纳：

2. 非税收入票据使用登记簿

某高职高专院校非税收入票据使用登记簿

日期	购入		领用		注销		经办人签字
	票据种类	数量	票据种类	数量	票据种类	数量	

3. 经费支出审批单

某高职高专院校经费支出审批单

部门：　　　　　　　　　　　　年　　月　　日　　　　　　支票号：

报销事由摘要		结算方式	现金□ 支票□ 汇款□ 公务卡□	经费来源	部门经费□　科研经费□ 专项经费□　经营经费□ 其他经费□
项目（科研）经费名称		项目（科研）经费编码			

人民币（大写）：　　　　　　　　　　　　　　（小写）¥

经办人：　　　　　　部门主管：　　　　　　归口管理部门负责人：

分管校领导：　　　　　　总会计师：

校长：

备注：

注：1. 本凭单各事项需如实填写，字迹要工整，不可修改。
　　2. 各级领导按照学校规定的经费报销审批权限进行审批。
　　3. 业务经办人对报销事项的真实性负责。

4. 出差审批单

某高职高专院校出差审批单

申报日期：

申报部门			出差人	
出差日期	年　　月　　日至　　年　　月　　日			共天
出差地点				
出差事由				
主要交通工具	飞机（　　）火车（　　）汽车（　　）其他（　　）			
预计费用	万　仟　佰　拾　元　角　分（￥）			
经费来源				
部门意见	部门负责人：		年　　月　　日	
分管校领导意见	分管校领导：		年　　月　　日	

说明：1. 此申请表作为出差申请、借款、核销必备凭证。
2. 审签要求：教学单位教师出差，由教学单位负责人审批，职能部门工作人员出差，在部门负责人审核的基础上由分管校领导审批。
3. 学校中层干部出差，需单独履行审批程序。

5. 职工差旅费报销单

某高职高专院校职工差旅费报销单

报销部门：　　　　　　报销日期：　年　月　日　　　　　金额单位：元

姓名		职别		出差事由						
起止日期		自　年　月　日至　年　月　日共　天						附单据　张		
月	日	起止地点	天数	车船费		途中伙食补助	宿费	市内交通补助	杂费	小计
				交通工具	金额				用途　金额	
合计（大写）		万　仟　佰　拾　元　角　分						¥		
会计审核意见										

分管校领导：　　　　财务稽核：　　　　部门负责人：　　　　经办人：

6. 大额资金使用审批表

某高职高专院校大额资金使用审批表

申请部门（签章）：　　　　　　　　申请时间：　年　月　日

资金使用说明			
用款金额（大写）：		小写	¥
经费来源			
收款单位		收款人	
支付方式	现金（　）支票（　）网银（　）电汇（　）其他（　）		
经办人		部门负责人	
分管校领导意见			
党委（常委）会意见			
党委（常委）会文号			

备注：（每个单位大额资金的标准是不同的，一般大额资金是指需要进行审批及立项的。对于开支项目比较小的单位一般是万元以上，开支稍微大些的单位一般是十万，或者是数十万。）

7. "三公经费"支出审批表

某高职高专院校"三公经费"支出审批表

申报时间：　　　　　　　　　　　　　　　　　　　　　　　　年　　月　　日

申报部门			经办人	
支出项目	公务接待费（　） 公务用车运行费（　） 因公出国经费（　）			
经费来源					
根据申报支出类别请分别具实填报以下内容				
公务接待费	接待单位		人数	
	学校参与人数		预计支出	¥
公务用车运行费	用　途			
	使用时间		预计支出	¥
因公出国费	拟出访国家		时间	
	出访人员名单		预计支出	¥
	相关文件、文号				
部门意见					
	部门负责人：　　　　　　　　　　　　　　年　　月　　日				
分管校领导意见					
	分管校领导：　　　　　　　　　　　　　　年　　月　　日				
总会计师意见					
	总会计师：　　　　　　　　　　　　　　　年　　月　　日				

备注：各项经费按学校经费报销审批权限逐级审批。

四、采购业务控制文档

1. 某高职高专院校实物资产申购单

某高职高专院校实物资产申购单

申购部门：　　　　　　　　　经办人：　　　　　　年　　月　　日

名称	品牌、型号	主要技术参数及要求	单位	数量	单价	总价

申请新购实物资产用途	该批资产需要情况？用在哪个实验、哪个研究项目、哪项业务工作？

业务必要性、可行性审核	申购单位审查意见： 　　　　　　　　　　　　　　　　　　　　　年　　月　　日
	部门领导意见： 　　　　　　　　　　　　　　　　　　　　　年　　月　　日
	分管校领导意见： 　　　　　　　　　　　　　　　　　　　　　年　　月　　日
	资产管理部门审核意见： 　　　　　　　　　　　　　　　　　　　　　年　　月　　日

政策相符性、经济合理性审核	财务管理部门意见： 　　　　　　　　　　　　　　　　　　　　　年　　月　　日
	总会计师审核意见： 　　　　　　　　　　　　　　　　　　　　　年　　月　　日

注：
1. 本表只填单价在×××元以上能独立使用的仪器设备
2. 请认真负责填写清楚，一式二份，申请单位存一份，资产管理部门存一份。

2. 实物资产到货验收单

某高职高专院校实物资产到货验收单

序号	设备名称	品牌规格型号	生产厂家	生产日期	单价	数量

到货日期		验收日期	
使用单位		经费来源	

验收详细情况
一、设备外观情况：
二、设备主要性能情况：
三、是否符合合同要求

是否有质量问题 是□ 否□	存在质量问题 的处理意见：

验收人员签名（最少3人）

使用单位意见 　　　　　　　　　　单位盖章 部门负责人签字：　　　年　月　日	供应商意见 联系电话：　　　　　　供应商盖章 供应商代表签字：　　　年　月　日

备注

注：此表一式三份，使用部门、资产管理部门、财务管理部门各一份。

3. 仪器设备委托采购通知单

某高职高专院校仪器设备委托采购通知单

申购单位：　　　　　　　采购人：　　　　　时间：　　年　　月　　日

仪器设备名称	品牌、规格、型号	数 量	产 地	经费渠道	资金限额

销售商情况	销售商详细地址			
	具体联系人		电话	
	单价（元）		总价	
	销售人承诺			

使用单位及情况	验收使用情况说明
	验收人签名：　　　　　　　使用人签名：

资产购置领导小组意见

分管校领导签字：　　　　　　　　　年　　月　　日

说明	此表一式两份，资产管理处一份，使用单位一份。

4. 询价采购活动备案表

某高职高专院校询价采购活动备案表

项目名称				业务主管部门		
供应商名称	产品品牌	规格型号	数量	初次报价	最终报价	质量性能
询价谈判情况报告						
谈判人员签名	参与身份	签名及日期			个人意见	
	项目负责					
	主席谈判					
	谈判成员					
	谈判成员					
	谈判成员					
	监督人员					
备注						

五、资产业务控制文档

(一) 实物资产业务控制文档

1. 某高职高专院校物品出门证明通知单

某高职高专院校物品出门证明通知单

物品名称			
数　量		携带物品出门原因	
经办人		部门负责人	
资产管理部门意见	部门负责人签字：		年　月　日
保卫部门意见	部门负责人签字：		年　月　日

注：本通知单一式两份，存根一份，通知单一份。

2. 某高职高专院校固定资产登记卡片

某高职高专院校固定资产登记卡片

统一编号		分类编号		
单位编号		单位名称		
名　称				
型　号		规　格		
国　别		厂　家		
出厂日期		出厂编号		使用方向
价　格	人民币：	外　币：		经费科目
销售单位				
发票日期		发票号码		经手人
存放地点				
附件说明				

制卡日期：　　　　　　　　　　　　　　年　月　日

3. 设备仪器使用周转登记表

某高职高专院校设备仪器使用周转登记表

序号	使用单位	领用人	领用日期	归还日期	现 状
1					
2					
3					
备注					

附件登记	序号	名　称	型号规格	数量	金额	备注
	1					
	2					
	3					

技术资料名称		份数	

4. 实物资产处置审批表

某高职高专院校实物资产处置审批表

填报单位：　　　　　　　　　　　　　　　　　　　　　　　　　编号：

资产名称	规格、型号	数量	原价	购入时间	使用年限	校内编号	出厂编号

使用部门意见： 　　　　　　　　　　　　　　　　　　　　　　　　　　　　　（公章） 管理员：　　　　　　　部门负责人：　　　　　　　年　　月　　日
报废原因及技术状况鉴定： 参加鉴定人：　　　　　　　　　　　　　　　　　　　　年　　月　　日
资产管理部门意见： 部门负责人：　　　　　　　　　　　　　　　　　　　　年　　月　　日
分管校领导审批意见： 分管校领导签字　　　　　　　　　　　　　　　　　　　年　　月　　日
上级主管部门审批意见： 领导签字　　　　　　　　　　　　　　　　　　　　　　年　　月　　日
说明：一式三份，财务管理部门1份，资产管理部门1份，使用单位管理员1份。

5. 实物资产划转清单

某高职高专院校实物资产划转清单

转出部门			编 号	
转入部门			编 号	
交接人		件 数	编 码	
接交人		时 间	编 码	
详细内容					

序号	名称	品牌、规格、型号	数量	单价	购置日期	出厂编号	校内编号
1							
2							
3							
合 计							

使用部门（盖章） 　　　　　　　　　主管部门（盖章）
　年　月　日　　　　　　　　　　　　　年　月　日

说明：本单适用于实物资产划转调拨，一式二份，资产管理部门一份，使用单位接交人一份

6. 实物资产质保情况回执单

某高职高专院校实物资产质保情况回执单

供货单位：　　　　　　　　使用部门：

序号	仪器名称	型　号	数量	使用情况	存在问题

使用部门意见	存在问题的处理结果：
	结论：
	管理员签名：　　　　　　　　　　　　　　年　　月　　日
	无质量问题"合格"后部门负责人签字
	部门负责人签字：　　　　　　　　　　　　年　　月　　日
资产部门意见	该项目验收人：　　　　　　　　　　　　　年　　月　　日

（二）货币资金业务控制文档

1. 支票领用登记簿

某高职高专院校支票领用登记簿

领用日期	支票种类	支票号码	领用人签名	发放人签名	注销	备注

2. 银行预留印鉴用印登记册

财务印章使用登记簿

用印日期	印鉴种类	事由	用印人	审批人	备注

六、基本建设项目业务控制文档

1. 基建项目变更签证单

某高职高专院校工程变更签证单

编号：

工程名称		施工单位	
分部（子分部）工程名称		分部工程名称及部位	
工程地点		施工时间	
事由描述：			
设计单位意见	负责该项目的设计人员：		领导：
建设单位意见	项目技术： 年 月 日	项目负责人：	分管校领导：
监理单位意见	项目技术 年 月 日	负责人	
施工单位意见	项目技术： 年 月 日	负责人：	项目经理：
校长办公（校务）会意见			
党委（常委）会审定意见			

2. 建设项目工作联系单

某高职高专院校建设项目工作联系单

工程名称		日期	
发文单位			
主送单位			
抄送单位			

事由与内容：

提出单位（签名）：
　年　　月　　日

施工单位（签章）： 　年　　月　　日	建设单位（签章）： 　年　　月　　日

本单发出后应在两日内予以回复。

3. 工程材料（设备）认质认价单

某高职高专院校工程材料（设备）认质认价单

编号： 　　　　　　　　　　　　　　　　　　　　　　　　　　　年　月　日

材料（设备）名称	规格、型号	单位	数量	认定价格	备注

说明：

1. 此材料（设备）为项目所用；
2. 材料（设备）必须是正规厂家生产产品；
3. 厂家必须提供全套检测报告，出厂合格证及相关资质证明材料；
4. 采购材料（设备）必须达到国家规定标准及规范要求。

基建管理部门	纪检监察部门	财务管理部门	监理单位	施工单位

4. 工程竣工验收书

某高职高专院校工程竣工验收书

项目名称		工程地点	
施工单位		项目负责人	
竣工验收工程内容			
需要整改的问题			
验收结论 验收日期： 年 月 日			
竣工验收参加人员			

5. 建设项目进度款审批表

某高职高专院校建设项目进度款审批表　　　年　月　日

申报单位					
项目名称				经办人签字盖章	
本月申请支付金额		元	扣除甲供材	元	
进度款的70%付款		元	本月实际付款	元	
监理单位	审核意见： 　　　　　　　　　　　　　　　　年　月　日					
工程建设领导小组	现场代表初审	审核意见： 签字　　　　　　　　　　　　年　月　日				
	技术总工	审核意见： 签字　　　　　　　　　　　　年　月　日				
	项目办主任	审核意见： 签字　　　　　　　　　　　　年　月　日				
	现场主管	审核意见： 签字　　　　　　　　　　　　年　月　日				
	项目负责人	审核意见： 签字　　　　　　　　　　　　年　月　日				
	审计部门意见	签字　　　　　　　　　　　　　年　月　日				
	财务部门意见	签字　　　　　　　　　　　　　年　月　日				
	分管校领导	审核意见： 签字　　　　　　　　　　　　年　月　日				
	总会计师意见	签字　　　　　　　　　　　　　年　月　日				
	校长	签字　　　　　　　　　　　　　年　月　日				

6. 工程质量保修回访单

某高职高专院校工程质量保修回访单

工程名称			
工程地点			
施工单位		负责人及电话	
工程施工内容			
使用单位			
使用后意见			

使用单位签名：　　　　　　　　　　　　　　　　　　　　　　　　年　月　日

七、合同业务控制文档

1. 合同审查意见书

某高职高专院校合同签（收）批单

年　　月　　日

合同名称		是否经过招标程序	
合同编号			
合同相对方			
合同金额	小写：¥ 大写（人民币）：		
项目承办单位意见	签字		年　月　日
项目执行单位意见	签字		年　月　日
法律工作室审核意见	签字		年　月　日
审计处负责人意见	签字		年　月　日
合同办审核意见	签字		年　月　日
财务处负责人意见	签字		年　月　日
承办单位分管校领导意见			年　月　日
法人代表（或授权人）审批意见			年　月　日
学院及有关单位签收记录			
部门	接收人签名	接收日期	份数　　备　注
法律工作室			原件
项目承办部门			原件
项目执行部门			复印件
合同相对方			原件
备注	本表粘于合同首页，审签时按照上表前后顺序进行签字，法人代表（或授权人）最终在本表签字并在每份合同内页签字后方可加盖某高职高专院校合同专用章。授权人签字必须出具校长书面授权书。		

2. 合同用印审批表

某高职高专院校合同用印审批表

年　　月　　日

用印事由	合同名称		
	签订单位	甲方：	
		乙方：	
业务部门及领导审批			
经办部门领导意见	合同管理部门	审计部门	分管业务校领导	校长

3. 合同归档登记表

某高职高专院校合同归档登记表

合同类别：

序号	合同名称	编号	承办部门	合同主要内容	标的金额	归档日期	经办人

4. 合同档案借阅登记表

某高职高专院校合同档案借阅登记表

日期	合同名称	编号	查（借）阅部门	经办人	查（借）阅事由	归档日期	备注

八、校企合作业务控制文档

1. 校企合作意向书

某高职高专院校校企合作意向书

年　　月　　日

企业信息				联系信息	
企业名称				联系电话	
企业地址				传真电话	
企业性质		员工人数		电子邮箱	
主营业务				联系人及职务	
企业主页					
企业简介（可另附资料）					

校企合作项目意向	
一、共建顶岗实习基地	二、共建培训实训基地
1. 提供食宿：□ ［不表示全免费］ 2. 学生保险：□ ［险种/费用双方商定］ 3. 学生补贴：□/月　补贴标准　元/日·人 4. 顶岗时间：□个月　［<12］ 5. 需要人数：□人 6. 需要工种：	1. 拟举办的培训 □在岗　□岗前　□订单 2. 企业培训场所 □教室　□实训 3. 拟培训的工种 4. 拟培训的时间 5. 需要某高职高专院校提供 6. 需要协调事项

经办部门意见： 　　　　　　　　　　　　　年　　月　　日
分管业务校领导意见： 　　　　　　　　　　年　　月　　日
其他需要说明：

2. 走访企业信息登记表

某高职高专院校走访企业信息登记表

走访时间： 　年　　月　　日　　　参与人员：

单位名称					
地　　址				邮　编	
联系人		联系电话			
单位网址			单位邮箱		
单位规模		单位性质		所属行业	
是否有我校毕业生，多少人？					
我校毕业生在贵单位工作情况：					
近期用工情况：					
贵单位有无校企合作打算，有何项目：					
对我校工作有何意见和建议：					

3. 校企合作立项申报表

校企合作立项申报表

合作名称：

申报单位：

合作类别：□联合办学与订单培养　　□共建校内外实训基地

　　　　　　□科研与技术服务　　□双师素质培养　　□其他

合作级别：□一般合作　　□重点合作　　□重大合作

填报日期：　　　年　　月　　日

合作名称								
合作类别	□联合办学与订单培养□共建校内外实训基地□科研与技术服务□双师素质培养□其他							
合作级别	□一般合作□重点合作□重大合作							
合作负责人基本情况	姓名		性别		年龄	职务	职称	电话
合作方				负责人			电话	
合作方				负责人			电话	
申报日期				合作预期起止日期				
合作介绍	包括合作目的，方式，双方权利、义务，学校投入情况，企业投入情况等。							
绩效目标								
所在单位意见	负责人（公章）： 日期：							
对口管理部门意见	负责人（公章）： 日期：							
校企合作主管部门意见	负责人（公章）： 日期：							
校企合作主管校领导意见	校企合作主管校领导： 日期：							
学校意见	校长： 日期：					党委书记： 日期：		

4. 校企合作变更申报表

校企合作变更申报表

合作名称	
合作类别	□联合办学与订单培养　□共建校内外实训基地　□科研与技术服务 □双师素质培养　□其他
合作级别	□一般合作　□重点合作　□重大合作
申报单位	负责人　　　　　　电话
合作变更原因	
合作变更内容	
变更后合作绩效目标	
所在单位意见	负责人（公章）： 日期：
对口管理部门意见	负责人（公章）： 日期：
校企合作主管部门意见	负责人（公章）： 日期：
校企合作主管校领导意见	主管校领导： 日期：
学校意见	校长：　　　　　　　　　党委书记： 日期：　　　　　　　　　日期：

3. 校企合作结项申报表

校企合作结项申报表

合作名称：
　　申报单位：
　　合作类别：□联合办学与订单培养　　□共建校内外实训基地
　　　　　　　□科研与技术服务　　□双师素质培养　　□其他
　　合作级别：□一般合作　　□重点合作　　□重大合作

填报日期：　　　年　　月　　日

合作名称				
开始日期		结项日期		
合作实施情况				
绩效目标 完成情况				
合作存在 问题情况				
所在单位 意见	负责人（公章）： 日期：			
资产处意见	负责人（公章）： 日期：			
财务处意见	负责人（公章）： 日期：			
对口管理 部门意见	负责人（公章）： 日期：			
校企合作主管 部门意见	负责人（公章）： 日期：			

九、学生资助业务控制文档

1. 某高职高专院校学生及家庭情况调查表

某高职高专院校学生及家庭情况调查表

某高职高专院校：　　　　　院（系）：　　　　　专业：　　　　　年级：

<table>
<tr><td rowspan="5">学生本人基本情况</td><td>姓名</td><td></td><td>性别</td><td></td><td colspan="2">出生年月</td><td></td><td>民　族</td><td></td></tr>
<tr><td>身份证号码</td><td></td><td colspan="2">政治面貌</td><td></td><td colspan="2">入学前户口</td><td colspan="2">□城镇 □农村</td></tr>
<tr><td>家庭人口数</td><td></td><td colspan="2">毕业院校</td><td></td><td colspan="2">个人特长</td><td colspan="2"></td></tr>
<tr><td>孤残</td><td colspan="2">□是　□否</td><td>单亲</td><td colspan="2">□是　□否</td><td>烈士或优抚对象子女</td><td colspan="2">□是　□否</td></tr>
<tr><td colspan="9"></td></tr>
<tr><td rowspan="2">家庭通讯信息</td><td colspan="2">详细通讯地址</td><td colspan="7"></td></tr>
<tr><td colspan="2">邮政编码</td><td colspan="3"></td><td>联系电话</td><td colspan="3">（区号）－</td></tr>
<tr><td rowspan="5">家庭成员情况</td><td>姓名</td><td>年龄</td><td colspan="2">与学生关系</td><td colspan="2">工作（学习）单位</td><td>职业</td><td>年收入（元）</td><td>健康状况</td></tr>
<tr><td></td><td></td><td colspan="2"></td><td colspan="2"></td><td></td><td></td><td></td></tr>
<tr><td></td><td></td><td colspan="2"></td><td colspan="2"></td><td></td><td></td><td></td></tr>
<tr><td></td><td></td><td colspan="2"></td><td colspan="2"></td><td></td><td></td><td></td></tr>
<tr><td></td><td></td><td colspan="2"></td><td colspan="2"></td><td></td><td></td><td></td></tr>
<tr><td>影响家庭经济状况有关信息</td><td colspan="9">家庭人均年收入　　　　（元）。学生本学年已获资助情况：
家庭遭受自然灾害情况：　　　　　家庭遭受突发意外事件：
家庭成员因残疾、年迈而劳动能力弱情况：
家庭成员失业情况：　　　　家庭欠债情况：
其他情况：</td></tr>
<tr><td>签章</td><td colspan="3">学生本人</td><td colspan="3">学生家长或监护人</td><td>学生家庭所在地乡镇或街道民政部门</td><td colspan="2">经办人签字：
单位名称：
（加盖公章）
年月日</td></tr>
<tr><td rowspan="2">民政部门信息</td><td colspan="2">详细通讯地址</td><td colspan="7"></td></tr>
<tr><td colspan="2">邮政编码</td><td colspan="3"></td><td>联系电话</td><td colspan="3">（区号）－</td></tr>
</table>

注：本表供学生申请家庭经济困难认定和申请国家助学贷款用。可复印。请如实填写，到家庭所在地的乡（镇）或街道民政部门核实、盖章后，交到某学校。如乡（镇）或街道民政部门无专用公章，可由政府代章。

2. 家庭经济困难学生认定申请表

某高职高专院校家庭经济困难学生认定申请表

教学单位：　　　　　　　学号：　　　　　　　班级：

<table>
<tr><td rowspan="7">学生基本情况</td><td colspan="2">姓　名</td><td></td><td>性　别</td><td></td><td>联系电话</td><td></td><td>民　族</td><td></td></tr>
<tr><td colspan="2">身份证号</td><td colspan="3"></td><td>入学前户口</td><td colspan="3">□城镇　□农村</td></tr>
<tr><td colspan="2">家庭住址</td><td colspan="3"></td><td>家庭邮编</td><td colspan="3"></td></tr>
<tr><td rowspan="2">已获资助情况</td><td>资助项目名称</td><td colspan="7"></td></tr>
<tr><td>资助金额（元）</td><td colspan="7"></td></tr>
<tr><td colspan="5">是否已申请生源地助学贷款</td><td colspan="4">□是　□否</td></tr>
<tr><td colspan="9">家庭经济困难情况调查（以下申请由学生本人填写、并提供相应证明）</td></tr>
<tr><td colspan="2">家庭类型</td><td colspan="8">□健全　　□孤儿　　□单亲　　□离异</td></tr>
<tr><td rowspan="6">家庭成员</td><td>姓名</td><td>年龄</td><td>称谓</td><td colspan="2">工作（学习）单位</td><td>职业</td><td>年收入（元）</td><td colspan="2">联系电话</td></tr>
<tr><td></td><td></td><td></td><td colspan="2"></td><td></td><td></td><td colspan="2"></td></tr>
<tr><td></td><td></td><td></td><td colspan="2"></td><td></td><td></td><td colspan="2"></td></tr>
<tr><td></td><td></td><td></td><td colspan="2"></td><td></td><td></td><td colspan="2"></td></tr>
<tr><td></td><td></td><td></td><td colspan="2"></td><td></td><td></td><td colspan="2"></td></tr>
<tr><td></td><td></td><td></td><td colspan="2"></td><td></td><td></td><td colspan="2"></td></tr>
<tr><td colspan="2">家庭经济困难的原因（可多选）</td><td colspan="8">□1．孤儿；
□2．家庭成员常年患重大疾病，需长期治疗，家庭无经济收入或收入微薄；
□3．家庭所在地区属于贫困山区或来自于国家确定的老、少、边、穷地区，家庭收入或收入微薄；
□4．家庭享受民政等相关部门认定的最低生活保；
□5．由于其他原因造成的家庭特别困难的，请注明＿＿＿＿＿。（申请时请提供相关证明材料）；
□6．家庭无固定收入或缺少经济来源的；
□7．家庭成员患病，需长期治疗的；
□8．家庭供养人口较多且经济来源不稳定的；
□9．家庭遭受自然灾害等发生临时经济困难，仅靠自身或家庭能力难于克服的；
□10．由于其他原因造成家庭经济困难的学生。请注明。（申请时请提供相关证明材料）</td></tr>
<tr><td colspan="10">家庭经济困难证明（以下由个人或相关单位审核后据实填写并签章）</td></tr>
<tr><td colspan="10">1．本人郑重承诺，上述信息均属实，愿接受核实与监督，如弄虚作假，个人愿承担一切后果和相应责任。
2．本人承诺在校期间积极参加各种活动和公益事业，主动参与志愿者、义工服务；学会感恩，用自己的善行义举回报社会的关爱。
3．希望申请的资助金额：。

　　　　　　　　　　　　　　　　　　　　　　　　　　　　　学生本人签名：
　　　　　　　　　　　　　　　　　　　　　　　　　　　　　　　年　　月　　日</td></tr>
</table>

续表

家长或监护人保证以上填写内容真实无误，并予以认可。				
家长或监护人（签名）： 　　　　　　　　　　　　　　　　　　年　月　日				
学生家庭所在地居委会（或村委会）认为所填写内容真实无误，并予以认可。				
审核人： 联系电话： 　　　　　　　　　　　　　　　　公章　　年　月　日				
学生所在地乡镇或街道民政部门认为所填写内容真实无误，并予以认可。				
审核人： 联系电话： 联系地址（邮编）： 　　　　　　　　　　　　　　　　公章　　年　月　日				
家庭经济困难认定〔以下由学生资助认定工作小组填写〕				
民主评议	推荐档次	A. 家庭经济特别困难　□ B. 家庭经济一般困难　□ C. 家庭经济不困难　□	陈述理由	1. 家庭经济情况已核实； 2. 建议学年资助经费：元 3. 资助途径： □国家助学金　□校内助学金 □社会助学金　□思源基金　□其他 评议小组组长签字： 　　　　　　　　　年　月　日
认定意见	分院意见	□同意评议小组意见。 □不同意评议小组意见，调整为： 教学单位工作组组长签字： 　　　　　　　年　月　日 （加盖部门公章）	学校意见	□同意工作组和评议小组意见。 □不同意工作组和评议小组意见，调整为： 学校学生资助管理机构负责人签字： 　　　　　　　　年　月　日 （加盖部门公章）

备注：学生填写此表时，必须按照相关要求提供证明材料，材料不齐者一律不予认可，不享受学校相关帮困政策。

十、财政专项项目控制文档

1. 财政专项项目可行性研究报告

某高职高专院校
财政专项项目可行性研究报告

项目	项目名称	
	项目申报部门	
相关项目描述	工作流程	
	预算收支	
	绩效目标	
	问题及建议	
申报项目概括描述	项目承担单位	
	项目建设内容	
	项目建设背景和必要性	
	项目建设目标	
投资估算和资金筹措	项目总投入	
	资金来源	
	资金来源所占比例	
建设期限和实施进度安排	项目建设期限	
	项目建设实施进度安排	
项目可行性结论和建议		

财政专项项目可行性研究中使用的依据用表单：
制表：
申报部门负责人：
项目评审小组审核：
分管校领导审核：
制表日期：

2. 财政专项项目申请书

某高职高专院校
财政专项项目申请书

项目基本信息					
项目名称					
项目类型			预计完成时间		
项目申报单位信息	单位名称				
	单位性质		邮政编码		
	通讯地址				
	联系电话		电子邮箱		
	传真号码				
项目负责人信息	姓名		性别		
	出生日期		职称		
	最高学历		从事专业		
	联系电话		电子信箱		
联合建设单位信息	单位名称		单位负责人		子项目负责人
项目资金来源（万元）	项目总投入				
	申请中央专项				
	申请地方专项				
	行业企业支持资金				
	某学校自筹				
项目立项的必要性：					
项目建设的基础条件：					
项目建设内容及建设目标：					
项目筹资方案：					

3. 财政专项项目评审表

某高职高专院校
财政专项项目评审表

项目名称	
项目评审小组意见：	
项目评审小组主持人签字： 项目评审小组成员签字：	
校长办公（校务）会审批意见： 校长签字：	
评审日期	

4. 财政专项项目立项书

某高职高专院校
财政专项项目立项书

项目编号		填表日期	
项目名称			
项目建设背景及意义：			
项目建设目标：			
项目计划启动时间		项目建设期限	
项目计划完成时间		项目资金预算	
项目负责人	姓名		
	联系电话		
	电子信箱		
	QQ联系号码		
项目评审小组意见：			
校长签字			
政府有关部门审批意见：			

5. 财政专项项目进度计划表

某高职高专院校
财政专项项目进度计划表

项目名称		项目负责人		制表日期	
项目 任务分解		子项目 负责人	计划 开始时间	计划 完成时间	备注

6. 财政专项项目专账核算明细表

某专业教学资源库建设项目－素材制作
专账核算明细表

建设单位名称：　　　　　　　　　　　　　　　　　　　建设子项目名称：
　　　　　　　　　　　　　　　　　　　　　　　　　　项目负责人：

凭证日期			凭证号	摘要	借方金额	贷方金额	方向	余额	资金来源分析			
年	月	日							中央专项	地方专项	学校自筹	行业企业支持

7. 专项资金预算到位及执行情况一览表

专项资金预算到位及执行情况一览表

建设单位：　　　　　　　　建设子项目：　　　统计截止日期：　　年　　月　　日

资金用途	资金预算（万元）					建设资金到位情况（万元）					建设资金支出情况		备注
^	中央财政专项	地方财政专项	行业企业支持资金	学校自筹	小计	中央财政专项	地方财政专项	行业企业支持资金	学校自筹	小计	支出金额（元）	支出比（%）	^

财务负责人：　　　　　　　　审核人：　　　　　　　　制表人：

8. 财政专项项目变更申请表

财政专项项目变更申请表

申请日期		项目负责人	
变更内容：			
变更理由：			
项目评审小组意见： 签名：			
分管校领导意见： 签名：			
校长办公（校务）会审定意见：			
政府有关部门审批意见			

9. 财政专项项目验收报告

单位内部财政专项项目验收报告

项目合同	项目名称					
	合同编号		开始时间		完成时间	
	验收时间					
项目完成情况	项目任务完成情况：					
	绩效目标完成情况：					
	项目资金预算执行情况：					
	制度制定与落实情况：					
	固定资产管理情况：					
	财务管理规范情况：					
项目执行进度	项目计划实施进度情况：					
	项目变更情况：					
	项目预算调整情况：					
项目验收总体情况	验收内容	验收意见		备注	
		通过	不通过		
	业务验收					
	财务验收					
	绩效目标验收					
项目验收成员签名：						

后　记

由中国教育会计学会高等职业教育分会（简称高职会计分会）立项、依托高职会计分会常务理事单位——淄博职业学院作为研究基地进行专题研究的《高职院校内部控制实务研究》课题，经过努力，取得了阶段性成果。在课题调研过程中，高职会计分会绝大多数会员单位呼吁编写一部适用于高职高专院校内部控制的指导性或参考性读物，为高职高专院校内部控制建设做参考。出于多方面考虑，我们在课题研究阶段成果的基础上，集中力量，在短时间内撰写了《高职高专院校治理：内部控制》一书。

该研究课题负责人是：高职会计分会会长、山西财政税务专科学校校长赵丽生教授，高职会计分会秘书长茹家团教授，高职会计分会会员部主任、淄博职业学院财务处处长李荣副教授。分课题负责人（主要完成人）有（按姓氏拼音字母为序）：高职会计分会常务副秘书长、宁波职业技术学院财务总监兼财务处处长陈安宁，高职会计分会副秘书长、深圳职业技术学院财务处处长陈彩勤高级会计师，高职会计分会理事、闽西职业技术学院财务处处长郭玲娜高级会计师，高职会计分会副秘书长、北京电子科技职业学院财务处处长韩华高级会计师，高职会计分会培训部副主任、无锡职业技术学院财务处处长黄美娟副教授，高职会计分会副会长、辽宁交通高等专科学校副校长李洪彪研究员级高级会计师，高职会计分会副秘书长、福建商业高等专科学校财务处处长林春树高级会计师，高职会计分会常务理事、天津职业大学财务处处长刘春红高级审计师，高职会计分会副秘书长、南京工业职业技术学院财务处处长毛成银高级会计师，高职会计分会副秘书长、南京工业职业技术学院资产处处长潘庆阳研究员级高级会计师，高职会计分会常务理事、杨凌职业技术学院党委委员、总会计师齐小军高级审计师，淄博职业学院分管财务校领导孙启友书记，高职会计分会通讯部主任、杭州职业学院财务处第一副处长童章成副教授，高职会计分会培训部主任、内蒙古商贸职业学院财务处处长王艳云教授，高职会计分会常务理事、天津轻工职业技术学院副院长于洪祥，高职会计分会会员部主任、秦皇岛职业技术学院党委委员、财经处处长赵春荣教授，高职会计分会副秘书长、重庆工商职业技术学院财务处处长周强高级会计师。参与本课题研究的还有：分会副秘书长——黑龙江建筑职业技术学院总会计师兼财务处长张福荣、威海职业学院财务处长张福强、石河子职业技术学院副院长耿荣，分会科研部主任、浙江金融职业技术学院财务处处长章七根，陕西铁路工程职业技术学院财务处处长叶超，淄博职业学院高巍、李明洋、杨华、耿丽君、郭友志、赵晓洁、张超、王冰、王齐珍时、赵丽、赵肖璐，北京电子科技职业学院黄楠、郑靖芸，深圳职业技术学院刘耀光、周阳，江苏农牧职业技术学院财务处长王宏伟，无锡机电高等职业学校教授蒋洪平，北京工业职业技术学院财务处长吕延宁，江苏经贸职业技术学院副院长储锦超、云南机电职业技术学院副院长邹丽，上海旅游高等专科学校财务处长朱红兵，陕西工业职业技术学院副教授王荣琦，内蒙古化工职业技术学院财务处长屈新亮，天津轻工职业技术学院财务处长王丽云，哈尔滨职业技术学院财务处处长淳于书惠，江西交通职业技术学院财务处长贺美兰，芜湖职业技术学院财务处副处长高程，天津职业大学安远洋等同志。在本书的通稿过程中，韩华、李洪彪、王艳云、赵春荣、齐小军、童章成、潘庆阳、郭玲娜、黄美娟、陈安宇、叶超等同志做了大量工作。

在课题研究及本书编写过程中，教育部财务司地方财务处处长刘景同志、职成司高职发展处处长林宇给予了具体指导，并对本书进行了审阅；中国职业技术教育学会常务副会长兼秘书长刘占山、财政部科研所会计研究室主任李民研究员给予了极大的关心支持，并为本书写了序；淄博职业学院为课题研究提供了便利，院长杨百梅教授等领导对课题研究提出了很好的建议，给予了大力支持；高职会计分会常务副会长张慧波和副会长吴胜、刘洪宇、马成旭、殷立明、武智慧等领导以及许多常务理事单位、理事单位、会员单位以及经济科学出版社等社会各界有关人士给予了鼎力支持。在此一并表示感谢。

由于时间仓促，加之水平有限，书中难免有不当之处，敬请读者批评指正。我们也十分期待广大读者能将在实践中的经验与困惑，及时与高职会计分会沟通与联系，因为你们的智慧和参与正是我们前行的动力与方向。